L'EUROPE

(MOINS LA FRANCE)

A LA MÊME LIBRAIRIE

COURS DE GÉOGRAPHIE

PAR M. E. LEVASSEUR
Membre de l'Institut, Professeur au Collège de France.

PETIT COURS, DESTINÉ AUX ÉCOLES PRIMAIRES

Petit résumé de la Géographie, extrait des *Premières notions*, avec 19 fig. ou cartes coloriées formant le 1er atlas de l'enfance. In-12, cart.......... » 35
Premières notions sur la Géographie, à l'usage du cours élémentaire des écoles primaires, avec vignettes et cartes coloriées, intercalées dans le texte. 1 vol in-12, cart.. 1 »
— *Le même*, avec vignettes et cartes en noir. 1 vol. in-12, cart.......... » 75
  Ouvrage adopté pour toutes les écoles du département de la Seine.
Géographie élémentaire de la France et de ses colonies, avec vignettes intercalées dans le texte. 1 vol. in-12, cart................... » 60
ATLAS CORRESPONDANT, 8 planches, contenant 22 cartes et 16 cartons ou coupes, tirées en cinq couleurs. In-4°, cart...................................... » 75
Géographie des écoles primaires. 1 vol. in-12, cart.................. 1 »
ATLAS CORRESPONDANT, 31 cartes. In-12, cart........................... 1 50

COURS MOYEN, ENSEIGNEMENT PRIMAIRE SUPÉRIEUR

Géographie des cinq parties du monde, avec figures intercalées dans le texte. 1 vol. in-12, cart.. 1 25
Géographie de la France et de ses colonies, avec figures intercalées dans le texte. 1 vol. in-12, cart.................................... 1 »
ATLAS CORRESPONDANT, 8 planches contenant 22 cartes et 16 cartons ou coupes, tirées en cinq couleurs. In-4°, cart....................................... » 75
  Ces deux ouvrages sont réunis sous le titre de :
Manuel de géographie. 1 vol. in-12, cart............................ 2 »
ATLAS CORRESPONDANT, 40 cartes. In-12, cart........................... 4 »

Petite Géographie illustrée. 1 vol. in-12, cart..................... 1 25
Géographie de la France et de ses colonies, avec vignettes intercalées dans le texte, suivie de 5 cartes coloriées. 1 vol. in-12, cart...... 1 25
  Ces deux ouvrages sont adoptés pour toutes les écoles du département de la Seine.

COURS COMPLET

I. La France avec ses colonies. — Géographie et statistique; divisée en onze parties : le climat, le sol, la politique, l'agriculture, l'industrie, le commerce, les grandes villes, la revue des provinces, les colonies, l'administration, la population. In-12 avec figures, cart................................. 2 50
ATLAS CORRESPONDANT, comprenant 27 cartes coloriées. In-12, cart...... 3 »
II. L'Europe (moins la France). — Géographie et statistique; divisée en neuf parties : la géographie physique, les révolutions de l'Europe, les Iles Britanniques, les Pays-Bas, l'Europe centrale, l'Europe méridionale, la Russie, les Etats scandinaves, la comparaison des forces productives. In-12 avec figures, cart.. 4 »
ATLAS CORRESPONDANT, comprenant 34 cartes coloriées. In-12, cart...... 4 »
III. La Terre (moins l'Europe). — Géographie et statistique; divisée en neuf parties : la planète et son atmosphère, l'Océan, les découvertes, l'Afrique, l'Asie, l'Océanie, l'Amérique du Nord, l'Amérique du Sud, la nature et l'homme. In-12 avec figures, cart.. 4 »
ATLAS CORRESPONDANT, comprenant 32 cartes coloriées. In-12, cart...... 4 »
  Ces trois ouvrages sont réunis sous le titre de :
Géographie physique, politique, économique, etc: 1 très-fort vol. in-12, cart.. 10 »
ATLAS CORRESPONDANT, 93 cartes coloriées. 1 vol. in-12, cart............ 10 »
Géographie physique, extraite des ouvrages précéd. In-12, cart... 2 50
ATLAS CORRESPONDANT. 1 vol. in-12, cart................................ 2 »

660. — Abbeville. — Typ. et stér. Gustave Retaux.

L'EUROPE

(MOINS LA FRANCE)

GÉOGRAPHIE ET STATISTIQUE

LA GÉOGRAPHIE PHYSIQUE
LES RÉVOLUTIONS DE L'EUROPE — LES ILES BRITANNIQUES
LES PAYS-BAS — L'EMPIRE D'ALLEMAGNE
L'EUROPE CENTRALE
L'EUROPE MÉRIDIONALE — LA RUSSIE — LES ÉTATS SCANDINAVES
LA COMPARAISON DES FORCES PRODUCTIVES

PAR

E. LEVASSEUR

Membre de l'Institut.

TROISIÈME ÉDITION

PARIS
CH. DELAGRAVE
Éditeur de la Société de géographie
15, RUE SOUFFLOT, 15

1879

Tout exemplaire de cet ouvrage non revêtu de notre griffe sera réputé contrefait.

LISTE DES OUVRAGES A CONSULTER.

Cosmos, essai d'une description physique du monde, par A. de Humboldt, traduit par Alfr. Maury et Ch. Galusky. 4 vol. in-8.

Géographie générale, par L. Dussieux. 1 gros vol. in-8.

Précis de la géographie universelle par Malte-Brun, revu par Lavallée. 6 vol. grand in-8.

Météorologie, par Kaemtz. 1 vol. in-12.

Physikalischer Atlas von Berghaus.

The physical Atlas by Johnson.

Hypsometrischer Atlas von Ziegler.

Du commerce de l'Angleterre et de la France, par Ch. Vogel. 2 vol in 8.

L'Europe politique et sociale, par M. Block 2 vol. in-8.

Journal de la Société statistique de Paris, publication mensuelle.

Mittheilungen von Petermann, publication mensuelle.

Atlas de Stieler, revu par Petermann.

La Terre, par Élisée Réclus. 2 vol. grand in 8.

The earth and man from the work of Arn. Guyot. 1 vol. in-12.

La terre et l'homme, par Alf. Maury. 1 vol. in-12.

Orographie de l'Europe, par Bruguière. 1 vol. in 4.

Annuaire de l'Économie politique de la statistique, par MM. Guillaumin, Block et Garnier, publication annuelle. 1 vol. petit in-1

Journal of statistical society of London, publication trimestrielle.

Annales du commerce extérieur, publication du ministère de l'agriculture et du commerce.

Bulletin de la Société de géographie, publication mensuelle.

Almanach de Gotha, publication annuelle.

Atlas zur Industrie-und-Handels-Geographie, von F. Klun und H. Lange

La Montagne (1 vol.). *La Mer* (1 v.), par Michelet.

Publications diverses de statistique et de géographie, par le Dr Wappæus (en allemand).

Rapport du Jury international, Exposition de 1851, travaux de la Commission française, 8 vol. in-8, sans l'introduction ; Exposition de 1855, 1 vol. grand in-8 ; Exposition de 1862, 6 vol. in-8 ; Exposition de 1868, 13 vol. in-8.

Dictionnaire de la politique, par M. Block, etc. 2 vol. grand in 8.

Dictionnaire universel, théorique et pratique du commerce et de la navigation, sous la direction de M. Guillaumin. 2 vol. grand in-8.

La Revue des Deux Mondes.

La Revue contemporaine.

La Revue britannique.

La Revue germanique

X   LISTE DES OUVRAGES A CONSULTER.

Le coton (1 vol.), la laine (1 vol). la soie (1 vol.), par L. Reybaud.

Statistique internationale (population) par MM. Quetelet et Huischling. 1 vol. grand in-8.

Agricultural returns, for great Britain.

Catalogue of the Britisch section (Exposition de 1867). 1 vol.

Essai sur l'économie rurale de l'Angleterre, de l'Écosse et de l'Irlande, par M. L. de Lavergne. 1 vol. in-18.

A manual of Britisch geography, by Hughes. 1 vol. in-18.

Statistical abstract for the united Kingdom, publication périodique.

Force productive des nations, par M. le baron Ch. Dupin, t. Ier (Introduction aux travaux de l'Exposition universelle de 1851).

La constitution d'Angleterre, par Fishel, traduit par Vogel. 2 vol. in-8.

Belgique. Catalogue des produits industriels (Expos. de 1867).

Essai sur l'économie rurale de la Belgique, par M. E. de Laveleye. 1 vol. in-18.

Aperçu statistique du royaume des Pays-Bas (Commission royale de 1867). 1 vol.

Étude d'économie rurale (la Néerlande), par M. de Laveleye. 1 vol. in-18.

Die Industrie und Landwirthschaft Bayerns (1867). 1 vol. in-18.

L'industrie de la Bavière (1867). 1 vol. in-12.

Les exposants du grand-duché de Bade et leurs produits, 1867. 1 vol. in-12.

Katalog für die Sammlung der Berg-werks-und Steinbruchs-produkte Preussens (1867). 1 vol. in-8.

Zeitschrift des koniglich preussischen statistichen Bureaus, redigert von dessen Director, M. Ernst Engel.

Jahrbuch für die antliche Statistik des preussissens Staats.

Statistik des zollvereinten und nordlichen Deutschlands, von Dr. Georg. von Viebahn. 3 vol. gros in-8.

La Lombardie et la Suisse, par M. E. de Laveleye. 1 vol. in-18.

Rapport sur la participation de la Suisse à l'Exp. univ. de 1867. 1 vol.

L'Autriche à l'Exp. intern. de 1862, par le professeur Jos. Areinstein.

Statistiches Jahrbuch der osterreichisch-ungarischen on Marchie publication annuelle.

Coup d'œil zoologique sur les mines de la monarchie autrichienne, traduit par le comte Aug. Marschall. 1 vol. 1855.

Catalogue du royaume de Hongrie (1867) 1. vol.

Catalogue général de la section espagnole (1867), publié par la Commission royale. 1 vol. in 8.

Catalogue spécial de la section portugaise (1867). 1 vol. in-8.

Notice sur le Portugal, par J. Rogues de Freitas (Junior). 1 vol. in-8.

Le Portugal et ses colonies, par Vogel, 1 vol. in-8.

L'Italie économique en 1867. 1 vol. in-8.

L'Italia nell' esposizione universale, par Giuseppe de Luca. 1 vol. in-12.

Malte et son industrie, par Zammit.

LISTE DES OUVRAGES A CONSULTER.

La Turquie à l'Exposition universelle de 1867, publié par les soins de S. E. Salaheddin bey, Commission imp. 1 vol. in-8.

Notice sur la Roumanie au point de vue de son économie rurale ind. et com. 1 vol. in-8.

Aperçu statistique des forces productives de la Russie, par M. de Buschen, 1867. 1 vol. in-8.

L'empire des Czars, par Schniltzer. 3 vol. in-8.

Coup d'œil sur les pêcheries en Russie, par C. Basileusky. 1 vol.

Voyage dans la Russie méridionale sous la direction de A. de Demidoff. 1 vol. gr. in-8.

Le Danemarck à l'Exposition universelle de 1867, publié par la Commission danoise. 1 vol. in-8.

La Suède, son développement moral, industriel et commercial, par C.E. Ljunberg, 1 vol.

Aperçu de la végétation et des plantes cultivées de la Suède, par Andersson. 1 vol.

Quelques renseignements sur la fabrication des fers et aciers de la Suède, par Rinman. 1 vol.

Notice statistique sur le royaume de Norvége, 1867. 1 vol.

Les pêches de la Norvége, par Herman Baars, négociant à Bergen. 1 vol.

PRÉFACE

La Géographie est autre chose qu'une nomenclature ; c'est une science qui a pour objet l'étude de la nature et de l'homme dans leurs rapports avec la topographie et qui cherche, par conséquent, à pénétrer autant que possible le secret des lois physiques, politiques et économiques dont les faits géographiques sont la manifestation. C'est ainsi qu'elle doit être comprise, et qu'elle doit être enseignée.

Quelque détaillé ou quelque sommaire que soit cet enseignement, il faut toujours qu'il ait pour but de provoquer la réflexion des élèves et de développer leur intelligence au moins autant que leur mémoire. Ainsi, en décrivant et en expliquant les phénomènes et les noms qu'il est utile d'apprendre, il faudra montrer l'enchaînement de ces mêmes phénomènes ; c'est-à-dire les rapports nécessaires qui existent entre les différentes branches de la géographie physique, telles que le climat, la géologie, le relief du sol, le régime des eaux, les productions de la terre et les relations étroites qui unissent la géographie physique à la géographie politique et à la géographie économique ; en d'autres termes, comparer les forces de la nature et l'usage que l'homme fait de ces forces, à la richesse qu'il en tire et à la civilisation qu'il crée.

Trois ouvrages, LA FRANCE (avec ses colonies), L'EUROPE (moins la France), LA TERRE (moins l'Europe), sont destinés à présenter sous cet aspect l'ensemble de l'enseignement géographique.

Pour se servir avec profit de ces livres, il ne faut jamais oublier que tout ce qui s'y trouve ne doit pas être appris de mémoire. Ce serait manquer le but que de vouloir faire retenir à la mémoire d'un élève tant de détails ; on la surchargerait, sans profit pour l'intelligence. Tout doit être lu et compris, et, par conséquent, l'élève doit se préparer à rendre compte de chaque chose, comme il fait après une lecture attentive d'un livre quelconque et surtout d'un précis d'histoire. Mais (sauf les exceptions que le maître indiquerait) *il ne doit apprendre par cœur que les noms écrits en italiques* ou en petites capitales, en fixant tout particulièrement son attention sur ces derniers qui désignent les lieux ou les objets les plus importants.

Pour les bien apprendre, l'élève aura toujours à côté de lui l'*Atlas*, lequel est du même format que le livre ; et il regardera sur la carte correspondant au chapitre qu'il étudie chacun des noms qu'il veut retenir, de manière à *fixer le nom exactement dans sa mémoire à sa véritable place*, ce qui est une partie importante, et trop souvent négligée, de la connaissance de la géographie.

L'élève retiendra mieux encore s'il prend la peine de placer lui-même, à mesure qu'il les apprend, les noms sur une *carte muette* (1) : on sait encore mieux ce qu'on a fait soi-même que ce qu'on a vu.

Aucun livre ne saurait remplacer l'enseignement du maître. C'est donc au maître qu'il appartient surtout, en appropriant le livre au temps dont il dispose et au développement des intelligences auxquelles il s'adresse, de vivifier la géographie par sa parole, de faire saisir à ses élèves les rapports des choses et de les intéresser par des aperçus et des rapprochements qui peuvent varier selon les localités et les circonstances. C'est par là que la géographie deviendra, dans l'ensemble d'une éducation, un des moyens les plus propres à ouvrir l'esprit et à former le jugement.

Dans ce but, je ne saurais trop conseiller aux maîtres de faire leur leçon au tableau, soit qu'ils préparent d'avance la carte, soit qu'ils la dessinent, séance tenante, à mesure qu'ils développent leur sujet. Nous savons combien il est difficile, dans un grand nombre de cas, d'appliquer cette dernière méthode, quand le maître n'a qu'un simple tableau noir à sa disposition. C'est pourquoi nous l'engageons à se procurer un tableau noir portant une carte muette peinte en rouge (2), ou à peindre lui-même un tableau de ce genre qui servira à toutes ses leçons. Avec un pareil guide, toute esquisse au tableau, soit de montagnes, soit de fleuves, soit de détails sur les

---

(1) A toutes les cartes de l'Atlas correspondent des cartes muettes ayant le même format et portant les mêmes divisions, qu'on peut se procurer à la librairie Delagrave.

(2) Trois tableaux de ce genre, sur bois ou sur toile cirée, sont en vente à la librairie Delagrave : la France, l'Europe, la Terre.

productions agricoles ou industrielles, devient facile. Pendant que le maître fait le dessin, l'élève peut le reproduire sans peine sur de petites cartes muettes, portant exactement les mêmes divisions que le tableau.

La carte tracée au tableau à chaque leçon ne présente la géographie d'une contrée que sous un seul aspect ; il est bon qu'à côté soit suspendue une carte murale à peu près de même dimension, afin que l'élève ait toujours sous les yeux l'ensemble de la contrée.

Un *Vade-mecum du statisticien*, semblable à celui qui existe déjà pour LA FRANCE (AVEC SES COLONIES), sera très-prochainement publié et fournira au maître tous les documents utiles pour donner à son enseignement la précision et la variété.

Nous donnons ici la liste des ouvrages qui ont le plus servi à la rédaction de ce volume ; beaucoup ont été publiés par les divers gouvernements de l'Europe, à propos des expositions universelles qui ont inspiré aux nations le désir d'étudier plus attentivement leurs forces productives et de les comparer à celles des autres nations. Les maîtres pourront à leur tour consulter utilement, au besoin, ces ouvrages.

L'EUROPE

(MOINS LA FRANCE)

PREMIÈRE PARTIE.
LA GÉOGRAPHIE PHYSIQUE.

1re section.
LE CLIMAT.
(Voir la carte n° 1.)

1. La situation et les dimensions. — *L'ancien continent* comprend les trois parties du monde connues depuis l'antiquité : l'Asie, l'Afrique et l'Europe.

L'EUROPE, reliée, à l'est et au sud-est, à l'ASIE par la vaste région de l'Oural et du Caucase, séparée, au sud, de l'*Afrique* par la MÉDITERRANÉE, baignée, à l'ouest, par l'OCÉAN ATLANTIQUE, au nord, par l'OCÉAN GLACIAL, forme l'*extrémité nord-ouest* de ce continent; elle est située dans l'hémisphère boréal, *entre le 35° et le 71° degré environ de latitude nord*, d'une part, et, d'autre part, *entre le 61° degré de longitude orientale et le 13° degré environ de longitude occidentale.*

En traçant un pentagone irrégulier ayant pour sommets : au sud-ouest, le cap Saint-Vincent, au nord-ouest, le cap Nord, au nord-est, l'embouchure de la Kara, au sud-est, le cap Apchéron, au sud, le cap Matapan, on a une idée générale de la forme du continent européen (1),

(1). Les îles Britanniques et l'Islande restent en dehors de ce pentagone.

dont les côtes, d'ailleurs très-découpées, forment de profonds enfoncements dans les côtés de ce pentagone. La plus grande *diagonale*, allant de l'embouchure de la Kara au cap Saint-Vincent, est de 5,500 *kilomètres*, la plus longue après celle-là est celle qui va du cap Nord au cap Matapan, points situés presque exactement sous le même méridien ; elle est de 3,850 *kilomètres*. La superficie de l'Europe mesure *un peu plus de* 10 *millions de kilomètres*. C'est la plus petite des cinq parties du monde, mais la plus puissante par la richesse et par la civilisation (Voir le Tab. de Stat. n° 1, qui donne la superficie de chacun des États d'Europe par province).

2. La température. — La température d'un lieu dépend de causes diverses. On sait que les trois plus importantes sont la LATITUDE, l'ALTITUDE et la PROXIMITÉ DE LA MER. Pour l'Europe, la proximité de l'océan Atlantique a une importance toute particulière, à cause des vents du sud-ouest et du courant dit *Gulf-stream*, qui amène du golfe du Mexique les eaux chaudes des tropiques.

Ces deux dernières influences, combinées avec celles des *vents* et de l'*exposition* particulière de chaque lieu, font dévier les *lignes isothermes* qui, si elles obéissaient seulement à la latitude, se confondraient avec les parallèles. On distingue surtout les *climats marins*, propres aux contrées voisines de l'Océan, et les *climats continentaux*, propres aux régions éloignées de l'Océan (Voir le volume intitulé *la Terre*).

L'Europe est comprise entre la ligne isotherme de 0 degré, qui passe à l'extrémité septentrionale de l'Islande, au cap Nord, et enveloppe la Laponie, la mer Blanche et le nord-est de la Russie, région continentale où le froid est intense, et la ligne isotherme de 20 degrés, qui, plus particulière à la côte méditerranéenne de l'Afrique, ne touche que l'extrémité sud-ouest de l'Europe, du côté du cap Saint-Vincent. La ligne isotherme qui marque la *moyenne température de l'Europe* est donc celle de 10 *degrés*; elle passe au sud de l'Irlande, coupe obliquement l'Angleterre de l'extrémité septentrionale du pays de Galles à l'embouchure de la Tamise, passe au nord du Zuyderzée, puis, obéissant à la loi des climats continentaux, elle se dirige au sud-est, en longeant les monts de Bohême et en traversant la Hongrie, la Valachie et la Crimée.

La température moyenne des côtes européennes de la Méditerranée varie généralement entre 15 et 20 degrés ; celle des côtes des îles Britanniques, de la mer du Nord et de la Baltique, jusqu'au golfe de Finlande, entre 10 et 5 degrés. En général, on peut dire que *la température moyenne s'abaisse à mesure que, sous un même parallèle, on s'avance vers l'est dans l'intérieur du continent européen, de même qu'elle s'abaisse, dans une proportion beaucoup plus rapide, à mesure que, sous un même méridien, on s'avance vers le nord.*

Les montagnes exercent sur la température moyenne, comme sur toute la météorologie, une grande influence, et donnent naissance à une foule de lignes secondaires. Par exemple, *la région centrale des Alpes est enveloppée par une ligne isotherme de 5 degrés* (Voir le carton de la carte nº 1) qu'enveloppent d'autres lignes concentriques, marquant des températures plus élevées à mesure qu'on descend vers la plaine.

C'est principalement sur les *lignes isochimènes* ou de température égale durant l'hiver, et sur les *lignes isothères* ou de température égale durant l'été, que se fait sentir l'influence de l'Océan, puisqu'elle a pour principaux effets d'adoucir la froidure des hivers et la chaleur des étés ; elle relève considérablement les premières vers le nord, et abaisse les secondes vers le sud, produisant ainsi, à l'*occident de l'Europe,* des *climats tempérés,* tandis que les climats continentaux qui se trouvent à l'*orient* de *l'Europe* sont des *climats excessifs*. Ainsi, l'on voit sur la carte que Dublin, ayant pour température hibernale + 5 degrés, et pour température estivale + 15 degrés, n'est soumis qu'à un écart moyen de 10 degrés, tandis que les rives de l'Oural, ayant pour température hibernale — 10 degrés, et pour température estivale + 20 degrés, sont soumises à un écart de 30 degrés.

L'Europe est comprise *entre la ligne isochimène de* — 20 *degrés*, qui est celle des bords de la Kara, *et la ligne de* + 15 *degrés*, qui est celle du cap Saint-Vincent. La *moyenne hibernale, entre* 0 *et* — 5 *degrés*, est celle de la région située entre la mer du Nord, le Jutland, la Silésie, les Carpathes, la mer Noire et le Caucase, d'une part, et, d'autre part, le cap Nord, les Alpes scandinaves, les îles d'Aland, le golfe de Riga et les bouches du Volga.

L'Europe est comprise à peu près *entre la ligne isothère de* + 10 *degrés*, qui est celle de la côte méridionale de l'Islande, de la Laponie et des côtes de la mer Blanche, *et la ligne de* + 25 *degrés*, qui passe au sud de l'Espagne, de la Sicile et du Péloponèse. La *moyenne estivale est entre* 15 *et* 20 *degrés* : c'est la température de la France centrale et septentrionale, de l'Angleterre, de l'Allemagne du Nord, du midi de la presqu'île Scandinave et du centre de la Russie. Cette ligne moyenne des étés égaux n'est pas très-différente du 52e parallèle, tandis que la ligne moyenne des hivers égaux s'en écarte beaucoup, et coupe obliquement ce parallèle dans la direction du nord-ouest au sud-est, relevée par la température de l'Océan qui baigne tout le nord-ouest de l'Europe.

3. **Les vents.** — Les vents sont dus à une inégalité de température sur deux points du globe (Voir *la Terre*).

Les vents alizés, qui n'existent que dans la zone tropicale, sont un des principaux effets de cette inégalité ; ils produisent eux-mêmes un contre-courant qui, près des tropiques, règne dans les régions supérieures de l'atmosphère, puis vers le 30ᵉ degré de latitude s'abaisse à la surface du sol, et souffle, dans notre hémisphère, du sud-ouest au nord-est : de là, en Europe, la *fréquence du vent de sud-ouest*, vent tiède et chargé de vapeurs. Nulle part, il n'est plus fréquent qu'en Angleterre et en Suède, et, en général, près des rivages de l'Atlantique ; nulle part, moins fréquent que dans l'Europe orientale.

Le *vent de nord-est*, qui est produit par le grand mouvement de l'air attiré des régions polaires vers la zone torride, souffle fréquemment aussi ; il domine, en général, dans l'Europe orientale, en Russie et en Hongrie. Venant de l'océan Glacial ou des vastes plaines de la Sibérie, il est froid.

Le vent d'est, selon la saison, est froid ou brûlant, parce qu'il traverse des plaines où la chaleur en été et le froid en hiver sont extrêmes ; mais il est toujours sec, parce qu'il ne parcourt que des terres.

Ces deux vents principaux, vent de sud-ouest et vent de nord-est, peuvent, en se choquant l'un l'autre ou en se heurtant contre des chaînes de montagnes, dévier et par suite souffler à peu près vers tous les points de l'horizon.

Il y a encore beaucoup d'autres causes secondaires qui jusqu'ici ne sont pas toutes suffisamment étudiées ; l'une des plus importantes est le Sahara africain qui, par les appels d'air de sa vaste surface brûlante et sèche, donne naissance, dans la région méditerranéenne, à des vents violents du nord et du nord-ouest (mistral), ou, en contre-courant du sud-est, au printemps (solano, sirocco ou fohn). Le massif élevé et neigeux des Alpes est aussi une cause importante de production de vents.

4. Les pluies. — Le vent apporte la pluie en charriant les nuées formées par les vapeurs de la mer ; quand ces tièdes vapeurs rencontrent un milieu plus froid, elles se condensent en gouttes d'eau : c'est pourquoi *les vents pluvieux, en Europe, sont les vents d'ouest* qui viennent de l'Atlantique, et surtout le vent du sud-ouest, qui amène en général des pluies fines et continues. Les vents d'est sont secs ; cependant celui du nord-est donne assez souvent de la pluie en abaissant tout à coup la température des vapeurs contenues dans l'air, mais c'est le plus souvent une pluie d'orage, abondante et de courte durée.

Quand les nuages ne se sont pas résous en pluie sur les premiers rivages où le vent les a poussés, ils sont arrêtés par les chaînes de montagnes et s'y condensent en brouillards ou en larges ondées. C'est pourquoi la *pluie* n'est nulle part aussi *abondante* que sur les *rivages de l'Atlantique* et dans les *montagnes*. A *Lisbonne*, dans le *Leinster* (Irlande), le *Cornouailles* et les *Hébrides* (Grande-Bretagne), dans les environs de *Bergen* (Norwége), la quantité de pluie qui tombe annuellement mesure 95 centimètres et plus au pluviomètre ; dans toute la chaîne des grandes *Alpes*, elle atteint et dépasse 1 mètre et même 2 mètres (1).

Elle est de 67 centimètres : 1° dans le reste de l'Irlande, dans les Pays-Bas, dans les provinces de France, d'Espagne et de Portugal, voisines de l'Atlantique ; 2° dans toute la région qui enveloppe les Alpes, depuis le plateau central de la France jusqu'au sud de l'Italie et aux Balkans ; 3° dans les régions montagneuses du Harz, de la Bohême, de la Silésie.

Dans la vaste plaine de la *Russie orientale et méridionale*, la *pluie* est *rare* et ne dépasse pas 40 centimètres. Il en est de même sur quelques points particuliers, comme le *plateau central de l'Espagne*, les bords du Raab et les environs de Tokaï (Hongrie).

(1) Bergen, sur la côte, et le mont Ortler, dans les Alpes, sont les lieux d'Europe où il pleut le plus ; on évalue à plus de 2 mètres la quantité annuelle de pluie à Bergen et à près de 3 mètres au mont Ortler : la quantité décroît rapidement à mesure qu'on s'éloigne du faîte des Alpes : 1^m50 à Brescia, 0^m93 à Milan, 0^m63 à Parme, 1 mètre à Augsbourg, 0^m38 à Wurtzbourg (Voir le carton de la carte n° 1).

En général, dans une contrée traversée par une chaîne de montagnes, le versant occidental, qui reçoit directement les nuées de l'Océan, est plus arrosé que le versant oriental.

Le gigantesque massif neigeux des Alpes a un effet tout particulier ; non-seulement il retient, comme un immense réservoir, les vapeurs qu'il absorbe en partie ; mais, plus froid que les régions circonvoisines, il est comme l'outre des vents : de ses flancs partent dans la direction du sud pour l'Italie et la vallée du Rhône, du nord pour l'Allemagne, des souffles qui entraînent les nuées amassées autour de ses pitons et qui portent avec elles la pluie.

Réserve faite pour toutes les perturbations de ce genre dues à des causes accidentelles, on constate, *à mesure qu'on s'avance des côtes occidentales de l'océan Atlantique vers l'Oural* :

1° Que *la quantité de pluie qui tombe annuellement diminue* : c'est ce que nous venons de voir ;

2° Que *le nombre de jours pendant lesquels la pluie tombe diminue* également : 208 jours sur la côte orientale d'Irlande, 141 dans les plaines de l'Allemagne, 90 à Kazan ;

3° Que la distribution de la pluie suivant les saisons se fait différemment, et que la *saison pluvieuse* par excellence est *l'hiver dans le sud* de la péninsule ibérique, la Sicile, le sud de l'Italie et le Péloponèse ; *l'automne dans le sud ouest de l'Europe et sur la côte de l'Atlantique*, c'est-à-dire dans la plus grande partie de la péninsule ibérique et de la France, dans la région alpestre et dans presque toute l'Italie, dans les îles Britanniques et la majeure partie de la presqu'île Scandinave ; *l'été dans le centre et l'est de l'Europe*, c'est-à-dire dans le nord-est de la France, dans l'Allemagne, les Pays-Bas, le Danemark, le sud-est de la presqu'île Scandinave, le nord de l'Autriche et la Russie. C'est ce que marquent les deux lignes teintées en rouge sur la carte : à l'est de la première est la région dite des pluies d'été, parce que la pluie qui y tombe en été dépasse 30 o/o du total des pluies annuelles ; entre la première et la seconde, est la région des pluies d'automne ; au sud de la seconde, qui marque les points où les pluies d'été ne forment plus que 5 o/o du total, commence la région des pluies d'hiver.

Les rivages de la Méditerranée, protégés contre l'effet des vents d'ouest par les chaînes ibériques, les Pyrénées et les Cévennes, et des vents de sud-ouest par le désert africain, obéissent à d'autres lois pluviales. Les pluies d'été y sont généralement rares. Dans le voisinage des Alpes, c'est le vent du nord qui amène la pluie ; dans l'Italie méridionale, tantôt le vent du nord et tantôt le vent du sud ; mais, à mesure qu'on s'avance vers le midi, la quantité annuelle de pluie diminue (1). Dans la Sicile, le sud de l'Italie et la Grèce, l'hiver est la saison pluvieuse, comme en Afrique.

5. Les climats. — Ces influences météorologiques, combinées avec le relief du sol, la constitution géologique des terrains, la direction des vallées, la distribution des eaux, donnent naissance à des climats nombreux et divers. On peut les grouper en quatre grandes catégories :

1º Le CLIMAT HYPERBORÉEN, voisin de l'océan Glacial, où les longues nuits d'hiver durent 24 heures et plus, où la température moyenne, extrêmement rigoureuse pendant les 2/3 de l'année et inférieure en moyenne à 0, ne permet presque aucune culture.

2º Les CLIMATS CONTINENTAUX, climats dans lesquels il y a entre l'hiver et l'été une grande différence de température, et où la transition de l'un à l'autre est ordinairement

(1) Elle est de 0^{m}63 au sud du Pô, de 0^{m}54 dans l'Italie méridionale et la Sicile. Les pluies sont particulièrement abondantes dans l'Istrie, espèce d'impasse montagneuse qui arrête les nuées.

brusque ; c'est ainsi qu'à Moscou, la moyenne du mois le plus froid est de — 10°, et celle du mois le plus chaud de +17°, en sorte que la différence est de 27° ; à Kazan, elle est de 34° (—16°,+18°). Ces climats occupent presque toute la région orientale et centrale de l'Europe, et renferment des régions très-diverses, à savoir :

La *région de la Baltique septentrionale*, comprenant, d'une part, la Suède septentrionale, beaucoup plus froide et moins humide que la Norwége, à laquelle elle est adossée, parce que la barrière des Alpes scandinaves arrête les nuages, et, d'autre part, la Finlande, couverte de lacs et d'étangs, et où le thermomètre descend en hiver à 25° et 30° au-dessous de zéro ;

La *région de la grande plaine moscovite*, sèche et froide, balayée par les vents du nord-ouest et du nord-est, sans abri de montagnes, recevant peu de pluie, et presque uniquement la pluie d'été par le vent nord-est ; Kazan et Moscou peuvent être pris comme types de cette région ;

La *région des steppes*, plaines généralement basses et dépourvues d'arbres, très-exposées aux vents glacés et secs de sud-est et aux épouvantables tempêtes dites métels, bouranns ou chasse-neige, et produites par le vent du nord ;

La *région polonaise*, qui s'étend sur les trois grands bassins du Dniéper, de la Dwina et de la Vistule, et qui participe du caractère météorologique du plateau moscovite, mais où le climat, dans des plaines moins élevées au-dessus du niveau de la mer, est plus humide et moins rigoureux. Varsovie a une température moyenne de — 4° dans le mois le plus froid et de + 18° dans le mois le plus chaud ;

La *région de la basse Allemagne*, qui s'étend du Brandebourg jusque dans la Flandre, en y comprenant le Jutland et même la Suède méridionale, et qui présente une vaste plaine dans laquelle dominent les pluies d'été,

1.

mais où la différence entre la rigueur de l'hiver et la chaleur de l'été est moins accusée que dans l'Europe orientale ; à Berlin, la différence de la température du mois le plus froid au mois le plus chaud est de 21° (—3°, + 18°); à Dresde, de 20° (— 2°, + 18°) ;

La *région des Carpathes et de la Bohême*, montagneuse, partant plus arrosée par les pluies que les régions précédentes, et mieux abritée contre les vents d'est ; la température moyenne de Prague est de 0° en hiver et de 18° en été ;

La *région danubienne*, tempérée, conservant certains caractères alpestres dans le bassin moyen, marécageuse sur le bas Danube et froide en hiver à cause du vent des steppes, très-chaude en été dans les plaines de la Hongrie, et très-exposée par sa direction au souffle des vents d'est; cependant, les vents d'ouest dominent dans l'Autriche, la Bohême et la Hongrie.

3° Les CLIMATS OCÉANIQUES, ou climats marins, caractérisés par la douceur relative des étés et des hivers, par la fréquence des vents d'ouest et par l'abondance des pluies automnales ; ils comprennent :

La *région norvégienne* (Norvége et Suède méridionale), favorisée, malgré sa latitude élevée, d'un climat relativement doux, à cause de la proximité de l'Océan et du Gulfstream ; la pluie y est très-fréquente et contribue à l'adoucissement de la température d'hiver; l'été est même chaud dans certaines portions du Sud ;

La *région britannique*, qui a elle-même des caractères distincts sur les côtes orientales et sur les côtes occidentales, les premières ayant un climat plus humide et plus doux ; mais, même sur la côte occidentale, les écarts de température de l'hiver à l'été sont assez faibles ; ils sont à Édimbourg de + 3° à + 14°; à Londres, de + 4° à + 15°; dans les îles Hébrides, sous un ciel très-pluvieux, les hivers sont moins rudes qu'à Londres ;

La *région des Pays-Bas et de la Manche,* dans laquelle est compris le climat séquanien (Voir *la France et ses colonies*); la température de l'hiver et celle de l'été sont de + 2° et + 18° à Bruxelles, de 0° et + 17° à Hambourg ;

La *région pyrénéenne,* à laquelle se rattachent le climat girondin (Voir *la France et ses colonies*) et toute la côte nord-ouest de la péninsule Ibérique ;

La *région alpestre,* composée de montagnes, d'étroites vallées et de plateaux élevés, particulièrement pluvieuse, avec de rapides variations de température selon l'altitude (Voir le carton de la carte n° 1), des hivers très-froids sur les versants septentrionaux et des étés très-chauds sur les versants méridionaux, réchauffée et quelquefois desséchée par le souffle du fohn : à Berne, la moyenne de l'hiver est de 0°, et celle de l'été de + 15°, tandis qu'à Milan, l'une est de + 2° et l'autre de + 22° (le climat rhodanien en France en dépend).

4° Les CLIMATS MÉDITERRANÉENS, plus chauds en général que les précédents, placés hors de l'influence des vents pluvieux de l'Atlantique, mais soumis aux vents qui, par suite de la raréfaction de l'air dans le Sahara, soufflent vers l'Afrique ou partent, par un contre-courant, de l'Afrique vers l'Europe; ils comprennent trois régions correspondant aux trois péninsules :

La *région ibérique,* très-chaude et presque africaine, dans l'Andalousie, Valence, Murcie et même le sud du Portugal, où les pluies d'hiver sont très-abondantes, et où souffle le solano pareil au simoun, plus sèche qu'aucune autre contrée d'Europe, sur le plateau central, où alternent, à cause de l'élévation du sol, des hivers froids et des étés brûlants ; à Madrid, par exemple, la différence entre l'été et l'hiver est de 18°, tandis qu'elle n'est guère que de 10° à Lisbonne, où la température hibernale ne descend guère au-dessous de + 10° ;

La *région italique* (à laquelle se rattache notre climat

méditerranéen), présentant dans la vallée du Pô, surtout au pied des Alpes, un hiver froid, un été chaud et des alternatives de vents très-divers, surtout du sirocco, étouffant et pluvieux, du grécale (vent du N.-O.), sec et froid, du vent d'est, presque toujours pluvieux ; mais jouissant d'une température plus également chaude, l'hiver comme l'été, au sud-ouest des Apennins, et surtout dans la Sicile (1), où poussent le coton et la canne à sucre et où le ciel est d'une remarquable pureté pendant presque toute l'année ;

La *région hellénique* où l'on trouve, à cause des montagnes qui coupent le pays, des climats très-divers, un ciel pur, mais une chaleur généralement moindre que dans l'Italie occidentale et méridionale ; la région du Tchar-Dagh reste sept mois couverte de neige et est toute l'année exposée à de violents ouragans, tandis que les vallées de l'Archipel ont un hiver très-doux et un été très-chaud ; des pluies presque continuelles et le vent du nord règnent durant l'hiver.

6. Les cultures. — Dans les climats hyperboréens, la culture n'existe pas ; l'orge et l'avoine seules parviennent à pousser dans quelques rares terrains très-bien exposés, parce que deux ou trois mois de chaleur leur suffisent pour mûrir, quel qu'ait été le froid de l'hiver. *Les sapins et les pins* y gèlent ; les premiers *ne se hasardent guère au delà du 68ᵉ degré*, et les seconds au delà du 70ᵉ ; dans la presqu'île Scandinave, le peuplier, le hêtre et le chêne, au delà de 60 et 62 degrés ; dans l'est de l'Europe, près de l'Oural, ils atteignent à peine le 55ᵉ degré.

La *vigne a* à peu près *pour limite le 49ᵉ degré*, qu'elle n'atteint ni sur la côte de l'Océan, où le soleil d'été n'est pas assez ardent, ni dans la région des steppes, où le froid

---

1. La moyenne de l'été est de 21° et celle de l'hiver de + 3° à Turin ; à Palerme, la moyenne de l'été est de + 25°, celle de l'hiver de + 12°.

est trop vif, mais qu'elle dépasse dans quelques cantons privilégiés de l'Allemagne.

Au nord de la latitude de Saint-Pétersbourg, les céréales cultivées sont l'orge, qui peut mûrir en Norvége jusque sous le 69° degré, l'avoine et le seigle ; au sud de la ligne de Saint-Pétersbourg, le seigle devient plus abondant, et, mêlé au froment, il est la principale céréale dans la région qui s'étend jusqu'à la latitude de York en Angleterre et de Berlin sur le continent. Au sud de la ligne passant par York et Berlin, commence la région dans laquelle domine le froment et surtout le blé tendre et qui s'étend à peu près jusqu'à la zone des climats méditerranéens ; dans cette dernière zone (à laquelle il faut ajouter les régions girondine, rhodanienne et portugaise), la culture du maïs se mêle à celle du blé, surtout du blé dur, et, sur certains points, à celle du riz.

Dans toute la région des climats méditerranéens, on pratique la culture du mûrier et l'élevage du ver à soie ; dans les parties favorisées du soleil, poussent l'amandier, l'olivier, l'oranger, le citronnier, et, sur quelques points, le palmier, comme dans la plaine d'Alicante, le cotonnier, comme en Sicile et dans la campagne de Salonique.

2me section.

LE RELIEF DU SOL.

(Voir la carte n° 2.)

7. Le sol. — Après l'étude de l'atmosphère, au sein de laquelle nous vivons, il convient de placer l'étude de la terre, que nous habitons. Cette dernière étude comprend deux parties : 1° étude du relief du sol ; 2° étude des eaux douces, dont le cours est déterminé par la pente générale et par les accidents particuliers du terrain.

Le relief du sol n'est lui-même qu'une conséquence de la formation géologique. La disposition des roches primitives qui composent les premières assises de la croûte solide du globe, le dépôt successif des nombreuses couches de terrains qui se sont lentement formées au fond des eaux, les soulèvements qui, à diverses reprises, ont déchiré et plissé de mille manières ces couches, qui les ont portées au-dessus du niveau des mers ou replongées sous les flots, ont donné aux continents et aux îles leur forme actuelle, et expliquent, non-seulement le système des montagnes, mais le caractère agricole et minéralogique de chaque contrée.

8. **Les terrains primitifs et de transition.** — Les TERRAINS PRIMITIFS, composés de roches ignées et éruptives, granit, gneiss ou micaschiste, constituent en quelque sorte les fondements solides du globe terrestre. Ce sont les plus anciennement formés ; mais ils avaient été presque partout recouverts de couches sédimentaires, c'est-à-dire de couches déposées en lits horizontaux par les eaux de l'Océan auquel ces roches primitives servaient de fond ; en général, c'est postérieurement, à des époques géologiques diverses, et par suite de soulèvements, qu'ils ont déchiré et percé toute l'épaisseur des terrains qui s'étaient durcis au-dessus d'eux, et qu'ils ont apparu de nouveau à la surface, couvrant quelquefois de très-vastes espaces. Sur les bords de la déchirure, les couches de dépôts sédimentaires, auparavant horizontales, ont été courbées et inclinées. Le soulèvement terminé, de nouveaux dépôts horizontaux se sont formés au pied de ces couches obliques ; la différence des inclinaisons sert au géologue à assigner une date relative à chacun des soulèvements. Ainsi il peut dire que le soulèvement des Pyrénées a eu lieu immédiatement avant l'époque tertiaire, puisque, sur le bord de la déchirure (Voir le carton 2 de la carte 2), le terrain crétacé est relevé, et que les couches inférieures et supérieures du terrain tertiaire sont horizontales ; il peut dire aussi que le soulèvement du mont Blanc est

postérieur, puisque les couches inférieures et supérieures du terrain tertiaire sont relevées, tandis que le terrain moderne est horizontal (Voir le même carton). C'est donc à des époques différentes que se sont élevées au-dessus des eaux les *masses granitiques* qui forment les *arêtes de la plupart de nos chaînes de montagnes*, Caucase, Carpathes et steppes de Russie, Balkans, Pinde, Alpes, Sicile, Corse, Sardaigne, quadrilatère de Bohême, Plateau central de France et Bretagne, massifs ibériques, Grampians. Dans le nord-est de l'Europe, la *Scandinavie* et la *Finlande* paraissent avoir émergé dès les temps les plus reculés et avoir formé, avec l'Oural, les premières îles marquant l'emplacement de l'Europe future.

Les TERRAINS DE TRANSITION (dépôts siluriens et dévoniens), souvent désignés sous le nom de terrains paléozoïques, parce qu'ils renferment les plus antiques fossiles, se formèrent ensuite, se superposèrent aux roches primitives ou se soudèrent à leurs flancs, et, soulevés à leur tour par divers mouvements, lents ou subits, de la croûte terrestre (soulèvement du Hundsruck, des Ballons, etc.), agrandirent la surface des îles qui se trouvaient alors sur l'emplacement de l'Europe actuelle. Le massif principal de la *presqu'île Scandinave* s'étend sur toute la *portion nord-ouest de la Russie* jusqu'à Moscou et Charkow; la *chaîne de l'Oural*, une longue bande dans les *steppes de Russie*, presque toute la *Macédoine* et la *Thessalie*, plusieurs *îlots des Carpathes*, la plus grande partie des *monts qui entourent la Bohême*, et certaines portions du *massif alpestre* (Voir le carton n° 1), les plateaux des *Ardennes*, de l'*Auvergne*, de la *Bretagne*, la *ligne des Pyrénées*, presque toute la *portion occidentale de la péninsule Ibérique*, des parties de la *Corse*, de la *Sardaigne*, de la *Sicile*, l'*Irlande*, la *moitié septentrionale de la Grande-Bretagne*, le *pays de Galles* et le *Cornouailles* se dressèrent au-dessus des mers, présentant des surfaces de terrains granitiques, siluriens ou dévoniens. La forme de l'Europe ne se dessinait pas encore. A l'exception du grand massif de Scandinavie et Finlande, et de la longue bande de l'Oural, elle n'offrait encore que quelques îles rocheuses éparses sur l'Océan; mais ces îles indiquaient déjà les principales chaînes de montagnes de notre continent actuel.

Car la plupart de ces massifs étaient orientés du sud-ouest au nord-est; or, c'est précisément la direction des montagnes de l'Europe et de l'Asie. C'est sur ces terrains, près des grandes forêts de cette période, dans les baies ou les lacs vers lesquels les fleuves charriaient et amoncelaient les débris des végétaux, fougères, palmiers et conifères, que se sont formées les premières et les plus puissantes couches de HOUILLE, et c'est là que l'ingénieur perce aujourd'hui ses puits à la recherche de cette substance, le meilleur des combustibles minéraux.

9. Les terrains secondaires. — Durant la période secondaire, les animaux semblent s'être multipliés sur la terre et dans les profondeurs de l'Océan, où d'immenses dépôts de coquilles accumulées ont formé nos terrains calcaires.

Les couches inférieures, couches du *terrain permien* et du *trias*, dominent surtout dans le nord-est de la Russie, au pied de l'Oural, dans les Vosges et la Thuringe, dans l'ouest de l'Angleterre.

Les couches du *terrain jurassique* complétèrent la chaîne de l'Oural et celle des Alpes, et formèrent le Jura et une notable portion de l'Apennin.

Les couches du *terrain crétacé* s'étendirent principalement sur les steppes de la Russie méridionale, dans les Carpathes, les Apennins du centre et du sud, sur presque toute la péninsule hellénique, sur les rivages du golfe de la Seine et du golfe Aquitanique.

A la fin de cette longue période, l'Europe, par suite de

mouvements divers qui avaient abaissé ou soulevé ces terrains de formation nouvelle, avait pris un aspect tout autre qu'elle ne l'avait eu au début, lorsque l'Europe septentrionale seule était représentée par deux massifs, que l'Europe centrale n'offrait que quelques îlots disséminés, et que des trois péninsules méditerranéennes, deux seulement étaient à peu près indiquées. Le massif scandinave s'était légèrement étendu au sud par la formation de la *Gothie* et d'une portion du *Jutland* avec les îles ; le massif ouralien s'était également étendu au sud sur une partie des *steppes* ; l'arête du *Caucase* était formée ; les *îles Britanniques* existaient presque entières ; les trois péninsules du sud apparaissaient, la *péninsule hellénique* presque dans sa forme actuelle avec la ligne des Balkans, la péninsule italique figurée par l'étroite bande de l'*Apennin* et de la *Sicile*, la péninsule ibérique par des îlots ou des massifs profondément découpés, dont le principal était celui des *Pyrénées*, récemment soulevées alors dans toute leur longueur et prolongées par les *Cévennes* jusqu'aux Alpes ; l'Europe centrale, non moins profondément découpée, se rattachait aux péninsules du midi et probablement aux îles Britanniques par les massifs nouveaux du *Jura*, des *Alpes juliennes*, de la *haute Allemagne* et des *Carpathes*. Telles sont les portions du continent actuel formées par les TERRAINS SECONDAIRES, et qui, émergées définitivement, s'ajoutaient aux portions probablement émergées déjà à la fin de la période dévonienne.

10. Les terrains tertiaires et quaternaires. — A partir de cette époque, les terres d'Europe, en grande partie sorties des eaux, ne présentent plus à l'Océan d'aussi vastes surfaces maritimes pour la formation de couches nouvelles. Ce sont, en général, des dépôts moins étendus, tantôt marins, tantôt lacustres, la plupart du temps isolés, qui garnissent le fond des mers secondaires, des golfes ou des lacs, qui l'exhaussent, et que les derniers soulèvements amènent au-dessus du niveau de l'Océan.

On désigne quelquefois cette période sous le nom d'époque continentale, parce qu'en effet les continents, à cette époque, occupent sur le globe une place importante. Dans la période précédente, il y avait eu, à côté des innombrables mollusques qui peuplaient les mers et dont les coquilles ont constitué nos calcaires, certains animaux d'ordre supérieur ; mais c'étaient presque tous, comme nos crocodiles actuels, des animaux amphibies, vivant sur le bord des eaux. Dans l'époque continentale, les animaux terrestres se multiplient, de grands mammifères herbivores peuplent les prairies et les forêts, et chaque continent commence à avoir sa faune et sa flore caractérisées.

Ainsi ont été ajoutés au continent européen les TERRAINS TERTIAIRES ; ils ont formé les *contre-forts* septentrionaux et méridionaux du *Caucase* avec la Crimée, la majeure partie des *steppes*, la *Roumélie*, une longue *bande de Genève à la Hongrie* et par delà (Voir le carton n° 1), laquelle paraît avoir été un grand lac intérieur dont le lac actuel de Constance ne serait qu'un faible reste ; ils ont comblé les bassins des *golfes de la Seine et d'Aquitaine*, les baies de la *partie orientale de l'Espagne*, la *Belgique occidentale*, la *Toscane*, y compris l'Apennin, et créé une étroite *bande traversant obliquement l'Angleterre méridionale* et presque toute l'*Irlande*.

Les TERRAINS QUATERNAIRES ont été formés par les dépôts marins les plus récents et par les alluvions des grands fleuves. C'est à cette formation qu'appartiennent les *steppes orientales* de la Russie, région généralement basse, encore marécageuse, située entre cette mer d'Azow que les anciens, à cause de son peu de profondeur, nommaient un marais (Palus Méotides) et qui n'a guère aujourd'hui plus de 3 à 15 mètres de fond, et la mer Caspienne, toute semée, de ce côté, d'îles innombrables qui paraissent être des terres en voie de formation, créées par les alluvions du Volga, le *bassin de la Néva*, conquis probablement aux dépens du golfe de Finlande, la fertile *plaine de la Hongrie*, la *vallée du Pô* conquise par le fleuve sur l'Adriatique qu'il continue à ensabler, le *delta du Rhône*, la *plaine du Rhin* (Alsace et duché de Bade), apportée des flancs des Alpes par les eaux du Rhin, toute la *basse Allemagne*, vaste plaine unie, émergée du fond de la mer du Nord et de la mer Baltique, qui ne formaient probablement qu'une même mer (Voir la carte n° 4).

L'Europe avait alors sa forme actuelle. Les *derniers grands soulèvements* qui en ont modelé le relief paraissent avoir eu pour centre les *Alpes* ; ils ont déchiré et courbé les couches des dépôts tertiaires, étendu les surfaces granitiques et projeté à une grande hauteur les pitons déchiquetés du mont Blanc (Voir le carton n° 2) et du mont Rose et les hautes murailles des Bernoises ; ils ont fait sentir leur influence sur la majeure partie de l'Europe dont ils ont déterminé les pentes générales, brusques au sud, douces et prolongées au nord, et les *Alpes* sont demeurées le *nœud orographique de l'Europe centrale*. (Pour se rendre bien compte de cette disposition générale, examiner sur la carte n° 4, Europe centrale, le relief du sol et le régime des eaux). Quelques autres soulèvements partiel ont eu lieu au milieu des terrains modernes ; les volcans les ont produits et ils ont eux-mêmes, par leurs éruptions, recouvert de longues coulées de lave, de porphyre et de basalte des couches plus anciennes; les îles de l'Archipel, les environs de l'Etna, les îles Stromboli, la campagne du Vésuve, les puits d'Auvergne, l'Hécla sont au nombre de ces terrains volcaniques (Voir les cartes n°s 3 et 4).

11. La direction générale des pentes. — Les divers soulèvements de la croûte terrestre, ainsi qu'on vient de le voir, n'ont pas relevé les montagnes en manière de murailles abruptes sur un sol uni. A côté des formes capricieuses qu'affectent les sommets montagneux, sommets généralement déchiquetés et aigus dans les soulèvements granitiques, coupés en hautes et longues murailles dans les soulèvements calcaires, les hauteurs se prolongent presque toujours sur une grande étendue ; elles forment quelquefois des plateaux, quelquefois s'abaissent, elles se prolongent en pente douce et forment des plaines enveloppées de collines ou d'ondulations légères qui descendent jusqu'au niveau de la mer. Les chaînes de montagnes sont les points culminants de cette série de hauteurs étagées les unes au dessus des autres ; le massif alpestre, théâtre des derniers grands soulèvements du vieux continent, est lui-même le point culminant de tout le système orographique de l'Europe.

Si l'on pouvait observer du haut des airs la configuration générale de l'Europe, on remarquerait :

1° Que *le relief du sol apparaît comme une série de plans inclinés atteignant dans le massif alpestre leur plus grande élévation*, que ces plans ont une *très-faible inclinaison dans les plaines*, une inclinaison plus marquée sur les plateaux, une *inclinaison très-prononcée dans les régions montagneuses* avec des accidents de terrain très-multipliés, vallées profondes, escarpements, pitons ; que *ces plans inclinés sont creusés de nombreux sillons* dans lesquels se rassemblent et coulent les eaux, sillons *étroits et profonds dans les régions montagneuses*, c'est-à-dire vers le sommet du plan où les vallées sont très-encaissées, quelquefois aussi sur les plateaux, très-rarement, au contraire, *dans les plaines*, où ils deviennent ordinairement des *vallées spacieuses, larges et unies*, de sorte qu'en suivant tel de ces sillons, on peut parvenir jusque dans le voisinage de l'arête du plan, sans être monté à une altitude supérieure à celle des plaines ou des plateaux (Pour comprendre cette ordonnance générale, examiner attentivement la carte n° 4) ;

2° Que l'idée de *montagne*, qui *désigne un sol faisant relief sur la contrée circumjacente*, n'est pas nécessairement liée à l'idée de grande altitude, et que des plateaux, des plaines ou des vallées peuvent être plus élevés au-dessus du niveau de la mer que certaines chaînes de montagnes, mais qu'ils sont désignés comme plateaux, plaines ou vallées, parce qu'ils ne sont pas plus élevés ou le sont moins que la contrée circumjacente. Exemples : Le plateau de Bavière et la chaîne de la Côte-d'Or, la plaine de Suisse et le Westerwald, la vallée supérieure de l'Inn et le mont Hœllenberg en Poméranie (Voir la carte n° 4).

3° Que *la majeure partie des grandes chaînes de montagnes est orientée de l'ouest à l'est, comme le sont les Alpes* (Pyrénées et chaînes ibériques, Cévennes méridionales, Balkans, partie des Carpathes, Caucase); ce qui rappelle la structure géologique de l'Europe (moins la partie nord-est) après la formation des terrains paléozoïques ;

4° Que *ces mêmes chaînes bordent de près la Méditerranée et laissent, au contraire, place pour des plateaux et pour de longues plaines entre leurs sommets et les mers du nord*;

5° Que, si l'on fait abstraction des îles Britanniques et de la presqu'île Scandinave, qui sont comme les digues avancées du continent contre l'effort de l'océan Atlantique, et aussi de la Russie, dont la vaste plaine est pour ainsi dire une dépendance de l'Asie, le relief de l'Europe présente un dessin assez régulier : *deux hauts plateaux montagneux aux extrémités sud-est et sud-ouest, la péninsule ibérique et la péninsule hellénique : au centre,* LE GRAND MASSIF ALPESTRE, *principal relief de toute l'Europe, que flanquent, à l'ouest les Vosges, le massif central de la France et les Cévennes, rattachant les Alpes au plateau ibérique, à l'est, le quadrilatère de Bohême et les Carpathes, rattachant les Alpes au plateau hellénique ;*

22　L'EUROPE.

au nord, une longue plaine qui borde la mer du Nord et la Baltique, permettant de remonter jusqu'aux Alpes par une série de chaînes basses et par le grand plateau de Bavière (Voir figure n° 1).

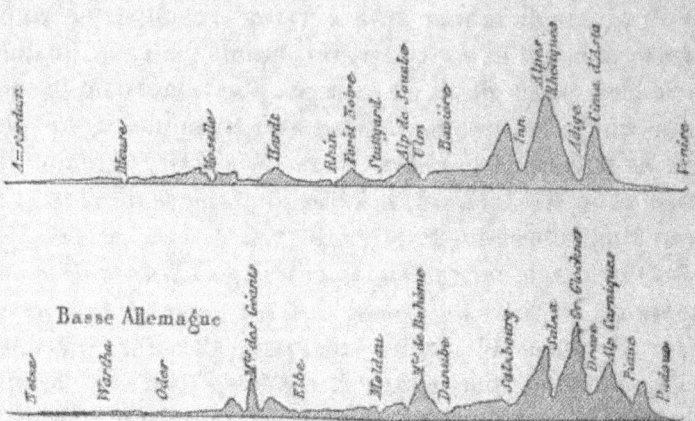

Fig. 1. — Coupe de l'Europe de Venise à Amsterdam et de Padoue à Dantzig (hauteurs très-exagérées relativement aux longueurs).

6° Que l'*Europe septentrionale* (moins la Scandinavie) *et orientale est beaucoup au dessous du niveau général de l'Europe centrale et méridionale*, et présente, pour ainsi dire, une *plaine continue*, comme on le voit par les deux coupes ci-jointes de l'Europe (1), suivant les lignes allant l'une de Padoue à Dantzig, l'autre de Venise à Amsterdam, et indiquant toutes deux les rapports d'altitude des parties nord et sud de l'Europe centrale (Voir la fig. n° 1. Voir aussi la coupe de l'Europe sur le côté de la carte n° 4).

En effet, si l'on trace sur la carte la ligne au-delà de laquelle le terrain *dépasse une hauteur de* 200 *mètres*, on trouve que :

Dans l'Europe méridionale, l'*Espagne* presque tout entière (moins la côte du Portugal, les vallées inférieures

1. Dans ces coupes (tirées de *The earth and its inhabitants*, par M. Guyot ; les hauteurs, pour être rendues sensibles à l'œil, ont été relativement aux longueurs, très-exagérées.

du Guadalquivir et de l'Èbre), l'*Italie* (moins la vallée du Pô, de l'Arno, la campagne de Rome, etc.), la *péninsule Hellénique* (moins la Thessalie et quelques vallées étroites) sont au dessus de cette limite de 200 mètres ;

Dans l'Europe centrale, *les trois quarts de la France*, tout le *massif Alpestre*, d'Aix jusqu'à Vienne et au-delà, toute la *Suisse*, toute la *haute Allemagne* et même une partie de l'Allemagne centrale jusqu'à Cologne, Hanovre et Dresde, presque toute la *Bohême*, la *Moravie* et la *majeure partie de la Silésie*, toute la *région des Carpathes* avec la *Transylvanie*, la *Gallicie*, etc., sont également au dessus de cette limite ;

Dans le centre de l'Europe il n'y a guère qu'une petite portion de la vallée du Rhin et la grande plaine quaternaire de la Hongrie, et, dans l'Europe méridionale, que quelques côtes et vallées (vallée du Pô, etc.) qui soient à un niveau inférieur à 200 mètres.

On trouve, au contraire, que *les basses plaines dominent dans le nord de l'Europe centrale* ; car, de Calais à Saint-Pétersbourg, le terrain à travers lequel coulent le Rhin inférieur, l'Elbe depuis Dresde, l'Oder depuis Breslau, la Vistule et le Niémen, terrain de formation moderne, est, en général, bien *inférieur à* 200 *mètres* : il comprend la *Belgique occidentale* depuis les collines de Sambre-et-Meuse, la *Hollande* dont certains villages, dans les polders, sont situés à 4 ou 5 mètres au dessous du niveau de la pleine mer, une partie de la vallée du Rhin, la majeure partie du royaume de *Prusse*, le *Danemark*, une notable *partie de la Pologne* ;

Que *les basses plaines dominent* aussi *dans l'Europe orientale*, où toute la *région du golfe de Finlande*, au sud-ouest comme au nord-ouest de Saint-Pétersbourg, toute la *région de l'océan Glacial* jusque vers les sources de la Dwina du Nord, les *grandes vallées*, presque tout entières, *du Volga, de l'Oural, du Don, du Dniéper* et la *vallée du bas Danube* depuis les portes de fer, sont également *inférieures à* 200 *mètres*.

Dans l'Europe septentrionale et occidentale, la presqu'île Scandinave a toute sa partie occidentale fort élevée, son rivage de la Baltique et sa pointe méridionale étant seuls au dessous de la ligne de 200 mètres ; l'Islande, soulevée par l'Hécla, est presque tout entière au dessus de ce niveau.

L'Écosse le dépasse également, excepté dans la plaine qui s'étend de Glasgow à Édimbourg et sur la côte occidentale ; en Angleterre, le pays de Galles et une étroite bande de terrain qui, des hauteurs de l'Écosse, rejoint la ligne transversale des hauteurs de la côte méridionale, le dépassent aussi.

La différence entre le relief de l'Europe centrale et méridionale et l'Europe septentrionale et orientale devient bien plus sensible encore, si l'on observe la *ligne des hauteurs supérieures à* 630 *mètres*, où commence la région montagneuse. Dans l'intérieur de cette ligne, on trouve, au nord, le *long massif occidental de la presqu'île Scandinave*, et des *points isolés de la Grande-Bretagne* (Écosse et Galles) ; absolument rien dans l'Europe orientale jusqu'à l'Oural ; dans la partie septentrionale de l'Europe centrale, *quelques hauteurs figurant le sommet des chaînes* (Harz, Thuringerwald, Vosges, etc.) ; dans la partie méridionale, au contraire, de nombreux et larges massifs : le *Jura*, le gigantesque MASSIF DES ALPES, la *chaîne des Carpathes* et le *quadrilatère de Bohême*, le *vaste plateau de l'Espagne* avec la *sierra Nevada*, l'*arête des Apennins*, le large *massif de la péninsule Hellénique*.

12. **Les profondeurs de la mer**. — Entre le continent et la mer, la séparation n'est pas nécessairement formée par une pente abrupte comme une digue ; quelquefois la roche plonge tout à coup assez profondément, quel-

quefois, au contraire, le rivage s'incline en pente insensible. En général, la profondeur s'accroît d'autant plus rapidement que la côte est bordée de plus près par de hautes montagnes.

C'est pourquoi, *dans la Méditerranée, on atteint promptement une profondeur* de près de 500 mètres, la Méditerranée étant bordée par les plus hautes montagnes de l'Europe. Il n'y a guère d'exception que dans les baies que les fleuves remplissent de leurs alluvions, les embouchures de l'Èbre, le golfe du Lion bordé par les lagunes du Languedoc, la mer Adriatique ensablée par le Pô. Le fond de l'Archipel, soulevé par les éruptions volcaniques, n'atteint pas (sinon au nord de Candie) 500 mètres. C'est aussi le chiffre le plus élevé que donne la sonde dans la mer de Sicile ; trace évidente de la continuation, à d'autres époques géologiques, de la péninsule Italique, par la Sicile, jusqu'à l'Afrique. La plus grande profondeur de la Méditerranée ne dépasse pas 2,800 mètres du côté européen ; cette profondeur se rencontre vers les points centraux, entre les Baléares et la Sardaigne, entre la Sardaigne et l'Italie, entre la Sicile et Candie, au sud-est de Candie (1).

La mer Noire, mer à peu près fermée, ensablée par les alluvions de plusieurs grands fleuves d'Europe, ne dépasse pas en profondeur 1,800 mètres, et est beaucoup moins profonde au nord-ouest, où elle reçoit le Danube, le Dniester, le Dniéper, que dans les autres parties. La mer d'Azow est un bassin sans profondeur (3 à 15 mètres).

La *mer Caspienne, que borde une vaste région* (entre le Volga et les steppes asiatiques) *située au dessous du niveau de la mer* (de 15 mètres et plus sur certains points), est elle-même *de 27 mètres au dessous du niveau de l'O-*

---

1. Elle atteint 4,000 mètres au nord du golfe de la Sidre, dans le voisinage de la côte d'Afrique.

céan et de la mer Noire, sa voisine ; ce qui indique qu'il existait là autrefois une mer plus vaste qui s'est desséchée en partie. Aussi n'a-t-elle qu'une très-médiocre profondeur (à peine 7 à 10 mètres dans sa partie septentrionale jusqu'aux bouches du Terek), et n'atteint-elle 200 mètres en aucun point de toute sa moitié septentrionale.

Dans l'océan Atlantique, la mer atteint promptement une profondeur de 180 *à* 900 *mètres et plus, sur les côtes montagneuses de la péninsule Ibérique, et même, quoique moins promptement, sur les côtes de l'Irlande, des Hébrides et de la Norwége.* Les autres côtes, attenantes en général à des pays de plaines, ont une pente bien moins rapide. En réalité, *l'Europe repose sur un large piédestal* qui réunit les îles Britanniques et le continent sur la même base ; de sorte que, dans la *Baltique* (excepté sur quelques points), dans la *mer du Nord* (excepté sur la côte de Norvége, au pied des montagnes), dans la *Manche*, dans la *mer d'Irlande, on n'atteint pas à une profondeur de* 180 *mètres*.

Le fond de l'Océan s'abaisse vers l'ouest et plonge à des profondeurs plus considérables que celui de la Méditerranée ; à l'extrémité du golfe de Gascogne, la sonde descend à plus de 4,500 mètres, c'est-à-dire à *une profondeur qui égale à peu près la hauteur du mont Blanc*.

Si l'on envisage la pente du terrain au dessous aussi bien qu'au dessus du niveau de la mer, *la loi de la déclivité plus rapide vers le sud et l'ouest que vers le nord et l'est* apparaît plus manifestement ; car, du sommet du mont Blanc (4,810 mètres au-dessus du niveau de la mer), on est séparé, en allant droit au sud, par 370 kilomètres, d'une profondeur de plus de 450 mètres au dessous du niveau de la Méditerranée ; en allant vers l'ouest, par 640 kilomètres, d'une profondeur de plus de 750 mètres dans le golfe de Gascogne, tandis que, dans la direction du nord, plus de 1,500 kilomètres séparent d'une profondeur supérieure à 150 mètres et dans la direction du nord-est, près de 3,000 kilomètres séparent d'une profondeur supérieure à 30 mètres dans l'océan Glacial.

13. Les chaînes de montagnes. — Des profondeurs de l'Océan et de la Méditerranée jusqu'aux hauteurs supérieures à 630 mètres, la série d'assises superposées présente dans son ensemble une surface très-large avec de légères inclinaisons. Les hauteurs formant les lignes de faîte sont les chaînes de montagnes qui constituent les arêtes du continent européen ; elles peuvent se diviser en sept groupes principaux :

1° LE GROUPE DES CHAINES IBÉRIQUES, avec les PYRÉNÉES ;

2° LE GROUPE ALPESTRE, auquel, outre les ALPES proprement dites, se rattachent le MASSIF CENTRAL de la France, le JURA, les VOSGES et leurs ramifications, composant le système français ; les monts de Corse et de Sardaigne, et l'APENNIN, composant le système italique ; les BALKANS, le PINDE et leurs nombreuses ramifications, composant le système hellénique : c'est de beaucoup le groupe le plus important.

Ces deux groupes enveloppent la Méditerranée (moins la mer Noire), lui envoient les eaux qui descendent de leurs versants méridionaux (excepté dans certaines chaînes ibériques qui ont l'Océan pour débouché), et dessinent les trois péninsules du sud de l'Europe.

3° LE GROUPE DES CARPATHES avec LE QUADRILATÈRE DES MONTS DE BOHÊME et les MONTS DE L'ALLEMAGNE CENTRALE : c'est le système allemand, lequel sépare, dans l'Europe centrale, le bassin de la mer Noire du bassin de la Baltique et de la mer du Nord.

Ces trois premiers groupes communiquent entre eux et forment comme une série non interrompue de hauteurs dans l'Europe méridionale et centrale. Les quatre groupes suivants sont isolés.

4° LE GROUPE DES ILES BRITANNIQUES, dont le système embrasse la Grande-Bretagne et l'Irlande ;

5° LE GROUPE DES ALPES SCANDINAVES avec les collines de Finlande.

Ces deux derniers forment la digue occidentale de l'Europe contre l'Océan, et ramènent presque toutes les eaux qu'ils reçoivent vers les bassins intérieurs de l'Europe ;

6° L'OURAL avec les plateaux qui se prolongent vers l'ouest ;

7° LE CAUCASE.

Ces deux derniers sont situés à la limite extrême de l'Europe orientale, qu'ils séparent de l'Asie.

14. Le groupe des chaînes Ibériques. — La péninsule Ibérique est généralement élevée ; de la sierra Morena, qui se dresse au dessus de la vallée du Guadalquivir, jusqu'à la chaîne ibérique, et particulièrement à la sierra de Moncayo, qui domine la plaine d'Aragon, s'étend le vaste PLATEAU DE CASTILLE, le plus élevé de toute l'Europe (plus de 630 mètres en moyenne). Il forme comme un plan légèrement incliné vers le nord, coupé en deux par la sierra de Guadarrama, qui sépare le plateau de la Nouvelle-Castille, dont la hauteur moyenne n'est que de 600 mètres, du plateau de la Vieille-Castille, dont la hauteur moyenne est de près de 700 mètres ; dans les nombreux massifs de ce plateau, tous les fleuves de la Péninsule prennent leurs sources et les chaînes viennent en quelque sorte s'y confondre (Voir la carte physique d'Espagne). Le réseau complexe de ces massifs a été divisé par les géographes en trois groupes.

I. Le groupe du sud comprend trois chaînes orientées de l'ouest à l'est :

1° LA SIERRA NEVADA, c'est-à-dire la chaîne neigeuse, qui s'étend avec diverses dénominations (1), sur une longueur

(1) Sierra de Ronda, Sierra Nevada, Sierra des Alpujarras, Sierra de Gador, etc. En général, les chaînes espagnoles n'ont pas dans le

d'environ 300 kilomètres, du cap Tarifa au cap Gata, haute chaîne formée de vastes plateaux nus et de sommets qui atteignent 3,500 mètres (le Mulahacen, 3,554 mètres), tombant en pentes rapides sur le versant méridional du côté de la mer, et se continuant au nord par la terrasse d'Andalousie jusqu'au Guadalquivir ;

2° LA SIERRA MORENA, c'est-à-dire la montagne noire, ainsi nommée à cause des arbustes à feuillage sombre qui la tapissent ; c'est la muraille méridionale du plateau central, et, par conséquent, elle présente, du côté du nord, à peine quelques monticules, tandis qu'elle descend, du côté du sud, en longues pentes inclinées ; ses sommets ne dépassent guère 1,000 à 1,500 mètres ; elle est riche en mines ;

3° Les *monts de Tolède*, aux flancs décharnés, la sierra de Montanches et les montagnes qui lui font suite en s'inclinant au sud-ouest vers la sierra de Monchique et l'Algarve, plateau détaché, rocheux et volcanique : le cap Espichel est la pointe extrême d'un rameau, à l'aspect volcanique et désolé, de cette chaîne tortueuse. Son plus haut sommet est la pointe de la sierra de Guadalupe, qui dépasse 1,500 mètres ; les autres mesurent seulement de 5 à 700 mètres.

II. Le groupe du centre comprend deux chaînes disposées en forme de T :

1° La *sierra Guadarrama*, que traverse le chemin de fer de Madrid, la *sierra de Gredos*, et les montagnes qui lui font suite (Gata, Estella, Junto) jusqu'au cap Roca, la pointe la plus occidentale du continent européen ; plus élevée que les deux précédentes (la sierra de Gredos atteint 3,000 mètres), cette chaîne est également orientée de l'est à l'ouest ; étroite, escarpée, granitique et coupée de rares cols (Somo-Sierra 1,500 mètres) à l'est, elle se

pays de dénomination générale ; ce sont les géographes qui les groupent sous les noms principaux.

développe en larges plateaux dans la partie occidentale et se termine par un massif calcaire ;

2° Les *monts Ibériques*, dont la direction est du nord-ouest au sud-est, et qui se rattachent à la précédente, sont moins une chaîne qu'un vaste plateau calcaire et généralement aride, élevé de 7 à 900 mètres, semé çà et là de massifs montagneux (sierra de Oca, *sierra de Moncayo*, sierra d'Albarracin, etc.), reliant entre elles la plupart des chaînes transversales de la péninsule, depuis les sources de l'Èbre, où il se détache des Pyrénées, jusqu'au cap Saint-Martin, au delà duquel les îles Baléares le continuent en quelque sorte à travers la Méditerranée. Comme ce plateau forme la muraille orientale du plateau central, il a des pentes beaucoup plus prononcées à l'est qu'à l'ouest ; ses sommets, en grande partie calcaires, sont élevés et plusieurs conservent leur neige toute l'année ; il projette plusieurs rameaux.

III. La chaîne des PYRÉNÉES s'étend de l'est à l'ouest, sur une longueur de plus de 1,100 kilomètres, depuis le cap Creux jusqu'aux caps Estelas et Finisterre, comme une haute muraille étayée par de puissants contre-forts qui en sont les rameaux transversaux, presque tous parallèles à la chaîne principale ; les pentes méridionales sont en général plus escarpées que les pentes septentrionales. On les divise en deux parties :

1° Les *Pyrénées hispano-françaises* (360 kilomètres) qui séparent la France de l'Espagne, se subdivisent elles-mêmes en trois sections (Voir la France et ses colonies § 20) et projettent, au sud, de nombreux et longs rameaux jusqu'au bord de l'Ebre ;

2° Les *Pyrénées espagnoles* (770 kilomètres) qui se subdivisent en *monts Cantabres, monts des Asturies, monts de Galice*, selon les provinces qu'elles traversent, qui, médiocrement hautes et percées de nombreux cols dans leur partie orientale, se relèvent dans leur partie centrale (Asturies) jusqu'à plus de 3,000 mètres et présentent une suite de pics neigeux, aigus, aux pentes boisées, avec un seul passage, la route de Gijon à Léon, puis s'épanouissent en nombreux rameaux qui couvrent toute la Galice et le nord du Portugal et forment le flanc septentrional du plateau Castillan. L'arête des monts de Galice présente au début une courbe très-arquée vers le nord, puis se replie au sud-ouest pour se terminer près de l'embouchure du Minho. Les Pyrénées sont, sur plusieurs points, traversées par des chemins de fer.

La péninsule Ibérique a peu de plaines et rien que des plaines élevées et étroites, nivelées par le cours inférieur de ses fleuves; la *plaine d'Andalousie* est la plus importante.

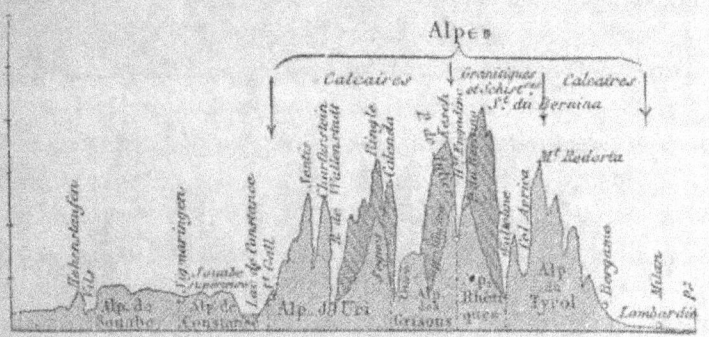

Fig. 7. — Coupe des Alpes du lit de la Tauber au lit du Pô (hauteurs très-exagérées relativement aux longueurs).

15. Les Alpes. — Le groupe alpestre a pour centre la grande chaîne des ALPES proprement dites qui se développe au nord de la péninsule Italique sous la forme d'un *arc de cercle d'environ* 1,500 *kilomètres*. Parvenue aux deux tiers environ de sa longueur, elle se divise, dans sa partie orientale, en deux branches, dont l'une se courbe pour continuer l'arc de cercle et dont l'autre se prolonge en ligne droite vers l'est comme une tangente à l'arc. Entre ces deux branches, sont de nombreux rameaux qui forment de toute la partie orientale comme un seul et large massif montagneux.

Les Alpes, dont le nom, d'origine celtique, signifie hauteur, et est encore employé par les montagnards suisses pour désigner les pâturages élevés, sont *le plus puissant massif montagneux de l'Europe*. Ce massif présente une surface d'une largeur de 120 à 240 kilomètres, plus éten-

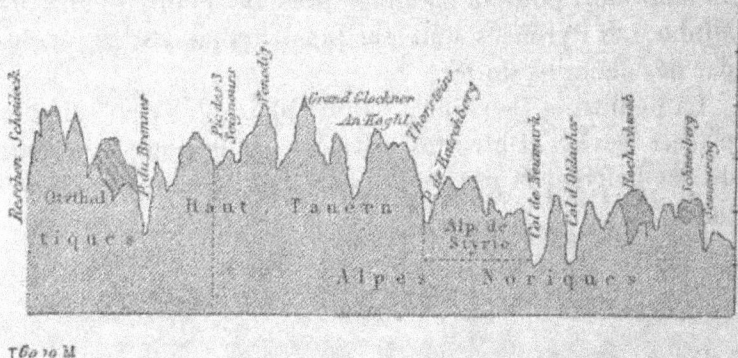

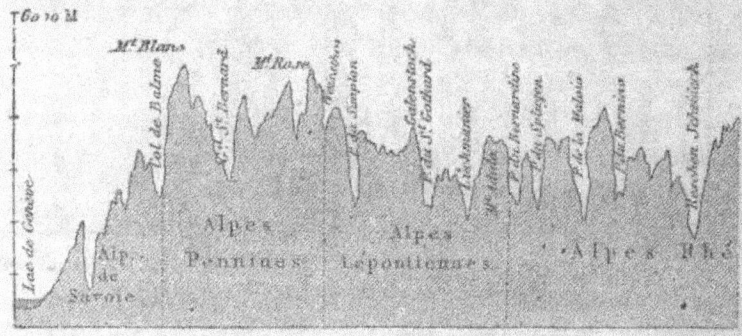

Fig. 3. — Coupe des Alpes, du lac de Genève au Sœmmering (hauteurs très-exagérées relativement aux longueurs).

due à l'est qu'à l'ouest, brusquement coupée, du côté de l'Italie, par les pentes escarpées qui enceignent la péninsule et descendent aux bords du Pô presque jusqu'au niveau de la mer, prolongée, au nord, par une suite de montagnes moins hautes qui, sur une ligne à peu près droite passant dans le voisinage de Berne, de Munich et de Vienne, descendent dans la haute plaine de la Suisse et sur le plateau de la Haute-Allemagne (Voir la figure 2, représentant la coupe des Alpes et de la Haute-Allemagne, de la vallée du Pô au lit de la Tauber, et la carte n° 4). Dans la direction de l'ouest à l'est, la chaîne centrale va se dégradant doucement vers l'est, jusqu'au bord du Danube (Voir la figure 3, représentant la coupe des Alpes du lac de Genève au Sœmmering). Son arête principale est formée de granit ; ses chaînes secondaires, au nord et au sud, de calcaires et de schistes. Elle présente plusieurs importantes vallées transversales, étroites et pittoresques, comme celles du Tessin, de l'Adige, de la Reuss ; mais ses plus longues vallées sont, comme celles du Rhône, de l'Inn, de la Drave, dirigées dans le même sens que l'arête centrale, et, par conséquent, le massif tout entier se compose de diverses branches parallèles : ce qui donne aux Alpes un caractère distinct de celui des Pyrénées et beaucoup plus varié. Les Alpes renferment *les plus hautes montagnes de l'Europe* ; nulle part, les neiges éternelles ne sont aussi abondantes, les glaciers aussi nombreux : aussi les Alpes sont-elles, en Europe, le réservoir le plus considérable d'eau douce. On les divise en trois sections, Alpes occidentales, Alpes centrales, Alpes orientales (Suivre attentivement le détail des Alpes sur le carton de la carte n° 3 et sur la carte n° 4).

1. Les ALPES OCCIDENTALES, s'étendent dans la direction du nord-ouest, du nord et du nord-est sur une longueur de 460 kilomètres, du col de Cadibone, au-dessus du golfe de Gênes, jusqu'au mont Saint-Gothard ; elles deviennent plus hautes à mesure qu'on s'avance vers le nord ; elles comprennent quatre chaînes (Voir pour les détails la France et ses colonies), qui se terminent en muraille abrupte sur le versant oriental et se développent par de longs rameaux jusqu'au bord du Rhône, sur le versant occidental :

1° Les *Alpes maritimes*, du col de Cadibone au mont Viso (180 kil.);

2° Les *Alpes Cottiennes*, du mont Viso au mont Cenis (110 kil.), à travers lesquelles a été pratiqué le grand tunnel de Modane à Bardonnèche ;

3° Les *Alpes Grées*, du mont Cenis au mont Blanc (90 kil.) ;

4° Les *Alpes Pennines*, du mont Blanc au mont Saint-Gothard (environ 160 kilomètres), comprenant les trois plus hautes montagnes d'Europe : le MONT BLANC (4,810 mètres), immense muraille de granit, entre le col du Bonhomme et le col de Balme, inclinée au nord-est, tombant à pic sur le versant oriental, dans le val Ferret et l'Allée Blanche, présentant, sur sa face occidentale, d'innombrables pics noirâtres et déchiquetés qui se dressent au milieu des dômes et des nappes de neige et entre lesquels descendent, jusque dans la vallée de Chamonix, quelques-uns des glaciers ; le *mont Cervin* qui s'élève au-dessus des glaciers de sa base, comme une gigantesque pyramide de granit, si abrupte que la neige ne saurait y tenir et que nul n'a pu en tenter impunément l'escalade ; le MONT ROSA (4,638 m.), séparé du précédent par le col Saint-Théodule, mais présentant aux regards un tout autre aspect, des glaciers et des plaines de neige sans fin sur le flanc de ses pitons aigus ; c'est, sinon le sommet le plus élevé (le mont Blanc le dépasse), du moins, dans son ensemble, la masse de granit et de neige la plus considérable de l'Europe. Au delà du mont Rosa, sont le *Simplon* (3,710 m.) et le mont Griès. A l'est du mont Blanc, et séparé de lui par le col Ferret, est le *grand Saint-Bernard*.

Les principales routes carrossables à travers les Alpes occidentales sont celle du *col de Tende*, celle du *mont Genèvre*, celle du *mont Cenis*, celle du *petit Saint-Bernard*; enfin la magnifique route du *Simplon*, construite durant le premier Empire français, qui conduit d'Italie dans le Valais, descend vers l'ouest la vallée du Rhône jusqu'au lac de Genève, sans franchir la muraille des Bernoises, et, de là, donne accès en France.

II. Les ALPES CENTRALES, s'étendent dans la direction est-nord-est, sur une longueur de 300 kilomètres, depuis le Saint-Gothard jusqu'au pic des Trois-Seigneurs (*Drei-Herrn-Spitz*). C'est principalement dans cette partie, correspondant à la Suisse et au Tyrol, que sont les grandes masses de neige, la source des grands cours d'eau et les

Fig. 4. — Paysage alpestre (la chaîne des Bernoises, Yung-frau, etc. vue de la petite Scheideck). Hauteur : environ 2,000 mètres, le sol de la petite Scheideck étant déjà à 2,000 mètres au-dessus du niveau de la mer.

sites pittoresques les plus visités par les touristes (Voir la figure n° 4, représentant un paysage alpestre). Elles comprennent sept chaînes, dont les deux premières continuent l'arête centrale, et dont les autres sont les principales branches du tronc :

1° Les *Alpes Lépontiennes* se dirigeant à très-peu près vers l'est et s'étendant sur 130 kilomètres, de Saint-Gothard à la Maloja.

Le Saint-Gothard est, pour ainsi dire, le centre de tout le massif alpestre, bien qu'il n'en soit pas la partie culminante ; de là partent des ramifications divergeant dans tous les sens et des eaux qui s'écoulent vers les mers les plus opposées, par le Rhône, le Tessin, la Reuss, le Rhin, et, un peu plus loin, par l'Inn (1).

2° Les *Alpes Rhétiques* se dirigeant vers l'est-nord-est, du Bernardino au *pic des Trois-Seigneurs* (Drei-Herrn-Spitz), lequel est une des moindres élévations du massif désigné sous le nom de *Grand Tauern*. C'est une partie très-pittoresque, très-accidentée, dans laquelle se trouvent le *mont Bernina*, avec ses glaciers, plus loin l'*Œtzthal*, et dont les ramifications se développent au nord et au sud, encaissant les vallées de l'Inn, de l'Adda et de l'Adige ;

3° Les *Alpes Bernoises*, la plus importante des chaînes secondaires du groupe Alpestre, prennent naissance dans le massif du Saint-Gothard et courent de l'est à l'ouest, en formant avec les Alpes Lépontiennes et Pennines un angle aigu dans lequel coule le Rhône. Comme l'arête centrale, les Bernoises présentent du côté sud une muraille escarpée de granit, et du côté nord des pentes plus allongées ; elles renferment de nombreux glaciers, entre autres, le glacier d'Aletsch, le plus grand des glaciers des Alpes (24 kilomètres), de hautes montagnes, le Finster-aar-horn (4,300 mètres), la Yung-frau (4,180 mètres), couronnée de neiges (Voir la figure n° 4), les sites pittoresques de l'Oberland et les plus célèbres cascades de la Suisse.

4° Les *Alpes centrales* envoient vers le sud de nombreux contre-forts qui viennent s'effacer dans les plaines de la

1. Quelques géographes terminent les Alpes pennines au mont Rosa et font commencer à cette montagne les Alpes Lépontiennes, qu'ils conduisent, les uns jusqu'au Bernardino, les autres jusqu'à la Maloïa. Le reste jusqu'au *Drei-Herrn-Spitz* forme les Alpes Rhétiques.

haute Italie ; mais un seul de ces contre-forts forme une véritable chaîne, c'est le *massif du mont Ortler* (3,900 mètres), dont les rameaux, Alpes du Tyrol (mont Redorta, etc., etc.), s'étendent au loin entre l'Adda (Valteline) et l'Adige.

De nombreux cols et quelques grandes routes percent ces massifs et mettent en communication l'Europe centrale et l'Europe méridionale. Les grandes routes sont, indépendamment de celle du *Simplon*, que nous avons mentionnée à propos des Alpes pennines :

La *route du Saint-Gothard*, qui, du lac Majeur et du lac Lugano, remonte la vallée du Tessin, franchit la montagne en se repliant en forme de lacet autour de ses flancs et descend la vallée de la Reuss jusqu'au lac des Quatre-Cantons ;

La *route du Bernardino*, qui, du lac Majeur, près duquel elle rejoint la route du Saint-Gothard, gagne la vallée du Rhin, qu'elle suit jusqu'au lac de Constance, et la route du Splugen qui, de Milan, par le lac de Côme, va rejoindre la précédente au-delà du col du Splugen ;

La *route de la Maloïa*, qui se détache de la précédente à Chiavenna, se rend par le col de la Maloïa dans la vallée supérieure de l'Inn et suit le cours de cette rivière jusqu'au Tyrol et à l'Allemagne, en traversant un second col (Finstermunz-pass) et après avoir envoyé vers le nord une double route sur Coire, par le mont Septimer et par le mont Julier ;

La *route de la Valteline*, la plus haute route carrossable de l'Europe (2,814 mètres), qui, par le col de Stelvio, situé dans la chaîne de l'Ortler, rejoint le Tyrol italien (vallée de l'Adige), et, plus loin, par le col de Reschen (Alpes Rhétiques), le Tyrol allemand (vallée de l'Inn) ;

La *route du Tyrol*, qui franchit le col du Brenner (Alpes Rhétiques), pour réunir directement le Tyrol italien

(Trente) au Tyrol allemand (Innspruck), et qui est desservie par un chemin de fer.

III. Les ALPES ORIENTALES, qui commencent au pic des Trois-Seigneurs, se composent de deux grandes chaînes, avec leurs prolongements et leurs rameaux : la chaîne des *Alpes Noriques et Styriennes* qui mesure plus de 200 kilomètres et dont les dernières hauteurs cessent au delà de Grætz, d'une part, et près de Vienne, d'autre part ; la chaîne des *Alpes Carniques et Juliennes*, qui mesure environ 250 kilomètres et qui enveloppe, à l'orient, l'Italie et l'Istrie, et se relie au système des chaînes de la péninsule Hellénique. Les Alpes orientales comprennent sept chaînes :

1° Les *Alpes de Salzbourg*, rameau latéral qui, du pic des Trois-Seigneurs, prend sa direction vers le nord-est et auquel on peut rattacher les importants massifs situés entre la Salza et l'Enns (Tannenberg, etc.);

2° Les *Alpes Noriques*, qui commencent au pic des Trois-Seigneurs et dont la principale élévation est le grand-Glockner (3,890 mètres), le plus élevé des sommets du grand Tauern ; la chaîne court entre la Muhr et la Drave et se prolonge au delà de la Muhr ; on peut y rattacher le Bakony-wald, dernières pentes nord-ouest des Alpes au coude du Danube ;

3° Du point où la Muhr et l'Enns prennent leur source, se détache le massif des *Alpes de Styrie*, qui courent entre ces deux rivières et comprennent les Alpes de Radstadt ; au delà du Schneeberg (la montagne de neige) et du Sœmmering, par lequel passe le chemin de fer de Vienne à Trieste, ce ne sont plus que des collines désignées sous le nom de Wiener-wald ;

4° Les *Alpes Carniques*, qui s'étendent du pic des Trois-Seigneurs au col de Tarvis, et dont les sommets, bien moins élevés que ceux des grandes Alpes et même des Alpes Noriques, n'atteignent pas 3,000 mètres ; le granit y est remplacé par des schistes et des calcaires, et, sur certains points, par des roches volcaniques ;

5° Les *Alpes Juliennes*, du col de Tarvis aux environs de Fiume, plus basses que les précédentes, toutes calcaires, et percées, comme la plupart des chaînes calcaires, de nombreuses grottes parcourues par des rivières souterraines ;

6° Les *Alpes Cadoriques* sont le principal rameau italien des Alpes Carniques; elles séparent la vallée de l'Adige des vallées de la Piave et de la Brenta ;

7° Les *Alpes de Croatie*, dont les hauteurs se continuent, entre la Drave et la Save, jusqu'au-dessus de la plaine marécageuse du Danube, sont le principal rameau autrichien des Alpes Carniques.

Les grandes vallées longitudinales des Alpes Styriennes, Noriques et Carniques sont parcourues par des routes qui, des bords du Danube, donnent accès jusqu'aux hautes montagnes que ces routes traversent ensuite par divers cols; les principaux sont : celui de Innichen, entre la vallée de l'Adige et celle de la Drave; le *col de Tarvis*, de l'Italie dans la vallée de la Drave (Villach) ; le *col de Laybach*, de Trieste et de l'Italie dans la vallée de la Save, et de là jusqu'à Vienne : c'est par là que passe aujourd'hui la voie ferrée orientale qui réunit Vienne et l'Italie.

Au sud du vaste amphithéâtre des Alpes, s'étend la belle et riche *plaine du Pô* et de la Vénétie.

16. Le système Italique. — Les APENNINS, qui, sur une *longueur de plus de* 1,000 *kilomètres*, parcourent, du nord au sud, toute la péninsule Italique et en sont en quelque sorte l'épine dorsale, paraissent être la continuation des Alpes, et leur nom a la même étymologie. Ils en diffèrent pourtant beaucoup par leur structure générale; ils sont beaucoup moins élevés, ne mesurant en moyenne que 1,000 à 1,100 mètres ; ils n'ont pas de neiges éternelles, peu de pitons granitiques et aigus ; c'est le calcaire qui domine, mêlé sur divers points à des roches volcaniques; les parois sont généralement grises, sombres, dénudées ; les gorges, étroites, rocheuses. Les Apennins se divisent en trois parties :

1° L'*Apennin septentrional*, qui s'étend du col de Cadibone, près de Savone, jusqu'à la source du Tibre, sur une longueur de 300 kilomètres, en formant vers le sud-est une vaste courbe qui enveloppe le golfe de Gênes et la Toscane, chaîne étroite, médiocrement élevée, à pentes rapides sur le versant méridional. Les principaux cols sont ceux : de Cadibone, de la *Bocchetta*, par où passe le chemin de fer de Gênes, de Pontremoli, par où l'armée française déboucha avant de livrer la bataille de Fornoue, en 1495, de *Poretta*, par où passe, à l'aide d'une longue suite de souterrains, le chemin de fer de Bologne à Florence, celui de *Pietra-Mala*.

2° L'*Apennin central*, qui s'étend de la source du Tibre (mont Cornaro) jusqu'au mont Vellino près du lac Celano, sur une longueur de 280 kilomètres. Il est bas à sa naissance, mais il se relève ensuite et renferme la montagne la plus élevée de la chaîne entière, le Grand-Sasso d'Italie (2,900 mètres). Dans cette partie, la chaîne se déploie sur une plus grande largeur (près de 200 kilomètres) et envoie à l'ouest plusieurs grands rameaux désignés sous le nom de *chaînes Sub-Apennines*, appartenant en général aux formations tertiaires ou volcaniques et présentant une série de mamelons cultivés : le *Sub-Apennin Toscan*, qui part du mont Cornaro et s'étend entre les vallées étroites de l'Arno et du Tibre; le Sub-Apennin romain, qui part du mont Vellino et couvre de ses innombrables collines le terrain compris entre le Tibre et le Vulturne.

Le seul passage est celui que suivait la voie Flaminienne des anciens et qui, de Rome, conduit, par Foligno, à Ancône et à Fano.

3° L'*Apennin méridional*, qui, du mont Vellino au cap dell' Armi, s'étend sur une longueur de 500 kilomètres, dans la direction du sud-est. Le Sub-Apennin vésuvien entoure le VÉSUVE, qui se dresse, isolé, au-dessus de Naples, et qui, seul des anciens volcans de la péninsule, est encore en activité (Voir la figure n° 5). Au mont Acuto, près de Venouse, l'Apennin méridional se partage en deux branches, dont l'une va se terminer en pente douce au cap Leuca, et l'autre, plus abrupte, formée en partie de roches primitives, se courbe au sud ouest, constitue le sol de la Calabre, forme le haut et vaste plateau de la Sila (1,400 mètres) et finit aux caps Spartivento et dell' Armi. Le principal col est celui d'Ariano, entre Avellina et Foggia.

Fig. 5. — Le Vésuve vu de la mer. Hauteur : 1,198 mètres.

Les Apennins ne laissent de place à de grandes plaines que sur leur versant occidental, plaine de Toscane, campagne de Rome, terre de Labour, et au sud de la péninsule.

Les *montagnes de Sicile* sont en quelque sorte la continuation de l'Apennin. Elles se composent de deux chaînes granitiques et calcaires avec de nombreux contreforts : l'une traverse l'île dans sa partie septentrionale de l'est à l'ouest, et l'autre se détache de la précédente vers le centre de l'île pour courir à la pointe sud-est ; à la jonction des deux chaînes, les sommets atteignent 1,900 mètres. Beaucoup plus élevé est le volcan de l'ETNA (3,310 mètres), qui, comme le Vésuve, se dresse isolé sur la côte, au milieu des terrains qu'il a formés lui-même par ses éruptions. Durant les vingt derniers siècles, l'histoire a enregistré 75 éruptions de l'Etna; la dernière, qui a eu lieu cette année même (1872), a été désastreuse. La précédente (1865) avait ouvert au monte-Frumento un nouveau cratère.

La principale plaine est dans la partie méridionale de l'île.

La *Corse* et la *Sardaigne*, que la mer a séparées, sont en réalité une même chaîne de montagnes, granitique en Corse, où les sommets sont plus élevés, granitique et calcaire en Sardaigne, où les hauteurs s'abaissent très-sensiblement à mesure qu'on s'avance vers le sud.

17. Le système français. — Le système français est adossé au nord-ouest du massif alpestre, dont il est séparé par les vallées du Rhône et de l'Aar. Il présente une pente générale vers le nord-ouest et comprend plusieurs chaînes qui appartiennent, en totalité ou en majeure partie, au sol français (Voir pour plus de détails la France et ses colonies).

1° Le JURA, qui est relié aux Alpes par le Jorat et qui dresse entre la Suisse et la France sa grande muraille calcaire. La ligne de faîte, située à l'orient des divers étages composant la chaîne, est presque tout entière sur le territoire suisse, avec les monts Noiremont, Tendre (1,690 mètres), Suchet, Weissenstein, etc., et se prolonge jusqu'au confluent de l'Aar et du Rhin.

2° Les CÉVENNES, avec leurs prolongements de la *Côte-d'Or*, du *plateau de Langres*, des *Faucilles* et les rameaux qui continuent la pente nord-ouest; avec le MASSIF CENTRAL, *le prolongement qui sépare la Loire et la Seine* et les prolongements de l'*Argonne* et des *Ardennes*.

Les Ardennes, dont la France ne possède que l'extrémité méridionale, se prolongent entre la Meuse et la Moselle jusqu'aux bords du Rhin et forment les plateaux sauvages et ondulés de l'*Eifel*, élevés en moyenne de 500 mètres.

3° Les VOSGES, dont le centre de soulèvement est au

grand Honeck et qui s'abaissent vers le nord, ont leurs plus hauts sommets au delà de la frontière, où on les désigne sous le nom de *Hardt*, partie dans laquelle se trouve le mont Tonnerre (680 mètres), la dernière éminence importante de la chaîne; elles envoient à l'ouest, entre la Nahe et la Moselle, un rameau de collines boisées, qu'on nomme le *Hundsruck*.

Entre les Alpes et le Jura, est la haute *plaine de la Suisse*; entre les Alpes et les Cévennes, l'étroite vallée du Rhône, qui s'élargit pour former la plaine du Languedoc; à l'ouest des Cévennes s'étendent deux grandes plaines : la *plaine d'Aquitaine*, au sud du MASSIF central, et la *plaine du nord-ouest de la France* au nord du massif.

18. Le système hellénique — Près de Fiume, où se terminent les Alpes Juliennes, commence la chaîne des ALPES DINARIQUES, qui est, sur une longueur de 600 kilomètres, la continuation de la précédente; même direction sud-est, même formation calcaire, quelquefois granitique; élévation médiocre. Elles forment un système complexe de chaînons parallèles, qui enferme plusieurs vallées sans issue, dont les îles Illyriennes elles-mêmes font partie, et qui s'étend, en couvrant une grande étendue de pays, jusque vers la source du Drin blanc et celle de l'Ibar, affluent de la Morava.

Aux sources de l'Ibar, du Drin et du Vardar, trois chaînes se réunissent : les Alpes Dinariques, et deux autres chaînes savoir :

La chaîne des MONTS BALKANS (le mont Hémus des anciens), qui prend différents noms (Tchar-Dagh, 3,080 mètres, etc.), et qui court pendant environ 600 kilomètres dans la direction de l'est jusqu'au cap Emineh sur la mer Noire, séparant le bassin du Danube des bassins de l'Archipel et de la mer de Marmara. Son rameau le plus important est le *Despoto-Dagh* (le Rhodope des anciens), qui ferme à l'ouest la vallée de la Maritza;

La CHAINE DU PINDE, qui, sous divers noms aussi (mont Mezzovo, 2,720 mètres, etc.), continue vers le sud-sud-est les Alpes Dinariques, et dont les nombreux rameaux enserrent les étroites vallées de la Grèce; elle se continue dans la Morée, dont le plateau d'Arcadie forme la partie centrale, et elle se termine au cap Matapan. Les îles Cérigo et Candie en sont le prolongement.

Fig. 6. — Intérieur de la grotte d'Antiparos. Hauteur : environ 9 m.

Toute la péninsule Hellénique est très-accidentée et n'a que des plaines peu étendues sur les côtes; plusieurs sommets y atteignent la limite des neiges éternelles et, dans la partie centrale, entre le Danube et le golfe de Salonique, la largeur du massif de montagnes n'est pas de moins de 400 kilomètres : c'est le haut PLATEAU HELLÉNIQUE.

A ce système on peut rattacher le groupe des *Cyclades*,

tout formé d'anciens volcans; récemment (1866) une éruption nouvelle a bouleversé une partie du groupe de Santorin. C'est au milieu de ces îles, dans un terrain de formation calcaire, qu'est la grotte, d'Antiparos, vaste caverne dans l'intérieur de laquelle on descend par une étroite ouverture, et qu'ont rendue célèbre ses belles stalactites (Voir la fig. n° 6).

19. Les Carpathes. — Les Carpathes continuent en réalité les massifs helléniques au nord-est, mais elles sont généralement moins élevées. C'est la même formation géologique; le Danube, dont elle barrait le cours, l'a minée et s'est frayé un étroit passage désigné sous le nom de *Portes de fer*, à l'endroit où est aujourd'hui la ville d'Orsova. Au nord du fleuve, commence la chaîne des CARPATHES, composée de terrains divers dans lesquels dominent le granit et les roches volcaniques; elle se divise en deux parties:

1° Les *Carpathes orientales*, qui s'étendent de la rive du Danube à la source de la Theiss, en formant, sur une longueur d'environ 700 kilomètres, une courbe dirigée d'abord de l'ouest à l'est et désignée sous le nom d'*Alpes de Transylvanie*, puis au nord-nord-ouest; les pentes extérieures sont rapides; toute la partie intérieure de la courbe, sur une profondeur de près de 400 kilomètres, n'est que montagnes et collines s'abaissant doucement vers l'ouest, mais gardant dans tout le massif, à l'exception des profondes vallées, une hauteur de 350 à 630 mètres et présentant à son extrémité, à l'ouest de Klausenbourg, un massif d'une élévation de 12 à 1,500 mètres, dont le principal sommet est le mont Bihar;

2° Les *Carpathes occidentales*, orientées au nord-ouest, lesquelles comprennent les *Carpathes* proprement dites, du mont Pietros, où naissent la Theiss et le Prath, jusqu'à la source de la Poprad, affluent de la Vistule, chaîne d'une élévation et d'une épaisseur médiocres, et le *mont Tatra*, massif considérable composé de plusieurs lignes de hauteurs parallèles (Babia-Gora, Tatra, Liptauer, etc.), et à l'extrémité occidentale duquel sont les hautes vallées de l'Oder et de la Waag et plusieurs massifs ou chaînes secondaires, entre autres le Beskiden et le *petit Carpathe*, dont les collines descendent jusqu'à la rive du Danube.

Du nord-est des Carpathes occidentales part une série de petites collines basses qui forment le dos d'où les eaux coulent, au nord, vers la Vistule, au sud-est, vers le Dniester, et qui bientôt s'abaissent en une haute plate-forme couverte d'un immense marais, le *marais de Pinsk*, où les rivières naissantes qui vont couler, les unes vers la Baltique, les autres vers la mer Noire, confondent souvent leurs eaux. Au nord-ouest, sur la rive gauche de la Vistule, est un plateau montueux et boisé, dit chaîne Sainte-Croix, dont le principal sommet est le Lyssagora, au nord duquel la plaine de la Basse-Allemagne se confond avec celle de l'Europe orientale.

Les principales routes qui traversent les Carpathes sont : celle de Temeswar à Orsova (passe de Teregova), celle d'Hermanstadt à la vallée de l'Aluta (passe de la tour Rouge), celle de Kronstadt, et celle de la Moravie à Cracovie sur le flanc occidental du mont Tatra, par où passent les chemins de fer de Vienne et de Prague à Cracovie.

Entre les Carpathes et les Alpes s'étend la *plaine de Hongrie*, présentant, surtout à l'est et à l'ouest, des coteaux et des champs fertiles séparés au centre par une longue ligne de steppes et de marécages ; entre les Carpathes et les Balkans, la *plaine du bas Danube*, plaine d'alluvion, basse et fertile, mais marécageuse dans le voisinage de la mer.

20. Le quadrilatère de Bohême. — Au centre de l'Europe, il existait deux massifs granitiques et siluriens qui dessinaient à peu près un quadrilatère. Ils ont formé les quatre chaînes qui enveloppent d'une ceinture de plus de 900 kilomètres la Bohême et qu'on peut désigner sous le nom de QUADRILATÈRE DES MONTS DE LA BOHÊME :

1° Les *Sudètes*, qui s'étendent sous divers noms dans la direction nord-ouest, des sources de l'Oder jusqu'au défilé par lequel l'Elbe s'échappe de la Bohême ; très-déprimées au point où elles se relient aux Carpathes, elles se relèvent vers le nord, atteignent leur plus grande hauteur dans les *monts des Géants* (Riesen-gebirge), dont le sommet le plus élevé, Riesenkoppe ou Schneekoppe, ne mesure cependant que 1,630 mètres, mais qui doivent leur nom à leurs masses arides, escarpées et souvent noyées dans le brouillard ; c'est dans cette chaîne que sont les *monts de Lusace*, compris entre la grande Neisse et l'Elbe, et dont le revers septentrional, peu élevé, mais très-pittoresque, a été surnommé « la Suisse saxonne » ;

2° Les *monts Métalliques* (Erz-gebirge), dont les croupes, peu élevées, sont arrondies, couvertes de verts pâturages et de forêts, et qui doivent leur nom à leurs nombreuses mines. Elles projettent, sur leur flanc nord-ouest, de nombreux monticules qui forment le Voigtland ;

3° Les *monts de la forêt de Bohême* (Bœhmer-wald), orientés du nord-ouest au sud-est, formant le côté sud-ouest du quadrilatère depuis les sources de l'Eger et du Naab jusqu'à la pointe méridionale, presque aussi élevés dans le sud que le Riesen-gebirge ; des forêts de hêtres et de chênes couvrent leurs pentes inférieures, des forêts de pins et de sapins, leurs pentes supérieures ; la plupart des sommets sont nus ;

4° Le *plateau de Moravie* (Zdarsky-Hory), s'étendant de la pointe méridionale du quadrilatère aux Sudètes ; ce sont moins des montagnes qu'une triple terrasse dont la plus élevée, celle du sud, mesure environ 600 mètres.

L'intérieur du quadrilatère est presque entièrement couvert par les rameaux de ces deux dernières chaînes, qui descendent presque jusqu'aux bords de l'Eger et de l'Elbe, et ne laissent qu'une plaine de peu d'étendue, mais d'une grande fertilité. De nombreux cols donnent accès dans cette fortification naturelle de la Bohême. Des chemins de fer la traversent, dans la gorge de l'Elbe, entre les monts Métalliques, entre les monts de Lusace et les Sudètes, sur les terrasses orientales des monts de Moravie, pour déboucher sur Olmütz et Brunn, au sud des monts de Bohême, entre Budweis et Linz, à l'est, entre Pilsen et Amberg, au nord, à Eger, près du nœud même qui unit le quadrilatère aux chaînes allemandes.

21. Le système Allemand. — Le système montagneux de l'Allemagne, généralement moins élevé que les précédents, prend naissance à la pointe orientale du quadrilatère bohémien, au FICHTEL-GEBIRGE (à peine 1,000 mètres), « la Montagne des Pins », ainsi nommée à cause des forêts qui la couvrent : c'est le nœud du système allemand, d'où les eaux coulent vers les quatre points cardinaux (Eger, Saale, Naab et Mein), et le lieu où ce système se divise en deux grandes branches, l'une au sud, l'autre au nord, séparées par la vallée du Mein.

I. La branche du sud court dans la direction du sud-ouest, jusqu'à la forêt Noire, sur une longueur d'environ 230 kilomètres, et comprend :

1° Le *Jura allemand ou franconien*, qui s'étend entre les vallées du Necker, du Mein et du Danube, et qui présente, au nord, des ondulations peu sensibles, au sud, dans la vallée du Necker, des murailles abruptes semblables à celles du Jura du côté de la Suisse : on nomme cette dernière partie Alpes de Souabe ou Alpes rudes (Rauhealp) à cause de la sauvage nudité de ses sommets ; le Jura franconien en est un rameau détaché (entre la Regnitz et le Yaxt).

C'est entre le Jura allemand, le Bœhmer-wald et les Alpes qu'est compris le *plateau de la Bavière*.

2° LES MONTAGNES DE LA FORÊT NOIRE (Schwarz-wald)

vers l'extrémité desquelles aboutissent les Alpes de Souabe ; elles ont, sur une longueur de 200 kilomètres et une largeur d'environ 60 kilomètres, la même direction nord-nord-ouest que les Vosges, auxquelles elles ressemblent de tout point et dont elles ne sont séparées que par l'espace dans lequel le Rhin a nivelé sa vallée ; les sommets de la forêt Noire sont nus, un peu plus élevés que ceux des Vosges, s'abaissant également vers le nord, et ses flancs sont revêtus de forêts.

Au delà du Necker, cette chaîne se continue jusqu'au Mein sous le nom d'Oden-wald.

II. La branche du nord court dans la direction du nord-ouest et projette vers le nord divers rameaux ; elle comprend :

1° La chaîne de la *forêt de Franconie* (Franken-wald), s'étendant du Fichtel-gebirge à la source de la Werra, chaîne aux formes arrondies, surtout sur le versant sud-ouest, et aux sommets peu élevés ;

2° La chaîne de la *forêt de Thuringe* (Thuringer-wald), plus abrupte, quoique les plus hauts sommets n'atteignent pas 1,000 mètres, formée en majeure partie de porphyre, couverte de pins et de sapins, et longée par la Werra jusqu'à Eisenach ;

3° A une centaine de kilomètres au nord de la forêt de Thuringe, et relié à elle par de simples collines, est le massif du Harz, s'étendant entre la Saale et la Leine, orienté du nord-ouest au sud-est, sur une longueur de 80 kilomètres et une largeur de 25 kilomètres en moyenne ; c'est une contrée très-riche en filons métalliques ; le Brocken en est la principale éminence (1,115 m.) ;

4° Au point où commence la forêt de Thuringe, près de la source de la Werra, se détache de la forêt de Franconie une chaîne de hauteurs médiocres qui se dirige vers l'ouest, bordant jusqu'au Rhin la vallée septentrionale du Mein ; on les désigne sous le nom de *Rhön* allant de la forêt de Franconie jusqu'au delà de la source de la Fulda, de Spessart s'avançant dans un coude du Mein, de *Taunus* s'avançant jusqu'au bord du Rhin, et renfermant sur ses dernières pentes (Rheingau) les fameux vignobles du Rhin ; au delà, le massif de plateaux et de collines s'étend vers le nord, entre la vallée du Rhin et celle du Weser, comprenant le Vogels-berg, le Wester-wald, l'Egge-gebirge, le Teutoburger-wald. Cette chaîne n'atteint que sur un très-petit nombre de points la hauteur de 600 mètres.

C'est au nord de ce massif et de celui des Ardennes, à l'ouest du Harz et des dernières pentes du quadrilatère de Bohême, que s'étend la *grande plaine des Pays-Bas et de la Basse-Allemagne*, laquelle se lie, sans interruption, à la grande plaine de l'Europe orientale.

22. Le groupe des Îles Britanniques. — Le groupe britannique a au nord, dans l'Écosse, son centre montagneux, formé de roches granitiques, volcaniques et de terrains de transition. Ce centre comprend trois massifs, orientés du sud-ouest au nord-est comme les couches géologiques :

1° Le plateau septentrional, granitique et en grande partie stérile, dont la hauteur est d'environ 300 mètres ; les Hébrides avec leurs basaltes, la célèbre grotte de Fingal, merveilleuse caverne dont la mer occupe le fond et dont les parois sont formées de prismes basaltiques ; les Orcades et les Shetland font partie de ce massif ;

2° La chaîne des GRAMPIANS, large massif dans lequel domine le micaschiste et dont la plus haute montagne, qui est en même temps le point culminant des îles Britanniques, est le Ben-Nevis (1,325 m.) ;

3° Les MONTS CHEVIOTS et les nombreuses collines qui s'y rattachent.

Entre les Grampians et les Cheviots est Strathmore, la principale plaine de l'Écosse.

II. Au sud des Cheviots, qui sont sur la frontière écossaise, l'Angleterre proprement dite n'offre plus que des rangées de collines, couvertes de bois et de prairies et quelquefois portant des moissons jusque sur leur faîte. On les désigne sous les noms de :

1° La *chaîne Pennine*, dirigée du nord au sud et comprenant, au nord, les monts du Cumberland : cette chaîne serre de près la côte occidentale et ne donne naissance que sur son versant oriental à des cours d'eau de quelque importance ;

2° La *chaîne Dévonienne*, traversant, de l'est à l'ouest, du cap Lizard au cap Foreland, tout le sud de l'Angleterre et comprenant les monts granitiques et schisteux du *Cornouailles* et du *Devon*, les Down's-hills, tout calcaires, qui forment les blanches falaises de la côte sud-ouest et ont fait donner à l'île, par les Romains qui l'abordaient de ce côté, le nom d'Albion ;

3° La chaîne galloise ou *massif du pays de Galles*, qui rappelle par ses roches granitiques et son caractère sauvage les sites de l'Écosse : sa plus grande élévation est vers le nord et sa principale montagne, le Snowdon (1,185 mètres).

Les principales plaines de l'Angleterre, plaine d'York et plaine du sud-ouest, sont situées à l'est des Pennines.

L'Irlande est une plaine basse dans sa partie centrale et n'a de montagnes qu'au nord (monts Mourne et monts Donegal) où se continuent les chaînes basaltiques de l'Écosse, et au sud-ouest (monts de Viklow, monts de Kerry, etc.) où se trouve la suite du massif gallois ; le plus haut sommet (Carrantuohill) ne dépasse pas 1,000 mètres.

23. Les Alpes Scandinaves. — Les ALPES SCANDINAVES forment l'arête de la presqu'île Scandinave et sont en grande partie composées de gneiss et de micaschiste; leur longueur est de 1,700 kilomètres environ et leur plus grande largeur, de 400. Elles présentent, en général, un large dos dont la pente tombe brusquement dans la mer du côté de la Norvége et y dessine des milliers de baies profondément encaissées; mais elle descend plus lentement vers la Baltique; les plateaux ont quelquefois 30 à 40 kilomètres de largeur dans la partie méridionale, sur 1,200 mètres d'élévation, et sont surmontés, de distance en distance, par des pitons coniques et neigeux. Elles se subdivisent en quatre parties :

1° Les *monts Langfield*, qui forment la pointe méridionale de la Norvége, du cap Lindesness au mont Sognefield (2,468 mètres);

2° Les *monts Dovrefield* ou Dofrines, où la chaîne atteint sa plus grande largeur et sa plus grande hauteur (le Schneehœttan, 2,500 mètres) et qui projettent un long rameau vers la Suède méridionale;

3° Les *monts Kœlen*, plus étroits et plus sauvages;

4° Les *îles Lofoden*, qui sont, en réalité, avec le plateau de Laponie, la continuation de la chaîne sur le bord de l'Océan.

La côte de la Baltique, surtout la côte méridionale, présente une plaine assez étendue.

La Finlande, plateau tout granitique, présente de profondes déchirures, qui ne forment pas un système, mais qu'on désigne quelquefois sous le nom de monts Olonetz et qui se rattachent par leur formation aux Alpes Scandinaves.

24. L'Oural. — L'OURAL est une bande, longue et très-étroite, de terrains granitiques et schisteux, mesurant près de 3,000 kilomètres et séparant l'Europe de l'Asie.

Cette chaîne, que les habitants nomment « la ceinture de pierre », n'est dans sa partie septentrionale qu'une suite de plateaux ne dépassant guère 1,500 mètres; dans la partie centrale, quelques sommets ont de 1,500 à 2,600 mètres ; mais la chaîne va s'abaissant, et, à l'endroit où la route de Sibérie la traverse, le sommet du plateau n'ayant plus que 260 mètres au dessus du niveau de la mer, la montée est insensible ; la pente, jamais abrupte, est un peu plus rapide sur le versant européen que sur le versant asiatique.

La chaîne se relève et se divise, dans sa partie méridionale, en trois branches, dont une envoie une rangée de *collines* jusque sur les bords du *Volga*.

A l'ouest de la chaîne, mais sans se relier à elle, commence une série de plateaux peu élevés, l'*Uvalli*, région pierreuse et à peu près inculte dont le nom signifie « dos de pays » ; le *plateau de Waldaï*, région marécageuse formant la plus haute élévation de la Russie centrale, quoiqu'elle n'atteigne pas 300 mètres, mais donnant cependant naissance à de grands fleuves qui coulent dans des directions diverses.

Ces ondulations du terrain interrompent à peine l'immense *plaine de l'Europe orientale*, qui s'étend de l'océan Glacial à la mer Noire et au Caucase, et de l'Oural aux Carpathes.

25. Le Caucase. — Le Caucase est un large massif granitique et surtout calcaire, mesurant 1,100 kilomètres en longueur, de l'est à l'ouest, et 100 à 350 kilomètres en largeur; peu élevé à l'ouest (1,000 à 1,200 mètres), trèsélevé au centre où sont l'*Elbrouz* (5,000 mètres) qui dépasse le mont Blanc, le Kasbek (4,710 mètres) qui l'atteint presque; ces deux montagnes, couvertes de neiges éternelles, sont sur la limite de l'Europe et de l'Asie. Le Caucase est sans ramifications sur le versant septentrional. Il s'élève, depuis la steppe jusqu'aux sommets, par une série de gradins tout recouverts de forêts touffues dans la partie moyenne et de beaux pâturages dans la partie supérieure, profondément déchirés, dans la direction du sud au nord, par d'innombrables torrents qui ont creusé des ravins abrupts ; sur le versant méridional, il se prolonge et se relie au massif arménien.

Une seule bonne route carrossable, celle du défilé de Dariel (Portes Caucasiennes des anciens), s'ouvre au centre de la chaîne.

Les montagnes du sud de la Crimée, dont le sommet dépasse 1,500 mètres, se rattachent par leur formation au massif caucasien.

3ᵐᵉ Section.
LES EAUX DOUCES.
(Voir la carte n. 4 et la carte n° 5.)

26. La direction générale des eaux. — Centre des systèmes montagneux de l'Europe, les Alpes sont aussi le centre d'où rayonnent, au sud, au nord et à l'est les eaux qui courent vers la MÉDITERRANÉE, vers l'OCÉAN ATLANTIQUE et vers la MER NOIRE. En se plaçant au Saint-Gothard (Voir § 15), ou plus exactement sur le sommet neigeux du mont Adula, et en embrassant, de l'est à l'ouest, un horizon d'une centaine de kilomètres, on voit courir à ses pieds, dans d'étroites vallées, au nord, les torrents qui forment le Rhin naissant et qui vont se perdre dans la mer du Nord ; vers le sud, les torrents du Tessin et ceux de l'Adda, qui iront grossir le Pô et le bassin postérieur de la Méditerranée ; à l'ouest, le Rhône, qui porte ses eaux au bassin antérieur de la même mer, et à l'est, l'Inn, affluent du Danube, le grand tributaire de la mer Noire (Voir le carton de la carte n° 4). Ce sont là, en effet, *les trois grandes directions des eaux en Europe*, le système des eaux de la Caspienne et celui de l'océan Glacial étant sans relation commerciale avec le reste de l'Europe et appartenant aussi bien à l'hydrographie de l'Asie qu'à celle de l'Europe. Cependant, on trouve en réalité CINQ GRANDS BASSINS MARITIMES :

1° Le BASSIN DE LA MÉDITERRANÉE, qu'entourent au nord la sierra Nevada, les monts Ibériques, les Pyrénées, les Cévennes et leur prolongement, le Jura, les Alpes et les Balkans, et qui se divise en deux parties séparées par les Apennins et la Sicile, le *bassin antérieur* et le *bassin postérieur*;

2° Le BASSIN DE L'OCÉAN ALTANTIQUE, qui, jusqu'aux Alpes Lépontiennes, a la même limite que le précédent, et que bornent ensuite les rameaux des Alpes jusqu'à la forêt Noire, la branche méridionale du système allemand, les deux chaînes méridionales du quadrilatère de Bohême, les Carpathes, le plateau marécageux de Pinsk, le plateau de Waldaï et celui de la Finlande. Il se subdivise lui-même en :

Bassin occidental de l'Atlantique, qui comprend la partie sud-ouest du continent jusqu'aux Ardennes et aux collines de l'Artois, plus l'Irlande et le versant occidental de la Grande-Bretagne ;

Bassin de la mer du Nord, qui comprend la partie centrale du continent, des Ardennes jusqu'aux monts Sudètes, y compris le Jutland, plus les deux versants des Langfield dans la Scandinavie et le versant oriental de la Grande-Bretagne;

Bassin de la mer Baltique, qui comprend le reste du bassin continental, plus le versant oriental des Alpes Scandinaves.

3° Le BASSIN DE LA MER NOIRE, qui s'étend entre les limites des deux bassins précédents, depuis la forêt Noire à l'occident jusqu'aux collines du Volga à l'orient, et au plateau de Waldaï, au nord;

4° Le BASSIN DE L'OCÉAN GLACIAL, au nord du plateau de la Finlande et des plateaux de la Russie septentrionale (Waldaï et Uvalli) ;

5° Le BASSIN DE LA MER CASPIENNE, au sud des plateaux de la Russie septentrionale et à l'est du plateau de Waldaï et des collines du Volga.

27. Le bassin antérieur de la Méditerranée. — Le bassin antérieur de la Méditerranée, généralement montagneux, à pentes rapides et à vallées étroites, reçoit:

1° Sur la côte espagnole:

Le *Segura* et le *Xucar*, qui descendent des monts Ibériques, coulent dans des plaines abritées des vents du nord, échauffées par le soleil de la Méditerranée, au milieu des vignes, des orangers et même des palmiers;

L'ÈBRE, le plus célèbre des fleuves de la péninsule Ibérique, qui prend sa source dans les *monts Cantabres*, près de Reynosa, coule directement au sud-ouest, d'abord dans une étroite vallée, puis dans la plaine où il arrose *Saragosse*, traverse l'étroit défilé de las Armas et serpente enfin dans une plaine ondulée pour se perdre en partie dans les sables de son propre delta, après un cours de 850 kilomètres; la Sègre est son principal affluent;

2° Sur la côte française (Voir la France et ses colonies);

L'Aude, l'Hérault;

Le RHONE;

Le Var;

3° Sur la côte italienne:

L'*Arno* qui sort du mont Falterona, coule d'abord dans une région montagneuse en faisant un coude très-prononcé vers le sud, puis vers l'ouest dans la plaine fertile de Toscane, arrose *Florence* et *Pise*, et se jette à la mer après un cours de 250 kilomètres; c'est un faible cours d'eau l'été, mais l'hiver c'est un torrent gonflé et dangereux;

L'Ombrone;

Le TIBRE (*Tevere*), qui prend sa source près de l'Arno, au mont Cornaro, roule vers le sud, à travers les gorges de l'Apennin, ses eaux jaunâtres et rapides, arrose *Rome* et sa campagne, et se jette dans la mer après un cours de 370 kilomètres, en formant un delta que ses alluvions ont notablement modifié depuis les temps de la république romaine : la Nera et le Teverone (l'Anio des anciens) en sont les principaux affluents ;

Le *Garigliano*, le *Vulturne*, qui arrosent la fertile terre de Labour, et le Sile, qui parcourt une région sauvage.

28. Le bassin postérieur de la Méditerranée. — Le bassin postérieur de la Méditerranée, plus montagneux encore que le précédent et serré de près par les grandes chaînes qui l'entourent et qui n'y laissent place, en réalité, que pour une seule grande vallée (celle du Pô), reçoit :

1° Dans la mer Adriatique ou la mer Ionienne et sur la côte italienne :

Le Basiento et le Bradano, qui prennent naissance dans la fourche méridionale de l'Apennin ;

L'Ofanto, qui arrose la seule vallée un peu étendue du versant oriental de l'Apennin ;

Le *Pô*, qui prend sa source au *mont Viso*, coule au nord, puis bientôt à l'est en dessinant de nombreuses courbes dans les belles et fertiles plaines de la Lombardie et de la Vénétie, arrose *Turin*, *Plaisance*, exhausse sans cesse son lit et ses bords par les alluvions qu'il apporte des Alpes, de sorte qu'il a fallu, sur une grande partie de son cours, l'enfermer dans un système ingénieux de digues pour protéger contre l'inondation les campagnes et même les villes ; il forme un vaste delta marécageux au milieu duquel neuf bouches (dont deux seulement importantes : Pô-di-Goro et Pô-della-Maëstra) versent ses eaux à la mer après un cours de 650 kilomètres. Il a pour principaux affluents, sur la rive gauche, venant des hautes vallées des Alpes, apportant des masses d'eau considérables et formant pour la plupart, dans les vallées déprimées qu'ils traversent, des lacs, les deux Doires (D. Ripuaire et D. Baltée), la *Sésia*, le *Tessin*, l'*Adda*, l'*Oglio*, le *Mincio*, et, sur la rive droite, venant de l'Apennin, le *Tanaro*, grossi de la Bormida, la Trébie, le Taro, la Secchia, le Panaro ;

L'Adige, qui prend sa source dans les Alpes Rhétiques, coule d'un cours rapide, d'abord à l'est, puis au sud, au fond de l'étroite et pittoresque vallée du Tyrol, débouche dans la plaine de la Vénétie, non loin de *Vérone*, et se jette dans la mer après un cours de 340 kilomètres en confondant ses embouchures avec celles du Pô ;

La *Brenta*, la Piave, le *Tagliamento*, l'Isonzo qui descendent des Alpes Cadoriques ou Carniques et arrosent la Vénétie orientale ;

2° Dans la mer Adriatique ou la mer Ionienne et sur la côte de la péninsule Hellénique :

La Narenta, qui descend des Alpes Dinariques et arrose la montueuse Herzégovine, le *Drin* formé de la réunion du Drin-Noir et du Drin-Blanc et qui reçoit les eaux du versant occidental du nœud des trois chaînes helléniques; la Voïoussa (l'Aoüs des anciens), et l'Aspropotamo (autrefois Achéloüs), qui, prenant leur source presqu'au même point de la chaîne du Pinde, coulent dans des directions opposées, l'une au nord-ouest, l'autre au sud ; le Raphia (Alphée), le principal cours d'eau du Peloponèse ;

3° Dans la Méditerranée, entre la mer Ionienne et l'Archipel, l'Iri (Eurotas des anciens) ;

4° Dans l'Archipel et sur la côte de la péninsule Hellénique :

Le Salembria (Pénée des anciens), qui prend sa source près de l'Aspropotamo, arrose la plaine de la Thessalie et se fait jour vers la mer à travers l'étroite et sauvage vallée de Tempé ;

Le Wistritza qui descend du Pinde ;

Le *Vardar*, qui descend du Tchar-Dagh et le *Strouma* (Strymon) qui descend des Balkans et qui enveloppent à leur embouchure la presqu'île de Salonique ;

La *Maritza* (Hèbre des anciens) qui prend sa source à la

naissance des monts Rhodope, recueille par ses affluents toutes les eaux de la partie orientale des Balkans et arrose *Andrinople* (cours de 400 kilomètres).

29. Le bassin occidental de l'Atlantique. — Le bassin occidental de l'Atlantique, montagneux dans la péninsule Ibérique, formé principalement de plaines bordées de collines dans la partie française, serré de près par les montagnes ou les coteaux qui lui servent de ceinture dans la partie britannique, reçoit :

1° Sur la côte de la péninsule Ibérique :

Le GUADALQUIVIR, de l'Arabe : Oued-el-Kébir (grand fleuve), qui prend sa source dans un rameau de la sierra Nevada, coule d'abord dans un lit étroit et rocheux, en formant une légère courbe vers le sud-ouest, puis s'épand dans la plaine de l'Andalousie qu'il arrose de ses eaux bourbeuses, baigne *Cordoue* et *Séville*, et se jette à la mer après un cours de 400 kilomètres ;

Le GUADIANA (Oued-Anas), qui prend sa source dans les lagunes de la Manche, près d'Alcazar et parcourt sous terre 22 kilomètres, se dirige, comme le Guadalquivir, au sud-ouest en formant une courbe beaucoup plus prononcée, arrose *Badajoz*, et, après un cours de 850 kilomètres, dont un dixième à peine est navigable, se jette dans la mer sur la frontière de l'Espagne et du Portugal ;

Le TAGE, qui prend sa source au mont San-Felice, coule vers l'ouest-sud-ouest, en creusant profondément son lit dans les roches du haut plateau ibérique, arrose *Tolède*, descend par une série de rapides dans la plaine du Portugal, où il devient navigable. Arrivé à *Lisbonne*, il forme une vaste rade voisine de son embouchure ;

Le DUERO (ou Douro), qui prend sa source au pic d'Urbion, coule dans un lit profond et étroit vers l'est, d'un cours (830 kilomètres) rapide, à travers une contrée montagneuse, arrose *Zamora* et se jette dans la mer à *Oporto* ;

Le *Minho*, en espagnol, *Miño* (dans les deux langues, prononcer *Migno*, qui coule au sud-ouest, encaissé par les monts de Galice.

Les fleuves de la Péninsule, mal alimentés par un plateau où la pluie est rare (Voir § 4), ont un régime irrégulier, peu d'eau en été, et la plupart ne sont pas navigables;

2° Sur la côte française :

L'*Adour*, la Gironde, la Charente, la Loire, la Vilaine, l'Orne, la Seine, la *Somme* (Voir *la France et ses colonies*);

3° Sur la côte britannique :

La chaîne dévonienne, serrant de très-près la côte, ne donne naissance au sud qu'à des cours d'eau sans importance (Avon, etc.);

A l'ouest, la *Severn*, le second cours d'eau de la Grande-Bretagne (320 kilomètres), recueille toutes les eaux du versant oriental des monts Gallois et se jette dans la mer par un vaste estuaire ; la *Mersey*, au nord du massif Gallois, qui baigne *Liverpool* ; la *Clyde*, au nord des Cheviots, qui baigne *Glasgow*, cours d'eau que la nature avait fait petit, mais que le commerce maritime a rendu très-important;

En Irlande, le *Shannon*, dont le cours est d'environ 364 kilomètres et dont les eaux, coulant très-lentement dans la partie supérieure, forment trois grands lacs.

30. Le bassin de la mer du Nord. — Le bassin de la mer du Nord, composé de montagnes ou de hauts plateaux à sa partie méridionale, d'une vaste et basse plaine à sa partie septentrionale, sur le continent, d'une surface plane au midi de la Grande-Bretagne et montueuse au nord de cette île, reçoit :

1° Sur la côte britannique :

Le Tay, le Forth, le Tweed, qui viennent des vallées étroites de l'Écosse ;

La *Tyne*, la Tees, l'*Humber*, qui, formé par la réunion

LES EAUX DOUCES. 61

de l'Ouse et du Trent, arrose la grande plaine d'York et débouche dans la mer à Hull ; la grande Ouse, qui, avec plusieurs autres cours d'eau se jetant dans le Wash, arrose la plaine centrale ;

La TAMISE (Thames), le plus important des cours d'eau de la Grande-Bretagne, avec un cours de 340 kilomètres et un bassin d'une superficie d'environ 16,000 kilomètres carrés, baigne *Londres*, et, à partir du dernier pont de cette ville, porte les plus gros navires ;

2° Sur la côte des Pays-Bas :

L'ESCAUT (cours de 350 kilomètres), qui coule d'abord vers le nord dans une plaine marécageuse, reçoit la Scarpe, puis la *Lys* à *Gand*, se replie vers l'est, reçoit le Dender et le *Rupel* formé par la réunion de la Senne (qui arrose Bruxelles), de la Dyle et des deux Nèthes, devient, à *Anvers*, un large et profond fleuve capable de porter de gros navires et se jette dans la mer par plusieurs branches qui enveloppent une partie des îles de la Zélande ;

La MEUSE (cours de 900 kilomètres), qui prend sa source au plateau de Langres, près des monts Faucilles, coule au nord-ouest dans une étroite vallée, entre les deux lignes de faîte de l'Argonne, reçoit le Chiers, la Semoy, la Roer sur sa rive droite, la Sambre sur sa rive gauche, arrose *Namur, Liége, Maestricht,* où elle débouche en plaine, se recourbe bientôt vers l'ouest, confond ses eaux avec celles du Wahal, enveloppe de ses bras une partie des îles de la Zélande, inondant quelquefois les plaines basses qui s'étendent au dessous d'elle (le Biesboch « Mer des Joncs » est une terre que le fleuve transforma en archipel et en marécages), aujourd'hui desséchés, et arrosant de sa branche septentrionale, la plus importante, *Rotterdam* ;

Le RHIN (cours d'environ 1,350 kilomètres), formé par la réunion de plusieurs torrents qui descendent du Saint-Gothard et du mont Adula, coule d'abord vers le nord dans l'étroite et pittoresque vallée des Grisons, s'étale dans une plaine où il forme, entre les Alpes et la forêt Noire, le *lac de Constance*, en sort en coulant à l'ouest au pied de la forêt Noire, tombe, en aval de Schaffouse, d'une chûte de 20 mètres, qui est une des beautés naturelles les plus remarquables de la Suisse, reçoit l'*Aar*, qui lui apporte, par la Limnat, la Reuss, etc., presque toutes les eaux des lacs et des montagnes de la Suisse, arrose *Bâle*, où le Jura le contraint de tourner brusquement au nord et de couler dans une belle plaine qu'il a formée de ses alluvions et qui se trouve entre les hauteurs parallèles des Vosges et de la forêt Noire ; il y étale ses eaux rapides au milieu d'un dédale d'îles, et sa largeur, qui n'était que de 250 mètres à Bâle, atteint près de 2 kilomètres ; il y reçoit l'*Ill* sur sa rive gauche, et, sur sa rive droite, le *Necker* grossi du Yaxt, et le *Mein*, grossi de la Regnitz et de la Tauber ; à *Mayence*, au confluent du Mein, son lit se resserre de nouveau entre des coteaux pittoresques ; cependant, des gorges du terrain montueux qui l'enveloppe, lui arrivent plusieurs affluents; sur sa rive gauche, la Nahe et la *Moselle* qui est grossie de la Meurthe et de la Sarre, et dont le confluent est à *Coblentz* ; sur sa rive droite, la Lahn et la Sieg ; à Bonn, il fait son entrée dans la plaine des Pays-Bas, coule dès lors entre des rives plates, arrose *Cologne* et *Dusseldorf*, reçoit la Ruhr, la Lippe; bientôt ses eaux alanguies se partagent en diverses branches ; une partie s'écoule, par l'ancien canal de Drusus, dans l'*Yssel* et le Zuyderzée ; la moindre partie continue son cours sous le nom de Rhin courbé et communique, d'une part, avec le Zuyderzée par le Vecht, et, d'autre part, se jette dans la mer du Nord par le vieux Rhin ; mais la majeure partie de ses eaux s'écoule par le *Leck* et le Wahal, dans lesquels le Rhin les confond avec celles de la Meuse;

3° Sur la côte allemande :

L'*Ems*, qui coule dans une région marécageuse ;

Le Weser, qui, formé par la réunion de la Werra et de

la Fulda, sort de la région montagneuse par le défilé appelé « Porte Westphalique », reçoit, dans la plaine, l'Aller grossi de la Leine sur sa rive droite, baigne *Brême*, et se jette dans la mer après un cours de 380 kilomètres du sud au nord ;

L'ELBE, qui prend naissance dans le quadrilatère de Bohême, au Riesen-gebirge, reçoit la *Moldau* et l'*Eger*, s'échappe du quadrilatère au défilé de Schandau, coule au nord-ouest en formant de nombreux replis et en semant son lit de bancs de sable et d'îles, baigne *Dresde*, *Magdebourg*, *Hambourg*, reçoit l'Elster, la *Saale* et le *Havel*, qui lui-même a reçu les eaux de la Sprée, la rivière de Berlin, et se jette dans la mer par une large embouchure après un cours de 1,080 kilomètres.

4° Sur la côte scandinave ;

Le Glommen et le Gota qui se jettent dans les détroits situés entre la mer du Nord et la Baltique.

31. Le bassin de la mer Baltique. — Le bassin de la mer Baltique, formé de pentes rapides et d'étroites vallées dans la Scandinavie, de plaines toutes semées de lacs et d'étangs dans la Finlande, de plaines unies, souvent marécageuses, et entrecoupées par de légères ondulations, dans la Russie occidentale et l'Allemagne du Nord, reçoit :

1° Sur la côte scandinave :

Le Dal, l'Uméa, la Pitéa, la Tornéa, célèbre par ses cascades, et un grand nombre d'autres petits fleuves qui se dirigent au sud-est, coulant rapidement dans des gorges étroites, formant des chapelets de lacs oblongs, et descendant en cascades de terrasse en terrasse ;

2° Sur la côte orientale ou russe :

La *Néva*, fleuve de peu d'étendue (75 kilomètres), qui baigne *Saint-Pétersbourg* et qui déverse dans le golfe de Finlande les eaux de quatre des plus grands lacs de l'Europe (Ladoga, Onéga, Ilmen, Saïma);

La Dwina (750 kilomètres), qui vient du plateau de Waldaï, et se jette dans la mer à Riga;

Le Niémen (830 kilomètres), et la Prégel qui baigne Kœnigsberg.

Tous ces fleuves coulent à l'ouest, à travers un pays plat, marécageux ou couvert de lacs, et semé de roches qui forment des rapides;

3° Sur la côte méridionale ou allemande :

La Vistule, qui prend sa source à l'ouest du mont Tatra, coule au nord en formant, à travers les plaines de la Pologne, une vaste courbe vers l'est, reçoit la San et le Bug grossis de la Narew, baigne *Cracovie*, *Varsovie*, et, après un cours de 1,000 kilomètres, se jette dans la mer par plusieurs bouches; sur la seule qui soit navigable est le port de *Dantzig*;

L'Oder, qui prend sa source dans les monts Sudètes, coule au nord-ouest, d'abord dans la vallée de la Silésie où il baigne *Breslau*, puis dans la plaine de la basse Allemagne, reçoit des monts Sudètes la Bober, les deux Neisse, etc., et, des plaines de l'est, la Wartha grossie de la Netze, et se jette dans la mer à peu de distance de Stettin, après un cours de 940 kilomètres.

32. Le bassin de la mer Noire. — Les eaux que reçoit la mer Noire sur les côtes européennes se divisent en trois groupes : le bassin du Danube présentant, dans sa partie supérieure, une vallée étroite et haute où débouchent, du massif alpestre, de nombreuses vallées transversales, dans sa partie moyenne, une plaine basse et unie, la plaine de Hongrie, entourée d'un cirque de montagnes, et, dans sa partie inférieure, une longue plaine, également basse, entre les Carpathes et les Balkans; le groupe du golfe d'Odessa et celui de la mer d'Azow qui ont le même caractère, vaste plaine sans autre bordure que des plateaux, des marais et quelques collines, marais au nord-ouest dans un terrain bas, champs fertiles au sud-ouest, steppes au sud-est.

1° Le DANUBE, le second fleuve d'Europe par sa longueur (2,800 kilomètres), prend sa source dans la forêt Noire, coule rapidement de l'ouest à l'est sur le flanc septentrional du massif alpestre, qui lui envoie l'Aller, le Lech, l'Isar, l'*Inn* grossi de la Salza, l'Enns, le Raab, tandis que des montagnes de l'Allemagne lui arrivent quelques affluents moins importants, l'Altmulh et le Naab, puis, du quadrilatère de Bohême et des Carpathes, la *March*, le Waag; il arrose *Ulm*, où il devient navigable, *Ratisbonne*, *Vienne*, tourne brusquement au sud, un peu en avant de *Pesth*, à l'endroit où le Bakony-wald, dernier rameau du massif alpestre, est coupé dans la même direction, coule alors lentement entre des rives basses et marécageuses et dans un large lit (500 à 650 mètres) entrecoupé de milliers d'îles sablonneuses, reçoit du versant oriental de ce même massif la *Drave*, grossie de la Muhr et la *Save*, grossie de l'Unna, reprend la direction de l'est, arrose Belgrade, et, accru des eaux de la *Theiss* qui lui apporte, avec le Koros, la Maros, la Temes, le tribut des Carpathes, des eaux de la Morava, qui lui apporte le tribut du Tchar-Dagh, passe par une série de rapides dans l'étroite tranchée qu'il a lui-même pratiquée aux Portes de fer entre les Carpathes et le massif hellénique, coule de nouveau large et profond entre des rives basses, au milieu d'îles boisées ou herbeuses, dans la plaine de Valachie, où il reçoit l'Aluta (et l'Isker de Bulgarie), se courbe vers le nord, reçoit encore le Sereth et le *Pruth*, venant du flanc oriental des Carpathes, et, dans un pays marécageux, tout formé de ses alluvions, parvient par plusieurs bouches dans la mer, dont il élève sans cesse le fond; pour rendre le chenal de la bouche Soulina praticable aux navires, on a dû prolonger de 100 mètres en pleine mer la digue qui le protége.

2° Le groupe du golfe d'Odessa comprend :

Le Dniester (1,550 kilomètres) qui a sa source dans les Carpathes occidentales, roule rapidement ses eaux bourbeuses dans la direction du sud-ouest, et forme une suite de cataractes en franchissant le seuil granitique des steppes ;

Le *Boug* ;

Le Dniéper (2,310 kilomètres), un des trois plus grands fleuves d'Europe, qui naît dans un plateau peu élevé faisant suite au plateau de Waldaï, arrose dans son cours supérieur *Smolensk* et *Mohilew*, en prenant entre ces deux villes la direction du sud, reçoit, sur sa rive droite, la *Bérésina* et le *Pripet* venu de la région marécageuse dite marais de Pinsk, sur sa rive gauche, la Desna, coule embarrassé par des roches granitiques qui déterminent des rapides, prend à *Kiew*, seul point où il soit traversé par un pont, la direction sud-est, atteint dans cette partie une largeur de 400 mètres et arrose la plaine de l'Ukraine, dont la fertilité est proverbiale, puis se replie à Alexandrow vers le sud-ouest pour déboucher, au delà de Kherson, dans le même estuaire ensablé que le Boug.

3° Le groupe de la mer d'Azow, qui comprend :

Le Don (1,270 kilomètres), qui prend naissance dans la plaine centrale de la Moscovie, se dirige lentement au sud-est, repliant en nombreuses sinuosités son lit sablonneux et peu profond, reçoit, sur sa rive gauche, la Khoper et le Manytch souvent privé d'eau et, quelquefois dans les grandes crues, communiquant avec la Caspienne par un chapelet de lacs, sur la rive droite, le Donetz ; et, après avoir pris la direction sud-ouest, se jette par plusieurs branches à l'extrémité bourbeuse de la mer d'Azow;

Le *Kouban*, qui sort du mont Elbrouz (ou mieux Elbourz) et reçoit les eaux du Caucase occidental.

33. Le bassin de la mer Caspienne. — Le bassin européen de la mer Caspienne présente, comme le groupe précédent, l'aspect d'une grande plaine, large et médiocrement élevée au nord entre le plateau de Waldaï et l'Oural, traversée vers le sud par un léger rideau de collines, marécageuse, saline et plus basse que le niveau de l'Océan dans le voisinage de la Caspienne ; il comprend :

Le VOLGA, le plus grand fleuve d'Europe (3,960 kilomètres), qui prend sa source au plateau de Waldaï ; il arrose *Tver* où il porte les bateaux à vapeur, puis, après plusieurs replis autour du plateau, il coule à l'est, reçoit, sur sa rive droite, l'*Oka* qui, grossi de la Moskowa a son confluent au point où est bâti *Nijni-Novgorod*, et la Soura ; vers le confluent de la *Kama*, le plus important de ses affluents de gauche, il tourne au sud, s'épand dans un très-large lit, tigré d'îles innombrables, reçoit encore la Samara, baigne *Saratow*, passe au pied des collines du Volga, se divise en plusieurs branches et va, avec la direction sud-est, se perdre par près de 72 bouches dans le dédale des îles bourbeuses de la Caspienne. Son cours est généralement lent ; car, bien que son embouchure soit de 27 mètres au-dessous du niveau de l'Océan, il n'y a entre l'embouchure et la source qu'une pente de 27 mètres, ce qui ne donne que 7 millimètres en moyenne par kilomètre ; son bassin a une superficie de plus de 1 million et 1/2 de kilomètres carrés (trois fois la superficie de la France) ;

L'OURAL (1,500 kilomètres), qui naît dans la fourche de l'Oural, sépare l'Europe de l'Asie, arrose *Orenbourg*, et, après avoir fait un long crochet vers l'ouest, va au sud se jeter dans la partie septentrionale de la Caspienne.

34. Le bassin de l'Océan glacial. — Ce bassin, qui ne s'étend guère au delà de la région hyperboréenne et qui est très-boisé dans sa partie méridionale, mais très-marécageux au nord et partout très-peu cultivé et très-peu habité, comprend :

La *Petchora*, tributaire de l'océan Glacial, le Mezen, la

Dwina du nord (720 kilomètres) qui arrose Arkhangel, et l'Onéga, tributaires de la mer Blanche. Les deux premiers coulent d'abord au milieu d'une contrée couverte de forêts, ensuite au travers d'immenses marécages, dits « toundras » et entièrement inhabitables.

35. Les lacs. — Les LACS sont formés, en général, par des cours d'eau qui, traversant des dépressions profondes et encaissées de toutes parts, les ont remplies avant de déborder à l'extrémité inférieure et de continuer leur marche. C'est surtout *dans les montagnes granitiques* que sont ces dépressions profondes et ces vallées n'ayant qu'une étroite issue ; c'est là aussi que le terrain imperméable ne laisse pas s'infiltrer les eaux. On trouve aussi des lacs, mais moins profonds, dans les plaines dont le sous-sol est argileux, et, par conséquent, imperméable.

I. *Dans les Alpes*, les lacs du versant méridional, tous profondément encaissés, d'une profondeur qui descend bien au dessous du niveau de la mer (655 mètres pour le lac Majeur), et allongés du nord au sud, dans le sens des vallées : le *lac Majeur*, le lac de Lugano, le *lac de Côme*, le LAC DE GARDE, le plus grand des lacs de cette région (470 kilomètres carrés), et les lacs du versant septentrional, dont un seul (lac de Brienz) descend au dessous du niveau de la mer, orientés presque tous de l'est à l'ouest ; le LAC DE GENÈVE ou *Léman*, formé par le Rhône, le plus grand des lacs de Suisse (620 kilomètres carrés), ayant une profondeur de plus de 300 mètres, les lacs de Thun et de Brienz au pied de l'Oberland, le *lac des Quatre-Cantons*, de Zug, de Wallenstadt, *de Zurich*, au pied des montagnes d'Unterwald et de Schwitz, le LAC DE CONSTANCE, formé par le Rhin.

On peut rattacher à ce groupe le *lac de Neuchâtel*, les lacs de Brienne et de Morat, qui, avec tous les lacs précédents du versant septentrional (moins le lac de Genève), se déversent par diverses rivières dans le Rhin, et les *lacs de la Bavière* qui portent leurs eaux au Danube.

On peut y rattacher aussi les lacs de Pérouse et de Bolsena dans les Apennins, et les lacs de Scutari, d'Ochrida, etc. dans la péninsule hellénique.

Sur le flanc oriental du massif alpestre, le LAC PLATTEN (630 kilom. car.), lac de plaine basse, d'eau saumâtre, entouré de marécages, n'étant pas traversé par un cours d'eau qui le renouvelle, est d'une tout autre nature.

II. Dans les îles Britanniques sont de nombreux lacs, de peu d'étendue en général, mais sauvages et pittoresques, tels que le *lac Lomond* en Écosse, le *lac Neagh* (380 kilom. car.), le lac Corrib, le lac d'Erne en Irlande.

III. La Scandinavie est toute semée de lacs ; presque tous ses cours d'eau en forment des chapelets pour ainsi dire continus, disposés d'étage en étage sur les terrasses granitiques de la chaîne et reliés par des cascades ; les plus grands se trouvent dans la région méridionale, le LAC WENERN (5,300 kilom. car.), les *lacs Wettern* et *Mœlar*.

IV. Le terrain granitique de la *Finlande*, quoique peu élevé (160 mètres en moyenne), est également couvert par une *multitude de lacs*, dont le principal est le *lac Saïma* (5,000 kilom. car.), et qui semblent témoigner de l'existence d'un bras de mer qui unissait jadis l'océan Glacial et la Baltique ; les deux plus grands lacs d'Europe se trouvent sur la limite méridionale de cette masse granitique, dans les terrains quaternaires : le LAC ONÉGA (8,300 kilom. car.) et le LAC LADOGA (15,900 kilom. car.) ; plus loin au sud sont des lacs, très-importants aussi, lacs *Biélo*, d'*Ilmen*, de *Peypus*, au milieu d'une contrée toute semée d'autres lacs plus petits.

V. Dans les terrains bas et modernes, on peut encore signaler les étangs et les lacs de la Prusse orientale et du Brandebourg, et les lacs salés des bords de la Caspienne.

4ᵐᵉ Section.

LES MERS, LES COTES ET LES ILES.

(Voir les cartes nᵒˢ 3 et 4.)

36. Les mers. — Rattachée, par le côté est du pentagone, au continent asiatique, l'Europe est, sur ses autres côtés, baignée par des mers.

Sur le côté septentrional du pentagone, par l'OCÉAN GLACIAL, qui forme la MER BLANCHE ;

Sur le côté nord-ouest, par l'OCÉAN ATLANTIQUE, qui forme la MER BALTIQUE, la MER DU NORD, la MANCHE, la MER D'IRLANDE et le GOLFE DE GASCOGNE (ou golfe de Biscaye) ;

Sur les côtés sud et sud-est du pentagone, par la MÉDITERRANÉE, qui est elle-même une dépendance de l'océan Atlantique, et qui se divise en *bassin antérieur*, lequel forme la MER TYRRHÉNIENNE, et *bassin postérieur*, lequel forme la MER ADRIATIQUE, la MER IONIENNE, l'ARCHIPEL, la MER DE MARMARA, la MER NOIRE et la MER D'AZOW.

La MER CASPIENNE, isolée des autres mers, est située sur la limite sud-ouest de l'Europe.

37. L'océan Glacial. — L'océan Glacial a pour limite le cercle polaire arctique ; il ne la dépasse que dans la MER BLANCHE qui s'enfonce au sud jusqu'au 64ᵉ degré. Pendant près de dix mois de l'année, de septembre à juillet, cet océan est glacé et inaccessible aux navires. Il forme, sur la limite de l'Europe, la *mer de Kara*.

La côte, basse, plate, inhospitalière, a de *profondes baies, très-poissonneuses*, la baie de Tcherskaia, à l'est de la *presqu'île Kanin* située à l'entrée de la mer Blanche, les baies de la Dwina, de l'Onéga, de Kandalaskaia dans la mer Blanche, de Waranger au nord de la Laponie. La presqu'île Scandinave se termine par le CAP NORD, situé dans la plus septentrionale des innombrables îles de la côte de Norvége (îles Tromsen et *Lofoden*) ; de ce côté, la température est moins rigoureuse et la pêche se pratique pendant une plus longue partie de l'année.

Les principales îles sont : *Waigatz*, la *Nouvelle-Zemble* divisée en trois îles très-rapprochées et séparée de la précédente par le détroit de Kara, et Kalgouew, terres inhabitées où ne poussent guère que des mousses. Le Spitzberg est aussi une dépendance géographique de l'Europe.

38. La mer Baltique. — Mer intérieure, mesurant à peu près 400,000 kilomètres carrés, et située à l'ouest de la grande plaine orientale de l'Europe, la MER BALTIQUE est peu profonde. Au sud, entre la pointe de Gothie et la basse Allemagne, la sonde ne donne nulle part plus de 216 mètres : près de l'île de Bornholm, elle ne dépasse pas 50 mètres ; elle gèle sur divers points durant six ou huit mois, surtout dans le golfe de Bothnie : pendant l'hiver, on se rend sur la glace de Suède en Finlande. La côte est haute, découpée par mille petites baies et toute semée d'îlots granitiques à la partie septentrionale, et sur presque toute la ligne de la Scandinavie, basse et semée d'îlots granitiques en Finlande, sablonneuse en Courlande, vaseuse, contenant une eau à peine salée, ayant des marées à peu près insensibles, presque partout bordée de lagunes (Curische Haff, Frische Haff), à la partie sud-est.

Au nord, la côte se relève par un mouvement lent et séculaire : on peut mesurer ce soulèvement par les traces que laisse la mer sur les roches émergées ; des villes, maritimes autrefois (Piléa, etc.), sont aujourd'hui dans l'intérieur des terres. Au sud, la côte, déjà basse, s'abaisse encore : au moyen âge, un éboulement a même englouti une vaste région entre le Niémen et la Prégel.

La Baltique forme trois grands golfes : au nord, le GOLFE DE BOTHNIE que limite, dans sa partie méridionale, le chapelet des *îles Aland* ; à l'est, le GOLFE DE FINLANDE, qui reçoit la Néva, et le *golfe de Riga* ou de Livonie, à l'entrée duquel se trouvent les *îles OEsel* et *Dago*. Plus près de la côte scandinave, sont les *îles OEland* et *Gottland*, dont la dernière a été autrefois un grand centre commercial ; au sud, l'île de *Bornholm*, et le GROUPE DES ILES DANOISES (*Seeland, Laland, Fionie*, etc.) ; sur la côte allemande, vers les bouches de l'Oder, les îles d'Usedom, de Wollin et de *Rugen*.

La mer Baltique communique avec la mer du Nord par une série de détroits dont la navigation est assez dangereuse : 1° trois détroits parallèles passant entre les îles Danoises, le *petit Belt*, le *grand Belt* et le SUND, le plus étroit (4 kilom. 1/2), mais le plus fréquenté par la navigation, libre aujourd'hui de tout péage ; 2° deux détroits qui se font suite entre la *presqu'île Scandinave* et la *presqu'île de Jutland* et que sépare le *cap Skagen*, extrémité de cette dernière ; le *Kattégat* dont la profondeur ne dépasse pas 80 mètres, et qui est embarrassé de bancs de sable dangereux ; le *Skager-rack*, qui atteint jusqu'à 810 mètres de profondeur sur divers points.

39. La mer du Nord. — La MER DU NORD, dont la superficie dépasse 600,000 kilomètres carrés, est plus ouverte que la Baltique, mais elle est moins profonde encore. Entre le Jutland et l'Angleterre, elle n'atteint nulle part 180 mètres, et elle est parsemée de bas-fonds, bien connus des pêcheurs : le Grand Banc de pêche, le Dogger bank, le banc Noir qui comprend presque tout l'espace entre les Pays-Bas et la côte anglaise et qui ne donne pas plus de 50 mètres de profondeur à l'eau. Dans sa partie septentrionale, elle devient un peu plus creuse ; sur toute la côte de la Norvége depuis le Skager-rack, règne, sur une largeur d'une centaine de kilomètres, une dépression presque abrupte du sol marin qui fait descendre la sonde à 300 et 800 mètres.

La côte de Norvége tombe presque partout à pic dans la mer, dont elle hérisse les flots d'une triple et quadruple rangée d'îles granitiques (groupe des *îles de Bergen*, etc.), et qui, à son tour, pénètre profondément dans les hautes vallées de la chaîne, qu'elle a transformées en baies étroites et longues, dites *fiords* (le Sogne-fiord a plus de 140 kilom. de longueur). Le *cap Lindesness* la termine au sud, au point où commence le Skager-rack.

La côte d'Écosse est également rocheuse, tantôt en granit, tantôt en calcaire carbonifère ; les cours d'eau s'y jettent dans de vastes *baies* : baie de *Dornock*, de *Murray*, du *Tay*, du *Forth*. Elle se termine par le cap Wrath, au nord duquel sont les deux groupes rocheux des îles Orcades et des îles Shetland, formant la limite septentrionale de la mer du Nord. La côte d'Angleterre, d'un tout autre aspect, présente en général une haute barrière de falaises qui s'abaisse à mesure qu'on s'avance vers le sud ; entre l'Humber et la Tamise, ce n'est plus qu'une côte basse et vaseuse, si bien que, de la mer, on n'aperçoit que les clochers des villages se dressant au dessus des flots : d'où le nom de golfe du *Wash*, qui signifie marécage. Les baies de l'Humber et de la Tamise sont de vastes estuaires.

La côte des Pays-Bas et de l'Allemagne est également basse, si basse que la mer pénètre profondément dans les embouchures des fleuves où elle dessine de nombreuses îles (Zélande) ; que, depuis les bouches de l'Escaut jusqu'à l'Ems, il a fallu la protéger par une suite ininterrompue de digues, et que, dans la Zélande, le sol de certaines prairies du rivage, dites polders, est de 4 à 5 mètres au dessous du niveau des hautes marées ; plusieurs fois, les vagues ont rompu ces digues : au treizième siècle, elle ont formé le golfe dit Zuyderzée qui, n'était auparavant qu'un lac (lac Flevo). Un mouvement lent, comme celui qui se produit sur la côte de la Baltique, tend encore à déprimer le sol. Depuis le Zuyderzée jusqu'au Jutland, la côte est partout basse, sablonneuse, bordée par une rangée d'îles plates (*Texel*, etc.), qui semblent marquer la ligne de l'ancien rivage et que la mer ronge sans cesse. L'île d'*Héligoland*, entre l'embouchure du Weser et celle de l'Elbe, fait quelque peu saillie sur cette rangée.

40. Les îles du Nord-Ouest et la mer d'Irlande. — A 300 kilomètres au nord-ouest des Shetland, est le groupe volcanique des *îles Færoë* (Fær-Oer), et, à 350 kilomètres des Færoë, l'ISLANDE, nom qui signifie terre de glace, quoique l'influence de la mer y tempère beaucoup le froid des latitudes boréales. Cette île, longue d'environ 360 kilomètres, presque toute volcanique, renfermant encore des volcans en éruption (l'*Hékla*, etc.), des sources jaillissantes d'eau bouillante (Geysers) ou de boue, a une côte profondément découpée, comme la Norvége. Elle n'est pas elle-même à plus de 220 kilomètres de la côte du Groënland, et, sur toute cette longue ligne qui relie les deux mondes, l'Océan n'a qu'une médiocre profondeur.

Les côtes occidentales de l'Écosse et de l'Irlande sont, comme celles de la Norvége et de l'Islande, granitiques ou volcaniques, et, comme elles sont les premières en butte aux efforts de l'Océan et à la poussée incessante du Gulf-Stream, elles sont découpées par les vagues, qui pénètrent au loin entre les noirs rochers ; ces anses profondes s'appellent, en Écosse, des *lochs* (loch Linnhee, etc.) ; en Irlande, entre le *cap Malin* et le *cap Clear*, ce sont des baies (*baie de Donegal, baie de Galway*, etc.).

Près de la côte écossaise, s'allonge sur deux lignes le groupe granitique des HÉBRIDES, dont les deux plus grandes sont Lewis et Skye.

La pointe montueuse de Cantire s'avance vers l'Irlande, en ne laissant qu'une passe de 26 kilomètres ; c'est la partie la plus resserrée du CANAL DU NORD, qui donne accès, entre la Grande-Bretagne et l'Irlande, dans la MER D'IRLANDE. Au centre de cette mer est l'ILE DE MAN et au sud, l'ILE D'ANGLESEY, réunie au pays de Galles par un pont tubulaire. Plus au sud, s'ouvre, entre l'Irlande et le pays de Galles, un second détroit plus large, qui conduit dans l'Atlantique, le CANAL SAINT-GEORGES, avec la baie de Cardigan.

Au sud du canal Saint-Georges, sont le golfe dit CANAL DE BRISTOL, au fond duquel débouche la Severn, et le CAP LAND'S END (Finistère), qui termine au sud-ouest la Grande-Bretagne ; à l'ouest, sont les *îles Sorlingues*.

41. La Manche. — Entre le cap Land's end et la *presqu'île de Bretagne*, terminée par la POINTE SAINT-MATHIEU, s'ouvre la MANCHE (les Anglais la nomment *British Channel*, le canal britannique), qui sépare l'Angleterre de la France et va se rétrécissant vers le nord-est, où un détroit de 34 kilomètres de largeur, le PAS-DE-CALAIS, la réunit à la mer du Nord. C'est une mer peu étendue (73,000 kilom. carrés) et peu profonde (de 125 mètres dans sa partie orientale à 50 mètres dans sa partie occidentale), mais où s'engouffrent avec violence les vents d'ouest, où le flot montant de la marée, poussé de la haute mer dans cet entonnoir, s'élève plus haut et plus redoutable que partout ailleurs et rencontre, au Pas-de-Calais, le flot contraire qui, de la mer du Nord, s'avance vers le sud.

La côte, en France, est granitique et escarpée jusqu'au Cotentin, excepté dans la BAIE DE SAINT-MALO, que la mer paraît avoir agrandie depuis les temps historiques ; elle présente ensuite des falaises calcaires alternant avec des plages sablonneuses ; la côte anglaise, partout escarpée, est d'abord granitique et puis bordée de hautes falaises blanchâtres.

Sur la côte anglaise, est l'île verdoyante de *Wight* ; sur la côte de la *presqu'île du Cotentin*, les ÎLES ANGLO-NORMANDES, non moins renommées pour leurs pâturages (Jersey, Guernesey, etc.).

42. Le golfe de Gascogne et la côte Ibérique.
— Entre la pointe Saint-Mathieu et le CAP FINISTÈRE, qui forme l'extrémité nord-ouest de la péninsule Ibérique, se creuse le GOLFE DE GASCOGNE, mer profonde, orageuse, dont la côte, d'abord granitique, puis basse, marécageuse ou bordée de dunes en France, devient élevée, rocheuse, abrupte, sur toute la ligne des Pyrénées, de la Bidassoa au cap Finistère. Plusieurs îles se trouvent sur la côte française (Voir la France et ses colonies).

Depuis le cap Finistère, la côte va directement vers le sud jusqu'au CAP SAINT-VINCENT ; elle est généralement basse, sablonneuses et entrecoupée de marécages ; les chaînes ibériques s'y terminent en formant divers caps. Au cap Saint-Vincent, elle tourne brusquement au sud-ouest jusqu'au *cap Trafalgar* et à la *pointe de Tarifa*; là s'ouvre le DÉTROIT DE GIBRALTAR, qui sépare l'Europe de l'Afrique et donne accès dans la Méditerranée.

43. Le bassin antérieur de la Méditerranée. — La MÉDITERRANÉE, c'est-à-dire la mer intérieure, vaste bassin de plus de deux millions et demi de kilomètres carrés, est le lien des trois parties de l'ancien continent et a été le centre de la civilisation dans l'antiquité et le moyen âge; elle se divise en *bassin antérieur* et *bassin postérieur*, séparés par la *péninsule italique*, par la Sicile et par un bas-fond s'étendant des îles Égates au cap Bon en Afrique. La Méditerranée, quoique très-vaste, est, comparée à l'immense étendue des océans, un petit bassin ; aussi la marée s'y fait-elle peu sentir (1 mètre environ à Venise où elle est la plus forte). Serrée de près par les montagnes européennes, par le désert africain et par les montagnes d'Asie-Mineure, elle ne reçoit, si l'on en excepte le bassin de la mer Noire, que très-peu de grands fleuves (Èbre, Rhône, Pô, Rhin), et leurs eaux sont insuffisantes pour contre-balancer la grande évaporation ; de là les courants de Gibraltar et du Bosphore, qui y amènent sans cesse les eaux de l'Océan et de la mer Noire (1). Ses eaux sont plus chaudes que celles de l'Océan sous la même latitude.

La partie orientale du bassin antérieur est la MER TYR-RHÉNIENNE, qui a pour limites la péninsule Italique, et les trois plus grandes îles de la Méditerranée, rattachées elles-mêmes au système des montagnes Italiques : la SICILE, séparée du continent par le détroit appelé *phare de Messine*, et, au Nord-ouest, la SARDAIGNE et la CORSE, séparées par un autre détroit dit les *bouches de Bonifacio*.

Les autres îles importantes sont le groupe des *îles Lipari* sur la côte de Sicile, l'*île d'Elbe* sur la côte d'Italie, les ÎLES BALÉARES (*Majorque*, Minorque, Iviça, etc.), séparées de l'Espagne par le *canal des Baléares*.

La côte espagnole, depuis Gibraltar jusqu'au cap Palos, est montagneuse ; les caps *Gata*, immense môle de granit, Palos, *San-Martin*, Creux, y marquent les extrémités des chaînes ; la côte, depuis le cap Palos, est généralement plate, bordée de lagunes en Espagne comme en France, où se trouve le GOLFE DU LION ; mais elle est rocheuse dans la Provence ; en Italie, elle est couronnée de montagnes autour du GOLFE DE GÊNES, dit aussi, dans le voisinage de la ville, « rivière de Gênes » ; peu élevée, depuis le *golfe de la Spezzia*, dans les bassins de l'Arno et du Tibre, et bordée de maremmes pestilentielles ; découpée au sud par les délicieuses *baies de Naples*, de *Salerne*, etc., et présentant généralement des pentes abruptes.

44. La mer Adriatique et la mer Ionienne. — La MER ADRIATIQUE, longue et étroite, est bordée par une rive plate et marécageuse jusqu'au mont Gargano ; au delà, peu profonde à l'ouest, très-peu au nord-ouest dans le voisinage des lagunes de Comacchio et de Venise, où on

---

1. Au dessous de ces courants de la surface, se produisent des contre-courants, et même, dans le Bosphore, des contre-courants latéraux.

calcule que le Pô dépose par an 42 millions de mètres cubes d'alluvions; port de mer du temps des Romains, Ravenne est aujourd'hui entourée de bois (1).

Les *îles Illyriennes*, véritable rameau des Alpes, bordent la côte orientale : le *mont Gargano* forme, sur la rive italienne, un large promontoire.

On sort de la mer Adriatique par le canal d'Otrante pour entrer dans la mer Ionienne, beaucoup plus large, plus profonde, bordée, à l'est, tantôt par des plages marécageuses (Albanie septentrionale et Morée), tantôt par des roches escarpées (Albanie méridionale), et par une côte uniformément plate à l'ouest. Cette mer forme deux grands golfes : le golfe de Tarente dans la fourche méridionale de l'Apennin, entre le *cap Leuca* et le cap Rizzuto, et le golfe de Lépante, qui sépare, la presqu'île du Péloponèse du reste de la péninsule hellénique. Près de la côte de cette péninsule, sont les îles Ioniennes (*Corfou*, Sainte-Maure, Théaki, l'ancienne Ithaque, patrie d'Ulysse, *Céphalonie*, *Zante*).

Au débouché du phare de Messine, se trouve le *cap Spartivento*, pointe de l'Italie, et, au sud de la Sicile, le *cap Passaro* : au nord-ouest de la même île, est le cap Roca.

Plus au sud, en pleine Méditerranée, est le groupe de Malte (Malte, Gozzo, Comino).

45. L'Archipel. — Au sud du Péloponèse, s'ouvrent deux golfes limités par trois pointes, extrémités de la chaîne hellénique : les deux principales sont le cap Matapan, la pointe du continent européen la plus avancée vers le sud, masse de sombres rochers redoutés des marins, et le *cap Malée* (Malia).

En pleine mer, *Cerigo*, Cerigotto et la grande île de

---

1. Cependant on pense que le fond de l'Adriatique s'affaisse lentement.

CANDIE, qui continue à tracer à travers la Méditerranée la ligne de faîte des monts helléniques.

L'ARCHIPEL est ainsi nommé à cause des nombreuses îles, la plupart d'origine volcanique, dont il est tout semé. Le principal groupe est celui des CYCLADES (*Syra*, Naxos, etc.), dont le nom, d'un mot grec qui signifie cercle, indique qu'il a une certaine analogie avec cette figure. La côte hellénique est longée par l'île d'EUBÉE, longue, étroite et séparée du continent par le détroit de l'*Euripe*, sur lequel on a jeté un pont en fer ; au nord-est, Thaso, Imbro, *Limno* (Lemnos), etc.

La côte, presque partout élevée et rocheuse, a de nombreux golfes : golfes *de Nauplie*, *d'Égine*, de *Salonique*, de *Rendina* ; entre ces deux derniers est une presqu'île à trois branches, la *presqu'île de Salonique*, que les anciens nommaient la Chalcidique.

46. La mer de Marmara et la mer Noire. — La mer Noire, dont le bassin n'a guère plus de 500,000 kil. carrés et qui reçoit deux fois et demie autant d'eaux pluviales que tout le reste de la Méditerranée, déverse par un fort courant son trop plein dans l'Archipel. Ce courant s'est tracé une voie étroite qui sépare l'Europe de l'Asie et qui se compose de deux longs détroits : le DÉTROIT DES DARDANELLES, l'ancien *Hellespont* (50 kilom. de long sur 5 à 6 de large) et le BOSPHORE ou *détroit de Constantinople* (30 kilom. de long, sur 1 à 4 kil. de large). La MER DE MARMARA, l'ancienne *Propontide*, placée entre les deux, n'est en quelque sorte qu'une portion élargie du canal.

La MER NOIRE, autrefois *Pont-Euxin*, profonde au centre, ensablée près de la côte par ses puissants tributaires, et bordée, au nord, de petites falaises et de lagunes, à l'ouest, de rochers élevés, n'a pas d'îles. Les tempêtes y sont redoutables. La PRESQU'ÎLE DE CRIMÉE, ancienne *Chersonèse Taurique*, la sépare de la MER D'AZOW, mer très-poissonneuse, mais sans profondeur, que les anciens regardaient comme un marais (ils l'appelaient Palus Mæotis). Cette mer est bordée de prairies et de lagunes, dont la plus importante est le Siwache, ou mer Putride des anciens.

DEUXIÈME PARTIE

LES RÉVOLUTIONS DE L'EUROPE.

(Voir la carte n° 6.)

47. L'antiquité. — Après avoir étudié la formation du sol et l'état actuel des lieux qui sont le théâtre de l'activité européenne, il convient de savoir quelles sont les populations qui y déploient leur activité, comment elles se sont formées et par quelles révolutions elles se sont groupées de manière à constituer les États modernes.

Dans l'antiquité, c'est surtout autour du bassin de la Méditerranée que s'est développée la civilisation dont nous sommes les héritiers. Cette civilisation a commencé à l'orient de ce bassin, avec les Égyptiens, peuple d'Afrique, les Phéniciens et les Assyriens, peuples d'Asie, et enfin par un peuple européen, les Grecs, qui ont défendu l'Europe contre la domination asiatique, peuplé de colonies une partie des côtes méditerranéennes et brillé pendant plus de cinq siècles par les arts et par le commerce. Les Romains, peuple guerrier et administrateur, qui, au second siècle avant l'ère chrétienne, avaient conquis l'Italie, étendirent bientôt leur empire sur tout le bassin de la Méditerranée, en Europe, en Asie, en Afrique, et eurent pour limite septentrionale en Europe le *Rhin et le Danube*; au nord-est de cette limite, étaient des pays alors entièrement barbares, habités par les tribus des Germains, celles des *Sarmates*, des Slaves, etc. L'empire romain, constitué avec cette vaste étendue, environ 50 ans avant l'ère chrétienne, subsista à peu près dans les mêmes limites jusqu'au commencement du v⁰ siècle de notre ère (406 ap. J.-C.).

48. Le moyen-âge. — Le moyen-âge commence avec le cinquième siècle, au moment où les Germains et quelques autres barbares, forçant les barrières du Danube et du Rhin, ravagent l'Empire romain, le détruisent et s'établissent dans plusieurs de ses provinces ; puis, convertis au christianisme, ces barbares reportent la civilisation nouvelle, grossière encore, mais féconde, jusque dans la Germanie et dans l'Europe orientale. Les *Huns*, peuple de race ougrienne, ne firent que ravager sans rien fonder. Les *Francs* et les *Burgondes* se fixèrent en Gaule vers le commencement du cinquième siècle ; les *Wisigoths* en France et bientôt en Espagne, aussi bien que les *Suèves* ; les *Saxons* et les *Angles* dans la grande Bretagne.

Venus un peu plus tard par le sud (711), les *Arabes* et puis les Maures dominèrent pendant plusieurs siècles sur l'Espagne, où leur dernière ville, Grenade, ne leur fut enlevée qu'en 1492.

Une grande partie des royaumes barbares de l'Europe occidentale furent soumis par les Francs et surtout par le plus illustre de leurs princes, Charlemagne, qui fonda (800) un nouvel EMPIRE D'OCCIDENT, s'étendant de l'Èbre à l'Oder et de la mer du Nord au Garigliano.

Moins de trente ans après sa mort, son empire, trop vaste pour durer, se disloqua (843, traité de Verdun) ; mais les nations qu'il avait tenues sous son sceptre appartinrent désormais à la civilisation chrétienne et formèrent le groupe de FRANCE, le groupe d'ITALIE et le groupe de l'EMPIRE GERMANIQUE, qui s'étendit peu à peu vers l'orient aux dépens des tribus slaves (Bohême, Lusace, Prusse, etc.) et de peuples finnois (les Hongrois), soumis ou convertis. Durant cette période, qui s'étend du milieu du IX⁰ siècle à la fin du moyen-âge, la FÉODALITÉ règne dans toute l'Europe centrale et occidentale et, avec elle, le morcellement territorial, chaque seigneur étant à la fois propriétaire et souverain dans ses domaines. L'autorité pontificale constituait seule une unité morale.

Pendant ce temps, plusieurs royaumes chrétiens s'organisent dans la péninsule ibérique aux dépens des musulmans ; *les Normands*, après avoir été la terreur de l'Europe occidentale, s'établissent en France et de là vont conquérir *l'Angleterre*, et plus tard l'Irlande ; la France acquiert son unité par le progrès du domaine et de l'autorité des rois ; au sud, l'Italie est morcelée et agitée, ainsi que l'Allemagne, par des guerres intestines; au nord, les trois États scandinaves sont constitués, réunis quelque temps en un même État, puis séparés en royaume de *Danemark* et royaume de *Suède*. La Norvège appartint au roi de Danemark jusqu'en 1814, qu'elle fut adjugée au roi de Suède.

A l'orient, le royaume de Pologne, qui s'étendait alors jusqu'à la vallée du Don, servait de rempart à l'Europe chrétienne contre les *Mongols*, qui, des plateaux de l'Asie, avaient étendu leurs incursions et leur barbare domination sur presque toute la vaste plaine de l'Europe orientale, et subjugué les Moscovites; le royaume de *Hongrie*, qui s'étendait jusqu'aux Carpathes, servait, avec les *petits États slaves du Danube*, de rempart contre les Turcs qui avaient envahi l'Europe par le détroit des Dardanelles et s'étaient établis dans la péninsule hellénique sur les ruines de l'*Empire grec*, faible reste de l'ancien empire romain ; en 1453, les Turcs mettent entièrement fin à cet empire par la prise de Constantinople, et cet événement clôt les grandes invasions et la période du moyen-âge.

49. Les temps modernes. — Dans les temps modernes, aucun peuple nouveau ne s'ajoute aux peuples déjà fixés sur le sol européen ; mais la guerre, la religion et la politique changent fréquemment les limites, le nombre et l'importance relative des États.

A l'orient, les *Turcs*, victorieux jusque vers le milieu du dix-septième siècle, règnent sur toute la péninsule hellénique, sur les bords de la mer Noire et sur la vallée du Danube jusqu'au Raab; la *Pologne* reste prépondérante au centre ; la Russie, qui a refoulé les Mongols sur la frontière asiatique, est encore barbare ; au nord, la rive orientale de la mer Baltique jusqu'au golfe de Riga dépend de la *Suède;* à l'occident, la *maison d'Autriche*, qui, dans la première moitié du seizième siècle, avait réuni la couronne d'Espagne et la couronne impériale de l'Allemagne décline au dix-septième siècle; le protestantisme, prêché par Luther et Calvin au seizième siècle, a détaché la Basse-Allemagne, les Pays-Bas, la Scandinavie et la Grande-Bretagne de l'Église catholique, et la *paix de Westphalie* (1648) constitue pour la première fois, par un traité, l'équilibre européen, en détruisant les prétentions de la maison d'Autriche à la suprématie dans l'Europe occidentale, en agrandissant la France, en reconnaissant l'indépendance de la *Suisse* et de la *Hollande*, et en faisant de l'Empire germanique une sorte de confédération d'Etats indépendants.

Dans la seconde moitié du dix-septième siècle et au dix-huitième, les conquêtes de la *France* sous Louis XIV menacèrent de nouveau l'équilibre européen; le traité d'Utrecht (1713) marqua le triomphe de la coalition formée contre elle, et, en donnant à un prince français la couronne d'Espagne, enleva à cette puissance ses possessions en Italie et dans les Pays-Bas, d'où s'étaient déjà détachées les provinces du Nord ; une d'elle, la Hollande, a donné son nom à tout le groupe. Environ trois siècles auparavant, en 1307, un autre soulèvement contre la maison d'Autriche, avait formé le noyau de la Suisse. L'Angleterre, devenue par la réunion de l'Écosse, le royaume de *Grande-Bretagne*, domina sur les mers et exerça une influence prépondérante sur la politique continentale au dix-huitième siècle ; la *Prusse* devint un royaume qui fit équilibre à l'Autriche, demeurée en possession de la couronne impériale.

A l'orient, les Turcs furent refoulés derrière le Danube ; la *Russie*, agrandie aux dépens de la Suède et de la Turquie, devint un État véritablement européen par l'acquisition de côtes sur la Baltique et sur la mer Noire et avança sa frontière vers l'Europe centrale par le partage de la Pologne.

Depuis le seizième siècle, l'unité religieuse de l'Europe occidentale était brisée : l'ÉGLISE CATHOLIQUE conservait l'Italie, la Hongrie, l'Allemagne du Sud, la France, les Pays-Bas autrichiens, la péninsule Ibérique, l'Irlande ; mais l'*Allemagne du Nord*, les *États scandinaves*, la *Hollande*, la *Grande-Bretagne*, une *partie de la Suisse et de l'Allemagne du Sud* appartenaient aux ÉGLISES PROTESTANTES. L'*Europe orientale* (péninsule hellénique et Russie), depuis le schisme de Photius, formait l'ÉGLISE GRECQUE, et l'invasion ottomane avait implanté l'*Islamisme* dans la *péninsule hellénique*.

Les guerres de la Révolution française et de l'Empire bouleversèrent l'équilibre européen tel que l'avait fait le traité d'Utrecht. En 1812, l'*Empire français* s'étendait par ses possessions directes, des Pyrénées et de la vallée du Tibre jusqu'à la mer Baltique ; par ses alliés ou ses vassaux, du Guadalquivir à la Vistule. Les traités de 1814 et de 1815 contraignirent la France à se resserrer dans les limites de 1789 et constituèrent un nouvel équilibre européen, fondé en partie sur l'état de choses antérieur à 1789, en partie sur des combinaisons nouvelles : formation du royaume des Pays-Bas et de la *Confédération germanique*, amoindrissement du Danemark, agrandissement de la Russie, déjà maîtresse de la Finlande et de la Bessarabie et dotée, en 1815, du royaume de Pologne.

50. L'état actuel. — Cet état de choses a été modifié

profondément depuis ce temps : à l'orient, par le traité d'Andrinople (1829), qui a créé le *royaume de Grèce* et par le *traité de Berlin* (1878) qui a complété l'émancipation de la Serbie et de la Roumanie et amoindri considérablement la Turquie, enfin par la suppression complète du royaume de Pologne (1830-1864); dans l'Europe centrale et occidentale, par la formation (1830) du *royaume de Belgique* au détriment des Pays-Bas, par la création du royaume d'Italie (1863) et l'absorption de l'État pontifical (1870) ; enfin par la suppression de la Confédération germanique (1866), qu'a remplacée en 1871 l'empire d'Allemagne sous la haute autorité de la Prusse. L'extension de la France jusqu'aux Alpes en 1860 a malheureusement été plus que compensée par les pertes qu'elle a faites en 1871.

Aujourd'hui l'Europe comprend vingt États souverains (1), qui sont :

1° Dans le nord-ouest de l'Europe :

Le ROYAUME UNI DE GRANDE-BRETAGNE ET D'IRLANDE, capitale LONDRES ;

Le ROYAUME DES PAYS-BAS, capitales LA HAYE et AMSTERDAM;

La BELGIQUE, capitale BRUXELLES ;

La FRANCE, capitale PARIS.

2° Dans l'Europe centrale :

L'EMPIRE ALLEMAND, dont l'État prépondérant est la PRUSSE, capitale BERLIN, et qui comprend en outre :

Le *royaume de Saxe*, capitale *Dresde* ;

Le *grand-duché de Hesse*, capitale *Darmstadt*;

Le *grand-duché de Bade*, capitale *Carlsruhe* ;

Le *royaume de Wurtemberg*, capitale *Stuttgard* ;

Le *royaume de Bavière*, capitale *Munich*.

1. Sans compter la république d'Andorre, la principauté de Monaco, la république de Saint-Marin, le *grand-duché de Luxembourg*, la principauté de Liechtenstein, les petites principautés de la Thuringe, les villes libres de *Lubeck*, *Hambourg*, *Brême*, et en faisant figurer la Suède et la Norvège comme un même État, bien que ce soient deux nations tout à fait distinctes.

Ces quatre derniers États étant situés dans la partie désignée sous le nom d'*Allemagne du Sud* ;

L'empire Austro-Hongrois, capitales Vienne et Budapest;
La Suisse, capitale fédérale Berne.

3° Dans l'Europe méridionale :
Le Portugal, capitale Lisbonne ;
L'Espagne, capitale Madrid,
Ces deux États occupant la péninsule ibérique ;
Le royaume d'Italie, capitale Rome, occupant la péninsule italique ;
Le Monténégro, capitale Cétinyé ;
La Serbie, capitale *Belgrade*,
La Roumanie, capitale *Bucarest*;
La Grèce, capitale Athènes ;
La Turquie, capitale Constantinople, et la Bulgarie qui forme un État subordonné à la Turquie,
Ces six États occupant la péninsule hellénique.

4° Dans l'Europe septentrionale :
La Suède et la Norvège, capitales Stockholm et Kristiania ; deux États gouvernés par le même roi ;
Le Danemark, capitale Copenhague,
Ces trois États composant les États scandinaves.

5° Dans l'Europe orientale :
La Russie, capitale Saint-Pétersbourg.

51. Les races d'hommes. — Les races qui ont successivement envahi et peuplé l'Europe sont venues de l'Orient par les monts Ourals, par le Caucase, par les côtes de la Méditerranée, une peut-être par le détroit de Gibraltar. Les Pélasges, qui ont couvert à une certaine époque deux des grandes péninsules du midi de l'Europe, paraissent avoir été la plus ancienne de ces races. Les Ibères, venus peut-être d'Afrique, occupèrent l'autre grande péninsule et les contrées du sud-ouest ; au centre, s'établirent les Celtes et les Kymris compris sous la dénomination de Gaulois, et, derrière eux, les tribus germaines, scandinaves et slaves. Les nombreuses migrations, déterminées, par l'invasion des Huns, au quatrième siècle, et par la chute de l'Empire romain, ébranlèrent les populations européennes, qui ne furent fixées dans l'occident de l'Europe qu'à l'époque de Charlemagne, dans l'orient qu'après les grandes invasions de Gengiskhan et de Tamerlan.

La population de l'Europe est blanche et appartient en grande majorité à la RACE INDO-EUROPÉENNE, dont le berceau paraît avoir été dans le voisinage de l'Himalaya et qui parle des langues dérivées du sanscrit. Elle forme en Europe cinq grandes familles :

1° Les HELLÈNES, restes des anciens Pélasges et des Grecs, dont le type le plus pur s'est conservé parmi les Skypetars ou Albanais; ils occupent aujourd'hui la Grèce, les îles de l'Archipel, la Thessalie, l'Albanie, une grande partie de la Roumélie ; on n'en compte que 4 millions. Ils parlent le grec moderne ou des langues dérivées du grec et mêlées de mots slaves ;

2° Les CELTES et les KYMRIS ; refoulés par les invasions successives, occupent encore la Bretagne, le Cornwall, le pays de Galles, où l'on parle l'ancienne langue kymrique, la plus grande partie de l'Irlande et la haute Écosse où l'on parle la langue gaëlique, dialecte celtique.

3° Les LATINS, c'est-à-dire l'ensemble des nations qui furent longtemps soumises à Rome, dont elles adoptèrent les institutions, les mœurs et la langue. Ils sont au nombre d'environ 80 millions, et occupent le Sud-Ouest du continent européen, où ils se divisent en *Espagnols* et *Portugais*, en *Français*, en *Rhètes* (dans les montagnes des Grisons), en *Italiens* ; les éléments celto-kymrique, germanique et ibérique sont entrés pour une grande part dans la formation du peuple français. Les *Roumains*, qui habitent au nord du Bas-Danube (Valachie, Moldavie, Transylvanie, Bessarabie) appartiennent à la même famille. Leurs langues sont dérivées du latin, qu'elles ont généralement contracté et revêtu de formes plus analytiques ;

le portugais et l'italien sont celles qui se sont le moins éloignées du type primitif ; l'espagnol est mêlé d'arabe ; le français, qui a longtemps formé deux idiomes, langue d'oc et langue d'oil, est sorti de la langue d'oil, sur laquelle les Francs, parlant la langue teutonique, ont exercé une assez grande influence. La langue romanche, parlée dans les montagnes des Alpes, est plus mêlée qu'aucune autre de mots tudesques ; la langue des Roumains est altérée par le slave;

4° Les GERMAINS, au nombre d'environ 70 millions, comprennent: 1° les *Teutons*, établis des bouches de l'Escaut et des bords de la Meuse jusqu'au delà de l'Oder, dont ils occupent toute la vallée, et divisés eux-mêmes en *Flamands* et *Hollandais* au nord-ouest, en *Souabes* et *Bavarois* dans la Haute-Allemagne, en *Saxons* dans la Basse-Allemagne. Depuis que les populations germaniques sont fixées sur le sol européen, elles se sont étendues peu à peu vers l'est, aux dépens des slaves, et elles occupent aujourd'hui, au delà de la Vistule, la Prusse ducale ; on les trouve aussi en Transylvanie et à l'embouchure du Dniester ; 2° les *Scandinaves*, qui occupent le Danemark, la Suède et la Norvége et qui ont successivement peuplé les îles jusqu'à l'Islande ; 3° les *Anglo-Saxons*, établis en Angleterre, ont peu à peu poussé leurs colonisations dans le sud et l'est de l'Écosse et sur la côte orientale de l'Irlande. Le flamand, le hollandais, l'allemand, dont le dialecte *deutsch* est devenu, depuis le seizième siècle, la langue littéraire, le danois, l'islandais, le suédois, le norvégien, l'anglais sont les principales langues de ces peuples et dérivent du tudesque, allemand primitif ;

5° Les SLAVES, au nombre d'environ 80 millions, occupent l'orient de l'Europe, derrière le bassin de l'Oder ; une partie d'entre eux se sont même avancés en deçà, au milieu du pays allemand : les *Lusaciens* entre l'Elbe et l'Oder, les *Tchèques* en Bohême, les *Moraves* et les *Stowaques* au sud des Sudètes et des Carpathes ; il sont désignés sous le nom générique de Slowaques. Derrière l'Óder, jusqu'au Dniéper et à la Dwina, sont les *Leckes*, comprenant les Polonais et Lithuaniens, puis les *Russes: Grands Russes* ou Moscovites mélangés de sang finnois et mongol dans la vallée du Volga et jusqu'à la mer Blanche, Bielo-Russes ou Russes Blancs dans les vallées supérieures de la Dwina et du Dniéper, Malo-Russes ou *Petits Russes* à l'est des Carpathes, Ruthènes ou Russes Rouges entre les Carpathes et le Don, dans la Russie méridionale ; les *Cosaques* se rattachent à ces derniers. Les Slaves ont pénétré au sud du Danube, et le rameau illyrien s'étend des frontières de l'Italie à la mer Noire, sous les noms de Wendes, *Croates, Dalmates, Serbes, Monténégrins, Bulgares* ; ces derniers, d'origine scythique, se sont tellement mêlés avec les Slaves, dont ils ont adopté la langue et les mœurs, qu'on les classe généralement parmi les peuples de la famille slave. Les principales langues de cette famille sont : d'une part, le tchèque, le sorabe (en Lusace), le polonais, le ruthène ; d'autre part, le russe, le bulgare, langue presque morte aujourd'hui, les dialectes illyriens, enfin les langues lettiques (lithuanien, etc.). Les langues slaves ont des flexions très-nombreuses et une grammaire riche ; celles des deux premiers groupes ont entre elles d'étroites ressemblances.

Derrière les cinq grandes familles de la race Indo-européenne, viennent celles que l'on réunit sous la dénomination assez vague de *scythes* et qui ont envahi l'Europe à plusieurs reprises, poussant ou foulant Slaves et Germains ; les Huns et les Avares appartenaient à un des rameaux de cette race. Aujourd'hui les plus avancés vers l'occident de l'Europe sont les *Magyars* qui, depuis le neuvième siècle, occupent la plus grande partie de la Hongrie (1), et

---

1. On rattache les Magyars tantôt à la famille mongole, tantôt à la famille ougrienne.

en Transylvanie, les Szeklers qui paraissent dater d'Attila ; puis, les *Turcs*, qui dominent sur presque toute la péninsule Hellénique, mais ne forment une population compacte que dans la Roumélie orientale, derrière la Maritza. Les *Tartares*, Nogaïs et Kirghis, qui paraissent appartenir à la même famille, occupent la Crimée, le rivage de la mer Noire, du Boug au Don, les bords de la Caspienne et la vallée de l'Oural jusqu'au Volga. Près d'eux, du Kouban au Volga, habitent les *Kalmouks*, rameau de la famille mongole.

Au nord-est de l'Europe, jusque sur les bords de la mer Glaciale, sont des tribus diverses qui appartiennent à la *famille ougrienne*, et dont plusieurs ont, dans des proportions plus ou moins fortes, du sang mongol ; citons entre autres les *Ouraliens* sur les versants de l'Oural, les *Permiens* depuis l'Oural jusqu'à la Dwina du nord et au Volga, les *Samoïèdes* dans les toundras du nord ; puis, de l'autre côté de la mer Blanche, différents rameaux de la famille *Finnoise*, qui couvrit jadis de vastes contrées et dont il ne reste plus aujourdhui que les *Finlandais*, les *Lapons*, et au midi du golfe de Finlande, les *Esthes* et les *Lives*. Il est pourtant assez probable qu'à cette famille appartiennent aussi les *Magyars*.

Les langues de ces peuples, quoique ayant une origine commune, sont assez diverses, surtout le turc, qui d'ailleurs a fait de nombreux emprunts à l'arabe et au persan ; le lapon, le finlandais et l'esthonien ont entre eux des rapports étroits ; il en ont aussi de très-remarquables avec le Magyare.

Deux races doivent encore être signalées en Europe : la race ibérique, qui, autrefois dominante dans le sud-ouest, n'est plus représentée maintenant que par 650,000 *Basques*, qui se sont maintenus dans les Pyrénées contre toutes les invasions ; ils se nomment eux-mêmes Escualdunacs, et leur langue est complétement différente de tous les autres idiomes européens ; les *Juifs*, qui appartiennent à la famille sémitique, et sont, au nombre d'environ quatre millions et demi, répandus dans presque toute l'Europe.

Toutes ces races diffèrent non-seulement par la langue, mais par les mœurs, par le degré d'avancement, par les institutions politiques, et, jusqu'à un certain point, par l'aptitude plus ou moins grande à adopter telles ou telles formes de la civilisation.

TROISIÈME PARTIE

LES ILES BRITANNIQUES

1re section.

RETOUR SUR LA GÉOGRAPHIE PHYSIQUE.

(Voir la carte n° 7.)

52. La situation. — On désigne sous le nom d'ILES BRITANNIQUES les deux grandes îles de la GRANDE-BRETAGNE comprenant l'*Angleterre* et l'*Écosse* et d'IRLANDE, avec leurs dépendances, à savoir : l'île de *Wight* au sud, les îles *Sorlingues* ou Scilly au sud-ouest, les îles d'*Anglesey* et de *Man* dans la mer d'Irlande, les îles de l'embouchure de la Clyde (*Arran*, etc.), les îles *Hébrides* au nord-ouest, les îles *Orcades* ou Orkney et les îles *Shetland* au nord, les îles *Anglo-Normandes* (Jersey, Guernesey, Aurigny, etc.), près de la côte de France.

Les îles Britanniques sont situées au nord-ouest du continent européen, *entre le 50° et le 59° degrés de latitude nord* d'une part et, d'autre part, *environ entre le 1er et le 13° degrés de longitude occidentale* (1). Elles ont une superficie de 317,000 *kilomètres carrés*, dont environ 132,000 pour l'Angleterre, 19,000 pour le pays de Galles, 81,000 pour l'Écosse et 84,000 pour l'Irlande. Les côtes,

---

1. Les Anglais comptent autrement que nous leur longitude, qu'ils ont partir du méridien de Greenwich, pris comme 0.; de sorte qu'ils se disent situés entre le 10° degré env. de long. occident., et le 2° degré long. est. Il serait utile pour la géographie, et plus encore pour la navigation, que les grandes nations se concertassent afin d'avoir toutes le même méridien.

très-découpées, de la Grande-Bretagne ont un développement de 7.200 kil., celles de l'Irlande, un développement de 3,200 kilom. Elles sont baignées par la *mer du Nord* à l'est, par le *Pas-de-Calais*, qui sépare la Grande-Bretagne de la France, et par la *Manche* au sud (1), par l'*océan Atlantique* à l'ouest et au nord, par le *canal Saint-Georges*, la *mer d'Irlande* et le *canal du Nord* au centre, entre la Grande-Bretagne et l'Irlande (Voir § 40).

53. Le climat. — Enveloppées de tous côtés par la mer, elles jouissent d'un *climat tempéré, humide*, plus chaud et plus égal que celui des contrées du continent placées sous la même latitude ; la température est plus froide dans la partie orientale de la Grande-Bretagne, surtout dans la région montagneuse du nord de l'Écosse ; plus douce durant l'hiver et plus humide sur la côte occidentale de la Grande-Bretagne et de l'Irlande. Les Hébrides sont de toutes les parties de l'archipel la plus humide (Voir § 2 et suivants).

54. Le relief du sol. — Le sol de l'*Irlande* appartient presque tout entier aux *terrains de transition* ; toute la partie centrale est composée de couches de calcaire carbonifère entourées de roches granitiques et paléozoïques sur les côtes, principalement sur les côtes du sud, et de roches volcaniques au nord-est : c'est de ce côté qu'est la célèbre chaussée basaltique des Géants.

La Grande-Bretagne paraît avoir été reliée au continent européen durant les premières époques géologiques du globe ; la partie nord-ouest de son territoire bordait la mer intérieure que l'on désigne sous le nom de bassin anglo-parisien. C'est pourquoi les *terrains les plus anciens de la Grande-Bretagne sont situés au nord et à l'ouest*, en *Écosse*, dont le sol, dans les Highlands, est

---

1. Les Anglais nomment le Pas de-Calais détroit de Douvres, et la Manche le Canal.

presque partout *granitique*; il appartient dans les vallées (Glenmore, Strathmore, Clydesdale, etc.), à la formation silurienne et dévonienne, dans les *comtés du nord* de l'Angleterre où domine le *calcaire carbonifère*, dans le *pays de Galles* tout formé de *terrains siluriens* au nord-ouest et *dévoniens* (nom tiré du comté de Devon) au sud-est, avec des grès houillers au sud, dans le *Cornwall*, dont la formation est à peu près la même que celle du pays de Galles. La limite méridionale de ces formations géologiques serait marquée à peu près par une ligne orientée dans la direction du nord-est au sud-ouest, allant de l'embouchure de la Tees au port d'Exmouth.

Entre cette ligne et une autre ligne un peu plus inclinée vers l'est et allant de l'embouchure de l'Humber à Bristol, sont des terrains moins anciens, appartenant en majeure partie au *nouveau grès rouge* de la période permienne et triasique et constituant la *grande plaine d'York* et la *vallée de la Severn*.

Entre la ligne allant de l'Humber à Bristol et une ligne qui irait du golfe du Wash à Portland, s'étendent les couches parallèles des *terrains jurassiques*, dont les noms scientifiques sont même empruntés en partie à l'Angleterre (groupe oxfordien ou argile bleue d'Oxford, groupe portlandien comprenant l'argile de Kummeridge et le calcaire de Portland). La *côte du Wash* (comtés de Lincoln et de Cambridge) fait seule exception : elle est formée par des *alluvions* récentes et basses.

Au sud-est de la ligne allant du Wash à Portland, commencent les *terrains crétacés*, qui occupent une notable portion du territoire britannique, et dont les couches les plus anciennes, formées par des dépôts lacustres (terrains wealdiens et néocomiens), sont situées entre le cap Beachy et Douvres, dans le Kent et le Sussex. Les roches crayeuses se déploient en falaises sur toute la côte sud-est de l'Angleterre et correspondent, par leurs diverses couches, aux falaises et aux côtes de France, dont elles devaient être autrefois la continuation.

Dans l'angle qui s'ouvre entre Yarmouth et Douvres et dont le sommet s'appuie, dans le Surrey, sur les terrains néocomiens, s'étendent les *terrains tertiaires*, appartenant presque tous à la formation éocène, c'est-à-dire à la formation la plus ancienne de la période tertiaire ; Londres est situé dans cette zone.

Les chaînes de montagnes de la Grande-Bretagne, généralement peu élevées, et se dirigeant du nord-est au sud-ouest, comme les couches géologiques, sont :

1° En Écosse, région véritablement montagneuse, le *plateau du nord*, les *Grampians* et les *Cheviots* ;

2° Les *montagnes de Galles* ;

3° En Angleterre, pays de plaines et de collines, les *monts de Cumberland*, situés au nord-ouest, et la *chaîne Pennine*, allant du nord au sud, et, au sud, la *chaîne Dévonienne* dirigée de l'est à l'ouest.

L'Irlande est une plaine basse dans sa partie centrale. Les massifs montagneux les plus élevés de l'île ne se montrent que dans le voisinage des côtes, aux extrémités septentrionales (monts Mourne, monts Donegal), occidentales (monts de Connemara), et méridionales (monts de Wicklow, monts de Kerry).

55. Les eaux. Les îles Britanniques n'ont pas d'assez hautes montagnes ni une assez vaste superficie pour donner naissance à de très-grands fleuves. Les principaux fleuves et rivières de la Grande-Bretagne ont, par suite de la direction générale des pentes, leur *cours vers l'est*, et, par conséquent, leur embouchure dans la mer du Nord ; ce sont :

1° La *Tay*, le *Forth*, la *Tweed*, la *Tyne*, la *Tees*, l'*Humber*, la *Tamise* (Thames) sur la côte orientale (mer du Nord);

2° La *Severn*, la *Mersey* et la *Clyde*, sur la côte occidentale (mer d'Irlande et ses détroits).

3° Le principal fleuve de l'Irlande est le *Shannon* (Voir § 29 et 30).

Les lacs sont rares en Angleterre et nombreux en Écosse, qui leur doit un grand charme pittoresque. On en compte aussi plusieurs en Irlande.

2ᵐᵉ section.

LA GÉOGRAPHIE POLITIQUE.

(Voir la carte n° 7.)

56. Les populations. — L'île de Bretagne, habitée par les *Bretons*, population Celto-Kymrique, fut attaquée par César pendant sa guerre des Gaules, et conquise plus tard (78-85) jusqu'au Forth sous les empereurs romains. Pendant plus de trois siècles, elle resta *province de l'Empire romain*. Les légions l'ayant abandonnée au commencement du cinquième siècle pour se replier sur l'Italie, menacée par les barbares, les Bretons se trouvèrent en proie aux incursions des *Calédoniens*, ou Pictes, habitants de l'est de l'Écosse, demeurés indépendants. Les Calédoniens finirent par être, au neuvième siècle, soumis par les *Scots* (d'où Écossais), venus d'Irlande ; mais, longtemps auparavant, les Bretons avaient invoqué contre leurs ennemis le secours des *Saxons*, qui se rendirent peu à peu (451-584) maîtres du pays et formèrent, avec les *Angles* (d'où Angleterre), sept royaumes composant l'*heptarchie anglo-saxonne* [Kent, Essex, Sussex, Wessex, Est-Anglie, Nort-Humbrie, Mercie (frontière)]. Les Danois arrivèrent un peu plus tard et les Bretons, poussés à bout, se réfugièrent les uns dans la presqu'île des Gaules à laquelle ils donnèrent leur nom, les autres dans le pays de Galles. Les *Normands*, sous Guillaume le Conquérant, envahirent (1066) et soumirent l'Angleterre.

57. La formation territoriale. — L'Irlande fut conquise en 1171, et impitoyablement ravagée à plusieurs reprises. L'Écosse, après de nombreuses guerres, a cessé d'avoir des souverains particuliers depuis l'avénement au trône d'Angleterre de Jacques Ier, son roi (1603); depuis 1706, son parlement s'est confondu avec celui d'Angleterre, et le royaume a pris le nom de *Grande-Bretagne*. Depuis 1803, l'Irlande a été, à son tour, unie à la Grande-Bretagne par la fusion de son parlement particulier, institué à la fin du dix-huitième siècle, avec le parlement britannique, et le royaume a pris le nom qu'il porte aujourd'hui officiellement, de ROYAUME-UNI DE GRANDE-BRETAGNE ET D'IRLANDE.

Il possède, depuis le temps de Guillaume le Conquérant, les îles Anglo-Normandes, qui dépendaient du duché de Normandie.

Au dix-septième et surtout au dix-huitième siècle, l'Angleterre se créa, par la conquête et par la colonisation, le plus riche empire colonial qu'aucun peuple ait jamais eu.

58. Les divisions politiques. — Le Royaume-Uni se divise en quatre parties : 1° l'ANGLETERRE proprement dite avec le PAYS DE GALLES; 2° l'ÉCOSSE; 3° l'IRLANDE; 4° les ÎLES.

1° L'ANGLETERRE, cap. LONDRES, comprend 52 comtés, dont 12 dans le pays de Galles. Les comtés de l'Angleterre proprement dits sont ainsi répartis :

6 au nord : Northumberland (capitale Newcastle), Durham (1), Cumberland (Carlisle), Westmoreland (Appleby), York, le plus grand des comtés anglais, subdivisé pour cette raison en trois parties, North-Riding, West-Riding et East-Riding, Lancastre (2);

---

1. Les chefs-lieux qui portent le même nom que le comté ne sont pas exprimés.

2. La plupart des comtés sont désignés avec la terminaison shire

14 au centre : Stafford, Derby, Nottingham, Leicester, Warwick, Worcester, Oxford, Buckingham (Aylesbury), Middlesex, qui renferme la ville de Londres, moins la portion située sur la rive droite de la Tamise, Hertford, Bedford, Huntingdon, Northampton, Rutland (Oakham).

6 à l'ouest : Cheshire (Chester), Shrop, Shive, (Shrewsbury), Hereford,
Monmouth, Gloucester, Somerset (Bath), Wills ;

5 à l'est : Lincoln, Cambridge, Norfolk (Norwich), Suffolk (Ipswich), Essex (Chelmsford) ;

9 au sud : Kent (Maidstone), Sussex (Lewes), Surrey (Guildford), Berks (Reading), Wilts (Salisbury), Hampshire (Winchester), Dorset (Dorchester), Devon (Exeter), Cornwall (Bodmin).

Le *pays de Galles* se divise en Galles du nord [comtés d'Anglesey (Beaumaris), Flint (Mold), Denbigh (Ruthin), Caernarvon, Merioneth (Dolgelly), Montgomery], et Galles du Sud [comtés de Radnor, Cardignan, Pembroke (Haverford West), Caermarthen, Brecknock, Clamorgan].

2° L'ÉCOSSE, cap. ÉDIMBOURG, comprend 33 comtés, répartis en comtés du sud et du centre ou *basses terres* (Lowlands) (1), et comtés du nord où *hautes terres* (Highlands).

Comtés du sud : Édimbourg, Linlithgow, Haddington, Berwick (Greenlaw), Roxburg (Jedburg), Selkirk, Peebles, Dumfries, Kirkcudbright, Wigton, Ayr, Lanark, Renfrew.

Comtés du centre : Stirling, Clackmannam, Kinross, Fife (Cupar), Perth, Forfar, Kincardine (Stonehaven), Aberdeen, Banff, Elgin, Nairn.

Comtés du nord : Bute (Rothsay), Dumbarton, Argyle

(comté). Ex. : Devonshire, Somersetshire, Lancashire etc. — Douze, tels que Kent, Middlesex, etc. font exception.

1. Les hautes terres s'étendent en outre sur une notable partie des comtés de Stirling, Perth, Aberdeen, Banff, Elgin et Nairn. Caithness appartient en réalité, pour une partie de son territoire, aux basses terres.

(Inverary), Inverness, Cromarty, Ross (Tain), Sutherland (Dornoch), Caithness (Wick), l'intendance des Orcades et Shetland.

Les îles *Shetland* et *Orcades* forment un comté écossais ; les *Hébrides* dépendent de comtés écossais ; l'île d'*Anglesey* forme un des comtés du pays de Galles ; l'île de *Wight* dépend du Hampshire; les *Sorlingues*, du Cornwall.

3° Mais l'île de *Man*, dans la mer d'Irlande, les *îles normandes* sur la côte de France (*Alderney* ou Aurigny, *Guernesey*, *Jersey*, etc.), ont une administration et des institutions particulières et forment la région des *îles*.

4° L'IRLANDE, cap. DUBLIN, compte 32 comtés, répartis dans quatre grandes provinces : *Ulster* au nord ; *Connaught*, à l'ouest ; *Leinster*, à l'est ; *Munster*, au sud.

L'Ulster, 9 comtés : Antrim (Belfast), Down (Downpatrick), Armagh, Monaghan, Cavan, Fermanagh (Enniskillen), Tyrone (Omagh), Londonderry, Donegal Lifford);

Le Connaught, 5 comtés : Leitrim (Carrick), Roscommon, Sligo, Mayo (Castlebar), Galway;

Le Leinster, 12 comtés : Dublin, Louth (Dundalk), Meath (Trim), Westmeath (Mullingar), Longford, King's County (Tullamore), Queen's County (Maryborough), Kilkenny, Carlow, Kildare (Athy), Wicklow, Wexford;

Le Munster, 6 comtés : Clare (Ennis), Limerick, Tipperary (Clonmel), Waterford, Cork, Kerry (Tralee).

3me section

L'AGRICULTURE.

(Voir la carte n° 8.)

59. Les régions agricoles. — L'ANGLETERRE offre dans sa production agricole moins de diversité que la France. On peut cependant la diviser en six régions :

1° La *région du nord*, plus montagneuse que les autres, granitique et quelquefois marécageuse dans le voisinage des Cheviots et sur le versant occidental de la chaîne Pennine, mais présentant sur le versant oriental la belle vallée de la Tyne et les plateaux richement cultivés du comté d'York.

2° Le *pays de Galles*, formant, en dehors de l'Angleterre proprement dite, une région d'un caractère tout particulier qui l'a fait surnommer la Petite-Suisse : le sol y est montagneux, bien que le plus haut sommet dépasse à peine 1,000 mètres, et les pâturages y dominent. Le climat y est froid.

3° La *région de l'ouest*, plus humide, en général, que les autres par la fréquence des pluies et des brouillards, présentant tantôt un terrain hérisé de collines comme dans le Somerset, tantôt des plateaux d'une médiocre fertilité, comme dans les « Cotswolds » du Gloucestershire, tantôt de riches herbages sur les pentes et au fond des vallées, comme dans le Cheshire.

4° La *région du centre*, où l'on rencontre aussi quelques parties montueuses, un sol quelquefois sablonneux, comme dans le Berkshire, plus souvent calcaire, comme dans le Wiltshire, ou argileux comme dans le bassin de la Tamise, mais généralement cultivé avec beaucoup d'intelligence et de capitaux, surtout dans les comtés de Worcester, de Warwick, de Leiceister, de Rutland, et divisé en grandes exploitations qui consacrent aux herbages presque autant de superficie qu'aux terres de labour.

5° La *région de l'est*, où s'étend une vaste plaine, unie et sablonneuse dans le Norfolk, argileuse dans la plupart des autres comtés. Les côtes sont basses et les terres sont naturellement marécageuses, surtout dans le Norfolk et le Lincoln Shire. Il y a cent ans, une grande partie de cette région avait l'aspect de nos Landes. Des canaux tracés dans le système hollandais, le drainage et des amendements consistant principalement dans l'emploi des os qui ont donné à ce sol le phosphate de chaux, ont assaini les terrains et en ont fait les plus beaux herbages et les terres à blé les plus productives de toute la Grande-Bretagne. Les côtes ont été sur plusieurs points endiguées : ce qui a fait donner au comté de Lincoln le nom de Hollande anglaise. Les plaines voisines du Middlesex sont consacrées à la culture maraîchère, et toute la région est enrichie grâce à l'intelligente activité qui a donné naissance à l'assolement si renommé du Norfolk.

6° La *région du sud*, est médiocrement fertile sur les bords de la Tamise (île de Thanet, etc.) ; sur les hauteurs, elle a des pâturages ; le long de la Manche, elle présente des collines et des falaises crayeuses à l'est, granitiques à l'ouest, qui forment un sol généralement maigre, quelquefois stérile, mais très-propre à l'élevage des moutons.

L'Écosse comprend deux régions bien distinctes :

1° Les *Lowlands*, c'est-à-dire les basses terres ; on y comprend ordinairement le Border (la frontière), contrée montagneuse, qui dépend des monts Cheviots et qui doit son nom à sa situation sur la frontière de l'Angleterre : les pâturages y dominent. Les Lothians, région où se trouvent Haddington, Edinburg, Linlithgow, sont des plaines très-fertiles et très-bien cultivées où abondent les céréales.

2° Les *Highlands*, c'est-à-dire les hautes terres, qui s'étendent, dans les Grampians et les monts de Ross, sur toute la portion nord-ouest de l'Écosse ; région de montagnes d'un aspect pittoresque, en grande partie stérile, très-peu propre au labourage, mais où paissent de nombreux troupeaux.

L'*Irlande*, placée comme la sentinelle avancée de l'Europe dans l'océan Atlantique, qui l'enveloppe, qui y entretient une constante humidité et la préserve contre les froids, a mérité par sa belle végétation herbacée le nom

« d'Ile verte. » Sa grande plaine centrale est généralement basse et les eaux y ont peu d'écoulement. Les rochers sur les côtes, les lacs et les marais au centre occupent à peu près le quart de sa superficie ; le Connaught est peu cultivé ; mais, dans les trois autres parties, on trouve plus de 2 millions d'hectares de bonnes terres, à sous-sol calcaire.

60. L'exploitation. — L'Angleterre est, en général, une contrée de très-grandes propriétés foncières et de vastes exploitations agricoles. Il y a cependant des parties du territoire, comme le Lancashire, dans lesquelles dominent la moyenne et même la petite propriété. On estime à 44 hectares l'étendue moyenne d'une ferme ; mais plus de la moitié du sol agricole est exploitée par des fermiers faisant valoir 280 hectares et plus.

En Écosse, les fermes ont ordinairement un peu moins d'étendue dans les Lowlands ; mais il y a, dans les Highlands, d'immenses pâturages où paissent les troupeaux d'un seul propriétaire : le comté de Sutherland forme un domaine qui n'embrasse pas moins de 300,000 hectares.

En Irlande, au contraire, la culture est morcelée, bien que la grande propriété y soit prédominante, et la majeure partie des fermes n'atteint pas 6 hectares.

Dans le sud-est de l'Angleterre et dans les Lowlands d'Écosse, on emploie beaucoup d'engrais, non-seulement le fumier de ferme, mais la cendre d'os, le guano importé d'Amérique, le coprolithe extrait dans le Cambridge, etc.

61. Les céréales. — A la production des *céréales*, les îles Britanniques consacrent environ 4 *millions* 1/3 *d'hectares*, dont plus des 2/5 pour l'AVOINE et *le tiers pour le* FROMENT ; l'*orge* vient en troisième ordre. Le seigle n'occupe qu'un très-petit espace, et cette culture, qui était très-répandue autrefois, surtout dans les Lowlands, recule de plus en plus devant l'application des méthodes perfectionnées de l'agriculture.

C'est *dans la portion sud-est*, s'étendant *du golfe du Wash à l'île de Wight*, que *les céréales, en général, sont le plus cultivées* ; cette région embrasse, d'une part, les côtes sud, d'autre part, dans l'intérieur, les bassins de l'Ouse et de la Tamise ; les comtés de *Cambridge*, d'*Essex*, de *Suffolk*, de *Norfolk*, de *Huntingdon*, de *Bedford* sont au premier rang.

Ils y sont surtout pour la production de deux céréales : le *froment*, lequel est par excellence la céréale des riches cultures, et l'*orge*, qui est employée à la fabrication de la bière. L'une et l'autre forment le caractère dominant de toute la portion sud-est, qui peut être aussi considérée comme la région des plaines et de la grande et riche culture : l'orge toutefois est bien moins cultivé au sud qu'au nord de la Tamise.

Il n'en est pas de même de l'*avoine*, qui est cultivée surtout dans la *région du nord de l'Angleterre*, en *Écosse* et en *Irlande*, c'est-à-dire dans la partie des terrains montueux, des terres pauvres et de la moyenne et petite culture. C'est pourquoi cette même partie (Écosse, Irlande et portion de l'Angleterre comprenant les régions du nord, du nord-ouest et de Galles) est la moins productive en froment, en orge et généralement en céréales.

La statistique officielle ne croit pas pouvoir constater les quantités produites. On l'estime, par évaluation conjecturale, à un chiffre d'environ 40 *millions d'hectolitres* pour le *froment* : ce qui fait une production moyenne de 26 *hectolitres à l'hectare*, tandis qu'en France on n'obtient que 14 hectolitres par hectare en moyenne. Dans le Kent, le Norfolk, le Rutland, le Lancashire et quelques autres comtés, la proportion dépasse 30 hectolitres à l'hectare. Cette quantité néanmoins est loin de suffire à une population qui consomme environ 60 millions d'hectolitres par an ; le complément est fourni par l'importation de grains étrangers (Voir plus loin). L'*avoine* rend 75 *millions d'Hec-*

tolitres. L'orge rend environ 32 millions d'hectolitres, dont près de 20 sont employés à faire du malt ou drèche, orge germé pour la fabrication de la bière.

Si l'on compare la production totale des trois royaumes, on observe que l'Angleterre donne environ les 9/10 du froment, les 4/5 de l'orge, les 2/5 de l'avoine ; l'Écosse, 1/30 du froment, 1/7 de l'orge, 1/4 de l'avoine, et l'Irlande 1/15 du froment, 1/18 de l'orge, 1/3 de l'avoine.

Les 2/3 au moins de la production de l'Angleterre sont fournis par la seule portion sud-est.

62. Les autres cultures alimentaires. — Après les céréales, la POMME DE TERRE (environ 85 millions d'hectolitres) constitue la production alimentaire la plus importante. Sous ce rapport, l'IRLANDE occupe le premier rang et lui consacre près d'un demi-million d'hectares. La production de l'Écosse (comtés de l'est) correspond à 1/6 de celle de l'Irlande, la production de l'Angleterre à 1/3 ; dans ce dernier pays, les comtés de Lancaster, de Lincoln, de Chester, le West-Riding et le pays de Galles sont les parties où elle est le plus cultivée.

Les cultures qui servent, soit à nourrir l'homme, soit à engraisser le bétail, et qui entrent dans l'assolement des terres arables, *navets* (35 millions de tonnes), fèves, pois, haricots, carottes, luzerne, etc., occupent un peu plus de 2 millions d'hectares et sont pratiquées sur une large échelle en *Irlande* et dans la *portion sud-est de l'Angleterre*. La culture du navet n'est nulle part plus en usage que dans le Norfolk.

La *culture maraîchère* est concentrée autour des grandes villes et surtout dans les *comtés qui avoisinent Londres*.

63. Les prairies et pâturages. — Les prairies permanentes et les pâturages occupent de vastes espaces dans les îles Britanniques ; la moitié des terres cultivables en Écosse, les 3/5 en Angleterre, et 2/3 dans le pays de Galles. Les prairies et pâturages sont naturellement, dans chaque région, en raison inverse des terres arables.

L'*Écosse* a beaucoup de *pâturages*.

En Angleterre, les *comtés du nord*, le *Cheshire*, le *Lancashire*, le *pays de Galles* sur ses collines, la *vallée de la Severn*, les *comtés de la pointe sud-ouest*, et, dans le centre, sur la ligne de la chaîne Pennine, les comtés de *Derby*, de *Stafford*, de *Leicester*, de *Warwick*, ont beaucoup de *prairies naturelles*.

L'*Irlande* est par excellence la région des *pâturages*.

64. La bière et le cidre. — Le climat des îles Britanniques ne permet pas la culture de la vigne, ailleurs que dans les serres. Mais on y cultive les pommiers, qui donnent le cidre, et le houblon, qui sert à fabriquer la bière.

C'est dans la *partie méridionale de l'Angleterre* qu'on trouve le plus de *pommiers* (Devonshire, Somersetshire, Herefordshire); le cidre de Gloucester et celui d'Hereford sont renommés. Le poiré du Worcester l'est également.

Le *Kent* possède beaucoup de *cerisiers*.

Aucune contrée d'Europe ne produit autant de HOUBLON que l'Angleterre ; on estime la récolte annuelle à 25,000 tonnes métriques, rendement de 20,000 hectares. Plus de la moitié de cette superficie est dans le *Kent*; le reste, dans les comtés d'*Essex*, *Hereford*, *Worcester*, etc. On estime la fabrication de la BIÈRE, dans la seule ville de Londres, à plus de 4 millions d'hectolitres par an, et à 30 millions d'hectolitres la consommation entière du Royaume-Uni.

65. Le lin. — Parmi les plantes industrielles, le *lin* est à peu près la seule qui soit cultivée dans les îles Britanniques, quelque peu en Écosse et en Angleterre (Lincoln et Suffolk), beaucoup en *Irlande* (dans la province d'Ulster), où il occupe environ 100,000 hectares, rendant 50,000 tonnes de filasse.

66. Les forêts. — L'Angleterre a été autrefois un pays très-boisé ; presque toute la région centrale, de la Tamise au Kent et de la plaine d'York au border écossais, paraît avoir été couverte de forêts dans l'antiquité. Elles ont presque toutes disparu par suite de défrichements, et l'on ne trouve aujourd'hui d'importantes *forêts* que dans le *Hampshire*, où sont la *Nouvelle Forêt*, la plus importante de toutes, située non loin de l'île de Wight, les forêts d'Alice Holt, de Woolmer, de Bere ; dans le *Gloucestershire*, où est la célèbre forêt de Dean ; dans les comtés d'Oxford, de Berks, de Chester.

L'Écosse et l'Irlande sont encore moins boisées que l'Angleterre, et on calcule qu'*il n'y a d'aménagé en forêts que 1/24 de la superficie de la Grande-Bretagne ;* on s'occupe du reboisement.

67. Le gros bétail. — Les îles Britanniques, où la persistance d'une température moyenne et la constante humidité entretenue par les vapeurs de l'Océan favorisent les herbages, sont très-propres à l'élevage des animaux.

L'Angleterre nourrit, principalement dans ses pâturages du *nord* (*York, Lincoln,* etc.), des *chevaux* (plus de 1 million 1/2) de diverses espèces et généralement estimés : chevaux de course, nerveux et élancés, chevaux d'attelage, et gros chevaux pour les charrois.

L'Irlande (excepté dans le Connaught) nourrit aussi un assez grand nombre de chevaux.

L'Angleterre nourrit environ 9 millions de BÊTES A CORNES. Les principales races sont :

1° La *race de Durham*, race façonnée en quelque sorte par l'industrie humaine, qui s'est proposé, en vue de la boucherie, de former un animal ayant beaucoup de viande, peu d'os et s'engraissant promptement. Ce sont des fermiers de Darlington, les frères Collins, qui, vers la fin du

108 L'EUROPE.

dix-huitième siècle, entreprirent cette modification de la race bovine; aujourd'hui les Durham sont répandus dans

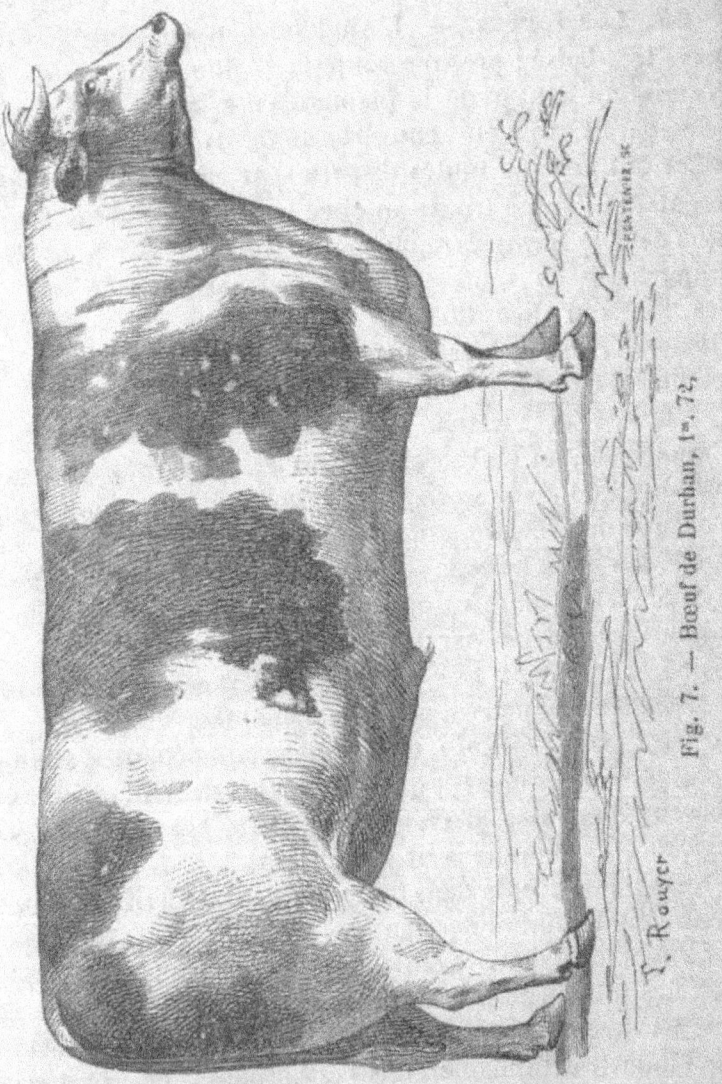

Fig. 7. — Bœuf de Durham, 1ᵐ. 72.

toute l'Angleterre, vivent généralement à l'étable et composent presque exclusivement le gros bétail des riches exploitations du sud-est (Voir la fig. n° 7);

2° La *race d'Hereford* qui se plaît sur les collines du centre ;

3° La *race de Devon* que l'on trouve surtout dans les montagnes sud-ouest et dans le pays de Galles ;

4° La *race d'Ayr*, qui est la plus petite et la plus rustique des quatre ; elle donne peu de viande, mais elle est très-bonne laitière; dans les montagnes de l'Écosse paissent en grand nombre des troupeaux de vaches d'Ayr.

Les comtés d'Angleterre qui possèdent le plus de bêtes à cornes sont : le *Cumberland* et le *Westmoreland* au nord, le *Lancashire* et le *Chester* à l'ouest, le *pays de Galles*, le *Somerset*, le *Cornouailles* (Cornwall) au sud-ouest, le *Derby* et le *Leicester* au centre. Dans ces comtés, ainsi qu'en *Irlande* (comtés de Limerick, Tipperary, Roscommon, Meath, etc.) et en *Écosse* (comtés d'Ayr, de Renfrew, de Dumfries), on compte plus de 50 têtes de gros bétail par 100 hectares.

L'Irlande, surtout la province de *Munster*, produit beaucoup de *beurre*.

68. Le petit bétail. — Les 35 *millions* de *moutons* des îles Britanniques peuvent être rangés sous trois types distincts :

1° La *race Dishley*, qui, comme les Durham, a été en quelque sorte façonnée par la volonté de l'homme en vue de la plus grande production de viande. C'est un fermier de Leicester, nommé Dishley-Grange, qui, vers 1760, commença à créer cette race. Elle est très-propre à la boucherie ; mais elle est peu vigoureuse et ne prospère que sur les terres riches et les plaines humides. La race New-Kent possède à peu près les mêmes qualités ;

2° Sur les coteaux et principalement sur les collines et les falaises de la côte sud (Sussex, etc.), on trouve la race, très-estimée aussi, des *South-Downs* ;

3° La race des *Cheviot* est le type du mouton de montagne ; c'est pourquoi on la rencontre surtout dans les comtés du nord et en Écosse. On trouve encore d'autres races rustiques, à laine mélangée de poils, qui se confondent presque avec celle-ci, les Black-faced des Highlands, la race d'Exmoor dans le Devon, la petite race de Galles.

Nulle part dans les îles Britanniques, les MOUTONS ne sont aussi nombreux qu'en ÉCOSSE où l'on en compte en moyenne, 390 par 100 hectares : c'est surtout dans les Highlands qu'on les trouve.

En Angleterre, les comtés les plus favorisés sont le *Northumberland*, le *Cumberland*, le *Westmoreland*, le *pays de Galles*, dans le nord-ouest ; *Wiltshire*, *Dorsetshire*, *Kent* dans le sud ; *Lincoln*, *Leicester*, *Rutland*, *Northampton* dans l'est, où l'on compte plus de 250 moutons par 100 hectares.

En Irlande, c'est principalement dans la partie occidentale, région des pâturages, qu'on trouve les moutons comme les bœufs (comtés de Galway, de Roscommon, de Clare, de Tipperary). Les montagnes de Wicklow nourrissent une race particulière à laine fine.

Dans les îles Britanniques comme en France, les *porcs* (env. 3 millions) se trouvent à peu près partout ; les comtés qui en élèvent le plus sont *Suffolk*, *Belford*, *Essex*, *York* et *Glocester*.

On élève relativement beaucoup moins de volailles en Angleterre qu'en France. En revanche, on y élève beaucoup d'abeilles, et l'on consomme beaucoup de *miel* en Écosse.

69. Le résumé de la production agricole. — Sous le rapport de la production agricole, les trois royaumes ont chacun une physionomie particulière :

L'IRLANDE, pays de petites fermes, dont les trois principales sources de revenu sont le gros bétail, la pomme de terre et l'avoine et qui a presque le monopole de la culture du lin.

L'Écosse, qui forme deux parties distinctes, les *High lands*, région des grands domaines et des grands pâturages couverts de troupeaux et surtout de moutons, et les *Lowlands*, région de moyennes fermes où domine la culture des céréales, particulièrement celle de l'avoine.

L'Angleterre, que l'on peut partager en trois zones dirigées, comme les zones de culture de la France, du sud-ouest au nord-est, mais avec une inclinaison vers le sud plus prononcée : 1° la *zone nord-ouest* dont la limite méridionale serait marquée par une ligne allant de l'embouchure de la Tees à l'embouchure de la Severn et qui est caractérisée par de moyennes et de petites fermes, par la faible production des céréales, à l'exception de l'avoine, par la grande étendue des pâturages et prairies, et conséquemment par l'abondance du bétail ; 2° la *zone centrale* qui s'étend entre la première ligne et une ligne allant du fond du golfe du Wash à l'extrémité occidentale de l'île de Wight, et qui, par son caractère comme par sa position, tient le milieu entre la précédente et la suivante ; 3° la *zone sud est*, située entre la ligne allant du Wash à l'île de Wight et la mer, qui est la zone des grandes et riches cultures, des céréales (moins l'avoine) et du bétail nourri à l'étable.

Les limites de ces zones correspondent à peu près exactement aux limites des formations géologiques : c'est la nature du terrain qui détermine en grande partie la nature des productions agricoles.

Les Anglais estiment, d'une manière approximative, le *revenu agricole* (moins les chevaux) à 4 *milliards* 750 *millions* sur lesquels près de 3 milliards pour l'Angleterre, 1 milliard 290 millions pour l'Irlande et un peu plus de 550 millions pour l'Écosse, sommes réparties de la manière suivante : les céréales pour plus de 2 milliards, la pomme de terre pour près d'un demi-milliard, le bétail pour plus de 2 milliards, le reste pour les cultures diverses

70. La pêche. — A la production agricole nous avons rattaché la chasse et la pêche, qui sont aussi une sorte de récolte, quelquefois même une véritable culture des richesses alimentaires fournies à l'homme par la nature.

La chasse, très-pratiquée par les grands propriétaires anglais, a pour objet à peu près sur les mêmes espèces de gibier qu'en France : le renard, qu'on chasse encore fréquemment en Angleterre quoiqu'il y devienne de plus en plus rare, fournit non pas un aliment, mais une fourrure.

Dans les rivières de la côte orientale de l'*Écosse* on pêche en grande abondance des *saumons* : c'est une des branches importantes du revenu de la contrée et un aliment qu'on sert sur toutes les tables. Les cours d'eau de l'Irlande nourrissent aussi beaucoup de saumons. Sur les côtes de l'Écosse principalement sur les côtes de Caithnes, dans le golfe Murray, dans le loch Fyne, et sur les côtes d'Irlande, on pêche, en plus grande abondance encore, le *hareng*, la *morue*, le *pilchard*, le *maquereau*, le *turbot*. Les *huîtres* du golfe du Forth sont renommées ; celles des côtes de Clare (Irlande) sont estimées.

4ᵐᵉ Section.

L'INDUSTRIE.

(Voir la carte n° 9.)

71. Les carrières. — Les matériaux de construction sont lourds, volumineux, d'un transport difficile ; chaque peuple est donc tenu de les chercher dans son propre sol par l'exploitation des carrières, comme il y cherche par la culture le fonds principal de son alimentation. La Grande Bretagne, moins riche que la France en matériaux de construction, n'en est pourtant pas dépourvue.

Elle trouve, dans ses terrains primitifs et de transition du nord et de l'ouest, les *granits* d'Aberdeen, des Grampians, d'Arran, de Kircudbright, le gneiss et le basalte des Shetland et des Hébrides, les *ardoises* de Ballachulish (Argyle), des monts du Cumberland et du pays de Galles (comtés de Caernarvon et de Merioneth). Dans ses terrains secondaires, elle exploite le *grès* (sandstone) d'Édimbourg, de Glasgow, l'excellente *pierre de Portland* (Dorset), la *pierre de taille* des comtés d'York, de Nottingham, de Derby et de diverses parties de l'Écosse, la pierre à chaux du pays de Galles et de l'Angleterre, les *meules* en basalte de Craig-Alley (comté de Stirling), etc., les meules à aiguiser de Gates-Head-Fell (comté de Durham), de Wickersley, près de Sheffield, etc.

L'ARGILE abonde en Angleterre, surtout dans la *région du Centre et de l'Est*. On en fait des tuiles, des carreaux, des BRIQUES, qui dans ces deux régions sont employées beaucoup plus fréquemment que la pierre pour la construction des maisons. Les briques d'Huddersfield (West-Riding) et de Stourbridge (Worcester), sont particulièrement renommées. L'argile à porcelaine, dite *kaolin*, qui se rencontre toujours dans les terrains primitifs, est exploitée dans le *Cornouailles* (près Saint-Austell) et le *Devon* ; le feldspath, dans le Cornouailles ; l'ocre, dans le Cornouailles, le Devon, Anglesea et Man ; les *argiles plastiques* et réfractaires sont une des richesses du *Staffordshire* ; les comtés de Dorset, de Devon (*Teignouth clay*), d'York, de Derby, en exploitent aussi de grandes quantités ; les terrains carbonifères de Newcastle et de Stourbridge donnent une excellente argile réfractaire : c'est avec cette argile que sont faits les creusets de Sheffield. Le total de la production d'argile est estimé à plus de 1 million de tonnes par an. L'Angleterre est renommée pour la qualité de son *argile à foulon*.

L'*Irlande* a le *granit*, principalement dans sa partie septentrionale, le *basalte* au cap Fair (Antrim), le *marbre statuaire* dans le Donegal et le Galway.

Parmi les substances minérales utilisées dans l'industrie, on peut ranger le *boghead d'Écosse* dont on tire une huile de schiste.

72. Le sel et les eaux minérales. — La Grande-Bretagne est riche en *sel* gemme et en sources salées. Les principales exploitations sont situées dans le *Cheshire* (la petite vallée du Weaver); elles sont en progrès et donnent aujourd'hui environ 1 million de tonnes, tandis que les exploitations du *Worcester* (à Droitwich) et de l'Irlande (Mallow, comté de Cork) ne dépassent pas 200,000 tonnes.

A Sainte-Catherine, près d'Édimbourg, il existe une source asphaltique ; à Moffat (Dumfries), des sources sulfureuses et ferrugineuses qui attirent de nombreux baigneurs. L'Angleterre possède les sources salines purgatives d'*Epsom* (Surrey), de Cheltenham (Glocester), les eaux chaudes, à la température de 50 degrés, de *Bath* (Somerset), les eaux de Buxton et de Matlock (Derby), les eaux ferrugineuses de Tunbridge-Wells (Kent), d'Harrowgate (York), etc. La plupart des sources minérales de la Grande-Bretagne sont froides.

L'Irlande possède plusieurs sources minérales, entre autres les sources salines chaudes de Mallow (Cork).

73. Les métaux. — Sans parler du fer auquel nous réservons une place spéciale, la Grande-Bretagne est beaucoup plus riche en métaux que la France.

Le CUIVRE n'est nulle part en Europe aussi abondamment exploité que dans le *Cornouailles* ; les comtés de *Devon*, d'Anglesey, de Chester, etc., en produisent aussi. On évalue à 200,000 tonnes le poids du minerai extrait chaque année. Le rendement était plus considérable il y a dix ans ; il a diminué par suite de la concurrence des minerais étrangers (surtout du Chili) dont l'importation s'élève à près de 100,000 tonnes. Minerais nationaux et étrangers sont presque tous fondus dans les immenses usines de SWANSEA (comté de Glamorgan ; Galles du Sud), le plus grand marché de métaux qui existe dans le monde. Qui a vu les usines accumulées de cette ville et la forêt de cheminées qui versent sans cesse dans l'air une épaisse fumée (voir la fig. n° 8), a une idée exacte de la plupart des grands centres métallurgiques de l'Angleterre et de l'Écosse. La production totale du cuivre rouge est d'environ 11,000 tonnes.

Le PLOMB est également très-commun en Angleterre ; on

Fig. 8. — Les usines de Swansea.

y compte 336 mines, réparties dans 21 comtés, produisant environ 90,000 tonnes de minerai et donnant 67,000 tonnes de plomb. *Durham* et *Northumberland* sont au premier rang ; au second, *York*, *Cornwall*, Derby, Cumberland, Galles, et, en Écosse, Lanark et Dumfries. La plupart de ces mines de plomb sont argentifères.

L'ÉTAIN se trouve dans le *Cornwall* et le *Devonshire*, où l'on extrait environ 15,000 tonnes de minerai rendant en métal pur les 2/3 de son poids. Cette exploitation a été atteinte, comme celle du cuivre, par la concurrence étrangère.

Le *zinc* (environ 3,000 tonnes de minerai) est extrait, soit de la blende, généralement associée au minerai de plomb dans les mines de l'île de Man, du pays de Galles (Denbigshire), de Corwall ou d'Irlande (c^{té} de Tipperary), soit de la calamine, dans le *Derby*.

Les *pyrites de fer* du comté de *Wicklow* (Irlande) et du Cornwall sont employées à la fabrication de l'acide sulfurique.

Les autres métaux exploités sont, mais en petite quantité : l'argent extrait du minerai de plomb argentifère, l'aluminium de Newcastle, l'antimoine (2,000 t.), le manganèse (1,200 t.), l'arsenic du Cornouailles.

Les mines qui fournissent ces métaux sont toutes situées dans les terrains primitifs ou de transition.

74. Le minerai de fer. — Nous avons dit ailleurs que la production et la consommation du FER et de la HOUILLE, qui sont les muscles et l'âme de la grande industrie moderne, peuvent servir à mesurer la puissance productive d'une nation ; à ce titre, l'ANGLETERRE OCCUPE LE PREMIER RANG PARMI LES NATIONS INDUSTRIELLES DU MONDE, car elle produit 4 MILLIONS 1/2 DE TONNES DE FER environ, tandis que la France et les États-Unis, qui sont au second rang, n'en produisent chacun que 1 million 1/3, et elle extrait plus de 105 MILLIONS DE TONNES DE HOUILLE, dont on estime la valeur sur place à 640 millions de francs, tandis que le reste de l'Europe en produit moins de 60 millions de tonnes.

Le minerai de fer est exploité en Écosse, dans 20 comtés anglais, dans le pays de Galles et en Irlande ; mais la production, qui est au total de 10 millions de tonnes de minerai, se concentre sur quatre points principaux :

Sur divers points de l'Écosse, et principalement dans les *environs de Glasgow*, où les houillères contiennent d'excellent fer carbonaté ; dans le *nord de l'Angleterre*, principalement dans le Nord-Riding, où se trouve l'abondant *minerai de Cleveland*, exploité dans des terrains jurassiques, près de la côte, de l'embouchure de la Tees à Whitby, et fournissant aujourd'hui par an 3 millions de tonnes ; dans le West-Riding, le Durham, le Cumberland, qui fournit de très-bon fer oligiste, et le Lancashire ; dans le *centre de l'Angleterre*, principalement dans les comtés de *Stafford*, de Derby et de Shrop, qui donnent un minerai de qualité supérieure, surtout dans le sud du Staffordshire, où se trouve le fer carbonaté des houillères ; dans le *pays de Galles*, et surtout dans le Glamorgan, dont les filons de fer carbonaté des houillères se continuent, presque aussi riches, dans le Monmouth.

Le Kent et le Sussex possèdent du minerai d'où l'on tirait du fer au temps où la contrée avait de vastes forêts; on a cessé depuis longtemps de l'exploiter.

75. La houille. — Les vastes dépôts houillers de la Grande-Bretagne couvrent une surface de 15,000 kilomètres carrés et sont exploités par plus de 300,000 ouvriers dans 3,188 mines produisant plus de 105 millions de tonnes de HOUILLE et réparties en huit grands groupes :

1° Les *bassins d'Écosse*, qui traversent toute l'île depuis l'extrémité du comté de Fife sur la côte orientale, jusqu'au rivage du comté d'Ayr à l'occident, et produisent environ 14 millions de tonnes : les mines les plus riches sont situées près de la côte de Fife, aux environs de Glascow et aux environs d'Édimbourg;

2° Le *bassin de Whitehaven*, d'importance secondaire, dans le Cumberland ;

3° Le bassin du NORTHUMBERLAND et de DURHAM, qui s'étend sur une longueur de 80 kilomètres à travers les vallées de la Tyne et de la Wear, avec les ports de Newcastle, de Tynemouth, de Sunderland pour débouchés, et qui produit plus de 25 millions de tonnes, le double de la production totale de la France;

4° Le *bassin du Lancashire*, qui s'étend dans toute la

partie méridionale du comté et produit environ 14 millions de tonnes;

5° Le *bassin du Yorkshire*, que l'on nomme aussi bassin de Leeds et de Nottingham, parce qu'il s'étend sur une grande partie du West-Riding, du Derby et du Nottingham, et qui produit environ 12 millions de tonnes ;

6° Les *bassins du Centre*, comprenant les deux grands bassins du *Staffordshire*, celui du district des Poteries au nord, et celui de Dudley au sud, qui s'étend jusque dans le voisinage de Birmingham, le bassin du Warwickshire au nord de Coventry, le bassin du Leicestershire, qui, situé à l'ouest du comté (près d'Ashby-de-la-Zouch), se relie presque aux précédents ; le bassin du Shropshire dans la vallée de la Severn : les seuls bassins du Staffordshire produisent plus de 14 millions de tonnes;

7° Les *bassins du pays de Galles*, comprenant le bassin médiocrement important du nord, situé dans la vallée de la Dee (Flint, Denbigh et même Chester), à côté duquel on peut placer le petit bassin de l'île d'Anglésey, et l'important bassin du sud (*Glamorgan*, Caermarthen et Pembroke), qui ne donne pas moins de 13 millions de tonnes ;

Les *bassins du canal de Bristol*, d'importance médiocre, disséminés dans le Gloucestershire (bassin de la forêt de Dean, etc.), le Somersetshire et le Devonshire.

L'*Irlande* possède un peu de houille, de qualité médiocre, répartie dans divers comtés (Kilkenny, Tipperary, Tyrone, etc.) mais, en compensation, elle possède beaucoup de tourbières dans la partie centrale, et c'est exclusivement avec la *tourbe* que se chauffent les habitants des campagnes.

76. La fonte, le fer et l'acier. — Beaucoup de minerai et beaucoup de houille, placés dans des gisements généralement assez rapprochés, amènent nécessairement une production abondante de fer dans des conditions économiques. La Grande-Bretagne emploie environ 30 millions de tonnes de houille, c'est-à-dire le tiers de sa production totale, à la fabrication de la FONTE, du FER et de l'ACIER.

1° Au premier rang parmi les comtés producteurs de fer est le STAFFORDSHIRE, qui produit à lui seul près de 1 million de tonnes, surtout en tôles, feuillards, barres, chevilles, etc., à peu près le cinquième de la production totale des Iles Britanniques ; une partie des hauts-fourneaux sont situés au nord du comté, dans le district des Poteries ; mais la majeure partie (plus de 100 hauts-fourneaux) sont situés au nord-ouest de Birmingham, dans le sud du comté *Wolverhampton, Walsall*, etc.) et s'étendent jusque dans le nord du Worcestershire (*Dudley*, etc.), à proximité de la houille, du minerai de fer, des canaux et des chemins de fer. A ce groupe, on peut rattacher les hauts-fourneaux du Shropshire.

2° Le YORKSHIRE vient au second rang ; il possède aussi deux groupes de hauts-fourneaux et d'usines : celui du *North-Riding*, auquel se rattache le *Durham* (Darlington, etc.) et qui, alimenté par la houille de Newcastle et par le minerai du Cleveland, donne à lui seul près de 900,000 tonnes, celui du West-Riding, au sud, auquel on peut rattacher les hauts-fourneaux du Derbyshire. Le second groupe, dans lequel se trouve SHEFFIELD, produit beaucoup de fer de bonne qualité et plus d'ACIER qu'aucune autre contrée du monde. A Sheffield, on fait surtout des aciers cémentés et fondus, peu d'aciers puddlés, et depuis quelque temps, beaucoup d'acier Bessemer ; il y a, dans la ville et dans ses environs, beaucoup de petites fabriques et quelques grandes usines : une d'entre elles n'occupe pas moins de 4,000 ouvriers.

3° Sur la même ligne à peu près est le *pays de Galles* qui possède une trentaine de hauts-fourneaux en activité dans divers comtés, et plus de cent hauts-fourneaux rassemblés sur un étroit espace dans le nord du *Glamorgan* et, hors du pays de Galles, dans le *Monmouth*, *Merthyr-Tydvil* (50,000 hab.), le centre de l'industrie du fer dans cette région, possède dans sa banlieue les plus vastes établissements métallurgiques de la Grande-Bretagne et peut-être du monde entier : un seul de ces établissements compte 18 hauts-fourneaux, une vingtaine de laminoirs, une dizaine de marteaux-pilons et produit plus de 100,000 tonnes par an. Ce district fournit principalement des rails, des tôles et des barres.

4° L'*Écosse* ne le cède guère au pays de Galles ; dans le seul comté de Lanark, aux *environs de Glasgow*, elle possède plus de 80 hauts-fourneaux en activité ; cinquante autres environ sont disséminés sur divers points (Ayrshire etc.) de la longue bande houillère de cette contrée, et, pour la fabrication de la fonte brute, ce district occupe le premier rang.

5° Le Cumberland, dans le voisinage de la houille de Whitehaven, et le Lancashire, sur divers points de son territoire, possèdent aussi des hauts-fourneaux ; mais comme ils produisent seulement l'un 100,000 et l'autre 200,000 tonnes, ils ne viennent qu'en troisième ordre.

La production du fer, comme celle des autres métaux et comme l'extraction de la houille, est en grand progrès dans la Grande-Bretagne : on estime qu'en dix années, de 1855 à 1865, l'accroissement (le cuivre excepté) a été d'environ 50 p. 100.

77. Les industries mécaniques. — La Grande-Bretagne étant le pays du monde dans lequel l'industrie est le plus avancée et celui dans lequel le travail de l'ouvrier est le plus rémunéré, doit à ce double titre employer plus qu'aucun autre les machines et les outils perfectionnés dont la fonte, le fer et l'acier sont la matière première la plus ordinaire.

Les centres les plus importants dans lesquels on fabrique les grosses pièces de forge, les machines-outils et la quincaillerie, pour laquelle l'Angleterre a eu longtemps une réputation sans rivale, sont situés dans le voisinage des houillères ou dans les grandes cités manufacturières, obéissant ainsi soit aux attractions naturelles, soit aux attractions sociales : le plus souvent, d'ailleurs, les grandes cités manufacturières elles-mêmes sont placées non loin des houillères auxquelles elles doivent en grande partie leur prospérité.

C'est ainsi que les industries mécaniques ne sont nulle part plus actives que dans le *sud du Staffordshire*, et dans la partie voisine du comté de Warwick, à BIRMINGHAM, la première ville du monde pour le TRAVAIL DES MÉTAUX, réunissant la fabrication des machines à vapeur, des machines-outils, la tréfilerie, la clouterie, la quincaillerie, la serrurerie, la fabrication des boutons, des épingles, des armes (1), etc., et ayant eu l'honneur, grâce à sa célèbre manufacture de Soho, dirigée par James Watt et Boulton, de fournir à l'Angleterre ses premières machines perfectionnées ; à *Dudley*, à Walsall, à *Wolverhampton*, renommé pour sa serrurerie commune, sa chaudronnerie et ses tôles vernies ; à Redditch (Worcester), où se fabriquent la majeure partie des aiguilles anglaises et des hameçons.

Le *West-Riding* vient au second rang ; mais sa principale cité métallurgique, *Sheffield*, ne le cède à aucune autre par l'importance de ses fabriques de machines outils, de quincaillerie, d'armes blanches, d'outils et d'instruments en acier ; dans cette région, *Leeds*, comme *Manchester* et Bolton dans le Lancashire (2) et *Dundee* en

---

1. L'État possède à Enfield (Middlesex) et à Woolwich (Kent) des manufactures d'armes.
2. Pour les machines de filature et de tissage, il faudrait citer presque toutes les villes manufacturières du Lancashire : Oldham, Preston, Rochdale, Blackburn, Bury, et, dans le West-Riding, Halifax, Bradford, etc. (Voir la carte des industries textiles.)

Écosse, doit à ses riches industries textiles, ses fabriques de machines et principalement de machines-outils et de machines de tissage et de filature.

Au troisième rang viennent le comté de *Glamorgan* dont nous avons déjà nommé le foyer principal, Merthyr-Tydvil, puis la grande cité écossaise, *Glasgow*.

78. Les industries chimiques. — Nous avons expliqué (Voir la *France et ses colonies*, § 146) comment la fabrique moderne devait sa puissance à l'emploi perfectionné non-seulement des machines qui meuvent et divisent la matière, mais des agents chimiques qui la combinent et la décomposent. Sous ce dernier rapport comme sous le précédent, la Grande-Bretagne n'est inférieure à aucun État du continent; son sol ne lui fournit qu'une partie des matières premières de ses industries chimiques, mais le commerce y supplée abondamment.

Elle fabrique elle-même la plus grande partie de l'*alcool* que son industrie consomme.

On fabrique en très-grande quantité, et en général à des prix très-réduits les PRODUITS CHIMIQUES, acides, alcalis, sels divers, sur un très-grand nombre de points et principalement dans quelques grands ports, à NEWCASTLE, à GLASCOW et dans les environs (Saint-Rolax, etc.), à Liverpool, Bristol, villes à côté desquelles il faut nommer Birmingham et tout le *Lancashire*. Dans le seul district de Newcastle, la valeur annuelle des produits chimiques dépasse 50 millions de francs. L'*huile* de graines est aussi fabriquée généralement dans le voisinage des ports d'importation.

Le *savon* est fabriqué aussi en divers endroits et en quantité considérable, en premier lieu à *Liverpool*; l'industrie des savons parfumés a pour centres principaux *Londres* en Angleterre, comme Paris en France, et Liverpool.

C'est aussi à *Londres* qu'on fait le plus de *bougies*.

Les *peaux* et cuirs sont préparés, soit avec la dépouille

des animaux tués dans le pays, soit avec des peaux brutes importées, en divers lieux, nulle part peut-être en aussi grande quantité qu'à *Liverpool*, lieu d'importation, et à *Bermondsey*, près de Londres.

79. Les industries alimentaires. — Il serait impossible d'énumérer les centres principaux des industries alimentaires, et inutile de le tenter; c'est le plus souvent un travail local, souvent même un travail de famille. Il suffit de citer le FROMAGE, que l'on fabrique en très-grande quantité et dont les espèces les plus renommées sont celles de certains comtés pastoraux, CHESTER, *Gloucester*, Cheddar en Domersetshire ; le Shropshire et le Derbyshire viennent immédiatement après pour la quantité ; mais, pour la qualité, le premier rang est généralement accordé au fromage de *Stilton* (Huntingdon), fabriqué dans les comtés de Huntingdon et de Leicester. Dans plusieurs comtés, et surtout dans le Worcester, on fait des sauces et des condiments fortement épicés, dont les Anglais sont grands consommateurs.

Outre l'alcool, on fabrique *le gin*, tiré du seigle et du genièvre, et le *whisky*, eau-de-vie de grain, avec mélange d'extrait de mélasse ou de drêche, renommés surtout en Écosse et en Irlande, où ils sont les liqueurs nationales.

La fabrication de la BIÈRE est une des grandes industries de l'Angleterre ; d'après le malt employé (20 millions d'hectolitres), on peut évaluer à *plusieurs centaines de millions d'hectolitres* (500 millions ?) la quantité de bière fabriquée annuellement ; *Londres* , et les districts de Leicester, Manchester, Liverpool, Hull, Sheffield, Bath, Dublin, Cork sont les régions où cette fabrication a le plus d'importance.

80. Le coton. — *La fabrication des* TISSUS DE COTON *est la principale source de la richesse industrielle du Royaume-Uni*. L'Angleterre est le premier pays d'Europe dans lequel cette fabrication ait pris de grands développements, développements qui sont d'ailleurs d'époque récente : au xve siècle, des tisserands du Lancashire employèrent pour la première fois cette matière dans le tissage d'étoffes grossières, et jusque vers le dernier quart du xviiie siècle (1773), on ne s'en servit que pour tramer des tissus dont la chaîne était en fil de lin ou de chanvre. A cette époque, la filature mécanique due, après les premiers essais de Wyatt, aux inventions successives d'Hargreaves, charpentier à Blackburn, de sir Richard Arkwright et de Crompton (1767-1779), et le tissage mécanique dû à Cartwright (1787), ouvrirent un vaste champ à l'industrie du coton. Les métiers à filer se sont peu à peu perfectionnés et aujourd'hui le métier self-acting (voir la fig. n° 9) est peut-être l'outil le plus ingénieux et le plus remarquable qu'ait produit la mécanique industrielle. Elle consomme près de *quatre cent mille tonnes de coton*, que filent 32 millions de broches; la majeure partie est ensuite transformée en tissus par 380 000 métiers. On évalue à près de 4 milliards de mètres, c'est-à-dire à une longueur suffisante pour faire cent fois le tour du globe terrestre, la production annuelle des tissus de coton britanniques.

Plus des deux tiers de ces broches et métiers sont situés dans le Lancashire, et groupés autour de Manchester, la grande cité du coton, à portée de Liverpool, où a lieu la plus forte importation de la matière première, à *Oldham, Bolton, Preston, Bury, Rochdale*, Blackburn, Ashton, Middleton (Lancashire), Halifax, Huddersfield (West-Riding), à *Stockport,* Hyde (et dans les autres localités du Cheshire), à Glossop, Chesterfield (Derbyshire) ; on y fabrique des calicots et cotonnades en tout genre, des velours de coton, etc.

Le second groupe est celui de Glasgow et de *Paisley*, qui s'étend sur les comtés de Lanark et de Renfrew, et qui produit surtout les genres légers, tels que mousselines et jaconas.

LES ILES BRITANNIQUES. 125

En Irlande, Belfast et d'autres localités tissent le coton

Fig. 9. — Métier self-acting ou métier renvideur). Hauteur 1ᵐ,50.

comme accessoire de l'industrie linière.

81. Le lin et le chanvre. — Le chanvre n'est guère filé que par les Écossais, et en petite quantité.

Le LIN, au contraire, est très-employé, soit le lin d'Irlande, soit du lin importé ; on le file et on le tisse surtout en IRLANDE, dont le climat est particulièrement propice au blanchiment, dans les comtés d'*Antrim* et de *Down*, où on le cultive le plus ; BELFAST est le centre de la fabrication des toiles d'Irlande, linge de table, uni ou damassé, mouchoirs, batiste, etc. ; Armagh ne vient qu'au second rang.

On file et on tisse aussi le lin à peu près dans les mêmes genres à *Manchester* et sur divers points du *Lancashire*, ainsi qu'à *Barnsley* et à Leeds (*Yorkshire*), tandis que, dans le même comté, Hull fait des toiles fortes.

L'*Écosse* fabrique aussi beaucoup de *toiles* dans deux comtés de sa région orientale, Fife et Forfar, toiles fines à Dunfermline, toiles fortes à Forfar et à Arbroath, toiles de *jute à Dundee*. Greenock, sur la Clyde, fait aussi des toiles fortes.

Les *cordages* se fabriquent dans les ports : à *Liverpool*, à *Newcastle*, à *Londres*, à *Hull*, à *Glasgow*, à *Dundée*, etc.

82. La laine. — On sait que l'industrie de la LAINE comprend deux genres très-distincts : la laine peignée et la laine cardée. L'Angleterre pratique avec succès l'un et l'autre, et, pour la laine peignée, elle est au premier rang parmi les nations.

BRADFORD (West-Riding) est de beaucoup le centre le plus important de la fabrication des orléans, alpagas et de tous les *tissus ras et mélangés* ; Halifax, qui fait les damas, etc., Norwich, Leeds, Londres sont au second rang.

Dans la catégorie des tissus de laine peignée, on peut placer les *tapis*, dont les principales fabriques sont à *Kidderminster* (Worcestershire), à *Halifax*, à *Glasgow*, à Louth (Lincolnshire), à Durham, à Wilton (Wiltshire), et sur divers points du Lancashire ; mais on y fait au moins autant de tapis de laine feutrée que de laine peignée.

Les châles, surtout les châles tartans, se fabriquent en Écosse, à *Paisley* (Ayr), Kilmarnock (Selkirk), Galashiels, à *Bradford*, etc., etc.

La laine peignée qui sert à faire le *drap* a pour centre principal le West-Riding : les deux grandes villes de LEEDS, qui fait tous les genres, de *Huddersfield* qui fait les draps légers, et les environs de ces villes, tels que Dews-bury, grande fabrique de couvertures, *Halifax* qui fait les flanelles, Wakefield, les draps pour marins, etc., etc. ; sur plus de 2 millions et demi de broches à filer la laine cardée que possède le Royaume-Uni, 1,300,000 sont dans le West-Riding. Le *Lancashire*, dont Rochdale, renommé pour ses flanelles, est la principale fabrique, vient au second rang ; au troisième, les comtés de Wilts et de Gloucester, où *Trowbridge* et *Stroud* sont réputés par leurs draps de fantaisie et leurs draps de couleurs éclatantes. Le pays de Galles (surtout le comté de Montgomery) a la spécialité des flanelles fabriquées au métier à la main de Clackmannan. L'Écosse (comtés de Stirling, d'Ayr, de Roxboroug [Hawick], de Selkirk, etc.) possède environ 300,000 broches disséminées dans plusieurs comtés ; l'Irlande, 20,000 à peine.

Le nombre total des broches de filature est de 6 millions et demi, et la quantité de laine employée à la filature et au tissage dans le Royaume-Uni dépasse 150 millions de kilogrammes.

83. La soie. — La *soie*, matière tout exotique dans la Grande-Bretagne, a pour centre principal *Manchester* où la fabrication des soieries a été une conséquence de la fabrication des cotonnades ; mais, si l'on tisse plus dans le Lancashire que partout ailleurs, c'est surtout dans le *Cheshire* que l'on file : *Coventry* (Warwickshire) fait les rubans ; Londres (quartier de Spitalfields), les taffetas qu'y ont introduits des protestants réfugiés après la révocation de l'édit de Nantes ; Macclesfield (Cheshire), les étoffes de fantaisie ; Norwich (Norfolk), les châles. Cette industrie est bien moins développée en Angleterre qu'en France. On travaille aussi la soie en Écosse, dans les comtés de Lanark et de Remfrew, en Irlande, dans ceux d'Antrim et de Wicklow ; *Dublin* est renommé pour ses popelines en soie et en laine.

84. La dentelle. — L'industrie du *tulle* et de la *dentelle* est très-largement pratiquée en Angleterre. Le principal centre de la dentelle faite à la mécanique est *Nottingham* qui, dans la ville et dans ses environs, (comtés de Nottingham, de Leicesier et de Derby), emploie plus de 1,800 métiers ; Tiverton et Barnstaple, dans le *Devonshire*, ne viennent qu'au second rang.

La belle dentelle au tambour se fait, en Angleterre comme en France, par les mains des paysannes ; la dentelle dite de Buckingham, dans les comtés agricoles du centre (*Buckingham*, *Bedford*, Oxford, Northampton) ; le point d'Honiton, dans le Devonshire ; la dentelle d'*Irlande*, dans le comté de *Limerick* ; la *broderie* en *Irlande* (Belfast, etc.), où elle n'occupe pas moins de 200,000 personnes, et en Écosse (Glasgow, etc.) dont les produits sont généralement lourds.

85. La bonneterie. — Nottingham est aussi le centre de la fabrication de la bonneterie ; Nottingham fabrique surtout les articles de coton et de soie, le *Derbyshire* ceux de lin, et le *Leicestershire* ceux de laine. L'Irlande (Balbriggan, comté de Dublin) et l'Écosse (Hawick, Galashiels, etc.), ne viennent que bien loin derrière le groupe de Nottingham qui emploie environ 100,000 personnes.

En Angleterre, comme en France, la *chapellerie* a pour siéges les grandes villes : *Londres, Manchester, Glasgow, Edimbourg*, etc. ; les chapeaux de paille, au contraire, sont tressés dans les campagnes (à Saint-Albans, comté de Hereford, à Dunstable, comté de Bedford, etc.).

La *chaussure* vient de *Northampton*, (bottes), du comté de Statford (souliers), de *Londres*, Norwich, Leicester (pantoufles) ; les gants, de Londres et Worcester, etc.

86. La bijouterie et l'horlogerie. — La *bijouterie*, joaillerie et orfèvrerie, a pour siéges principaux *Londres*, centre d'un grand nombre d'industries de luxe, comme Paris en France, et *Birmingham*, où l'on travaille tous les métaux ; l'*horlogerie*, *Londres*, *Coventry* (Warwickshire), Manchester, Prescott (Lancashire) et Liverpool, où les besoins de la navigation ont stimulé cette industrie.

87. Les industries du bâtiment et de l'ameublement. — Nous avons indiqué comment, dans le Royaume-Uni, le travail, après avoir extrait du sol les minéraux et métaux utiles, après s'être fabriqué de puissants instruments de production par les industries mécaniques et chimiques, fournit aux besoins de l'alimentation et du vêtement. Nous avons à dire comment il satisfait aux besoins du logement et de l'ameublement ; mais, comme pour l'alimentation, nous n'indiquerons qu'un petit nombre de points. La construction des maisons est une industrie pratiquée partout où il y a des villes, et, dans les campagnes d'Angleterre, elle est moins négligée que dans celles de France. Les *meubles* sont fabriqués aussi dans un grand nombre de lieux, mais nulle part avec autant de luxe qu'à *Londres* ; le carton-pierre, à Birmingham ; les *papiers peints*, à *Londres*, à *Manchester*, à Édimbourg, etc. ; les belles *cheminées* d'acier poli, à *Sheffield* ; les cheminées plus communes, dans les fonderies écossaises, à Londres, Northampton, Birmingham, etc. ; la COUTELLERIE, à SHEFFIELD, où elle occupe près de 20,000 ouvriers, et à *Londres*, où l'on fait les meilleurs instruments de chirurgie.

88. La verrerie et la céramique. — Verrerie et céramique sont deux industries qui, ayant besoin de beaucoup de chaleur, se placent, en Angleterre comme en France, près des lieux où est le combustible.

Les principales verreries et cristalleries sont celles de *Saint-Helens* (Lancashire), de *Birmingham*, de *Sunderland* (Durham), de *Newcastle*, de *Londres*, de Stourbridge (Worcestershire), etc. ; le district de Sunderland et de Newcastle produit à lui seul environ 50 millions de bouteilles par an.

Les POTERIES FINES et faïences comptent un très-grand nombre de petites fabriques et quelques très-grandes manufactures dans le DISTRICT DES POTERIES, situé au *nord du Staffordshire*, où la nature a réuni la houille et l'argile plastique (1). Ce district, de 5 ou 6 lieues carrées, ne comptait guère que 6,000 habitants au siècle dernier ; il en compte aujourd'hui 125,000 dont cette industrie fait la principale occupation, et qui sont groupés ou dans l'intérieur ou autour de six ou huit villes (Burslem, Longton, Newcastle-under-Lyne, etc.), dont *Stoke-upon-Trent* est en quelque sorte le chef-lieu. Wedgwood fut, au XVIIIe siècle, un des manufacturiers du Staffordshire, et c'est en partie à ses découvertes que la contrée a dû le développement de cette riche industrie.

Hors de ce groupe, *Worcester* fait des faïences et des porcelaines fines, *Newcastle-upon-Tyne*, des poteries communes, Lambeth, faubourg de Londres, des grès communs, Stourbridge (Worcestershire), des articles en argile réfractaire.

89. La carrosserie et la sellerie. — L'Angleterre a joui longtemps d'une renommée sans rivale pour la sellerie et la carrosserie ; aujourd'hui on fait aussi bien qu'elle sur le continent. *Londres* est le centre principal de l'industrie du *carrossier* qui est d'ailleurs pratiquée dans presque toutes les *grandes villes* (Edimbourg, Du-

---

1. Cependant une grande partie des plus belles matières premières vient aujourd'hui des comtés du sud-ouest (voir § 71).

blin, Liverpool, Derby, Manchester, Nottingham, Glasgow, etc.); celle du bourrelier et sellier l'est surtout à *Walsall, Birmingham*, Londres et Glasgow.

90. Le matériel des chemins de fer. — Le *matériel des chemins de fer* provient surtout des centres métallurgiques : *Newcastle, Birmingham*, etc. On estime à plus de 400 millions de francs la valeur du matériel roulant des chemins de fer dans le Royaume-Uni.

91. Les constructions navales. — La nation britannique, étant la première nation maritime du monde, excelle dans la CONSTRUCTION DES NAVIRES. Les chantiers sont naturellement, comme en France, situés dans le voisinage des principaux ports : sur les bords de la *Tamise* (LONDRES, etc.), de l'Humber (*Hull*), de la Tyne et de la Wear (NEWCASTLE *Sunderland*, etc.), de la Severn (Bristol), de la Mersey (LIVERPOOL), de la Clyde (GLASGOW et *Greenock*, etc.).

92. La papeterie et l'imprimerie. — Les industries destinées à satisfaire les besoins intellectuels sont en général très-développées en Angleterre. On y fabrique beaucoup de PAPIER, plus que dans aucun État de l'Europe, dans le *Kent* (*Maidstone*, etc.), aux *environs de Londres*, à *Newcastle*, à Bath, aux environs d'Edimbourg etc.; les *plumes métalliques*, à *Birmingham*; l'*imprimerie*, la reliure, la librairie dans toutes les grandes villes, mais nulle part avec autant de variété qu'à *Londres* et à Édimbourg, villes après lesquelles il faut placer Oxford, Cambridge, Glascow. C'est aussi *Londres* qui fabrique le plus d'*instruments de musique*, surtout de pianos ; les orgues viennent généralement de France.

93. Le résumé de la production industrielle. — La production industrielle du Royaume-Uni est énorme et s'est accrue considérablement depuis un demi-siècle ; mais, faute de documents précis, il serait impossible d'en dire la valeur d'une manière suffisamment approximative. On peut seulement établir quelques points de comparaison avec la France :

Elle produit environ 105 millions de tonnes de houille ; la France, 12 millions ; elle en consomme 90 millions, la France 21.

Elle produit 5 millions de tonnes de fonte ; la France, un peu plus de 1 million.

Elle consomme 400,000 tonnes de coton brut ; la France, 100,000 ; elle possède 41 millions de broches de filature dont 32 millions pour le coton, environ 6 millions et demi pour la laine, 1,600,000 pour le lin, et plus d'un million pour la soie ; la France moins de 10 millions dont plus de 6 millions pour le coton, 630,000 pour le chanvre et le lin.

Les industries y sont, plus qu'en France, fortement concentrées sur quelques points. Comme en France, elles obéissent aux attractions naturelles en s'établissant aux lieux où elles trouvent leurs matières premières ou aux attractions sociales en s'établissant aux lieux où sont les débouchés et les consommateurs ; mais ces lieux sont souvent les mêmes. C'est ainsi qu'on peut, sous le rapport industriel, partager l'Angleterre en huit régions :

1° LONDRES, qui a, comme Paris, le privilége de réunir dans ses murs ou dans sa banlieue presque tous les genres de production, et qui est le centre de population industrielle le plus actif ;

2° Le LANCASHIRE (et une partie du Cheshire), avec ses houilles, ses forges, ses tissages de coton, de soie, ses grandes villes telles que Manchester et le port de Liverpool ;

3° Le WEST-RIDING, avec ses tissages de laine (Leeds, Bradford, etc.), au premier rang, et ses ateliers métallurgiques (Sheffield) au second rang.

4° LA VALLÉE DE LA TYNE ET DE LA WEAR (Durham et Northumberland) avec le bassin houiller de Newcastle, le fer de Cheveland, et les usines à feu, forges, verreries, etc.;

5° Le STAFFORDSHIRE (et une partie des comtés de

Warwick et de Worcester), avec ses bassins houillers, ses poteries dans le nord, ses hauts-fourneaux dans le sud, et la grande cité métallurgique de Birmingham (Warwickshire);

6° Les *environs de* Glasgow, la principale ville industrielle de l'Écosse, possédant la houille et le fer, pratiquant les industries textiles et les constructions navales.

7° Dans le pays de Galles, il n'y a véritablement d'activité industrielle que dans le comté de *Glamorgan* où la nature a placé la houille et le fer.

8° En Irlande, l'activité industrielle est concentrée dans deux ou trois *comtés du nord-ouest* où l'on cultive le lin.

En mettant à part, d'abord Londres, l'Irlande et le pays de Galles puis les groupes excentriques de Newcastle et de Glasgow, l'industrie est ramassée dans la partie centrale de la Grande-Bretagne en deux vastes groupes ayant pour principaux foyers : celui du sud, Birmingham, celui du nord, le plus important de tous, Manchester, et, tout autour de Manchester, un cercle dont le rayon est d'environ 80 kilomètres.

5° section.

LE COMMERCE.

(Voir les cartes n°ˢ 9 et 10.)

94. Les canaux. — Si la nature n'a pas doté l'Angleterre de grands fleuves, elle y a rendu facile la construction des canaux par l'absence de hautes chaînes de montagnes. Aussi l'Angleterre est-elle *sillonnée dans tous les sens* par *des canaux* qui réunissent ses divers bassins, ses grands ports et ses villes manufacturières.

Le bassin de l'Humber communique avec celui de la Mersey par quatre canaux (celui de Rochdale, celui de

Leeds à Liverpool, celui d'Huddersfield et le *Grand Tronc)* qui traversent la chaîne Pennine.

Le bassin de la Tamise communique avec celui de l'Humber et de la Mersey par le *canal de grande jonction* qui traverse les cours d'eau de la plaine basse du Wash, rejoint le Grand Tronc dans le Staffordshire et constitue la voie d'eau la plus fréquentée de la Grande-Bretagne ; avec celui de la Severn par le canal d'Avon et de Kennet et par le *canal d'Oxford*, qui passe à Birmingham, et de là, sous le nom de *canal de Birmingham*, rejoint la Mersey.

Les nombreux embranchements portent à plus de 100 le nombre total des canaux d'Angleterre dont le développement est d'environ 4,500 kil.; mais leur trafic est gravement affecté par la concurrence des chemins de fer.

Les grandes vallées obliques de l'Écosse facilitaient aussi sur deux points l'établissement des canaux : on y a construit le *canal de la Clyde au Forth*, et le *canal Calédonien*, passant à travers les longs et étroits lacs du nord (lac Ness, etc.). Le canal Calédonien est le plus anciennement projeté (1745) de la Grande-Bretagne ; il est ouvert aux marines étrangères. Le canal de Bridgewater, qui du district minier débouche à Manchester, a été le premier livré au trafic.

L'Irlande, plaine basse, se prête encore mieux à la création des rivières artificielles : le *grand canal* et le *canal Royal* réunissent Dublin et la côte orientale à la vallée du Shannon.

95. Les chemins de fer. — Les mêmes raisons ont facilité la construction des chemins de fer. Le premier qui fit régulièrement le service avec des locomotives est celui de Liverpool à Manchester (1830) qui a 50 kil. Les îles Britanniques en possèdent aujourd'hui une longueur de *plus de* 23,000 kil., et il n'est pour ainsi dire pas une seule ville quelque peu importante de l'Angleterre proprement dite qui ne soit liée à une voie ferrée ; les principales lignes vont de *Douvres* à Penzance par *Londres* sur la côte sud, de Londres à *Yarmouth* à l'est, à *Bristol* à l'ouest, et vers le nord, s'élèvent jusqu'à *Hull*, jusqu'à Berwick par *Sheffield*, *Leeds* et *Newcastle*, jusqu'à Carlisle par *Birmingham* et le *Lancashire*. Le pays de Galles, à cause de ses montagnes, est un peu moins favorisé ; le chemin de fer qui longe sa côte septentrionale dessert l'île d'Anglesey en traversant par un pont tubulaire le détroit de Menay (1).

En Écosse les voies ferrées s'arrêtent, du côté de l'ouest au Strathmore (à Greenock et Callander), et vont du côté de l'est jusqu'au Glenmore (à Dingwal, au delà d'Inverness).

En Irlande, les principales voies partent de Dublin pour gagner sur une douzaine de points les côtes septentrionale, occidentale et méridionale.

Le trafic, qui augmente rapidement chaque année, portait, en 1865, sur 250 millions de voyageurs et sur environ 100 millions de tonnes de marchandises. Les tarifs de transport sont plus élevés en Angleterre que dans tous les autres pays d'Europe.

Indépendamment de ces deux grands moyens de communication économique (canaux) ou rapide (chemin de fer), et du cabotage qui enveloppe les îles Britanniques et contribue à la circulation intérieure, peu de pays possèdent autant de routes bien entretenues (50,000 kil. de routes de poste et 210,000 kil. de chemins vicinaux). La Grande-Bretagne est couverte d'un réseau de fils télégraphiques et reliée par des câbles électriques à l'île de Man, à l'Irlande, aux îles Anglo-Normandes, à la France (sur 4 points), aux Pays-Bas, à l'Allemagne (à Héligoland) ; elle est la tête de ligne du câble transatlantique qui, de la petite île de Valentia (côte occid. d'Irlande), s'étend jusqu'à l'Amérique.

1. Et même plus à l'ouest le détroit d'Holyhead.

96. Les monnaies et les mesures. — Les Anglais se servent comme monnaie de compte de la *livre sterling*, qui vaut en nombres ronds 25 *francs* (exactement 25^f,20 ; mais le cours du change détermine seul, à un moment donné, la valeur de la livre sur le marché de Paris) ; les subdivisions sont le *schelling* ($1/_{20}$ de la livre), valant 1^{f}25 et le *penny* ($1/_{12}$ du schelling valant 0^f,10). Les monnaies d'or sont les seules monnaies possédant une valeur réelle égale à leur valeur nominale ; celles d'argent sont des monnaies d'appoint ayant une valeur réelle inférieure à leur valeur nominale.

Les mesures les plus usitées sont : pour les longueurs, le *yard* (0^m,91) ; pour les grains et liquides, le *gallon* (4 ^{lit},54), le *boisseau* (8 gallons ou 36^{lit},34), la *barrique* (1 ^{hect},66) ; pour les choses pesantes, la *livre* (454 grammes), la *tonne* (1,016 kil.).

La nécessité d'apprendre à connaître pour les relations internationales des monnaies et mesures différentes est un obstacle au commerce. Il est désirable que cet obstacle disparaisse par une entente commune. Déjà les Anglais ont donné cours légal aux mesures du système métrique ; mais dans la pratique des affaires on n'en fait pas usage.

La majorité des ventes en gros se fait dans les docks, aux enchères et par lots. L'acheteur jouit en général d'un escompte, fixé par les usages, de 1 à 3 pour 100, et de la faculté, dite « prompt », de laisser un certain temps la marchandise qu'il vient d'acheter dans les docks aux frais du vendeur.

97. Les institutions de crédit. — Le Royaume-Uni possède un très-grand nombre de banques qui facilitent le mouvement des capitaux et la circulation des produits. La plus importante est la *banque d'Angleterre*, dotée de certains priviléges qui lui assurent la part la plus considérable dans l'émission de la monnaie fiduciaire ; ses billets en circulation s'élèvent à environ 500 millions de francs, tandis que les billets de toutes les autres banques qui en émettent, au nombre de plus de cent, ne forment guère qu'un total de 450 millions.

Les billets de banque ne sont d'ailleurs qu'une chose très-secondaire à côté des dépôts, des escomptes, des virements, dans le mécanisme des institutions de crédit de la Grande-Bretagne qui compte 2,250 banques publiques, privées ou par actions. Dans aucun pays d'Europe, l'intermédiaire des banques n'est plus généralement employé, par les commerçants, les industriels et même les agriculteurs. L'Irlande possède aussi une banque privilégiée ; l'Écosse n'a que des banques par actions *(joint-stock-banks)*, depuis longtemps célèbres.

Il existe à Londres un bureau de compensation *(Clearing-house)* qui compense par de simples virements les créances et les dettes des clients des principaux banquiers de Londres ; ce clearing-house règle par an pour 60 milliards de francs d'affaires.

98. La navigation et les ports. — Routes, canaux et chemins de fer font circuler les produits à l'intérieur. Mais une notable partie de ces produits vient des ports qui les reçoivent de l'étranger, ou se rend dans les ports pour gagner les pays étrangers : dans cette île, qui peut être considérée comme une immense manufacture travaillant pour le monde entier, c'est dans les ports que sont les foyers d'où rayonne le commerce. La nature, qui a donné à ses fleuves, à défaut d'étendue, de *larges et profonds estuaires*, a singulièrement favorisé ces établissements maritimes.

Les ports servent à un double usage : 1° au cabotage, qui dessert le commerce intérieur et qui fait une sérieuse concurrence aux chemins de fer ; le cabotage, qui est en progrès, emploie environ 13,500 navires (dont 800 environ à vapeur) jaugeant 1,250,000 tonnes ; 2° au commerce extérieur, commerce de concurrence dans lequel les marines étrangères sont admises au même titre que la marine britannique ; cette dernière y emploie environ 9,500 bâtiments (dont 1,300 servent aussi au cabotage) jaugeant 4 millions et demi de tonnes, sur lesquelles plus de 650,000 tonnes appartiennent à la navigation à vapeur. Il y a quinze ans, le tonnage n'atteignait pas 3 millions. Le MOUVEMENT TOTAL DES ENTRÉES ET DES SORTIES de navires porte sur un total de plus de 30 MILLIONS DE TONNES dont les 2/3 environ appartiennent à la marine britannique, 1/3 aux marines étrangères.

De nombreuses entreprises de paquebots mettent l'Angleterre en rapports réguliers avec les grandes places commerciales du globe ; la Compagnie « Peninsular and oriental », qui fait, de Southampton, Londres, Liverpool et Marseille, les services de la Méditerranée et des mers d'Orient jusqu'à Shanghaï ; la Compagnie « West-India-royal-mail », qui fait de Liverpool les services des Antilles, du Mexique et du Brésil ; la Compagnie « Cunard » qui fait de Liverpool le service des États-Unis ; la Compagnie « General-Screw-Steam-Shipping », qui de Southampton fait le service des Indes et de l'Australie, etc., etc.

Les principaux ports, par ordre d'importance, sont :

LIVERPOOL, qui exporte à lui seul presque autant de marchandises anglaises que tous les autres ports de la Grande-Bretagne réunis. Le mouvement de la navigation y est notablement supérieur à celui du port de Londres, et atteint un *chiffre à peu près égal à tout le mouvement de la navigation en France*. Liverpool n'est pas sur le bord de la mer, mais à 7 kilomètres de l'embouchure de la Mersey, sur la rive droite du fleuve, qui a un kilomètre de largeur devant la ville et dont la profondeur, à basse mer, est de 6 mètres. Toute la rive, sur une longueur de plus de 10 kilomètres, est bordée de docks et se présente comme une forêt de mâts. C'est surtout avec l'Irlande l'Amérique, la côte d'Afrique et l'Australie que Liverpool entretient ses plus fréquentes relations : aussi est-il le grand marché du coton, de la laine et du cuir; il est d'ailleurs en rapports de commerce suivis avec le monde entier ; c'est le débouché occidental des riches districts manufacturiers du centre, Manchester, etc., et le port qui exporte la majeure partie des cotonnades anglaises (Voir les cartons des cartes n°* 7, 8, 9, 10.)

Londres, qui importe plus qu'aucun autre port et fournit à lui seul près de la moitié du revenu des douanes du Royaume-Uni. Le mouvement de la navigation y est de près de 7 millions de tonnes par an, nombre égal aux 2/3 du mouvement de tous les ports de France réunis. Londres, situé sur la Tamise, est à 73 kilomètres de la mer; mais la Tamise qui, au pont de Londres, a environ 140 mètres de largeur et qui s'ouvre comme une large baie, porte jusqu'aux docks Sainte-Catherine des navires de 140 tonneaux ; les bâtiments d'un fort tonnage s'arrêtent dans les docks situés en aval qui occupent sur la rive gauche plusieurs centaines d'hectares ou demeurent à l'ancre dans le fleuve même. C'est surtout avec l'Europe et l'Orient que Londres entretient ses plus fréquentes relations ; c'est pourquoi les céréales, les vins et eaux-de-vie, le thé, sont au nombre des marchandises que cette ville importe en plus grande quantité. Londres communique par des services réguliers à vapeur avec tous les grands ports d'Europe.

Hull, situé sur la rive gauche de l'Humber, vaste estuaire qui ressemble à une baie, et *Grimsby*, également sur l'Humber, sont à cause de leur position, les ports qui font le plus de commerce avec la mer du Nord et la Baltique ; c'est le débouché oriental des riches districts manufacturiers du West-Riding (Leeds, etc.).

Glasgow, sur la Clyde, à 35 kilomètres de l'embouchure, et *Greenock* près de l'embouchure, qui font de grandes affaires avec le Canada, l'Amérique du Nord et les régions qui produisent le coton.

Southampton, au fond d'un vaste estuaire situé au nord de l'île de Wight, entouré de magnifiques quais, et en relation journalière, par voie ferrée, avec Londres, dont il tend à devenir comme l'avant-port pour les grands navires à vapeur et pour les relations lointaines avec l'Amérique, la Méditerranée et l'Orient.

Newcastle, sur la Tyne, *Sunderland*, au sud, sur le bord de la mer, et *Hartlepool*, qui doivent au voisinage des mines de houille l'importance de leurs exportations dans le monde entier.

Il faut encore citer : Cardiff et Swansea, les principaux ports du pays de Galles, Leith, le port d'Édimbourg, et celui de Bristol, le 3e port de l'Angleterre, situé sur un canal du même nom, enfin Folkestone et Douvres en communication avec la France.

La navigation en Irlande n'a d'activité qu'à Belfast, Dublin et Cork, dont le trafic a lieu surtout avec les ports de la Grande-Bretagne.

Les principales foires sont celles de Bristol, d'Exeter, d'Ipswich, de Horn-Castle en Angleterre, de Falkirk en Écosse ; mais leur importance est presque exclusivement agricole.

99. Les débouchés coloniaux. — Indépendamment de sa grande production manufacturière, qui exige un apport considérable de matières premières, et conduit à une exportation considérable de produits fabriqués, la Grande-Bretagne a dans ses nombreuses possessions coloniales la raison d'un commerce très-étendu. Bien que la Grande-Bretagne ait renoncé au monopole commercial à l'égard de ses colonies, la dépendance politique, les liens de famille, la similitude de la langue, des habitudes, des institutions, les capitaux et les négociants de la métropole fixés dans les colonies lui assurent la prépondérance pour le placement de ses produits sur ce *marché de près de 200 millions de consommateurs*, qui lui fournit en échange le café, le coton, les matières tinctoriales, les peaux, le jute, les huiles, l'opium, le salpêtre, les graines oléagineuses, les châles, la soie, les épices de l'*Inde*, la cannelle, le café, l'huile de coco de *Ceylan*, le rhum et le sucre de *Maurice*, le minerai de cuivre, la laine, le vin, les peaux du *Cap* et de Natal, les produits agricoles, la potasse, le poisson et le bois du *Canada* et des provinces voisines, la morue et l'huile de *Terre-Neuve*, le café, le piment, le rhum, le sucre, la mélasse, le riz, le cacao des *Antilles* et de la Guyane, l'or, les peaux, le suif, la laine, le cuivre de l'*Australie* et de la Nouvelle-Zélande. *Les Îles Britanniques font avec leurs colonies un commerce d'environ 3 milliards et demi dont les 2/5 à l'exportation et les 3/5 à l'importation.* Ce commerce a doublé depuis dix ans.

100. L'importation. — Le COMMERCE EXTÉRIEUR des îles Britanniques, plus important que celui d'aucun autre État du globe, S'ÉLÈVE AU TOTAL A DOUZE MILLIARDS ET DEMI (en 1867) dont environ 5 milliards et demi à l'exportation et 7 milliards à l'importation. Il y a cinquante ans, ce commerce était environ de 2 milliards : il a sextuplé. Depuis dix ans il a doublé à peu près, comme le commerce avec les colonies, qui en est une des branches.

A l'importation, il consiste principalement en :

SUBSTANCES ALIMENTAIRES (1) : CÉRÉALES ET FARINES (env. 700 millions de fr.), à savoir froment et farine de froment de la mer Noire (Odessa et Danube, etc.), de la mer Baltique (Riga, Dantzig, Lubeck, etc.), des États-Unis (Boston, New-York, etc.), de France, de Chili, d'Égypte, etc., seigle de Danemark, avoine de Suède, de Russie,

---

(1) Ces chiffres sont en nombres ronds ceux de 1865 ; on n'a mis en italiques que les articles ayant une valeur de 100 millions de fr. au moins, et on n'a mentionné que les articles ayant au moins une valeur de 1 million de liv. sterling (25 millions de fr.).

etc., maïs des États-Unis, de Russie, de France, fèves d'Égypte; *sucre* (330 millions ou 460,000 tonnes) des Antilles, du Brésil, de Java; *thé* (250 millions ou 30,000 tonnes) de Chine et de l'Inde; *bétail*, gros et petit (150 millions), et *beurre* (140 millions), de Hollande, de France, d'Allemagne, des États-Unis, etc.; *café* (110 millions), des colonies anglaises surtout ; *vins* (100 millions) de France, de Portugal, des Deux-Siciles ; fruits, fromages, lard et jambon, huile d'olive, spiritueux, riz ; catégorie à laquelle on peut joindre, comme consommation personnelle, le tabac.

Matières premières : *coton* (1,650 millions de francs ou 520,000 tonnes), des États-Unis, des îles Bahama, du Brésil, de l'Égypte, des Indes, du Levant, etc.; *laine* (750 millions ou 65,000 tonnes), de l'Espagne, de l'Allemagne, de la Russie, du Cap, de l'Australie, de l'Amérique du Sud, etc.; *bois* (400 millions), du Brésil, du Honduras, de la Baltique et de la Norvége, du Canada ; *soie* (270 millions ou 3,400 tonnes) de la Chine, du Japon, de l'Inde, du Levant, d'Italie ; *lin* (135 millions) de la Russie, de la Vénétie, de l'Autriche, des Indes, de la Belgique, de la Prusse, etc.; *huiles* non comestibles (100 millions), des États-Unis, de Russie, etc.; *graines de lin* (100 millions), de Russie, etc.; suif, peaux brutes, minerai de cuivre et cuivre brut, guano, indigo, chanvre, jute, fourrures, etc.

Les seuls produits manufacturés dont l'importation dépasse un million de livres sterling (25 millions de francs) sont les *soieries* (210 millions) de France, etc., les lainages et les cuirs ouvrés.

101. L'exportation. — Une partie de ces marchandises est destinée à la réexportation, surtout le *coton* (460 millions de francs), la *laine* (250 millions), la *soie* (100 millions) le café, le thé et l'indigo.

Les produits britanniques qui forment les principaux articles de l'exportation sont : les cotonnades écrues, blanchies ou imprimées (1,200 millions de francs), les *lainages* et surtout les étoffes de laine peignée (500 millions), les *fils de coton* (256 millions), le *fer* en barres, fonte, etc. (300 millions), les *tissus de lin* (210 millions), la *mercerie* (125 millions), les *machines* (125 millions), la HOUILLE (10 millions de tonnes, valant 120 millions), la *quincaillerie* (100 millions), les vêtements, les fils de lin, la bière, le cuivre ouvré, la faïence, les armes, les alcalis, les cuirs ouvrés.

102. Les métaux précieux & le transit. — Les MÉTAUX PRÉCIEUX constituent un article tout particulier, mais très-important du commerce britannique, qui reçoit chaque année de 500 à 900 millions de francs d'or principalement de l'Australie, des États-Unis, du Mexique ; d'argent, du Mexique, des États-Unis, de la France ; et qui envoie à l'étranger de 400 à 850 millions d'or, surtout en France, d'argent en Orient, en France et en Allemagne.

La Grande-Bretagne, aujourd'hui la roulière des mers, fait un commerce de *transit* considérable ; c'est la *France* qui lui envoie le plus de marchandises destinées à d'autres pays ; ce sont les *États-Unis* qui en reçoivent le plus par son intermédiaire.

103. Le commerce avec la France. — Au premier rang parmi les pays avec lesquels les îles Britanniques entretiennent des relations commerciales, sont les *États-Unis* (2 milliards) ; l'*Inde* (1 milliard et demi), et la FRANCE *(un milliard et demi), occupent le second rang* (1).

La France reçoit de l'Angleterre surtout les *matières premières de l'industrie textile*, que l'Angleterre elle-même a tirées des pays lointains : le *coton*, la *laine*, la soie, le

1. Les statistiques des deux pays ne concordent ni pour les valeurs, ni pour les quantités. Pour 1866, la douane anglaise donne 636 mil- de liv. st. ou 1,590 mill. de francs : la douane française donne 1,806 millions au commerce spécial et 2,291 millions au commerce général. Les évaluations françaises sont toujours au dessus des évaluations anglaises. (Voir Vogel, *Du commerce de la France et de l'Angleterre*).

jute et le lin (de 1,000 tonnes, lin, à 25,000 tonnes, coton), les peaux, le café, articles pour lesquels l'Angleterre n'est qu'intermédiaire. Comme produit de son sol, l'Angleterre nous expédie de la *houille* (plus de 1 million de tonnes); comme produits de ses manufactures, des *lainages* et d'autres *tissus* en coton, en soie, en lin, des *machines* et *ouvrages en métaux*, des *fils*, des *poteries* et *verreries*, etc.

La France envoie à l'Angleterre, indépendamment des marchandises de transit venues de Suisse ou d'Allemagne, comme produits manufacturés, des soieries (180 millions de francs), des *lainages*, de la *mercerie*, des *ouvrages en cuir*, des *peaux préparées*, des vêtements, etc.; comme produits agricoles, des vins (130,000 hectolitres, des eaux-de-vie, des tourteaux, des œufs, des fruits, etc.

Le commerce entre la France et l'Angleterre, qui a toujours été très-important, a pris une grande extension depuis une vingtaine d'années et particulièrement depuis le traité de commerce : de 1860 à 1867, le commerce spécial de la France avec l'Angleterre, jugé d'après les douanes françaises, a à peu près doublé (870 millions de francs et 1,465 millions). Il y a vingt ans, la France venait dans le commerce anglais au second rang pour l'importation en Angleterre, mais au cinquième rang seulement après les États-Unis, l'Inde, l'Australie et les villes anséatiques, pour l'exportation d'Angleterre.

Après la France, les pays avec lesquels les Iles Britanniques font le plus de commerce sont l'Allemagne, la Hollande, l'Égypte, l'Australie, la Russie.

104. Les grandes villes. — L'industrie et le commerce créent les grandes agglomérations. Dans un pays où la population peut se mouvoir librement, l'existence d'un grand nombre de villes très-peuplées prouve la richesse industrielle et commerciale. Les îles Britanniques *possèdent* 68 *villes ayant plus de* 30,000 *âmes, dont* 16

LES ILES BRITANNIQUES.

ayant plus de 100,000 *âmes, à savoir* 12 *en Angleterre,* 2 *en Écosse et* 2 *en Irlande.* Sur ces 17 villes, une a plus de 3 millions d'habitants et 7 autres, plus de 200,000. (Voir les cartons des cartes nos 7, 8, 9, 10.)

Portsmouth (113,000 hab.), le principal port militaire de l'Angleterre, situé dans une position excellente, sur la baie de Spithead.

Dundee (119,000 hab.), belle ville bâtie sur la rive septentrionale de l'estuaire de la Tay, un des centres les plus importants de la fabrication de la toile.

Hull (122,000 hab.), le port de l'Humber et du West-Riding.

Newcastle (128,000 hab.), la métropole de la houille, exporte par la Tyne une partie des produits de son riche bassin houiller, et pratique les industries qui consomment beaucoup de combustible : forges, verreries, etc.

Stoke sur le Trent (130,000 hab.), la métropole des poteries, située entre Manchester et Birmingham, dans le « district des Poteries ».

Bradford (146,000 hab.), au sud-ouest d'York, le centre le plus important en Angleterre et dans le monde de la fabrication des étoffes de laine.

Belfast (174,000 hab.), la métropole du lin, située au fond d'une longue baie sur la côte nord-est de l'Irlande.

Bristol (182,000 hab.), sur l'Avon, non loin de son embouchure dans le canal de Bristol, a été longtemps le principal port de la côte occidentale ; il ne vient plus aujourd'hui, dans le classement des ports britanniques, qu'au douzième rang.

Édimbourg (196,000 hab.) capitale de l'Écosse, la ville la plus pittoresque des îles Britanniques ; elle possède de riches quartiers, des monuments historiques (Holyrood et le Vieux-Château) ; Leith lui sert de port. Du haut de Calton-Hill, on découvre une vue magnifique, la rangée des rochers de Salisbury et toute la baie du Forth.

Sheffield (240,000 hab.), au sud du comté d'York, centre de la fabrication de la coutellerie.

Dublin, capitale de l'Irlande (246,000 hab.), située sur la côte orientale, au fond de la baie de Dublin, à l'embouchure d'une petite rivière qui lui sert de port et d'où partent, au nord, le canal Royal, au sud, le Grand canal ; en outre, quatre ou cinq chemins de fer mettent Dublin en communication avec le reste de l'île.

Leeds (259,000 hab.), la métropole de la laine, au centre de six ou sept voies ferrées, en communication fréquente à l'est avec Hull, son port ; à l'ouest avec Manchester et Liverpool.

Birmingham (343,000 hab.), est la métropole du fer, comme Manchester est la métropole du coton, et se trouve à proximité de nombreuses villes manufacturières ; elle est située à l'ouest de l'Angleterre, entre Manchester et Londres, au point de réunion de sept ou huit voies ferrées et de plusieurs canaux.

Manchester, à 54 kilomètres de Liverpool, est « la cité du coton » par excellence. Il y a un siècle, elle comptait à peine 20,000 habitants. Le développement de l'industrie cotonnière l'a enrichie plus rapidement encore que Glasgow; elle compte 355,000 habitants composant la cité de Manchester proprement dite ; mais, avec Salford (124,000 hab.), dont elle n'est séparée que par la petite rivière de l'Irwell, elle constitue une agglomération de près de 500,000 habitants, qui forme comme la métropole des nombreuses et grandes agglomérations manufacturières du Lancashire.

Glasgow, en Écosse, sur la Clyde (477,000 hab.), n'a été aussi jusqu'au xviiie siècle qu'une petite ville. La fabrication de la toile d'abord, et ensuite, quand Watt et Arkwright eurent renouvelé l'industrie par leurs inventions, la fabrication du coton en firent une grande ville manufacturière. Presque toutes les autres industries, et surtout celle de la construction des navires, y comptent aujourd'hui de vastes établissements ; c'est un grand port (voir § 98) et sa population s'accroît rapidement.

LIVERPOOL, rivale de Londres par son commerce maritime (voir § 98), est de plus, par sa population (493,000 hab.), la seconde ville des îles Britanniques. Son importance date seulement du commencement du XVIII° siècle ; l'industrie du coton dans le Lancashire a fait sa fortune. Quelques somptueux monuments modernes, la Bourse surtout, ornent ses places ; mais le principal attrait qu'elle offre à la curiosité, c'est, sur le bord de la Mersez, qui s'étend comme un bras de mer, son long quai tout bordé de docks, de débarcadères et de navires.

LONDRES (*London*), capitale du Royaume-Uni, a aujour-

Fig. 10. Vue de Londres.

d'hui *plus de* 3 *millions d'hab.* (3,251,000). Placée sur la Tamise (voir fig. 10), au sud de la Grande-Bretagne, elle est le port le plus commode pour les communications de l'île avec le continent ; aussi a-t-elle été, dès les premiers temps du moyen-âge, une place importante de commerce. Elle a été longtemps renfermée dans les murs de la cité, qui s'étend, sur la rive gauche du fleuve, depuis l'extrémité du Strand jusqu'à la Tour. Aujourd'hui, la ville comprend toutes les paroisses environnantes et couvre de ses maisons et de ses usines une étendue de plus de 13 kilomètres en longueur, de Kensington jusqu'aux docks des Indes; elle s'étend sur la rive méridionale dans le comté de Surrey, et des lignes de maisons presque contiguës la prolongent, jusque dans les comtés d'Essex, au nord-est, et de Kent, au sud-est. C'est le plus grand marché du monde, et c'est en même temps une grande ville manufacturière. Le spectacle des navires pressés dans les docks ou rangés sur la Tamise, de l'activité de la navigation sur le fleuve et de la circulation des piétons et des voitures dans la Cité, est unique en Europe. Londres est le principal centre où aboutissent les voies ferrées de l'Angleterre, et l'intérieur de la ville lui-même est desservi par un chemin de fer. Cette grande ville possède des ponts magnifiques, un tunnel sous la Tamise, de grands parcs, de nombreux squares, certaines rues très-larges, quelques beaux monuments, comme la cathédrale de Saint-Paul, le palais de Westminster où siège le Parlement, etc., de somptueux quartiers dans la partie appelée West-End à l'ouest de la Cité proprement dite; mais l'aspect est en général peu varié; le ciel est souvent gris, et certaines parties, surtout dans East-End, à l'est de la Cité, sont très-mal habitées.

6e section.

L'ADMINISTRATION ET LA POPULATION.

105. L'administration des paroisses, bourgs, cités et comtés. — Il n'y a pas en Angleterre, comme en

France, une hiérarchie régulièrement organisée de circonscriptions administratives. La *paroisse*, le *bourg* ou la *cité* représentant le groupe municipal, constituent la principale, et, pour ainsi dire, la seule unité politique au-dessous de l'État. Tous les contribuables payant la taxe des pauvres font partie de la « vestry », assemblée qui administre les affaires paroissiales (église, cimetières, routes, pauvres, police, éclairage, etc.), et qui nomme les fonctionnaires, « gardiens de l'église » et autres ; quelques-uns d'entre eux, par le fait de leurs charges, ont deux ou plusieurs voix. Certains services, comme celui des égouts et des eaux, dépendent de commissions de district ou de commissions spéciales qui procèdent également de l'élection. Sont dites bourgs ou bien cités, les communes érigées en corporations par charte royale, et composées de bourgeois s'administrant eux-mêmes et nommant un conseil, qui à son tour nomme le maire et les aldermen ; un bourg, ou une cité, peut comprendre plusieurs paroisses. La cité de Londres en compte 108 ; et son premier magistrat porte le titre de lord-maire.

Le *Comté* a pour principaux officiers le *lord-lieutenant*, commandant militaire de la province, dont les fonctions sont surtout honorifiques, et le *sherif*, premier magistrat civil, nommé chaque année par la couronne et chargé du maintien de la paix publique. Mais l'administration est principalement aux mains des *juges de paix*, formant un corps très-important qui, dans ses grandes et ses petites sessions, exerce l'autorité judiciaire et une partie de l'autorité civile.

L'Angleterre, au point de vue judiciaire, est divisée en *sept circuits*, sans compter le Middlesex ; pour chaque circuit, deux juges de la cour suprême sont délégués afin de tenir successivement dans chaque comté les grandes assises de concert avec les juges de paix.

106. Le gouvernement. — Le gouvernement est partagé

entre : 1° le *souverain*, roi ou reine, qui exerce le pouvoir exécutif, nomme les fonctionnaires, et administre à l'aide des *ministres* (au nombre de 15) choisis par lui parmi les hommes investis de la confiance du parlement ; le titre de premier ministre appartient d'ordinaire au premier lord de la trésorerie.

2° La *Chambre des lords* ou chambre haute, composée de tous les lords ou pairs laïques et spirituels (archevêques et évêques) d'Angleterre, de 27 pairs laïques d'Irlande nommés à vie par la pairie d'Irlande, d'un des quatre pairs spirituels d'Irlande, et de 16 pairs laïques d'Ecosse nommés, à chaque législature, par la pairie d'Écosse (en tout 478 membres environ).

3° La *Chambre des communes* ou chambre basse, qui compte environ 658 membres, élus pour sept ans dans les bourgs et comtés, par les citoyens payant une certaine contribution.

Le PARLEMENT, comprenant les deux chambres, vote les subsides, les lois et peut réformer la constitution, laquelle consiste beaucoup moins dans des actes écrits que dans l'usage et la pratique de la vie politique. Les bills (c'est-à-dire les projets de loi) relatifs aux subsides sont présentés d'abord à la chambre des communes. Aucun acte ne peut être accompli par la couronne, que sous la responsabilité du ministre qui le conseille et des fonctionnaires qui l'exécutent.

L'Angleterre n'a pas de codes, et sa législation se compose des anciennes coutumes ou ordonnances et des actes du Parlement ; dans aucune affaire criminelle, les juges (excepté la Chambre des lords) ne peuvent rendre d'arrêt qu'avec le concours du jury. Nous devons ajouter qu'il y a peu de pays en Europe où la centralisation administrative soit moindre et la liberté individuelle plus entière.

107. Le budget. — Les dépenses des paroisses, des bourgs ou cités, les taxes locales ne figurent en aucune façon dans le budget de l'État qui est présenté par le gouvernement, discuté et voté par les chambres et qui s'élève à environ 1,800 millions.

Les principales sources du revenu sont les *douanes*, portant presque uniquement sur le sucre, le tabac, le thé, le vin et l'alcool, le café ; l'*excise* (ou droits de consommation), frappant surtout les boissons ; l'*income-tax* ou impôt sur le revenu, les droits de *timbre*, les *postes*.

Parmi les dépenses, les principales sont l'intérêt de la dette, qui coûte de 650 à 700 millions (*le capital de la dette fondée ou flottante s'élève à* 19 *milliards* 1/2), et les forces militaires (armée et marine) qui coûtent 660 millions.

108. L'armée et la flotte. — L'*armée active* est forte d'environ 200,000 *hommes* ; le recrutement se fait par enrôlements volontaires ; les officiers sont nommés après examen ; la faculté de remplacer un titulaire en lui achetant son grade n'existe plus. La *milice*, à pied et à cheval, et les corps de *volontaires* sont les auxiliaires de l'armée active.

La marine de guerre, destinée à protéger une marine marchande d'environ 40,000 bâtiments et un vaste empire colonial, se compose d'environ 570 navires portant 13,000 *canons*, et servis par 74,000 *individus*.

109. Le culte. — L'exercice des cultes est entièrement libre dans les îles Britanniques. La grande majorité de la population appartient au protestantisme.

Il y a deux religions d'État:

1° En Angleterre, « l'église établie » ou *église anglicane* date de Henri VIII, qui, quoique séparé du pape, s'opposait absolument à toute modification du catholicisme. Aussi, bien que la réforme s'y soit plus tard introduite, elle a conservé la hiérarchie catholique ; elle compte deux archevêchés (*Canterbury* et *York*) et 25 évêchés. Ses ministres sont nommés par le souverain, avec une apparence d'élection par les chapitres; elle possède les cathédrales, les bénéfices ecclésiastiques de tout genre et pourvoit aux dépenses du culte par un impôt, dit taxe d'église, prélevé sur tous les habitants, conformistes ou dissidents.

2° En Écosse, l'*église presbytérienne*, qui est organisée par paroisses et administrée par l'assemblée générale ; elle date du temps même de la réforme et s'est constituée sous l'influence des idées calvinistes.

On compte environ 46 millions d'anglicans et 2 millions 1/2 de presbytériens. En *Irlande*, bien que l'église établie ait des archevêchés (au nombre de deux : Armagh et Dublin) et plusieurs évêchés, la très-grande majorité des habitants est *catholique*. On compte environ 8 millions de catholiques dans les îles Britanniques. Le reste des dissidents appartient à diverses sectes : wesleiens, méthodistes, indépendants, quakers, etc.

110. La population. — Les îles Britanniques ont aujourd'hui une POPULATION DE 32 MILLIONS D'AMES, dont 22 millions 3/4 pour l'Angleterre, 3 millions 1/3 pour l'Écosse et 5 millions 1/2 pour l'Irlande. C'est presque une population de 1 HABITANT PAR HECTARE, autrement dit de 101 *habitants par kilomètre carré*, plus dense, par conséquent, que celle de la France, où l'on ne compte que 69 habitants par kilomètre carré.

L'Angleterre a d'immenses possessions coloniales. L'*Empire britannique*, *métropole et colonies réunies*, *a une superficie de plus de* 20 MILLIONS DE KILOMÈTRES CARRÉS *et une population de plus de* 200 MILLIONS D'INDIVIDUS.

C'est dans les comtés manufacturiers de Middlesex, Lancastre, Surrey, Stafford, Warwick, Durham, en Angleterre, Renfrew, Édimbourg, Lanark, en Écosse, qu'elle est le plus dense; elle y dépasse 200 habitants par kilomètre carré, tandis que, dans le Westmoreland, dans la moitié du pays de Galles et dans le nord de l'Écosse, elle n'atteint pas 50 habitants par kilomètre carré.

Elle s'accroît rapidement : elle a doublé depuis le commencement du siècle ; c'est dans l'Angleterre proprement dite que cet accroissement a été le plus marqué. L'Irlande, après avoir vu, durant les 40 premières années du siècle, la misère s'étendre avec le nombre de ses habitants et sévir cruellement par suite d'une mauvaise organisation sociale, a subi une forte diminution par la mort ou l'émigration ; elle est retombée à peu près au chiffre de 1801.

Aujourd'hui, dans les trois royaumes, le nombre annuel des décès est de beaucoup inférieur à celui des naissances. L'accroissement se produit dans les agglomérations urbaines, et d'autant plus que ces agglomérations sont déjà plus considérables.

Sur 400 Anglais gagnant leur vie par leur travail, on en compte en moyenne 243 employés dans l'industrie, 100 dans l'agriculture, 32 dans le commerce, 24 dans les professions libérales.

Non-seulement cette population augmente sur le sol natal, mais elle envoie chaque année, dans ses nombreuses colonies, surtout en Australie et aux États-Unis, des émigrants qui y portent son industrie, sa langue, ses mœurs et qui contribuent à accroître l'influence de la race anglo-saxonne dans le monde. L'*émigration*, dont le chiffre, par l'effet de diverses circonstances, varie d'une année à l'autre, est en moyenne, depuis quinze années, *de plus de* 200,000 *individus par an*.

111. L'instruction. — L'instruction est moyennement répandue dans la Grande-Bretagne (bien moins pourtant qu'en Allemagne, en Hollande, etc.). Il y a un siècle, la moitié à peine des individus pouvaient signer leur nom en se mariant ; aujourd'hui les trois quarts savent lire et écrire.

Il reste cependant encore de grandes améliorations à apporter dans l'organisation de l'enseignement primaire en Angleterre. On y compte dans les écoles de tout genre, écoles primaires des diverses communions religieuses, écoles des pauvres, dites « Ragged-Schools » (écoles en haillons), écoles de fabrique pour le degré inférieur et pour le degré intermédiaire, écoles de grammaire, écoles privées, etc., environ 2 millions et demi d'élèves. L'instruction supérieure est donnée dans les universités : les principales sont celles d'*Oxford*, de *Cambridge*, d'*Édimbourg*, de *Glascow* et de *Dublin*.

L'instruction primaire est moins avancée en Irlande qu'en Angleterre, et beaucoup moins en Angleterre qu'en Écosse, où il est très-rare de rencontrer un homme ne sachant pas lire et écrire.

Le progrès de l'instruction est secondé par de nombreuses sociétés et par les encouragements de l'État.

L'Angleterre est le pays le plus riche de l'Europe, par son agriculture, son industrie et son commerce ; aussi dans aucun pays d'Europe, l'usage des *assurances* n'est-il aussi répandu : assurances maritimes, assurances terrestres, de biens immobiliers ou mobiliers, assurances sur la vie humaine ; et, comme la richesse se répartit assez largement par le travail jusque dans les rangs inférieurs, nulle part les *caisses d'épargne* n'ont autant de dépôts (environ 1 milliard). Néanmoins l'Angleterre est affligée d'un grand nombre de pauvres, à l'entretien desquels les paroisses sont tenues de pourvoir à l'aide d'une taxe spéciale.

C'est *en partie à son sol*, riche en minéraux et surtout en *houille* et en *fer*, ouvert de toutes parts à la *mer* qui met le pays à l'abri des invasions et qui sollicite le commerce, que *l'Angleterre doit sa puissance économique. Mais elle la doit beaucoup plus encore aux qualités de sa population*, qualités dues surtout aux conditions physiques et politiques au milieu desquelles cette population s'est développée, et qui se manifestent par des institutions libres, par l'esprit d'entreprise, par la sécurité de la propriété, par un grand sens pratique, par une accumulation considérable de capitaux.

QUATRIÈME PARTIE.

LES PAYS-BAS ET LA BELGIQUE.

1re section.

LE ROYAUME DES PAYS-BAS.

(Voir les cartes de la planche n° 11.)

112. Retour sur la géographie physique. — Le Royaume des Pays-Bas (en hollandais, *Nederland*) est situé au nord-ouest de l'Europe, *entre 50° 45' et 53° 21' de latitude et entre 1° et 4° 50' de longitude orientale*; il est borné par la mer du Nord à l'ouest et au nord ; par la Prusse à l'est et par la Belgique au sud : il a une superficie de 33,000 kil. carrés (32,839). Le roi des Pays-Bas est en même temps souverain du Grand-duché de Luxembourg (2,500 kil. carrés), situé au sud-est des Pays-Bas, et enclavé entre la Prusse, la Belgique et la France.

Le royaume des Pays-Bas appartient au *climat océanique*, mais il subit un long et rude hiver. Il forme sur presque toute sa surface (moins le sud-est) une plaine uniformément basse de terrains modernes, dont les dunes constituent les seules éminences, et dont la mer, à diverses époques, a envahi des parties depuis lors converties en golfes : le Dollart (au xe siècle), le *Zuyderzée* (au xie siècle). Les îles qui couvrent l'entrée du Zuyderzée (Texel, etc.), marquent encore l'ancienne limite de la terre. Le *Rhin*, la *Meuse*, l'*Escaut* l'arrosent de leurs nombreux canaux, et, confondant leurs embouchures, enveloppent l'archipel des îles de la *Zélande*. Les basses terres de la Frise sont semées de petits lacs (Voir la carte 1 de la planche 11).

113. La formation politique. — Les Pays-Bas étaient habités dans l'antiquité par les *Bataves* et les *Frisons*, que les Romains ne soumirent jamais. Ils firent partie, au commencement du moyen-âge, de l'*Empire des Francs*, puis du royaume de Lothaire par le traité de Verdun (843) et ne tardèrent pas à être rattachés à l'*Empire germanique*. Partagés entre plusieurs souverainetés féodales, ils échurent, comme les fiefs de Belgique, à la *maison de Bourgogne* (xiv° et xv° siècles), et de là passèrent à la *m aison d'Autriche*. Au xvi° siècle, ils embrassèrent le protestantisme, se révoltèrent (1572) contre l'Espagne, et le traité de Westphalie (1648) reconnut l'indépendance dont ils jouissaient en réalité depuis plus de cinquante ans, sous le nom de *République des sept Provinces-Unies*; on la désignait également sous le nom de *Hollande*, la plus importante des sept provinces. Vaincue par la République française et devenue son alliée, elle prit la dénomination de *République batave*, puis de *royaume de Hollande*. Annexée à l'Empire français en 1810, elle en fut détachée par les traités de 1814, qui formèrent, de la Hollande et de la Belgique réunies, le *Royaume des Pays-Bas*. En 1830, la Belgique se sépara de la Hollande, qui forma seule, dès lors, le royaume des Pays-Bas; mais le roi des Pays-Bas conserva la moitié du Luxembourg, dont le chef-lieu est demeuré jusqu'en 1866 une des forteresses de la Confédération germanique, et qui a une constitution et une administration particulières.

114. Les provinces. — Les Pays-Bas, dont la ville de beaucoup la plus importante est Amsterdam, mais dont la capitale politique est La Haye (*S'Gravenhage*), résidence du roi et des États, comprennent 11 provinces :

Groningue ch.-l. Groningue *Hollande sep*le. ch. l. Haarlem
Frise — Leuwarden *Hollande mér*le — la Haye
Drenthe — Assen *Zélande* — Middelbourg

Over-Yssel	— Zwolle	*Brabant*		ch. l. Bois-le-Duc
Gueldre	— Arnheim	*Limbourg*	—	Maëstricht
Utrecht	— Utrecht	Le *grand-duché de Luxembourg*, cap. Luxembourg, qui appartient au roi, sans faire partie du royaume.		

115. Les régions agricoles. — Les Pays-Bas, au point de vue agricole, forment deux régions (Voir les cartes II et III de la planche n° 11).

1° La *région des terres d'alluvion*, comprenant la *Zélande*, la *Hollande*, méridionale et septentrionale, une grande partie des provinces de *Gueldre*, *Frise* et *Groningue*, et une petite partie d'Over-Yssel, terre argileuse très-fertile, déposée grain à grain par la Meuse et le Rhin, et presque partout située au dessous du niveau de l'Océan. Une ligne formée partie de dunes, partie de digues, la défend contre l'inondation ; dans les polders de la Hollande plus encore que dans ceux de la Belgique, la terre est une conquête faite sur les eaux par l'homme, qui, par ses desséchements, n'y a pas gagné, depuis 350 ans, moins de 350,000 hectares, réparant ainsi les pertes que les invasions de la mer lui avaient fait subir. Dans la Hollande septentrionale et, à l'est du Zuyderzée, dans la Frise, ce ne sont que vertes prairies : à peine sur 100 hectares y en a-t il 20 réservés aux céréales ; la ferme se perd dans un bouquet d'arbres, et, sur les petits canaux qui sillonnent la plaine et la dominent, des bateaux portent le fumier au champ et ramènent le lait à la maison. La majeure partie de Groningue et d'Over-Yssel, plus humide encore, ne présente que de rares exploitations, semées çà et là au milieu de vastes marais tourbeux, que recouvrent des roseaux et des îles flottantes. La Hollande méridionale, la Zélande, une partie de Groningue, et les plaines que les fleuves arrosent de leurs branches diverses (Betuwe, etc.), depuis l'extrémité méridionale du Limbourg jusqu'à l'embouchure de l'Yssel et du Rhin, sont aussi des alluvions argileuses, mais qui, cultivées à la charrue, donnent, au lieu d'herbes, des moissons riches et variées.

2° La *région sablonneuse*, de formation tertiaire, située à l'est de la précédente, dont elle constitue d'ailleurs le sous-sol; elle s'étend, depuis la Campine belge, dont ne la distingue aucun caractère physique, jusque dans le *Brabant*, la *Gueldre*, l'*Over-Yssel* et la *Drenthe*, interrompue seulement par les bandes de terrain d'alluvion, sur lesquelles coulent la Meuse, le Rhin et, plus loin, l'Yssel. Un peu moins basse que la région argileuse, elle formait autrefois les rivages de cette contrée; son sol est naturellement peu fertile et sa population est clairsemée. Les landes et les tourbières abondent dans la Drenthe, l'Over-Yssel et la Frise; les bruyères et les bois, sur le sol onduleux de la *Weluwe*, dont l'agriculture commence à tirer un bon parti; le Brabant est en partie composé de la *Campine hollandaise*; il est très-marécageux sur la limite du Limbourg et, au delà, il devient quelque peu accidenté.

Le Limbourg, situé au sud-est, diffère de ces deux régions et rappelle la Hesbaye belge.

Le Luxembourg, plus accidenté encore, ressemble au Luxembourg belge.

116. Les végétaux. — En Hollande, pays froid, plus encore qu'en Belgique, la première place dans les récoltes de *céréales* appartient au *seigle*, que cultivent surtout le Brabant, le Limbourg et l'Over-Yssel, et dont la récolte est d'environ 3 millions et demi d'hectolitres; l'*avoine*, cultivée surtout dans le Limbourg et le Groningue, vient presque au même rang; le froment (Zélande, Limbourg, etc.), l'orge (Zélande, Groningue, etc.), le sarrasin (Brabant, etc.), ne figurent qu'en seconde ligne, donnant chacun de 1 million à 1 million et demi d'hectolitres.

La POMME DE TERRE, que l'on cultive partout, principalement dans la Gueldre et sur les dunes, donne à elle seule autant d'hectolitres (environ 13 millions) que toutes les céréales réunies. Les pois et les fèves fournissent aussi leur contingent à l'alimentation.

Les principales plantes industrielles sont le *colza*, très-estimé, de la Groningue, de la Zélande et de la Hollande méridionale ; le *tabac*, excellent aussi, des provinces de Gueldre et d'Utrecht ; le beau *lin* et le chanvre de la Hollande méridionale, la chicorée de la Frise, la garance de la Zélande.

La culture des *légumes*, des *fleurs* et des *arbres fruitiers* a une grande importance dans les provinces de Hollande et d'Utrecht, principalement dans la campagne, de Haarlem à la Haye (Bloemendaal, Hemstide, etc.), et en Zélande (près de Noordwyck).

Toutefois la richesse caractéristique de la Hollande n'est pas encore là : elle est dans ses magnifiques PRAIRIES NATURELLES, qui occupent 1,300,000 hectares, tandis que le jardinage et le labourage n'en comptent guère plus de 800,000.

Les Pays-Bas ont *très-peu de forêts* (225,000 hectares), mais beaucoup de *bruyères* et de *tourbières* incultes (700,000 hectares).

117. Les animaux. — Les Pays-Bas, ayant beaucoup de prairies, doivent être *très-riches en bétail* ; on évalue en effet :

1° A 255,000 le nombre des *chevaux*, appartenant à diverses races, dont la plus remarquable est la race frisonne, à la robe noire. Ils sont nombreux surtout dans les fermes des provinces de Groningue, de Hollande méridionale et de Zélande.

2° A 1,330,000 le nombre des *bêtes à cornes*, appartenant, dans les terres sablonneuses, à une petite race très-sobre, et dans les terres d'alluvion, à la belle race des VACHES

HOLLANDAISES, grandes, à tête fine, vivant surtout dans les grasses prairies et dans les étables si propres de la Hollande (septentrionale et méridionale) et de la Frise, consommant beaucoup, mais donnant en grande abondance ce lait exquis dont la Hollande fait son *beurre* (surtout le beurre de la Frise) et ses fromages.

3° A plus de 900,000 le nombre des *moutons* (nombre très-faible relativement au reste du bétail), que l'on trouve principalement dans la Hollande septentrionale et la Drenthe.

Les Pays-Bas possèdent aussi près de 300,000 *porcs* (Gueldre, Brabant, etc.) et un petit nombre de chèvres (100,000).

118. La pêche. — La pêche maritime joue un grand rôle dans l'économie sociale des Pays-Bas. Les Hollandais, hardis marins, ont eu longtemps le privilége d'approvisionner presque seuls l'Europe continentale de harengs. Ils ont perdu ce monopole, mais la *pêche du hareng* dans le Zuyderzée, sur les bancs de la mer du Nord, et surtout sur la côte de Yarmouth, donne encore un produit de plus de 2 millions de francs ; la pêche du turbot et des anchois (Hardewik, etc.) vient au second rang. Citons aussi la pêche de la morue (Voir la carte n° 4 de la planche n° 11).

119. L'industrie. — Les Pays-Bas sont aujourd'hui un pays essentiellement agricole.

Composés de terrains récents, ils ont peu de carrières et de mines : une certaine quantité de houille et de pierre de taille dans le Limbourg, la région géologique la plus ancienne; un peu de fer dans la couche tertiaire de la Gueldre et de l'Over-Yssel ; presque partout de la *tourbe*, qui est le combustible ordinaire des campagnes. Le *Luxembourg*, pays montueux, fait exception : il possède d'excellent *minerai de fer* oolithique (à Esch, Rodange, etc.).

Les industries sont surtout agricoles. La première de toutes est la fabrication des FROMAGES, fromages en forme de boule, à croûte rouge ou jaune, qu'on fabrique dans toute la région des prairies et dont les plus renommés sont celui d'Edam, fourni par la Hollande du Nord et celui de Leyde (fromage au cumin). Les fabriques de garance de la Zélande, etc., les *huileries* de *Dordrecht* et de la Hollande, les fabriques de *cigares* d'*Amsterdam* et d'*Utrecht*, les distilleries de *genièvre* de *Schiedam*, les fabriques de *curaçao* et d'anisette appartiennent à la même catégorie. *Amsterdam* et *Rotterdam*, comme ports de mer en rapport avec Java, ont des raffineries de sucre.

Amsterdam et *Gouda* fabriquent de l'acide stéarique et des *bougies* avec les graisses du bétail.

Les toiles de Hollande jouissaient autrefois d'une grande renommée; ce n'est plus aujourd'hui qu'une industrie tout à fait secondaire, exercée dans le Limbourg et le Brabant. Le coton est tissé dans les manufactures de la Twenthe (portion d'Over-Yssel), de la Gueldre, du Brabant; la *laine* est tissée à *Leyde*, renommée pour ses lainages légers à l'usage de l'Asie orientale, et à *Tilbourg*, renommée pour ses couvertures.

Amsterdam est renommé dans le monde entier pour la *taille du diamant*. Il y a un grand nombre d'orfèvres dans les petites villes de la Hollande et de la Frise.

Les Pays-Bas remplacent la pierre, qui leur manque, par le bois et par la brique : les *briqueteries*, tuileries et fabriques de poteries sont en grand nombre dans la Gueldre, l'Over-Yssel et la Hollande méridionale.

On construit des *bateaux* et des navires dans la Hollande méridionale, à *Rotterdam*, à Saardam, où travailla Pierre le Grand ; le matériel des chemins de fer est fabriqué à la Haye ; les *cordages*, dans la Hollande septentrionale.

Les fabriques de *papier* de la *Hollande septentrionale* et de la *Gueldre* étaient autrefois célèbres. *Amsterdam* et Haarlem ont de nombreuses *imprimeries*.

120. Les voies de communication. — Dans la région des terres d'alluvion, les Pays-Bas possèdent d'excellentes routes, généralement pavées de briques et bordées de verdure ; mais la plupart des lourds transports sont faits soit par les fleuves (Rhin, Wahal, Yssel, Meuse, Escaut), soit par les milliers de canaux, grands ou petits, qui sillonnent le pays en tous sens. Les principaux canaux sont : le *canal Guillaume du Sud*, un des plus fréquentés, qui, reliant Maëstricht à Bois-le-Duc, et rattaché lui-même au canal belge de la Campine, facilite la navigation de la Meuse et se poursuit en amont de Maëstricht jusqu'à Liége (par le canal dit de Liége à Maëstricht) ; le *canal de Gouda à Amsterdam*, le *canal d'Utrecht à Amsterdam*, le *canal de Noord-Holland*, large et profond, mais peu fréquenté, et débouchant au Texel ; la *Dieze*, un des plus fréquentés ; les canaux de *Groningue*.

Les *chemins de fer* sont de date récente en Hollande ; les premières lignes exploitées datent de 1863 ; ils ont aujourd'hui 1,500 kilomètres de longueur : ils s'étendent du sud du royaume par *Maëstricht*, *Breda*, jusqu'à *Flessingue* à l'ouest d'une part, d'autre part, au nord, jusqu'au Texel (*Nieuwediep*) par *Rotterdam*, la *Haye* et *Amsterdam*, et jusqu'à *Leeuwarden* et *Groningue* par Utrecht, Arnheim et Zwolle.

121. Les monnaies et mesures. — Les Hollandais comptent par *florins* ou gulden, monnaies d'argent pesant 10 grammes à 945 millièmes et valant 2 fr. 12.

Les *mesures* sont *conformes au système métrique* ; le pond (livre) vaut 1 kilogramme ; l'el (aune), 1 mètre ; le kop (pour les matières sèches) et le kan (pour les liquides), 1 litre ; le last, 30 hectolitres.

122. Le commerce. — Les Pays-Bas ne sont plus, comme au XVIIe siècle, à la tête du commerce européen. Néanmoins, leur *marine marchande* est aujourd'hui d'environ 2,000 navires, *jaugeant* 550,000 *tonneaux* ; et le *mouvement général de la navigation*, qui a presque quadruplé depuis 1830, comprend, entrée et sortie réunies, un total annuel d'environ 4 *millions et demi de tonneaux*. Les ports qui y prennent la plus grande part sont, par ordre d'importance : ROTTERDAM, *Amsterdam*, Schiedam, Harlingen, Dordrecht, Groningue.

Le COMMERCE EXTÉRIEUR a suivi une progression semblable, il a doublé depuis vingt ans et représente une somme de 2 MILLIARDS DE FRANCS.

L'*importation* porte principalement sur le *café* (environ 75 millions de kilogrammes) et le *sucre*, qui viennent de Java, de Surinam, de l'Angleterre, etc., sur les *céréales*, qui viennent de Hambourg, de la Baltique, sur le riz des Indes et de Java, sur les bois de Norvége et de Russie, sur les tabacs de Java et des États-Unis, sur le coton d'Angleterre, etc., sur le charbon de terre de la Prusse, de l'Angleterre, et de la Belgique, sur l'*étain* et l'indigo des Indes orientales, les vins de France et d'Allemagne, sur les fils et tissus de l'Angleterre, de la Prusse et de la Belgique.

L'exportation a pour objet le *sucre* brut ou raffiné qui est réexporté en Angleterre, en Prusse et en Belgique, le *café* qui est réexporté principalement en Prusse et en Belgique, les denrées alimentaires, *beurre*, *fromages*, *bestiaux* et légumes à destination de l'Angleterre.

Les métaux précieux ont aussi un rôle important dans le mouvement commercial des Pays-Bas.

123. Le commerce avec les divers pays. — Au premier rang dans les relations commerciales de la Hollande, figurent, par ordre d'importance : la *Prusse* (environ 500 mille francs), la *Grande-Bretagne* (environ 450 mille francs), *Java* (environ 300 mille francs) et la *Belgique*.

Java est la principale colonie des Pays-Bas. Cette île, avec une partie de Sumatra et de Bornéo et plusieurs autres îles de l'archipel de la Sonde, compose un vaste empire colonial d'environ 20 millions d'âmes, fondé au XVIe siècle et désigné sous le nom d'*Indes néerlandaises*. Les Pays-Bas possèdent aussi, en Amérique, la Guyane hollandaise ou colonie de *Surinam*, l'île de *Curaçao* avec quelques îles voisines.

124. Le commerce avec la France. — La *France*, qui n'occupe dans ce commerce que le *cinquième rang*, tire des Pays-Bas de la *laine*, des *fromages*, du café, du coton, de l'étain, des peaux brutes, des regrets d'orfèvre, de l'huile, etc., pour une valeur d'environ 30 millions, et y porte des *vins*, du café, des peaux brutes, des soieries, etc., pour une valeur d'environ 25 millions.

125. Le résumé des forces productives. — Dans la *partie occidentale* est concentrée la plus grande somme des richesses des Pays-Bas. C'est la *région des prairies*, donnant des bestiaux, du lait, du fromage ; c'est aussi la région des communications faciles par les canaux, et, étant riveraine de la mer, des *ports* par où passe presque tout le commerce hollandais : aussi, les deux provinces de *Hollande* occupent-elles le premier rang à presque tous les égards.

126. Les grandes villes. — C'est précisément dans ces provinces que sont situées les 2 seules villes dont la population dépasse 100,000 âmes, et qui sont les deux grands ports du royaume (les Pays-Bas comptent en outre 4 *villes de 30 à 100,000 âmes* (Voir les cartons de la planche n° 11).

ROTTERDAM (123,000 hab.), située dans une belle position, sur la rive droite de la Meuse, qui est à cet endroit profonde et large, coupée de deux grands canaux qui se ramifient et qui lui servent de ports, l'emporte aujourd'hui sur Amsterdam par son mouvement maritime.

AMSTERDAM, qu'on regarde quelquefois comme la capitale (281,000 hab.), située sur la rive méridionale du golfe de l'Y, qui débouche dans le Zuyderzée, traversée par l'Amstel et coupée de canaux qui forment une série de demi-cercles concentriques, bâtie sur un terrain tellement marécageux que tous les édifices ont dût être élevés sur pilotis. Au XII° siècle, ce n'était qu'une bourgade ; le commerce de la Hanse et la pêche du hareng commencèrent sa fortune ; l'indépendance de la république des

Fig. 11. — Amsterdam.

sept Provinces-Unies et le grand commerce de l'Orient en firent, au XVI° siècle, la première place maritime du monde. Quoique descendue de ce rang suprême et gênée par les difficultés de la navigation du Zuyderzée, elle reste encore une grande ville de commerce (Voir la fig. n° 11.)

127. Le gouvernement. — Chaque commune est administrée par un conseil communal élu par les habitants et par un bourgmestre nommé par le roi pour six ans ; chaque province par des États provinciaux, que nomment les habitants payant le cens, et qui, dans l'intervalle des sessions, délèguent leurs pouvoirs de surveillance à un comité permanent; enfin par un commissaire du roi.

L'État est gouverné par le *Roi*, qui possède le pouvoir exécutif et partage le pouvoir législatif avec les deux chambres des *États généraux*, l'une, la première chambre, élue par les états provinciaux parmi les citoyens les plus imposés ; l'autre, la seconde chambre, élue par les électeurs à raison d'un député pour 45,000 habitants.

Le *budget* s'élève à environ 220 *millions de francs ;* les principales ressources proviennent de l'accise, c'est-à-dire des droits de consommation, des contributions coloniales, des contributions indirectes, de la contribution foncière. Quant aux dépenses, la plus considérable aujourd'hui consiste dans le paiement et l'amortissement de la dette.

L'armée est d'environ 50,000 hommes, et le personnel de la flotte de 7,000.

La justice est administrée à peu près comme en Belgique, moins le jury.

Les cultes sont libres, ainsi que l'instruction qui est donnée dans les asiles, les écoles primaires, les écoles d'adultes et les écoles du dimanche pour le premier degré ; dans les écoles moyennes, les gymnases et les lycées pour le second degré; dans les trois universités (Leyde, Utrecht, Groningue) et dans les écoles spéciales, pour le degré supérieur.

128. La population. — La population est de 3 MILLIONS 700,000 HABITANTS (non compris le Luxembourg, qui a 200,000 habitants). Cela fait un peu plus de 1 HABITANT PAR HECTARE, ou plus exactement 112 *habitants par kilomètre carré*. Cette population, qui s'accroît assez rapidement, est dense surtout dans la Hollande, où l'on compte plus de 230 habitants par kilomètre carré, et rare au nord-est ; la Drenthe ne possède pas 40 habitants par kilomètre carré.

Avec son empire *colonial* dans les *Indes orientales*

LES PAYS-BAS ET LA BELGIQUE. 169

(Java et Madoura, Sumatra, Bornéo, Célèbes, etc.), et dans les *Indes occidentales* (Curaçao, etc.), le royaume des Pays-Bas a une *superficie d'environ* 1,800,000 *kilomètres carrés et une population de 26 millions et demi d'individus.*

La majorité des habitants des Pays-Bas (1,830,000) est *calviniste*; une forte minorité (1,230,000) appartient à l'*Église catholique*; on compte environ 60,000 juifs; le reste appartient à diverses églises protestantes.

L'instruction est très-répandue: l'enseignement primaire est suivi par plus de 560,000 enfants ou adultes. La langue parlée est le *hollandais* qui appartient à la famille des langues germaniques.

Le sol était ingrat; l'homme l'a conquis et le défend contre les eaux; de terres inondées il a fait de magnifiques prairies, et la mer l'a invité à devenir lui-même pêcheur, marin et commerçant. Il a ainsi acquis de *fortes habitudes de travail*, l'esprit d'ordre et d'économie, l'amour de la propreté poussé jusqu'à une sorte de passion, mais sans nuire au respect pour la propriété d'autrui : c'est surtout à ces qualités que la Hollande doit sa prospérité.

2me section.

LA BELGIQUE.

(Voir les cartes de la planche n° 11.)

129. Retour sur la géographie physique. — La BELGIQUE est située au nord-ouest de l'Europe, entre 49° 30' et 51° 30' *de latitude* et entre 0° 12' *et* 3° 47' *de longitude orientale*; elle est bornée par la MER DU NORD à l'ouest sur une étendue de 67 kil., par la FRANCE au sud, par le *grand duché de Luxembourg* et la PRUSSE à l'est, par la HOLLANDE au nord ; sa SUPERFICIE EST DE PLUS DE 29,000 KILOMÈTRES CARRÉS (29,455).

Elle appartient au *climat océanique*. Région de plaines basses et de formation toute moderne à l'ouest et au nord, entre la mer et la Meuse, de collines et de plateaux granitiques ou schisteux à l'est de la Meuse (Ardennes), elle est arrosée par l'*Yser* et par l'*Escaut* et ses affluents (Lys, Dender, Nèthes, etc.) qui coulent dans les plaines, par la *Meuse*, grossie de la *Sambre* et de l'Ourthe, qui coulent dans la partie accidentée (Voir la carte 1 de la planche 11).

130. La formation politique. — La Belgique faisait partie, dans l'antiquité, de la *Gaule*, dont le Rhin était la frontière septentrionale ; les *Belges*, mot qui signifiait vaillants, l'habitaient avec diverses tribus germaines et s'étendaient jusqu'à la Marne. Dans le courant du troisième siècle après l'ère chrétienne, des tribus de *Francs* s'y établirent et y demeurèrent environ deux siècles avant de se répandre sur le reste de la Gaule. La Belgique fit partie de l'*Empire franc* sous les Mérovingiens et les Carlovingiens. Le traité de Verdun (843) assigna au *royaume de France* la portion située à l'ouest de l'Escaut, et au royaume de Lothaire la portion située à l'est, qui fut rattachée plus tard à l'*Empire germanique*. Partagé au moyen âge entre plusieurs seigneurs indépendants parmi lesquels était le *comte de Flandre*, le pays presque tout entier échut au XIVᵉ siècle à la puissante *maison de Bourgogne*, qui finit, en 1477, avec Charles le Téméraire.

La maison d'Autriche recueillit cette partie de l'héritage de la maison de Bourgogne ; les *Pays-Bas*, dans lesquels étaient alors comprises les provinces baignées par le Zuyderzée, appartinrent au puissant empereur Charles-Quint, puis à la *couronne d'Espagne*. Après la séparation de la république protestante des sept Provinces-Unies, on désigna le reste sous le nom de *Pays-Bas catholiques* ou Pays-Bas espagnols. Le traité d'Utrecht (1713) les donna à l'*Autriche* qui les conserva jusqu'à la conquête française (1792-1794). Durant vingt ans, la

LES PAYS-BAS ET LA BELGIQUE. 171

Belgique fit partie de la *France*. Les traités de 1814 la réunirent à la *Hollande* pour former le royaume des *Pays-Bas* ; mais les Belges, ayant une langue et une religion différentes de celles des Hollandais, se séparèrent d'eux en 1830 et formèrent le ROYAUME DE BELGIQUE, dont les Hollandais reconnurent l'existence en 1839.

131. Les provinces. — La Belgique, dont la capitale est BRUXELLES, comprend 9 provinces (Voir la carte n° 1 de la planche 11) :

Anvers	ch.-l.	Anvers	*Namur*	ch.-l.	Namur
Flandre occid^{le}	—	Bruges	*Limbourg*	—	Hasselt
Flandre orien^{le}	—	Gand	*Liége*	—	Liége
Hainaut	—	Mons	*Luxembourg*	—	Arlon
Brabant	—	Bruxelles.			

132. Les régions agricoles. — La Belgique au point de vue agricole se divise en deux parties distinctes (Voir la carte n° 2 de la planche 11).

1° La *basse Belgique* comprenant les terres conquises sur la mer, grâce aux digues et aux desséchements, et désignées sous le nom de *polders*, terres d'une fécondité exceptionnelle, présentant leurs épis d'orge jaunissants, ou plus souvent leurs herbages tendres et verdoyants dans les lieux mêmes où manœuvraient autrefois des flottes (1) ; les *Flandres*, au sud-ouest, terres sablonneuses, naturellement maigres, mais qu'une savante culture a rendues très-productives en céréales, surtout en seigle et en plantes fourragères et industrielles de tout genre, et qui sont presque exclusivement exploitées par de petits cultivateurs (2); la *Campine*, au nord, région de bruyères, de vaines pâtures et de marécages, offrant l'aspect d'une plaine désolée et sans arbres, mais que les efforts de la

1. Depuis le treizième siècle, on n'a pas conquis sur la mer moins de 70,000 hectares.
2. La moyenne étendue des exploitations de la Flandre occidentale est de 2 hectares et demi.

culture commencent à transformer ; la *Hesbaye*, au sud-est, terre grasse, argilo-siliceuse, naturellement fertile et très-propre au froment et à la betterave.

2° La *haute Belgique* comprenant la vallée même de la Meuse, dont les verts mamelons et les belles vaches rappellent la Normandie, mais la Normandie dans un cadre de roc ; le *Condroz*, région triste et froide, pauvrement cultivée, donnant pour principale céréale l'épeautre ; l'*Ardenne*, plateau rustique, schisteux, aux croupes arrondies, semé de forêts, de pâtis, de marécages et de tourbières, dites hautes Fagnes, contrée où l'hiver est long et rude, la population rare et la culture peu avancée ; le *Bas-Luxembourg*, qui contraste par sa fertilité avec la région précédente et que son heureux climat a fait surnommer la Petite-Provence.

133. Les végétaux. — *La Belgique est peut-être la région de l'Europe où la culture des céréales est le plus avancée*. Sur 1 million et demi de terres de labour, elle consacre environ 950,000 *hectares aux céréales*, cultivant particulièrement le *seigle* dans la Flandre, l'*orge* dans les polders, le *froment* dans la Hesbaye, l'épeautre dans le Condroz, l'avoine dans l'Ardenne, le sarrasin dans la Campine, et obtenant un produit moyen de 24 millions d'hectolitres, dont 1/4 de froment. La culture de cette céréale est en progrès, et les terres qui la produisent rendent en moyenne 21 hectolitres à l'hectare. Le seigle, dont la récolte dépasse celle du froment, jouit de cet avantage parce qu'il est plus approprié au sol ; il fait le fond de l'alimentation dans les Flandres, et il est largement employé pour la fabrication de l'alcool.

La *pomme de terre* se plaît surtout dans les terrains sablonneux des *Flandres*.

Parmi les cultures industrielles de la Belgique, il faut citer au premier rang :

1° Le LIN, qui, sur une surface d'environ 40,000 hectares, ne rend pas moins de 20,000 tonnes de filasse. Il est cultivé dans les *Flandres*, donnant, principalement aux environs de Saint-Nicolas et de Courtrai (vallée de la Lys), *les plus beaux lins de l'Europe*, et aussi dans le Hainaut et dans les provinces de Brabant et d'Anvers ;

2° Le *houblon* (environ 5,000 tonnes) que l'on cultive surtout dans le Hainaut et aussi dans quelques districts de chacune des autres provinces (*Poperinghe*, *Alost*, Bruxelles, Ypres, Liége, etc)., et qui sert à la fabrication de plus de 7 *millions d'hectolitres de bière* (bière de *Louvain*, etc.) ;

3° La *betterave*, que l'on cultive surtout dans le *Hainaut*, et dans les provinces de Brabant et de Liége, et qui alimente une production de plus de 40,000 tonnes de sucre et un certain nombre de distilleries ;

4° Le *tabac*, que l'on cultive surtout dans les arrondissements de Courtrai, d'Ypres, d'Alost, etc. ;

5° Le *colza*, cultivé principalement dans la Flandre orientale (arr. de Termonde, de Saint-Nicolas, etc.) ;

6° La *chicorée*, cultivée spécialement dans les Flandres.

La *culture maraîchère* est très-avancée ; et naturellement on la trouve surtout dans le voisinage des grandes villes (Bruxelles, Gand, etc.)

Les *racines* propres à la nourriture du bétail et les *prairies artificielles*, en particulier le trèfle, occupent une place très-importante dans l'assolement des terres de labour.

Au contraire, les *prairies naturelles*, herbages permanents, sont, à cause de la nature du sol, en médiocre quantité : 300,000 hectares environ, situés surtout dans les *polders*, au fond des petites vallées et dans l'est, et dont le total doublerait, si on y ajoutait les *bruyères* et les *pâtis* de la *région orientale*, dont on défriche chaque année plusieurs milliers d'hectares.

Les *arbres fruitiers* se rencontrent principalement

dans l'étroite *vallée de la Meuse*, dans les environs de Malines et dans le *Bas-Luxembourg*.

La Belgique a *très peu de forêts* (moins de 500,000 hectares) : ce sont des pins maritimes sur les monticules sablonneux des Flandres et des sapins, des hêtres et d'autres espèces, dans l'Ardenne.

134. Le bétail. — La Belgique est riche en gros bétail ;

Elle compte environ 300,000 *chevaux*, nombreux surtout dans les provinces de *Hainaut* et de *Brabant* ;

1,200,000 *bêtes à cornes*, principalement dans les *Flandres* et le *Brabant*. La vache flamande est une bonne laitière, et le beurre de la Campine et celui de Dixmude sont particulièrement renommés.

La Belgique a 4,500,000 porcs, mais elle ne compte qu'un *nombre très-restreint de moutons* (env. 600,000), qui pâturent surtout dans les provinces montagneuses du *Luxembourg*, de Namur et de Liége.

Bien supérieure à la France relativement à l'élevage de la race bovine, parce qu'elle a toutes les ressources de cultures variées et d'engraissement de nos départements du Nord, elle lui est très-inférieure sous le rapport de l'élevage du mouton, parce qu'elle manque de grands pâturages.

La pêche est médiocrement importante ; cependant *Ostende* est renommée pour ses *huîtres*.

135. Les carrières. — La portion sud est de la Belgique, formée d'un plateau granitique sur les flancs duquel sont étagées les formations postérieures, doit être nécessairement riche en produits minéraux (Voir la carte n° 3 de la planche 11).

Elle renferme beaucoup de carrières (env. 1,700, occupant 20,000 ouvriers) : 1° *ardoises* dans le *Luxembourg* (Vieil-Salm, Herbeumont, etc.), et dans la province de Namur (pierres à aiguiser, etc.) ; 2° *marbres* dans la province de *Namur* (marbres noirs de Dinant, Furnaux,

Golzinnes, marbres de couleur de Malplaquet, marbre Sainte-Anne de Fresne, etc.), dans le Hainaut (marbres noirs de Peruwelz, de Basècles, d'Autreppe ; marbre rouge de Franchimont, etc.), dans la province de Liége (marbre noir de *Theux*, etc.) ; 3° *pierres de taille* dans le Hainaut (carrières de *Soignies*, d'où l'on tire un calcaire carbonifère bleu, dit petit granit et très-estimé, de Rombaux, d'Écaussines, porphyre de Lessines, environs de Mons, etc.), dans les provinces de Namur (Namur, Samson, etc.), de Liége (grès d'Esneux, petit granit d'Horion-Hozémont), de Brabant (pavés et dalles de Quenast, etc.) ; 4° *chaux* de Tournai, de Charleroi, etc. ; 5° *poudingues de Marchin*, utilisés pour la fabrication des produits très-réfractaires, *sable* et argile pour verrerie et poterie de la province de Namur, etc.

La Belgique possède plusieurs sources d'*eaux minérales* ; les plus fréquentées sont celles de *Spa*, situées sur le flanc de l'Ardenne, dans la partie la plus élevée de la province de Liége.

136. La houille. — Sur le flanc nord-ouest du plateau des Ardennes, dans la direction où coulent la Sambre, puis la Meuse, s'étend une bande de terrain carbonifère large de 6 à 12 kil., longue d'environ 200, et dont les deux extrémités se terminent d'un côté, en Prusse, (bassin d'Eschweiler) de l'autre, en France (bassin de Valenciennes). C'est le grand DÉPOT HOUILLER DE SAMBRE-ET-MEUSE. Une muraille de terrain calcaire coupe cette bande à l'est de Namur et la sépare en deux bassins :

1° Le *bassin oriental*, le moins productif des deux, qui s'étend sur la rive gauche de la Meuse jusqu'à Liége, traverse ensuite le fleuve et s'écarte de son lit pour suivre à peu près celui de la Vesdre, jusqu'à la frontière;

2° Le *bassin occidental*, qui, des environs de Namur, s'étend sur les deux rives de la Sambre et de l'Haisne par *Charleroi* et *Mons*, embrasse tout le pays de *Borinage*, et comprend une trentaine de concessions exploitées dans la province de Namur, et plus de 200 dans le Hainaut, le centre le plus important des charbonnières belges.

L'exploitation totale s'étend sur 90,000 hectares et produit plus de 11 *millions 1/2 de tonnes de* houille, dont les 2/3 environ sont consommés dans le pays, et 1/3 est exporté, principalement en France.

137. Les métaux. — Pour les raisons indiquées au sujet de la houille, les métaux abondent aussi et les industries métallurgiques, qui, depuis quarante ans, ont fait de rapides progrès, sont arrivées à un haut degré de développement.

De ses mines de fer, situées dans les provinces de *Namur* et fournissant à elles seules plus de la moitié de la production totale, et de celles qui se trouvent dans les provinces de Liége, de Hainaut et de Luxembourg, la Belgique tire environ 1 *million* de tonnes de minerai lavé ; le fer oligiste de la Meuse est particulièrement renommé. Le *Hainaut* et la *province de Liége*, plus riches en combustibles, l'emportent pour le traitement de ces minerais et comptent le plus grand nombre de hauts-fourneaux, de fonderies et d'usines à fer ; sur un total de 100 hauts-fourneaux, le Hainaut en possède près de 50 ; aussi les deux grands marchés de fer en Belgique sont-ils *Charleroi* et *Liége*. Seraing, Huy, Ougrée, etc., sont au nombre des forges les plus importantes. La production de la fonte est d'environ 500,000 tonnes ; celle de l'acier n'atteint pas 2,500 tonnes.

Le zinc (35,000 tonnes) qui vient surtout des mines de *la Vieille et de la Nouvelle-Montagne* et de Corphalie, situées à Moresnet, Floue-sur-Meuse ; le *plomb* (8,000 tonnes), provenant surtout des mines qui s'étendent près de Verviers, de Bleyberg à Montzen ; le *cuivre* (1,500 tonnes), etc., sont fournis presque exclusivement par la *province de Liége*.

138. Les industries mécaniques et chimiques (Voir la carte n° 4 de la planche 11). — Un pays qui a beaucoup de houille et beaucoup de fer, doit tenir un rang élevé dans les industries mécaniques et dans la fabrication des outils. En effet, la Belgique possède de nombreux et grands ATELIERS DE CONSTRUCTION, soit sur les lieux où elle produit le fer, soit dans les centres industriels : à LIÉGE et aux environs, *Seraing*, *Ougrée*, *Grivegnée*, *Verviers*, où l'on fait des machines pour l'industrie lainière ; à *Charleroi*, à *Mons* et aux environs, où l'on fait surtout les machines de l'industrie minière ; à BRUXELLES, où l'on fait des locomotives et des machines pour l'agriculture ; à *Gand*, où l'on fait des machines pour l'industrie du coton.

La *clouterie*, industrie très-importante en Belgique, a pour siéges principaux *Liége*, *Charleroi* et *Bruxelles* ; la tôlerie est pratiquée principalement sur les bords de l'Ourthe, la quincaillerie, dans les Ardennes et à Bruxelles, la taillanderie, à Liége et à Namur.

La fabrication des ARMES est presque entièrement concentrée à *Liége* et dans les environs, où elle n'occupe pas moins de 20,000 ouvriers, et produit chaque année plus de 600,000 pièces.

La Belgique est aussi au premier rang parmi les pays de l'Europe pour la fabrication des PRODUITS CHIMIQUES, qui jouent aujourd'hui un si grand rôle dans l'industrie ; acide sulfurique, acide nitrique, acide chlorhydrique, sulfate et carbonate de soude, etc.; la *province de Namur* (Namur, Floreffe, Auvelais, Moustier, Saint-Marc, Saint-Gervais) vient en première ligne, ayant en abondance les matières premières ; il existe aussi dans le Hainaut (Marchienne, etc.), dans la Flandre orientale (Gand, etc.), dans le Brabant (Bruxelles, etc.), dans la province d'Anvers (Anvers et Malines), des fabriques importantes, placées dans le voisinage des matières premières ou à portée des consommateurs. Les *couleurs*, céruse, blanc de zinc, bleu de

Prusse, sont fabriquées à Bruxelles et aux environs, à Anvers, à Gand, à Namur, dans les ateliers de la Vieille-Montagne, etc.

La Belgique fait beaucoup d'*alcool*, qu'elle obtient quelque peu par la distillation de la betterave, beaucoup par celle du seigle : *Anvers* et *Hasselt* sont les principaux centres de cette industrie. *Bruxelles*, Anvers, Louvain, Gand, etc., font de l'*amidon*.

Bruxelles Gand, Louvain, etc., fournissent de noir animal les raffineries ; Gand, Huy, Liége, Namur, etc., produisent de la colle; les Flandres, la province d'Anvers, le Hainaut et le Brabant fabriquent pour l'industrie les savons mous; Bruxelles, Anvers et les environs, les savons durs pour la consommation des particuliers, ainsi que les bougies.

Les *cuirs* et peaux, que l'on prépare avec des peaux brutes, soit du pays même, soit de la Plata et autres contrées d'Amérique, occupent un grand nombre d'ouvriers à *Bruxelles*, *Liége Stavelot*, Huy, Namur, etc.; à Menin est la principale fabrique de caoutchouc.

139. Les industries alimentaires. — Après la meunerie, la boulangerie et la boucherie, industries toutes locales, les principales industries alimentaires de la Belgique sont les raffineries, les BRASSERIES du Hainaut, etc., les distilleries d'Anvers et d'Hasselt (Voir § 118).

140 Les fils et tissus. — La filature et le tissage comprennent en Belgique trois grandes branches: le coton, le lin et la laine Voir la carte n° 5 de la planche 11).

Le COTON y est, comme dans tous les pays de l'Europe, le dernier venu ; mais, quoiqu'il ne date pas encore d'un siècle, il a pris une large place, il occupe environ 30,000 ouvriers, travaillant pour la plupart dans la *Flandre orientale* où l'industrie du lin les avait préparés à cette œuvre, surtout dans la ville et la banlieue de GAND ; sans avoir la même importance, l'arrondissement de *Nivelles* pour ses filatures, *Saint-Nicolas* et Lokeren pour leurs cotonnades, *Bruxelles* et Stalle pour leurs tissus imprimés, Courtrai, Mouscron, Tournai, pour leurs étoffes mélangées, méritent d'être cités. Le nombre des broches est de 650,000, et on estime que la fabrication des tissus de coton peut valoir environ 75 millions de francs.

Le LIN était, avant l'introduction du coton, la seule grande industrie des *Flandres*; il y occupe encore la première place (près de 200,000 ouvriers). GAND est au premier rang pour ce qui concerne la filature et le tissage; *Tournai, Roulers, Bruxelles*, sont au second rang pour la filature ; les toiles communes se font à Gand, à Saint-Nicolas ; les coutils, à Roulers, à Turnhout ; le linge de table, à Alost ; les *toiles fines*, à COURTRAI. *Lokeren*, Borgerhout, près d'Anvers, Ruysbroeck, près de Bruxelles, Gand, etc., sont renommés pour leurs *blanchisseries*; *Louvain*, pour ses teintureries.

LA LAINE, que tissait autrefois la Flandre, lorsque l'Angleterre fournissait la matière première, est une industrie aujourd'hui concentrée, pour la laine cardée, à VERVIERS (et aux environs jusqu'à Liége), où l'on occupe près de 20,000 ouvriers, et où l'on fabrique environ 500,000 pièces de drap par an : c'est du reste la région des moutons. La laine peignée, qui donne des tissus ras, orléans, etc., est mise en œuvre dans le *Brabant (Bruxelles)*, etc., à *Saint-Nicolas*, à Renaix, Courtrai, Tournai, etc. Ces dernière villes subissent l'influence de la ville française de Roubaix.

Lokeren et Tamise produisent des *flanelles*; *Saint-Nicolas*, des châles tartans; *Tournai* et Ingelmunster, des *tapis*.

La *soie*, travaillée à *Anvers*, Lierre, Malines, Alost, Louvain, Bruxelles, n'a qu'un rôle très-médiocre.

La DENTELLE, au contraire, est en Belgique une industrie ancienne et généralement florissante; elle occupe dans es campagnes plus de 100,000 ouvrières. On fait, à Anvers, *Malines*, Louvain, des malines, (dentelles légères en fil de lin), à *Grammont*, des dentelles de soie noire à fleurs mates, à *Bruxelles* et dans l'arrondissement d'Oudenarde, des dentelles dont les dessins sont appliqués à l'aiguille sur un réseau de tulle, à *Ypres*, Courtrai, Bruges, Gand, etc., des valenciennes.

La *bonneterie* est à peu près concentrée dans l'*arrondissement de Tournai*.

141. Les autres objets de toilette. — En Belgique comme en France, les industries relatives à la toilette ont pour siége principal la capitale : *Bruxelles* fait la *confection*, les *gants*, les *chapeaux*. Les *chapeaux de paille* sont tressés dans la petite *vallée du Jaer*, dont le sol donne une paille de seigle belle et fine. *Bruxelles* partage la fabrication des *bottes* et souliers avec *Gand*, Bruges, Liége, Lierre, Renaix, Iseghem, etc.

Bruxelles et *Anvers* sont les centres de la parfumerie; Anvers, le centre de la joaillerie.

142. Les industries de l'ameublement (Voir la carte n° 4 de la planche 11). — C'est encore à *Bruxelles*, Gand, Anvers, Louvain, qu'on fabrique les *meubles*, les *bronzes*, l'*orfèvrerie*, les objets de *cuir*; à *Bruxelles* et à Louvain, les *papiers peints*. Spa est renommé pour la *tabletterie*; Gand, Liége, Roulers pour la brosserie commune; *Namur*, pour la *coutellerie*, que pratiquent aussi, pour les articles grossiers, Lierre et Gembloux.

La VERRERIE est naturellement une industrie très-florissante dans la Belgique, pays qui abonde en combustible; c'est dans les environs de *Charleroi* (Marchienne, Jumet, Roux, etc.), de *Mons* (le Moussu, etc.), de Namur (Herbatte, etc.) et de Liége (val Saint-Lambert, etc.), que sont établies les verreries qui font surtout beaucoup de verres à vitres et de bouteilles. Deux manufactures, *Sainte-Marie d'Oignies* et *Floreffe*, fabriquent des *glaces*.

L'*industrie céramique* suit assez naturellement la fortune de la verrerie; *Tournai* fait de la porcelaine tendre. *Saint-Vaast* (Hainaut), Saint-Gervais, Andenne, Bruxelles font de la porcelaine dure, en empruntant à la France son kaolin ; Jemmapes, etc., de la faïence fine ; Tirlemont, Louvain, Marche, des poteries communes ; Bruxelles, Anvers, Liége, etc., des poêles ; *Saint-Ghislain*, près Mons, *Charleroi*, etc., des creusets et autres produits réfractaires renommés dans le monde entier.

143. Le transport. — *Seraing*, Liége, Charleroi, Bruxelles, etc., travaillent pour le *matériel des chemins de fer* ; *Anvers*, pour les *constructions maritimes* ; *Bruxelles* fait la *carrosserie*.

144. Les besoins intellectuels. — Les principales *papeteries* de Belgique sont situées à *Bruxelles* et dans les environs, dans l'*arrondissement de Nivelles*, à *Andennes*, à *Huy*, etc., à Dinant, qui fait le papier pour cartes, à Turnhout, qui fait le papier de fantaisie. L'*imprimerie*, la lithographie, la photographie, la *librairie* ont pour siège *Bruxelles* et les grandes villes (Tournai, Namur, Gand, Malines). La fabrication des *instruments de musique* a lieu à *Bruxelles* pour les pianos, à *Ixelles*, à Laeken, etc., pour les orgues.

145. Le résumé de la production agricole & industrielle. — La Belgique est, proportionnellement à sa population, un des deux pays d'Europe les plus riches par leur production agricole et manufacturière. Elle peut se diviser, au point de vue économique, en quatre régions bien distinctes :

1° et 2° La *région du nord-est*, caractérisée par la *Campine* et la *région du sud-est*, caractérisée par l'*Ardenne* ; régions de pâturage et de culture pastorale, élevant quelque bétail au pâturage, surtout des moutons dans l'Ardenne, nues au nord, boisées au sud, n'ayant aucune industrie et ne faisant vivre qu'une population peu nombreuse et généralement pauvre.

3° La RÉGION OCCIDENTALE, comprenant les *Flandres*, le

Brabant, une partie du Hainaut et de la *province d'Anvers*; région de riche culture, où il n'est pas une parcelle de terrain qui ne soit fumée, labourée, et qui ne donne en abondance les *céréales* et les *plantes industrielles* ; sur certains points particuliers, des *herbages* ; beaucoup de *gros bétail* ; des *fabriques agricoles*, distilleries, raffineries, huileries; de plus, deux grandes industries manufacturières dont une est liée à la production agricole : le *tissage du lin* et le *tissage du coton*, et dont les principaux siéges sont *Gand, Saint-Nicolas, Courtrai, Bruxelles*, etc. ; industries auxquelles il faut ajouter, dans le voisinage de Roubaix, le *tissage de la laine peignée*; enfin toutes les *industries diverses* que font naître d'ordinaire un grand port (Anvers) et une grande capitale (Bruxelles).

4° La RÉGION DE SAMBRE-ET-MEUSE, comprenant une *portion du Hainaut, des provinces de Namur et de Liége*, et formant une étroite et longue bande sur laquelle se trouvent la *houille* et les *métaux* ; c'est la région où sont la plupart des *carrières*, où le travail des usines et des fabriques est le plus actif, et où se concentrent toutes les *industries à feu (Mons, Charleroi, Namur, Liége), hauts-fourneaux, forges, ateliers de construction, verreries, faïenceries*, fabrication des *produits chimiques*, des *armes*, de la *chaudronnerie*, etc. Là aussi, à cause des troupeaux des Ardennes et de la houille, s'est concentrée une grande industrie textile : la fabrication des *draps*, dont *Verviers* est le centre.

146. **Les voies de communication**. — La Belgique, pays de plaines et pays riche, ne peut manquer d'avoir de nombreuses voies de communication : (Voir la carte n° 6 de la planche 11.)

1° 7,000 kilomètres de routes, sans compter plus de 17,000 kilomètres de chemins vicinaux ;

2° Environ 1,500 kilomètres de voies navigables, moitié pour les canaux, parmi lesquels les plus importants sont:

le *canal de Charleroi*, qui conduit à Bruxelles les houilles du bassin de la Sambre, et qui, continuant sous le nom de *canal de Willebroeck*, relie Bruxelles à Anvers ; le *canal de Louvain* et le *canal de la Campine* y aboutissent, venant de l'est : d'autre part, le *canal de Gand à Bruges*, qui envoie, de ces deux villes, des embranchements à l'embouchure de l'Escaut et à Ostende ; le *canal d'Antoing*, qui relie le bassin de la Sambre à l'Escaut, et différents canaux (canal de Roubaix, d'Ypres, etc.), qui sont le prolongement du réseau de la Flandre française ;

3° Environ 2,900 *kilomètres de chemins de fer*, sur lesquels le mouvement des voyageurs et des marchandises est plus actif que sur aucune autre voie du continent européen, et qui, par un réseau de lignes dirigées du sud au nord, et de l'ouest à l'est, relient, d'une part, *toutes les villes importantes de la Belgique* entre elles, et, d'autre part, les chemins de la France aux chemins de la Hollande et de la Prusse. Les uns sont exploités par l'État : ligne du nord, de Bruxelles à Anvers ; ligne de l'ouest, de Malines à Ostende, etc. ; ligne de l'est, de Malines à la Prusse ; ligne du sud, de Bruxelles à la France ; les autres par des compagnies (Liége à Givet, le Grand-Luxembourg, etc.). *Bruxelles*, *Liége*, *Namur*, *Charleroi*, *Mons*, *Courtrai*, *Bruges*, *Gand*, *Louvain*, *Malines*, sont les principales villes d'où rayonnent les voies ferrées.

147. Les monnaies et mesures. — *Les monnaies et mesures sont les mêmes en Belgique qu'en France.*

148. Le commerce — Le commerce de la Belgique est très-actif. A l'intérieur, il est facilité par l'absence de tout octroi à l'entrée des villes.

La *marine belge* ne compte guère plus de 30,000 *tonneaux*, son commerce par terre ayant une importance beaucoup plus grande, à cause de la nature de ses frontières, que son commerce maritime. Cependant le *mouvement total*, entrée et sortie réunies, *de la navigation* nationale et indigène dans ses ports, s'élève à 1 *million et demi de tonneaux*. Elle ne possède que quatre ports : *Nieuport, Ostende, Gand* et ANVERS ; ce dernier fait à lui seul les sept huitièmes du commerce maritime.

Le COMMERCE EXTÉRIEUR de la Belgique, qui n'était guère que de 400 millions en 1840, dépasse aujourd'hui 2 MILLIARDS ET DEMI (commerce général).

L'*importation* consiste surtout en *substances alimentaires* : CÉRÉALES, de Prusse, de Russie, de Hollande, de France, etc. ; beurre, de Hollande, etc. ; riz, des colonies anglaises ; café, de Hollande, du Brésil, etc ; sucre, de Cuba, de Hollande ; vins, de France ; et, en *matières premières* : minerai de fer et coton, d'Angleterre ; lin et chanvre, de Hollande, de France, de Russie ; laines, de France et d'Angleterre ; graines oléagineuses, peaux brutes, résines, sel, zinc, houille, de France, d'Angleterre, etc.

L'*exportation* consiste surtout, comme celle des pays industriels, en produits manufacturés, et principalement en TISSUS : TISSUS DE LAINE (plus de 400 millions de fr.), *tissus de soie, tissus de lin, tissus de coton*, pour la Hollande, la France, la Prusse, le Chili, Cuba, etc. ; en *rubans* ; en *fils*, surtout en fils de lin et fils de laine, pour la Prusse, la France, la Hollande, l'Angleterre ; en *machines*, pour la Russie, la France, l'Espagne, etc. ; en *sucre*, brut ou raffiné, pour l'Italie, l'Angleterre ; en *cristaux* et ivoires ; en *armes*, pour la France, l'Italie, etc. ; en *fer*, minerai, fonte, rails, etc., pour la Hollande, la France, la Prusse, l'Espagne ; en *papier*, pour l'Angleterre, la Hollande, etc. Elle exporte aussi en grande quantité la *houille* (plus de 50 millions de fr.), pour la France et la Hollande ; les peaux, le café, le beurre, pour la Grande-Bretagne et la France ; la *laine*, le chanvre, le coton, pour la France, l'Angleterre.

Son commerce d'importation et d'exportation donne lieu à un grand mouvement de *métaux précieux*.

149. Le commerce avec les divers pays. — Dans les relations commerciales de la Belgique, la France est au premier rang. La *Grande-Bretagne* (275 millions au commerce spécial), les *Pays-Bas* (215 millions) viennent au second ; l'*Association douanière allemande* (210 millions) et les *États-Unis* (env. 100 millions) au troisième. La Belgique a naturellement ses principales relations avec les pays qui sont sur sa frontière. C'est par ces mêmes pays que passent la plupart des produits destinés à des contrées plus lointaines ; aussi le *transit* est-il très-considérable avec l'*Allemagne* (env. 300 millions), les *Pays-Bas* (env. 150 millions) et la *Grande-Bretagne*.

La plus grande partie du commerce de la Belgique se fait par terre.

150. Le commerce avec la France. — La France, qui borde la Belgique sur toute sa frontière méridionale, qui est réunie à elle par de nombreuses voies ferrées, qui parle la même langue, qui a des industries analogues et des intérêts souvent communs, qui lui emprunte quelques-unes de ses matières premières, doit à ces diverses causes le rang qu'elle occupe dans le commerce belge. Elle figure pour 490 millions environ au commerce spécial et pour près de 700 millions au commerce général (1). De la Belgique, elle tire surtout de la *houille*, du *lin*, des *bestiaux* et de la *laine* ; elle y envoie, soit pour être vendus dans le pays, soit pour être transportés sur des marchés plus lointains, des *laines*, des *lainages*, des *vins*, des *soieries*, du *bois*, etc.

151. Les grandes villes. — La Belgique compte 5 *villes de 30 à 100,000 âmes et 4 villes de plus de 100,000 âmes*, à savoir la capitale, deux villes manufacturières et un port (Voir les cartons de la planche 11) :

Liége (106,000 hab.), entouré de nombreuses communes

---

† D'après la douane belge ; car la douane française porte ce nombre à plus d'un milliard.

(Herstal, Seraing, Chenée, Ougrée, etc.) qui sont en quelque sorte ses faubourgs, et qui portent à plus de 150,000 âmes l'agglomération. C'est un des deux centres houillers de la Belgique; c'est le siége principal de la grande industrie métallurgique, fer, zinc et cuivre, et de la fabrication des machines et des armes.

Gand (121,000 hab.), au confluent de l'Escaut et de la Lys et relié à la mer par un canal, a conservé, comme la plupart des villes flamandes, quelque chose de l'aspect des villes du moyen-âge, tout en prenant le caractère des villes manufacturières modernes. C'est le grand centre de la fabrication du coton; on y compte les deux tiers des broches à filer que possède la Belgique. C'est aussi la première ville pour la filature et le tissage du lin; elle a de plus un grand nombre de raffineries, de distilleries, de brasseries.

Anvers (126,000 hab.), le grand port de la Belgique, situé sur la droite de l'Escaut, au point où le fleuve élargi (700 mètres) porte de gros navires; cette ville, qui a eu des fortunes diverses, et que la fermeture de l'Escaut a longtemps ruinée, commença à devenir une place importante de commerce au xvie siècle; sa prospérité actuelle date de l'indépendance du royaume de Belgique; outre sa citadelle, elle a une enceinte de forts détachés qui la défendent au sud et à l'est.

Bruxelles (171,000 hab.), capitale du royaume; sa population totale, avec les 8 communes qui forment ses faubourgs, s'élève à 314,000 âmes; elle n'a pas de rivière navigable; mais des canaux la mettent en communication avec Mons et Anvers, et des chemins de fer y rayonnent dans cinq directions vers les frontières. C'est une ville animée de tout le mouvement des affaires dans la partie basse, qui forme la vieille ville, élégante dans la partie haute, du côté où se trouvent le parc et la résidence royale, toute semée de grandes fabriques dans les faubourgs. Son industrie est très-variée; elle possède de grands ateliers de machines, des tissages, des filatures, des teintureries, des fabriques de faïence, et, comme Paris, toutes les petites industries d'une grande capitale.

152. Le gouvernement. — Les communes ont pour administrateurs un conseil communal nommé par les habitants, et un bourgmestre nommé par le roi pour six ans et assisté d'échevins ; les provinces, des conseils provinciaux déléguant, dans l'intervalle des sessions, une partie de leurs pouvoirs à des députations permanentes, et des gouverneurs nommés par le roi, ainsi que les commissaires d'arrondissement.

L'État est gouverné par le *Roi*, assisté de ministres responsables, et par le Corps législatif, composé de la *Chambre des représentants*, élus pour 4 ans, à raison de 1 pour 40,000 habitants, et du Sénat, élu pour 8 ans, à raison de 1 pour 80,000 habitants.

Le *budget*, dont les principales ressources consistent dans le revenu des chemins de fer, dans les droits d'accise et les contributions directes, est d'environ 175 *millions*.

L'armée est d'environ 40,000 hommes.

La justice est à peu près organisée comme en France.

L'exercice des cultes et l'enseignement sont libres. L'Église catholique compte 5 évêchés, et 1 archevêché, *Malines*. L'instruction est donnée dans les écoles primaires, entretenues pour la plupart par les communes, dans les écoles moyennes et dans les athénées royaux, dans les universités, qui sont au nombre de quatre : deux universités de l'État, Liége et Gand, et deux universités libres, Bruxelles et Louvain. Les Flandres ont des écoles d'apprentissage.

153. La population. — La POPULATION est de près de 5 MILLIONS D'HABITANTS, c'est-à-dire de plus d'UN HABITANT ET DEMI PAR HECTARE, ou, plus exactement, de 164 *habitants par kilomètre carré*. Dans la partie occidentale (Flandre, Hainaut, Brabant) cette population est très agglomérée

(267 habitants au kilomètre carré dans la Flandre orientale); elle est clairsemée dans l'Ardenne (44 habitants au kilomètre carré dans le Luxembourg).

Presque tous les Belges professent la *religion catholique*. L'instruction primaire est moyennement répandue, moins dans les Flandres que dans l'est; la *langue française* est la langue officielle; mais, dans l'ouest et le nord, les habitants parlent le *flamand*.

Cette population, si industrieuse et si pressée sur un étroit espace, doit à la nature le *lin*, qui lui fournit la matière de sa première industrie, la *houille* et le *fer*, sans lesquels son activité industrielle n'aurait pu s'exercer de nos jours; mais elle a eu à triompher d'un sol peu fertile par lui-même, et c'est à de longues traditions de travail remontant aux premiers temps du moyen-âge, à d'abondants capitaux, à la facilité des communications créées de main d'homme sur un terrain peu accidenté, en un mot, c'est surtout aux efforts persévérants d'une *population laborieuse* qu'elle doit sa puissance économique. L'âge moyen des vivants en Belgique est de 27 ans environ, à très-peu près comme en France et en Angleterre, supérieur au chiffre de l'Allemagne et surtout de l'Europe orientale et méridionale; les naissances, relativement à la population, sont à peu près aussi nombreuses qu'en Angleterre (32 naiss. sur 1,000 hab.), plus nombreuses qu'en France, beaucoup moins qu'en Allemagne et en Autriche; c'est dans les Flandres que les conditions de bien-être et de vitalité de la population paraissent être le moins favorables; la phthisie est la plus fréquente cause de mort (env. 30 pour 100 des décès).

CINQUIÈME PARTIE.
L'EMPIRE D'ALLEMAGNE

1re Section.
L'ALLEMAGNE DU NORD.

(Voir la carte n° 12.)

154. Retour sur la géographie physique. — L'EMPIRE D'ALLEMAGNE (544,450 kilomètres carrés) est une aggrégation politique de plusieurs États, repartis entre deux grandes régions physiques et ethnographiques : l'ALLEMAGNE DU NORD et l'ALLEMAGNE DU SUD.

L'Allemagne du Nord (411,500 kilomètres carrés) comprend elle-même deux parties très-distinctes au point de vue politique : le ROYAUME DE PRUSSE et un certain nombre d'ÉTATS SECONDAIRES.

1° Le ROYAUME DE PRUSSE est situé entre 3° 30′ et 20° 30′ de longitude occidentale et entre 49° 20′ et 55° 30′ de latitude ; il est borné, à l'ouest, par les PAYS-BAS et la BELGIQUE ; au sud par la FRANCE, les ÉTATS DE L'ALLEMAGNE DU SUD, les ÉTATS SAXONS et l'AUTRICHE ; à l'est, par l'EMPIRE RUSSE ; au nord, par la MER BALTIQUE (que les Allemands nomment mer orientale), par le MECKLEMBOURG, par le DANEMARK dont le sépare la rivière Konge, par la MER DU NORD et par le grand-duché d'Oldenbourg ; il enveloppe plusieurs États de l'empire d'Allemagne enclavés dans son territoire, et il possède lui-même, enclavée dans le Wurtemberg, la principauté de *Hohenzollern* ; il a une *superficie de 52,000 kilomètres carrés.*

2° Les 21 ÉTATS OU TERRITOIRES dépendant de l'empire d'Allemagne forment trois groupes :

Le Groupe septentrional ou *groupe maritime*, composé des deux grands-duchés de Mecklembourg à l'est (17 kilomètres carrés), du grand-duché d'Oldenbourg à l'ouest (6,400 kilomètres), et du territoire des trois villes libres.

Le Groupe central, composé d'États enclavés dans le territoire prussien, Lippe (1,500 kilomètres carrés), Brunswick (3,700 kilomètres carrés), Anhalt (2,300 kilomètres carrés), Waldeck (1,100 kilomètres carrés).

Le Groupe méridional appartenant à la *région montueuse*, et composé des duchés et principautés de la Thuringe (duchés de Saxe 9,200 kilomètres carrés, etc.), du royaume de Saxe (15,000 kilomètres carrés) et d'une partie de la Hesse (voir 2° Section).

Le climat du nord de l'Allemagne est humide et tempéré du côté de la mer du Nord ; extrême avec des hivers rigoureux du côté de l'est où il appartient essentiellement aux climats continentaux. C'est un pays de plaines basses dans toute la région septentrionale, de montagnes sur la lisière méridionale. Il est formé de terrains modernes au nord, de terrains primitifs ou secondaires au sud. Il est bordé, au sud, par les *monts Sudètes*, les *monts Métalliques*, la *forêt de Franconie*, le *Rhœn* et le *Taunus*, et il renferme la *forêt de Thuringe* et le *Harz*. Il est arrosé par le *Niémen* et la *Vistule* à son extrémité orientale, par l'*Oder*, l'*Elbe* et le *Weser* dans sa partie centrale, par l'*Ems*, le *Rhin* et la *Moselle* à son extrémité occidentale.

155. La formation politique. — Toute l'Allemagne du Nord était, au temps des Romains, qui ne la soumirent jamais, occupée par les *Germains* : c'est de là que partirent les invasions de barbares qui détruisirent l'Empire. Les plus redoutables étaient les *Francs* qui fondèrent une puissance s'étendant sur la Gaule et sur une notable partie de l'Allemagne et qui laissèrent leur nom à la province de *Franconie* ; et les *Saxons*, confédération qui s'étendait sur toute la région du Nord, entre le Rhin et l'Elbe, et que Charlemagne soumit au Christianisme.

Depuis l'an 800, la Germanie fit partie de l'*Empire d'Occident*; elle forma, après le traité de Verdun (843), un État séparé, dont les rois reprirent, un siècle après, à Rome (962), avec Othon le Grand, la couronne de Charlemagne et qui devint ainsi le *Saint-Empire* germanique. C'était un ensemble de principautés féodales, dont les seigneurs obéissaient faiblement aux empereurs, et qui subirent de nombreuses révolutions. Le vaste duché de Saxe fut démembré au xie siècle. Le Mecklembourg remonte, comme principauté presque indépendante, aux premiers temps de l'Empire et fut érigé en duché au milieu du xive siècle; l'Oldenbourg, le Brunswick datent du démembrement du duché de Saxe; le royaume de Saxe actuel portait, dès le xve siècle, le titre d'*Électorat*.

Presque toute l'Allemagne du Nord adopta, au xvie siècle, la *réforme luthérienne*, et le traité de Westphalie (1648), en reconnaissant les droits des États protestants, annula les prétentions des empereurs tendant à l'établissement d'une monarchie absolue. Les guerres du commencement du xixe siècle mirent fin à l'Empire d'Allemagne, créèrent, sous l'autorité de Napoléon, la *Confédération du Rhin*, firent de la Westphalie un royaume éphémère, et érigèrent l'électorat de Saxe en royaume.

Les traités de 1815 organisèrent l'Allemagne en *Confédération germanique*, sous la présidence de l'Autriche : le royaume de Saxe et le royaume de Hanovre furent, dans le nord, les plus importants parmi les États secondaires de la Confédération.

Le Brandebourg, une des anciennes principautés de l'Allemagne, fut le berceau de la monarchie prussienne. Les *Germains*, qui primitivement l'habitaient (Suèves, Lombards), l'ayant quitté pour envahir l'Empire romain, des *Slaves wendes* prirent leur place; vaincus par Charlemagne, ces Slaves ne furent réellement soumis et convertis que lorsque les empereurs saxons eurent établi, dans leur pays, une marche (950) qui, détachée de la Saxe, prit le nom de *Marche de Brandebourg* (1142). Des colons *allemands* se répandirent alors dans le pays. Le Brandebourg, érigé en *Électorat* (1324), passa à la famille de Hohenzollern (1411) et s'agrandit.

Cependant, à l'est, les Polonais avaient lutté pendant plusieurs siècles contre les Prussiens, barbares idolâtres. Conrad de Mazovie appela de Palestine les chevaliers teutoniques qui finirent par conquérir le pays (1283), fondèrent Marienbourg (1309) et appelèrent des colons allemands. Ils furent presque continuellement en guerre avec la Pologne dont ils étaient les vassaux. Le grand maître Albert de Brandebourg embrassa le protestantisme (1525) et sécularisa la Prusse. Son fils étant mort sans enfants, la *Prusse orientale* passa par héritage à l'électeur de Brandebourg (1618). La Réforme et la guerre de Trente ans agrandirent considérablement les domaines de l'électeur de Brandebourg (Poméranie ultérieure, archevêché de Magdebourg, évêchés d'Halberstadt, de Minden, de Camin); un traité affranchit le duché de Prusse de toute vassalité (1656). En 1701, les États de l'électeur furent érigés en *royaume de Prusse*. Frédéric II conquit la Silésie (1742) sur l'Autriche, provoqua le démembrement de la Pologne à laquelle il enleva la Prusse occidentale (1772); deux autres partages de la Pologne portèrent la frontière prussienne jusqu'au Niémen et au Bug. Mais les guerres de la République et de l'Empire et surtout le traité de Tilsitt (1807) amoindrirent la Prusse et lui enlevèrent ses domaines des bords du Rhin et ses possessions polonaises. Les traités de 1815 ne lui rendirent qu'une partie de la Pologne (Danzig et le duché de Posen), mais l'agrandirent en Allemagne aux dépens de la Saxe, en Poméranie et sur les bords du Rhin, et en firent un des deux grands États de la Confédération germanique.

La guerre de 1866, contre l'Autriche, en mettant fin à

cette Confédération, changea les destinées de l'Allemagne, donna à la Prusse victorieuse le Hanovre, le Holstein et le Slesvig, la Hesse électorale, Nassau et Francfort, et réunit les États de l'Allemagne du Nord, séparés des États du Sud, en une confédération dite *Confédération de l'Allemagne du Nord*, placée sous l'autorité de la Prusse.

Vint en dernier lieu la guerre de 1870-71, si funeste à la France.

Les États prussiens proprement dits n'éprouvèrent pas de modifications de frontières; mais leur importance se trouva prodigieusement accrue par le rétablissement de l'empire d'Allemagne, dont la souveraineté a été conférée à titre héréditaire à la maison royale de Prusse. C'est le 18 janvier 1871 que le roi de Prusse Guillaume Ier a été proclamé empereur. Tous les États germaniques se trouvent ainsi placés sous la haute autorité du roi de Prusse, qui est surtout leur chef militaire; mais chacun d'eux a conservé son administration intérieure.

156. Les divisions politiques. — La Prusse (24,000,000 habitants), dont la capitale est Berlin, comprend:

1° Les 8 *anciennes provinces*, divisées en 26 *gouvernements* subdivisés eux-mêmes en cercles, à savoir:

Brandebourg, capitale Berlin (gouv^{ts} de Berlin, Potsdam, Francfort-sur-l'Oder);

Poméranie, cap. Stettin (gouv de Stettin, Kœslin, Stralsund);

Saxe, cap. Magdebourg (gouv^{ts} de Magdebourg, Mersebourg, Erfurt);

Silésie, cap. Breslau gouv^{ts} de Breslau, Oppeln, Liegnitz);

Posnanie, cap. Posen (gouv^s de Posen, Bromberg);

Prusse, cap. Kœnigsberg (gouv^s de Kœnigsberg, Cumbinnen, Dantzig, Marienwerder);

Westphalie, cap. Munster (gouv^s de Munster, Minden, Arnsberg);

Province du Rhin, cap. Cologne (gouvᵗˢ de Cologne, Dusseldorf, Coblenz, Trèves, Aix-la-Chapelle) ;

Plus le *Hohenzollern* et le territoire de *Jade*.

2° Les pays conquis ou réunis en 1866 :

Duché de Lauenbourg ;

Holstein et *Slesvig*, cap. Slesvig ;

Hesse-Nassau, cap. Cassel et Wiesbaden, avec la ville, autrefois libre, de Francfort et l'ancienne principauté de Hesse-Hombourg.

Hanovre, cap. Hanovre, comprenant les provinces de Hanovre, Hildesheim, Lunebourg, Stade, Osnabruck, Aurich.

Les 22 autres États ou territoires du nord de l'Allemagne sont :

Le ROYAUME DE SAXE ou Saxe Albertine (2,400,000 habitants), cap. DRESDE, divisé en 4 *gouvernements* subdivisés eux-mêmes en grands bailliages et portant les noms de leurs chefs-lieux, *Dresde, Zwickau, Leipsig, Bautzen*.

Les deux GRANDS DUCHÉS DE MECKLEMBOURG :

Mecklembourg-Schwérin (560,000 habitants), cap. Schwérin ;

Mecklembourg-Strélitz (100,000 hab.), cap. Neu-Strélitz.

Le GRAND-DUCHÉ D'OLDENBOURG (316,000 hab.), cap. Oldenbourg, avec ses trois provinces d'Oldenbourg, de Lubeck, de Birkenfeld.

La portion du GRAND-DUCHÉ DE HESSE-DARMSTADT située au nord du Mein (*Voir* la 2ᵉ section).

Le groupe des ÉTATS ENCLAVÉS dans le centre de la Prusse :

Duché de Brunswick (303,000 hab.), cap. Brunswick ;

Duché d'Anhalt (197,000 hab.), cap. Dessau ;

Principautés de Lippe :

Lippe-Detmold (111,000 hab.), cap. Detmold ;

Schaumbourg-Lippe (31,000 hab), cap. Buckebourg ;

Principauté de Waldeck (57,000 hab.), cap. Arolsen.

Le groupe des Etats de la Thuringe, comprenant :

1° La *Saxe Ernestine*, à savoir :

Grand-duché de Saxe-Weimar (283,000 hab.), divisé en 3 cercles : Weimar, Eisenach, Neustadt ;

Duché de Saxe-Cobourg-et-Gotha (169,000 hab.) ;

Duché de Saxe-Meiningen (180,000 hab.) ;

Duché de Saxe-Altenbourg (141,000 hab.).

2° Les principautés :

Principautés de Reuss, branche aînée, (44,000 hab.), cap. Greitz ; branche cadette (88,000 hab.), cap. Schleitz.

Principautés de Schwartzbourg :

Schwartzbourg - Rudolstadt (75,000 hab.), cap. Rudolstadt.

Schwartzbourg - Sondershausen (68,000 hab.), cap. Sondershausen.

Le territoire des trois villes libres :

Brême (110,000 hab.) ;

Hambourg (305,000 hab.) ;

Lubeck (49,000 hab.).

(Voir la carte n° 13.)

157. Les régions agricoles. — Au point de vue agricole, l'Allemagne du Nord se divise en deux parties bien distinctes : 1° la plaine de la Basse-Allemagne faisant elle-même partie de cette longue et basse plaine de terrains modernes qui s'étend de la Flandre à la Courlande, dans le bassin de la mer du Nord et de la mer Baltique, et comprenant 4 régions ; 2° la zone montagneuse qui s'étend des terrains de transition de l'Ardenne jusqu'à l'extrémité des Sudètes : elle est couverte par les ramifications du Hundsruck, du Taunus, du Spessart, du Frankenwald, du Harz, du Thuringerwald, du Fichtelgebirge, de l'Erz-gebirge et du Riesen-gebirge, et comprend 3 régions ; en tout 7 régions ;

1° La RÉGION HANOVRIENNE, à l'ouest, s'étend de la frontière de la Hollande à la vallée de l'Elbe ; elle est bornée au sud par les collines à travers lesquelles le Weser s'ouvre le passage dit *Porte Westphalique;* elle comprend à l'ouest une vaste contrée basse, marécageuse, renfermant les plus grandes tourbières de l'Allemagne, celles de Bourtange, etc.; c'est un paysage désolé, n'offrant aux regards que de rares villages construits en sapin au milieu d'immenses pâturages humides, sans arbres, avec quelques collines de sable aride indiquant la présence de la geest ; cependant, derrière les dunes qui bordent la mer, le sol est fertile et bien cultivé ; à l'est du Weser, des marécages dominent encore dans la contrée voisine de la Baltique ; mais, entre Brême et Stade, le sol s'élève et se couvre de bouleaux et de hêtres : c'est le pays boisé de *Lunebourg,* au sud duquel on retrouve les landes et les sables de la bruyère (heide) de Lunebourg. Cependant la vallée du Weser nourrit beaucoup de bœufs, et le sable de la geest est favorable à la culture de la pomme de terre.

2° La RÉGION DE L'ELBE ET DU HOLSTEIN, s'étend de Magdebourg à la frontière du Jutland ; c'est une région éminemment fertile, qui donne les céréales, le houblon, les légumes, les fruits et nourrit un nombreux bétail ; la *Vieille-Marche* est en général une bonne terre de labour ; le Holstein et surtout la portion désignée sous le nom de *Nord-Albingie* est la partie de la basse Allemagne la plus riche en grains, en fourrages, en bestiaux ; la partie située sur le bord de la mer du Nord et désignée sous le nom de *Dithmarsch* ne lui cède en rien et rappelle les belles prairies de la Hollande.

3° La RÉGION DES PROVINCES BALTIQUES s'étend du Holstein à la frontière russe, le long de la Baltique ; elle se compose de plateaux bas et si uniformes que les eaux s'y accumulent et forment des lacs et des lagunes d'une grande étendue ; elle présente de longues plaines sablonneuses, « la *geest* », où ne poussent que la bruyère et le pin sylvestre. En général, sur ses landes et dans ses pâturages, elle élève beaucoup de mérinos ; sur ses terres légères, elle donne la pomme de terre, le seigle, et produit assez pour exporter des grains, des graines oléagineuses, des pois, de la laine, de l'alcool. Elle comprend le *Mecklembourg*, renommé pour ses moutons et surtout pour ses beaux chevaux ; la *Poméranie*, fertile, où n'apparaît pas la geest et où la surface du sol n'est pas formée de galets ; les îles qui dressent leurs falaises au dessus de la côte basse de Poméranie, et surtout le « paradis » de l'île de *Rugen* sont particulièrement fertiles en grains ; la *Prusse*, proprement dite, que l'on désigne quelquefois sous le nom de « plaine des lacs », parce que son sol bas, tout alluvial, est en partie couvert de marécages et de lacs entourés de vastes prairies. Elle est aussi en grande partie occupée par la geest infertile et par les bruyères et les pins qui en accusent la présence ; excepté sur quelques points privilégiés, comme les environs d'Elbing, le pays de Fetry, etc., la Prusse est une terre médiocrement propre à la culture.

4° La région du Brandebourg et de la Posnanie, dans laquelle on peut réunir les deux dernières provinces de la partie des plaines : le *Brandebourg*, province manufacturière et populeuse, où la culture tire, par conséquent, autant que possible, parti du sol, produit des céréales, des racines, des légumes et nourrit des moutons ; mais le sol est en général très-médiocre ; les petites collines et les plateaux appartiennent la plupart à la geest, et ne présentent à l'œil que des sables nus, des bruyères et des pins ; les vallées forment des plaines basses et presque sans pente, semées de marais tourbeux ; le bassin du Havel, « *Havelland* », bordé de forêts de pins au sud, de forêts de hêtres au nord, et tout moucheté de lacs, est la plus fertile de ces vallées ; au sud de la province sont le

Flœming, large et longue crête de sable orientée de l'est au sud-ouest, que couvrent en partie des forêts de pins, et la *Basse-Lusace*, marécageuse dans la forêt de la Sprée, sablonneuse sur les plateaux qui font suite au Flœming et que traversent la Neisse et la Bober. La *Posnanie* est plus favorisée ; c'est une grande plaine ondulée, dont le sol, formé de limon et d'argile, donne abondamment les céréales, les graines oléagineuses, le houblon, etc., et nourrit une grande quantité de bétail, gros et petit.

5° La RÉGION SILÉSIENNE comprend deux parties distinctes : au nord et dans la plaine de Breslau renommée pour son blé, son tabac, ses légumes et son lin, elle rappelle la Posnanie, quoiqu'elle en soit séparée par une série de plateaux et de collines boisées ; au sud et à l'ouest, elle est formée par d'étroites et profondes vallées, séparées par les ramifications des Riesen-gebirge, où les forêts alternent avec les pâturages et les tourbières.

6° La RÉGION SAXONNE, comprenant, en premier lieu, le *royaume de Saxe*, qui a lui-même trois parties distinctes: la *Haute-Lusace*, sur la rive droite de l'Elbe, remarquable surtout dans sa partie occidentale, dite « Suisse Saxonne » à cause de ses paysages pittoresques, est un vaste plateau de grès appuyé sur la Bohême, présentant sur ses hauteurs de grandes forêts et de maigres collines, dans ses étroites et capricieuses vallées de belles prairies ; la *vallée de l'Elbe*, fertile en grains et en fruits ; le *Voigtland* et toutes les pentes de l'Erzgebirge, qui descendent doucement jusque dans la belle plaine de Leipsig, portion plus fertile que la Suisse Saxonne, mais en partie déboisée ; en second lieu, la *Thuringe*, bornée au sud par les hauteurs et les forêts du Fichtel-gebirge, du Franken-wald et du Thuringer-wald, d'où descendent vers le nord un grand nombre de petites vallées, entrecoupées de plusieurs séries de collines appartenant à plusieurs formations géologiques ; Erfurth, avec la belle et fertile plaine de l'Unstrutt, renommée pour ses fruits, est en quelque sorte le centre des vallées Thuringiennes qui nourrissent dans leurs pâturages de nombreux troupeaux ; en troisième lieu, la *contrée du Hartz* qui forme lui-même un grand plateau, incliné au sud-est, surmonté çà et là de sommets mamelonnés, couvert surtout au nord-ouest de pâturages et de forêts et profondément découpé par d'étroits vallons ; tout autour sont des collines, des plaines et des vallées pittoresques où l'on élève, surtout dans le Brunswick, beaucoup de chevaux, de bœufs, de moutons et de porcs ; à l'est, s'étend la riche plaine de Mersebourg.

7° La RÉGION RHÉNANE s'étend à l'ouest du Harz jusque sur le bassin supérieur du Wéser et comprend des contrées très-diverses généralement montagneuses : le massif, en partie stérile, en partie boisé et propre à l'élevage des porcs, du Rhœn et du Vogelsberg au pied duquel est la plaine de Hanau ; la *Westphalie*, dont le sud est également montueux, boisé, peu fertile mais au nord-ouest de laquelle s'ouvre, comme un golfe, la plaine de Munster ; la *province du Rhin* et le *Nassau*, provinces également montueuses, quelquefois boisées et quelquefois arides dans le Wester-wald, toutes semées de rochers dans le Taunus, sur le plateau de l'Ardenne, sur l'Eifel volcanique, dans le Hundsruck aux murailles de schiste, mais cependant renfermant les riches vignobles du Rheingau, au pied du Taunus, les coteaux de la Moselle et la plaine bien cultivée du Rhin qui s'ouvre à Coblentz, puis se rétrécit et s'ouvre de nouveau à Bonn.

158. Les cultures alimentaires. — On évalue la *production des céréales dans l'Allemagne du Nord à 185 millions d'hectolitres* dont environ 135 pour le royaume de Prusse et 50 pour les autres États de la Confédération. Cette production, abondante relativement à la superficie, surtout dans les *États de la Thuringe* et dans le *royaume de Saxe*, consiste en SEIGLE (70 millions d'hectolitres) qui est la principale céréale des terres froides et maigres du *Brandebourg*, de la *Poméranie*, de la *Prusse* proprement dite, de la *Silésie*, de la *Westphalie*, du *Holstein-Slesvig* ; en *avoine* (60 millions d'hectolitres) que l'on cultive partout, et principalement, comme le seigle, dans les terres sablonneuses et froides de l'*Allemagne orientale* ; en *froment*, en méteil, en épeautre (40 millions d'hect. en tout), récoltés surtout dans la Saxe et dans la province du Rhin ; en *orge* (15 millions d'hectolitres) qu'on cultive un peu partout, principalement en vue de la fabrication de la bière. On fait beaucoup de *sarrasin* dans la *haute Silésie*, le *Brandebourg*, la Westphalie, la province du Rhin, etc.

Le pain de seigle est le fond principal de la nourriture végétale dans les campagnes ; dans quelques districts pauvres, c'est le pain d'avoine.

Dans toutes les régions et surtout dans celles qui sont trop sablonneuses pour permettre la culture des céréales (*Brandebourg*, *Poméranie*, *Posen*, *Prusse* proprement dite, *Westphalie*, etc.), on trouve une ressource dans la POMME DE TERRE, qui rend annuellement 200 millions d'hectolitres et entre dans l'alimentation pour une part considérable.

Il faut citer aussi les *lupins* des provinces de l'est, les *pois* de la Prusse orientale, de la Westphalie et de la province du Rhin, etc., les *fèves* de la Saxe (Erfurth, Magdebourg, etc.) et des bords du Rhin, les *lentilles* de la Thuringe, etc., le *cumin* de Saxe, de Silésie, l'*anis* des environs d'Erfurth et de Danzig, l'*angélique*, la *chicorée* des environs de Magdebourg, etc., les légumes qu'en Allemagne, comme dans les autres pays, on cultive surtout dans le voisinage des grandes villes (Berlin, Postdam, Breslau, Erfurth, Magdebourg, etc.).

159. Les cultures industrielles. — Les principales plantes industrielles sont :

1° Le *tabac* que l'on cultive dans toute l'Allemagne du Nord et qui vient très-bien dans les plaines sablonneuses du *Brandebourg*, la plus productive des provinces en ce genre, de la *Poméranie*, des environs de Breslau, de la vallée de la Werra, de Nassau, de la Hesse, etc.; la récolte, évaluée à 11,000 tonnes, ne suffit pas à la consommation des habitants;

2° La *betterave*, dont les fabriques de sucre consomment plus de 1 million et demi de tonnes, et que produisent surtout les provinces de *Saxe*, de *Prusse*, de *Silésie*, de Brandebourg, le royaume de Saxe et le Brunswick;

3° Le *lin* et le *chanvre*; le lin surtout que toutes les provinces cultivent pour leur usage particulier, mais qui offre des produits assez abondants pour l'exportation dans la *Westphalie*, la *Silésie*, la *Prusse orientale* (lins estimés de Memel, de Marienbourg), le *Hanovre*, le Brunswick et l'Oldenbourg; la culture du chanvre ne se rencontre guère que dans la Westphalie (Tecklenbourg, Ravensbourg), dans la Saxe (Unstrutt, etc.) et la Silésie;

4° Le colza, le pavot, le sénevé, la cameline, plantes oléagineuses, qui viennent dans les bonnes terres de la région des plaines;

5° La garance de Saxe et de Silésie;

6° Le *houblon*, très-cultivé aussi dans un pays où le raisin ne mûrit qu'en quelques lieux privilégiés et où la bière est la boisson ordinaire de la population; moins cependant dans l'Allemagne du Nord que dans l'Allemagne du Sud; la *plaine de Posen*, la *Vieille Marche*, le Brunswick sont particulièrement renommés.

160. Les prairies. — Les *prairies artificielles* (trèfle, vesce, luzerne) se trouvent dans les cantons dont la culture est avancée; les *prairies naturelles* sur le bord des cours d'eau et dans les vallées des régions montagneuses; les pâturages et pâtis dans les landes incultes, dans le clairières des forêts, et sur les flancs des montagnes. C'est la *province de Prusse* (surtout l'arrondissement de Gumbinen) qui, grâce à sa vaste étendue, à ses nombreux cours d'eau et à ses étangs, possède la plus grande superficie de prairies; la Poméranie, le Brandebourg, principalement dans la vallée de la Wartha, dont les prairies sont plantureuses, le Hanovre dans la région du Harz et dans les terres marécageuses de l'Ost-Frise, l'arrondissement de Munster en possèdent aussi de vastes étendues ; mais elles sont loin de rendre en moyenne autant de foin à l'hectare que les prairies de la *Saxe*, de la *Thuringe* et du *Brunswick* qui sont par excellence les pays d'herbages dans l'Allemagne du Nord. On évalue à 18 millions d'hectares les prairies et pâturages de l'Allemagne du Nord.

161. Les cultures arborescentes. — Certaines parties de l'Allemagne cultivent avec succès les *arbres fruitiers*, particulièrement le prunier et le pommier : Postdam, Guben, Zullichau dans le Brandebourg, toute la *vallée de la Saale* et de l'*Unstrutt*, où se trouve la fertile « plaine d'or », la Haute-Lusace, les pentes de la Silésie exposées au soleil levant, les *bords de la Moselle*, la Hesse, etc. Les noix de la vallée du Rhin sont renommées.

La vigne ne prospère que dans la *vallée du Rhin et de la Moselle* ; elle est cependant un des plus riches produits de la culture arborescente (un demi-million d'hectolitres de vin par an). Sur la rive droite du Rhin, dans le Nassau, en face de la Hesse-Rhénane, s'étend, de Hochheim à Lorch, la suite ininterrompue des *coteaux du Rheingau* coteaux pierreux qui donnent le fameux vin du Rhin et qui renferment les crus si renommés de *Johannisberg*, Steinberg, Rauenthal, Rudesheim (crû d'Hinterhauser, etc.), Marcobrunner, etc. Les *vins blancs de la Moselle*, qui ont un goût caractéristique de pierre à fusil et dont une grande partie est transformée en vins mousseux, proviennent des vignobles qui s'étendent de la frontière luxembourgeoise à Coblentz. L'Allemagne orientale ne fournit que quelques vins médiocres, à Meissen (Saxe), à Guben (Brandebourg), à Gruneberg (Silésie).

162. Les forêts — Les FORÊTS occupent, dans l'Allemagne du Nord, une surface de 9 *millions et demi d'hectares*, c'est-à-dire le quart du territoire ; elles sont la plupart sur les pentes montagneuses de la frontière méridionale et sur les vastes étendues de sable semées dans la grande plaine septentrionale. Dans le royaume de *Saxe*, et dans les États de la Thuringe, qui renferment l'Erzgebirge et le Thuringer-wald, dans le *Brandebourg* (surtout l'arrondissement de Francfort), où la geest sablonneuse est cachée sous d'immenses massifs de pins sylvestres s'étendant jusqu'au delà des confins de la Prusse, de la Poméranie, de la Posnanie et de la Silésie (surtout l'arrondissement de Liegnitz), dans la *province du Rhin* (surtout l'arrondissement de Coblentz (1), où les hautes terres de l'Eifel, du Hundsruck, du Wester-wald, de la Sarre, sont boisées, elles couvrent le tiers du territoire. C'est ensuite dans la région du *Harz* et sur le *versant occidental de la Silésie* que l'on trouve le plus de forêts.

Les forêts fournissent, en grande quantité, du bois à brûler, du charbon, des mâts, des bois de construction, des planches, des douves, de la résine, du goudron, de la potasse (potasse de Danzig), etc.

163. Les animaux. — L'Allemagne du Nord, possédant de vastes herbages, soit dans les plaines septentrionales, soit dans les vallées accidentées du sud, possède un nombreux bétail :

1° Environ 2 millions et demi de CHEVAUX, nombreux surtout dans la région septentrionale, dans la province de *Prusse* et de Posen, dans toute la *vallée de l'Elbe*, sur-

---

1. Dans cet arrondissement, ainsi que dans l'arrondissement d'Arnsberg (Westphalie), la surface boisée occupe plus des quatre dixièmes du territoire.

tout dans la vallée inférieure, dans les pâturages du Harz et surtout du *Brunswick*, dans le Slesvig-Holstein et dans le *Mecklembourg* ; là fleurit la race de ces grands et beaux chevaux de carrosse ou de cavalerie, d'où sont sortis la plupart des chevaux élevés dans le reste de la Basse-Allemagne.

Pays froid et pays de plaine, l'Allemagne a peu d'ânes et de mulets.

2° Environ 14 millions de BÊTES A CORNES, peu nombreuses dans les provinces de l'est (1), abondantes dans l'ouest (*Westphalie*, surtout aux environs de Cologne et de Dusseldorf, *province du Rhin, Hesse, vallée du Weser*). Là domine la *vache hollandaise* plus ou moins transformée par le mélange avec les races locales, races du Westerwald, de l'Oden-wald, du Vogels-berg, race de la geest. La région du *centre (Saxe royale* et *Thuringe)* nourrit dans la montagne les bœufs du Voigtland et de la Lusace, aptes au travail et fournissant de bonne viande, pendant que la vache hollandaise leur dispute les étables de la plaine. Dans la *vallée de l'Elbe* et dans le *Holstein* vivent diverses races renommées, la race de boucherie de Dithmarsch, petite race laitière d'Angeln, etc., qui se sont répandues dans une partie de l'Allemagne du Nord.

3° Environ 27 à 28 millions de MOUTONS, assez rares dans les provinces de l'ouest, quoique des moutons à laine grossière paissent en assez grand nombre dans les landes du Hanovre, surtout dans les vastes bruyères de la forêt de Lunebourg (petite race dite Heideschnucke); mais nombreux dans le centre, sur les *polders du Holstein*, dans les plaines du Mecklembourg, surtout dans les pâturages montagneux du *Brunswick* et d'Anhalt, dans la *Saxe* où l'on élève, quoiqu'en moindre quantité qu'autre-

1. Excepté toutefois les plaines de Francfort-sur-l'Oder, de Posen et de Breslau.

fois, le mouton de l'Électorat, variété du mérinos très-renommée pour la finesse de sa laine ; nombreux aussi dans l'est, dans la *Poméranie* et la province de *Prusse* qui élèvent des mérinos, principalement des negretti, et qui sont avec la *Silésie* (surtout le district de Breslau où domine le mérinos de l'Électorat importé de Saxe), les contrées de l'Allemagne produisant le plus de laines fines; dans la *Posnanie*, où la majorité des bêtes appartient à la race polonaise de Zackel, race à laine commune. Aussi les plus grands marchés de la laine sont-ils situés dans l'est : *Berlin*, *Breslau*, *Posen*, *Stettin*, et à un degré inférieur : Stralsund et Landsberg.

4° Près de 6 millions de PORCS, appartenant soit à la grande et forte race allemande, soit à la race de Podolie répandue surtout dans les provinces orientales, soit à la race du Holstein, soit aux races d'importation anglaise ; ils sont élevés dans toutes les provinces, principalement dans celles où les forêts de chênes et de hêtres leur procurent une nourriture abondante, dans la *Thuringe*, dans la *Saxe* (le royaume et la province prussienne, particulièrement le district de Mersebourg), dans le *Brunswick*, la *Hesse ducale*, la *Westphalie* et le district de *Dusseldorf*.

5° Environ 1 million et demi de CHÈVRES, rares dans un pays où les montagnes sont rares, et concentrées pour la plupart dans la *Thuringe*, la *Saxe*, le *Brunswick*, la Hesse et les parties les plus accidentées de la Westphalie et de la province du Rhin.

Les Allemands consomment beaucoup de miel et élèvent, par conséquent, beaucoup d'*abeilles*. On compte 1,80,0000 ruches ; c'est dans la Saxe, dans les États de la *Thuringe* (principautés de Reuss, de Schwarzbourg, etc.), dans les environs de *Dusseldorf*, d'Aix-la-Chapelle, dans le Lunebourg, qu'on en rencontre le plus.

164. La chasse & la pêche. — La pêche n'a une

véritable importance commerciale que dans la Baltique ; cependant l'Allemagne a certains poissons renommés : la carpe du Rhin, la lotte, la lamproie, etc. La chasse en a davantage ; grâce aux nombreuses forêts de l'Allemagne, elle produit, surtout dans les provinces orientales, beaucoup de gibier et de fourrures.

(Voir la carte n° 14.)

165. Les substances minérales. — L'Allemagne, sur la lisière du terrain moderne qui compose sa basse plaine, possède une grande variété de roches d'où elle extrait beaucoup de substances minérales : de la *pierre de taille*, à Rudersdorf, près de Berlin, etc. ; du *grès* dans la Westphalie (bassin de la Ruhr, etc.), dans le Harz, etc. ; des *marbres* à bon marché dans le Riesen-gebirge, dans la Westphalie ; des *ardoises* dans le bassin de la Ruhr, à Ibbenburen, près de Goslar ; de la *chaux* dans la Silésie, le Harz, le Hanovre ; du *kaolin* près de Halle et dans le Nassau ; de l'*argile plastique* dans la Silésie, la Saxe, la Hesse, le Nassau, à Duttwiller ; du *plâtre* à Statberg ; de la *pierre pour meules* dans l'Eifel (Andernach, Niedermendig, etc.), à Ibbenburen, à Crawinkel en Saxe, etc. ; du *phosphate de chaux* dans le bassin de la Ruhr, dans le Nassau, etc. ; de l'*ambre* sur les bords de la Baltique, (Colberg, etc.) ; de l'*agate* sur les bords du Rhin (Oberstein).

Elle exploite le *sel gemme* dans la province de *Saxe* (Stassfurth, Erfurth, Halle) et dans le Harz ; elle renferme dans ses parties montagneuses de nombreuses sources minérales dont les plus célèbres sont situées dans le *Nassau* : *Ems*, *Selters* qui donne l'eau gazeuse et carbonatée connue sous le nom d'eau de Seltz, *Schlangenbad*, *Wiesbaden*, etc., on peut citer aussi *Aix la-Chapelle* et Burtscheid dans les provinces rhénanes, *Liebenstein*, dans la Thuringe, *Salzbrunn*, etc. ; dans la *Haute-Silésie*.

166. La houille & le fer. — Le nord de l'Allemagne

possède quatre grandes régions métallurgiques et toutes les quatre renferment des HOUILLÈRES :

1° La *région Silésienne*, à l'est, comprend le BASSIN DE LA HAUTE-SILÉSIE, avec les couches irrégulières et brisées mais généralement faciles à exploiter de *Zabrze*, de *Kœnigshutte*, de *Nicolaï*, Petrezkowitz, etc. Le bassin est situé sur l'extrême frontière de la Prusse à la limite de l'Autriche et de la Russie, et rend environ 4 millions et demi de tonnes. Dans la même contrée se trouve celui du *Riezen-gebirge oriental*, près de Landshut, Waldenbourg, etc.

2° et 3° La *région Saxonne*, au centre, comprend : *les bassins de l'Erz-gebirge*, (Zwickau, Chemnitz, Plauen, etc.), dépendant du royaume de Saxe et correspondant à peu près aux bassins de la Bohême situés sur le revers opposé de la chaîne ; le *bassin de la Saale inférieure* (Lœbejun et Wettin), dépendant de la Prusse ; les *bassins de la Thuringe* (Stockheim dépendant de la Prusse et de Saxe-Meiningen, Manemach, au nord, dépendant de Saxe-Gotha et de Saxe-Wiemar) ; les deux petits *bassins du Harz* (Ilefeld et Meisdorf) et le petit bassin d'Ibbenburen, perdu à l'extrémité du teutoburger-wald.

4° La *région du Rhin*, à l'ouest, la plus riche de tout le continent européen, comprend trois bassins principaux : le GRAND BASSIN DE LA RUHR, prolongement des bassins belges, renferme à une profondeur de 350 à 400 mètres plus de cinquante couches exploitables d'une houille riche en gaz et en bitume, et s'étend sur le flanc des terrains de transition dont le plateau des Ardennes fait partie ; il occupe les deux rives de la Ruhr, de Dortmund à Elberfeld, principalement par Witten, Bochum, Essen, Mulheim. Le *bassin d'Eschweiler*, au sud-ouest du précédent, de l'autre côté du Rhin, près d'Aix-la-Chapelle, est, comme le précédent, la continuation du bassin belge de Sambre et Meuse ; le BASSIN DE LA SARRE, situé de l'autre côté du plateau des Ardennes sur le versant oriental du Hundsruck, s'étend comme les deux précédents, dans la direction du nord-est au sud-ouest, par Meisenheim, Saarbruck, Sarrelouis, sur le territoire prussien, oldenbourgeois, bavarois et donne une houille fumeuse, inférieure à celle de la Ruhr.

La production de ce bassin est évaluée à un million et demi de tonnes par an; celle du bassin de la Ruhr à plus de 9 millions, et la production totale de l'Allemagne du nord à 30 millions de tonnes de houille.

Dans des formations plus récentes, on peut citer les *dépôts charbonneux* du *Hanovre méridional* (Hanovre, Minden), les *lignites* de la *province de Saxe* (Mersebourg, Magdebourg), des *bords du Rhin*, etc., du *Vogelsberg*, du Westerwald, de l'Eifel, etc., dont la production totale en lignite est d'environ 6 millions de tonnes; la *tourbe* des environs de *Potsdam*, de *Danzig*, des bords de l'*Ems*, du *Harz*, de l'Egge-gebirge, du Hohen-Veen; l'*asphalte* de Bentheim; le *pétrole* de Wietze, des environs de Peene, etc.

L'Allemagne du nord est riche en minerai de FER. On en trouve dans presque toutes les formations géologiques; nulle part en aussi grande abondance que dans la *haute Silésie*, au milieu des couches de muschelkalk et de calcaire carbonifère de Tarnowitz et de Beuthen qui donnent de bon fer oxydé hydraté; dans des roches cristallines des Sudètes, dans l'*Erz-gebirge* (Schneeberg, etc.); dans le Thuringer-wald; dans les plaines de Silésie et de Brandebourg (Liegnitz, Francfort-sur-l'Oder, Potsdam), qui donnent le minerai des prairies; dans le Harz, au milieu des terrains dévoniens, siluriens ou carbonifères de Stolberg, des environs de Klausthal, Goslar, etc.; sur le flanc du *Teutobürgerwald* (Minden, Osnabruck), dans les *provinces rhénanes*, surtout le long de la *vallée de la Ruhr* (Bochum, etc.) où l'on traite le fer à la houille; *dans la vallée de la Sieg* (Siegen, etc.), où l'on traite le fer au bois; *dans celle de la Lahn* (Kœnigsberg, près de Giessen, Wetzlar, Limbourg); de l'autre côté du Rhin, au milieu du calcaire carbonifère de Saarbruck, du Hundsruck et de l'Eifel, du Stolberg près d'Aix-la-Chapelle.

La production totale de la fonte est de près de 1,000,000 de tonnes : celle de l'acier, qui depuis quelques années a fait de très-rapides progrès, dépasse 200,000 tonnes.

Les hauts fourneaux et usines sont, comme partout, groupés à proximité du combustible et du minerai : dans la *haute Silésie* (Kœnigshutte, Gleiwitz, Malapane), dans la *Saxe et Thuringe* (Bautzen, Zwickau, Saalfeld, Schmalkalden), dans le *Harz et Hanovre* (Werniger, Osnabruck), dans la *province du Rhin*, surtout dans la *vallée de la Ruhr* renommée pour ses aciers (Hœrde, une des plus grandes forges du continent, Iserlohn, Hagen, Wetter, Witten, Bochum, Essen où se trouve l'usine Krupp qui n'occupe pas moins de 10 000 ouvriers où se fabrique une partie des canons de la Prusse, Dusseldorf, etc.), dans le nord de cette même province du Rhin (Wesel, Aix-la-Chapelle, etc.) et dans le sud est (Siegen, Birkenfeld, Ludwigshutte, Saarbruck, etc.), dans le *Nassau* dont les fontes sont très-propres à la fabrication de l'acier.

167. Les autres métaux. — Parmi les autres produits minéraux de l'Allemagne du Nord, il faut citer : l'*argent* en petite quantité (environ 25 tonnes), tiré principalement des mines de plomb argentifère de *Freyberg*, Annaberg, etc. en Saxe, d'Andreasberg, etc. dans le *Harz*; le *cuivre* (plus de 3,000 tonnes) provenant du *Mansfeld* et du *Harz* (Goslar, Clausthal, etc.) où il se trouve sur une assez grande étendue, mais en couche très-mince, du Stadtberg en Westphalie, du Hanovre, de la Hesse et du Nassau ; le *plomb* (près de 10,000 tonnes), provenant en grande partie du *Harz* (mines et usines d'Altenau, de Lauthenthal, d'Andreasberg, d'Ocker, etc.), et des mines de *Freyberg* en Saxe, en partie aussi de la *Westphalie* (Bleyberg près Commern, Stolberg, Eschweiler, etc.), du Nassau (Ems), de la Silésie (Tarnowitz) ; le zinc (60,000 tonnes, production supérieure à celle de tout autre pays), tiré de la *Prusse rhénane*, au *Stolberg*, près d'Aix-la-Chapelle, dans la vallée de la Lahn (Bensberg) et de la Ruhr (*Iserlohn*, Brilon, etc.), de la *haute Silesie* (Beuthen, Tarnowitz, etc.) et du Harz (Lauthenthal et Goslar) ; un peu d'étain dans l'Erzgebirge, dans le Harz, dans le pays de Siegen, dans la vallée de la Lahn, au Stolberg, etc., dans les districts de Mansfeld et de Musen ; du cobalt, du *manganèse* en assez grande quantité dans le Nassau (*vallée de la Lahn*), etc.; de l'*arsenic* dans la Silésie (Reichenstein), etc. ; de l'antimoine, des pyrites de fer servant à la fabrication de l'acide sulfurique ou de l'alun dans la vallée de la Lenne, près de Bonn, etc.

La *production des industries extractives* de la Prusse a, grâce à l'activité du travail et à l'extension du territoire, *plus que décuplé depuis quarante ans*, et est aujourd'hui d'environ 250 millions de francs.

Les exploitations sont concentrées pour la plupart dans quatre régions : la HAUTE SILÉSIE, la SAXE ET THURINGE, le HARZ et environs, la PRUSSE RHÉNANE et surtout le *bassin de la Ruhr*.

(Voir la carte n° 15.)

168. Les industries préparatoires. — Avec les matériaux que fournissent l'industrie agricole et l'industrie extractive, l'homme crée tous les produits qui sont à son usage ; cette création ou, pour mieux dire, cette transformation, cette adaptation à nos besoins est le propre des industries manufacturières. Mais, avant d'obtenir le produit définitif qui est destiné à procurer une jouissance personnelle au consommateur, il faut se munir d'outils et de substances propres à manier ces matériaux et leur faire subir à eux-mêmes certaines mains-d'œuvre préalables; c'est l'objet des industries préparatoires, qui se divisent en industries mécaniques et en industries chimiques.

Les industries mécaniques, dans tous les pays, sont généralement exercées là où la nature a placé les métaux et le combustible, et là où l'homme a concentré sa plus grande activité manufacturière. Dans l'Allemagne du Nord, on fait du fil de fer, de la tôle, du fer-blanc, de l'acier, principalement dans la *province du Rhin* à Essen, Remschied, etc.; dans la *Westphalie* à Kronenberg, etc.;

Fig. 12. — La forge dans une grande usine à fer.

dans la Silésie, dans la Saxe où l'Erz-gebirge a la spécialité de la tôle vernie. Les *machines*, machines à vapeur, locomotives, machines-outils, etc., sont fabriquées dans le Brandebourg à *Berlin*, Spandau, Francfort-sur-l'Oder; dans les provinces baltiques, à Stettin, Elbing, Kœnigsberg, etc., principalement en vue des constructions navales; en Silésie, à Breslau et dans toute la haute Silésie (usine royale de Malapane, Gleiwitz, Beuthen, Pless, Ratibor, Rybnik, etc.); en Saxe à *Chemnitz-Dresde*, Leipsiz, Zwickau, Zschopau ; dans la province de Saxe à *Magdebourg*, Buckau, Halle, Erfurth, Suhl, Halberstadt, Burg, Sœmerda ; dans le Hanovre à Hanovre, Hameln; dans la Westphalie à *Iserlohn, Dortmund, Bochum*, Altena, Hagen, Siegen, Bielefield ; dans la province du Rhin à *Essen* (Voir la figure n° 12), Wesel, Werden, Mulheim, Duisbourg, Aix-la-Chapelle, Bielefield, Solingen, Neuss, Dusseldorf, Cologne, Remschied renommé pour ses scies, etc. Les mécaniques destinées à l'outillage des filatures et des tissages viennent particulièrement de Bielefield, Bochum, Aix-la-Chapelle, Chemnitz : les *armes* blanches de SOLINGEN, *Remschied*, Suhl, Berlin, etc.; les aiguilles et épingles d'*Aix-la-Chapelle*, d'Atena, d'Iserlohn, etc. C'est dans les PROVINCES DE WESTPHALIE ET DU RHIN, et surtout dans le district du bassin houiller de la Ruhr, entre Dortmund et Iserlohn à l'est, Crefeld et Neuss à l'ouest, que l'INDUSTRIE MÉTALLURGIQUE a le plus d'importance dans l'Allemagne du Nord et du Sud ; sur environ 200,000 chevaux-vapeur qu'elle emploie, ces deux provinces, à elles seules, en possèdent 140,000.

L'*industrie du bois*, scierie, etc., a au contraire la plus grande importance dans le centre et l'est, Thuringe, Prusse, Silésie et surtout dans le *royaume de Saxe* et le *Brandebourg*.

La fabrication de l'ALCOOL (env. 2 millions d'hectolitres) par la *distillation de la pomme de terre*, des grains et quelque peu de la betterave, est la principale industrie agricole de l'Allemagne du Nord ; elle est pratiquée dans toutes les provinces, surtout dans la *Silésie* (Breslau, etc.); le *Brandebourg* (Francfort, Landsberg, Zullichau); la Posnanie (Bromberg, Lissa); la province de *Saxe* (Magdebourg, Halle, Nordhausen) ; dans le royaume de Saxe (Chemnitz,

Leipzig, etc.), et la Westphalie. Les *produits chimiques* proprement dits, acides, alcalis, etc., ont leurs plus nombreuses fabriques dans le voisinage des grandes manufactures ou des minéraux qui leur servent de matière première, à *Berlin, Francfort, Breslau, Gœlitz*, dans la haute Silésie (potasse), à *Dresde, Leipzig*, à Erfurth, à Halle et dans toute la haute vallée de la Saale, à *Nordhausen* (acide sulfurique), et dans le Harz à Osterode, Lunebourg, Schœnœbeck près de Magdebourg, à Rammelsberg près de Goslar, à *Dortmund*, dans la *province du Rhin* à *Wesel, Cologne, Aix-la-Chapelle, Duisbourg, Crefeld*. La plupart des provinces et, en première ligne, les *provinces du Rhin, de Saxe et de Silésie* fournissent des huiles de graines ; *Iserlohn, Hagen, Dortmund, Crefeld*, Gladbach, Elberfeld, Barmen, Osnabruck, etc., des *couleurs*; *Berlin, Potsdam, Dortmund*, etc., préparent la *stéarine*. Le *pays de Siegen*, Bielefeld, Altena, Bochum, Trèves, Mayence, *Francfort-sur-le-Mein*, la *Hesse* et généralement toute la contrée du Rhin, *Osnabruck* et Hameln en Hanovre, Pegau, Leipsig en Saxe, Anhalt, la Thuringe, Berlin, Breslau, etc., apprêtent les *cuirs* ; Cologne, etc., la colle forte; *Berlin*, Harbourg, etc., le *caoutchouc* ; l'Allemagne prépare pour la chapellerie beaucoup de *poil*, surtout de poil de lapin : les principales couperies sont à *Francfort-sur-le-Mein*.

169. Les industries alimentaires. — La préparation des aliments exige partout des travaux particuliers et emploie une notable partie de l'activité laborieuse des hommes; mais très-souvent elle ne donne lieu qu'à un travail purement domestique, comme la cuisson des légumes et de la viande, ou à de petites industries qui n'ont de débouchés que dans le voisinage immédiat, comme la fabrication du pain. La *meunerie* cependant compte de grands établissements dans les provinces où les céréales abondent, principalement dans la *Silésie*;

dans les provinces de Saxe, du Rhin, de Prusse, dans les villes de *Hanau*, Potsdam, Danzig, etc.

Kœnigsberg est renommé pour ses massepains ; Thorn pour son pain d'épices. On fait des *fromages* façon de Hollande dans l'*Ost-Frise* et dans la vallée de l'Ems ; des fromages de lait de vache dans le Slesvig-Holstein et dans la Saxe ; des fromages de lait de chèvre dans la Saxe-Altenbourg. L'Allemagne consomme beaucoup de *charcuterie*; les gros jambons fortement fumés de *Westphalie* et les petits jambons frais de Mayence, les saucisses de Francfort et les saucissons du *Brunswick* sont renommés, ainsi que les langues de Breslau et les foies gras de Poméranie.

Le *sucre* est fabriqué dans les provinces qui cultivent la betterave, en premier dans la *province de Saxe*, en second lieu dans la Silésie, Anhalt, le Brunswick, le Brandebourg, la province du Rhin. C'est pour la même raison que le *Brunswick* et la *province de Saxe* sont au premier rang pour la fabrication du *chocolat* ; le Hanovre, la Hesse ducale, la province du Rhin, le Brandebourg viennent au second.

La *confiserie* a pour centre principal la *Saxe* (Halle, Eilenbourg, etc), puis la Prusse, etc. C'est aussi en *Saxe* (Magdebourg, Halle, Erfurth) et dans le Brunswick qu'on prépare le plus de *chicorée*. Les ports de la Baltique, Stettin, Stralsund, Greifswald, etc., font des conserves de poissons salés.

L'*eau-de-vie* provient des mêmes provinces que l'alcool; Danzig est particulièrement réputé pour son eau-de-vie que les Allemands nomment « goldwasser » à cause des paillettes dont elle est semée. Crefeld, Bempen, Selden, Rhikberg, pour leurs liqueurs. La BIÈRE, boisson ordinaire des habitants dans un pays qui ne donne de vin que sur un très-petit nombre de coteaux, est fabriquée par toute l'Allemagne, surtout dans le *Brande-*

bourg (Berlin, etc.), dans le royaume et la province de *Saxe* (Leipzig, Dresde, etc.), dans la *Thuringe* et la *province du Rhin*.

170. Les industries textiles. — Dans l'état de la civilisation, se vêtir est un besoin presque aussi impérieux que se nourrir. Les industries textiles, qui servent aussi en partie à l'ameublement, sont surtout destinées à satisfaire ce besoin de vêtements ; elles se subdivisent, suivant les matières qu'elles emploient, en industries du coton, du lin et du chanvre, de la laine, de la soie, avec quelques industries annexes, comme la dentelle et la bonneterie.

L'empire d'Allemagne tout entier (nord, sud et Alsace-Lorraine) compte environ 4,900,000 broches dans ses filatures de COTON; dans ce nombre, le royame de SAXE, avec CHEMNITZ pour centre, figure pour plus de 700,000, et la *province du Rhin* avec *Cologne*, *Gladbach*, etc., pour 240,000 ; viennent ensuite la Silésie, le Hanovre, la Westphalie, Oldenbourg. Relativement au tissage, ces centres occupent à peu près le même rang ; au premier la Saxe (*Plauen*, *Chemnitz*, *Zwickau*, etc., et la montagne) qui en possède 18,000, mais qui, sous le rapport de l'importance du *tissage mécanique*, cède le pas à la *province du Rhin*; celle-ci renferme les grandes manufactures de cotonnades d'ELBERFELD qui fait des tissus, des rubans, des lacets, de *Barmen*, de *Gladbach*, renommé pour ses impressions, de Cologne, Dusseldorf, Neuss, Mulheim, etc. Les principales manufactures de Silésie sont à *Schweidnitz*, Gœrlitz, Glogau, etc.; celles de Westphalie, à *Dortmund*, Siegen, etc.; celles de Thuringe à Greiz, Gera ; celles de la province de Saxe à *Mulhausen*, Nordhausen, Erfurth, Eilenbourg ; celles de Brandebourg à *Berlin*, Potsdam, Francfort, Kottbus, etc.

L'industrie du LIN et du *chanvre*, surtout celle du lin

est très-ancienne en Allemagne ; mais la filature mécanique y est peu développée et ne compte guère plus de 150.000 broches dont près des deux tiers dans la Silésie (Oels, Reichenbach, Gœrlitz, Ratibor, Waldenbourg, Landshut) ; la *Westphalie* (*Bielefeld*, Herford, Lubbeck) et la province du Rhin (Duren, Kempen, Gladbach). C'est aussi la Silésie qui tisse le plus; ses principales fabriques surtout pour la batiste sont à *Hirschberg*, Schœnau, Landshut, Gœrlitz, Greifenberg, Lauban, etc.; beaucoup d'ouvriers tissent tantôt le coton, tantôt le lin, selon que les produits de l'un ou de l'autre sont plus demandés. Le *royaume de Saxe* vient au second rang, avec ses belles toiles fines et son linge damassé dont il a, au xvie siècle, emprunté le secret à Courtrai et qu'il fabrique à *Bautzen*, dans le cercle de Dresde et surtout dans la *haute Lusace* (Zittau, etc.); avec la toile à voile du Voigtland et surtout de Plauen et Reichenbach. En Westphalie BIELEFELD, Minden, Lubbeck et le canton de Ravensberg ; dans la province de Saxe *Nordhausen*, Mulhausen et tout l'Eichsfeld; en Hanovre *Osnabruck*, Lunebourg; dans la Hesse, Fulde; dans le Brandebourg, Berlin, Sorau, Kottbus tissent aussi des toiles fines ou toiles communes.

La filature de la LAINE emploie environ 1,400,000 broches dont un cinquième environ pour la laine peignée et quatre cinquièmes pour la laine cardée. Dans ce genre de travail, la primauté est au ROYAUME de SAXE qui possède plus de 400,000 broches, dont un quart pour la laine peignée, et, dans le royaume de Saxe, à la ville de CHEMNITZ. La province du *Rhin* avec *Aix-la-Chapelle*, Eupen, Gladbach, Stolberg ; le *Brandebourg* avec Berlin, Potsdam, Luchenwalde sont au second rang et filent surtout la laine cardée. En Saxe les principales manufactures de DRAPS sont à Grossenhain, Bischofswerda, Rosswein ; les manufactures de *mérinos et tissus mélangés* qui produisent une valeur de près de 100 millions de francs, sont à *Chemnitz* qui fait des étoffes de qualité ordinaire pour robes, châles, cravates et pour tentures ; à *Glochau* et *Meerane* sa « sœur jumelle » qui font des articles mi-laine pour robes ; à Zittau et à Reichenbach ; dans la province du Rhin à *Aix-la-Chapelle*, Burschied, Eupen, Duren pour les draps ; à Cologne, Barmen pour la laine peignée et les articles de fantaisie, ainsi qu'à Elberfeld en Westphalie ; dans le Brandebourg à *Kottbus*, Sorau, Guben pour les draps, à *Berlin* et à Francfort pour les draps et tissus ras; à Gœrlitz, Sagan, Glogau, Hanau, Marklissa en Silésie ; à Gera en Thuringe ; à Osterode et Gœttingue en Hanovre ; à Langensalza dans la province de Saxe.

Le tissage de la laine emploie environ 500,000 métiers en Allemagne. Celui de la *soie* n'en emploie guère que 34,000 ; 27,000 existent dans la seule PROVINCE DU RHIN, qui doit cette industrie aux Français émigrés après la révocation de l'édit de Nantes et qui possède les grandes manufactures de CREFELD, Vierzen, Gladbach, Elberfed, Aix-la-Chapelle, Barmen ; dans le même rayon sont comprises les manufactures de Westphalie, Langenberg, Bochum, et plus loin celles de Bielefeld ; on y fait en général des soieries légères à bon marché, des taffetas, des velours et beaucoup de *rubans* et de lacets, principalement à *Elberfeld*, Barmen et Cologne. Berlin, Potsdam, Brandenbourg en Brandebourg, Annaberg, Buckholz, Gera, Zerbst en Saxe et Thuringe font aussi des tissus de soie, des soieries et de la passementerie.

Les *châles*, tartans et autres, viennent surtout de Berlin et d'Elberfeld ; les *tapis* de Berlin et Kottbus en Brandebourg, de Lahn et de Schmiedeberg en Silésie, d'Erfurth dans la province de Saxe, de Hanau et de Duren en Westphalie.

Le tissage appelle auprès de lui beaucoup d'industries annexes, *blanchisseries, teintureries*, etc.; la province du Rhin (*Crefeld*, etc.), le Brandebourg (*Berlin*, etc.), le royaume de Saxe et la Silésie occupent sous ce rapport les premiers rangs.

La *dentelle* et la broderie se font principalement en *Saxe* dans l'Erz-gebirge (*Annaberg*, Schneeberg, Buckholz) dont les paysannes, depuis des siècles, fabriquent des blondes et les dentelles de Saxe, dentelles noires de soie, et dentelles blanches de fil, toutes dentelles communes d'un prix généralement peu élevé. Dans le voisinage d'Hirschberg (Silésie), on fait de la valenciennes.

En somme, les industries textiles, qui sont dans tous les pays une des principales branches de l'activité manufacturière, forment dans l'Allemagne du Nord deux grands groupes distincts : 1° le GROUPE DE SAXE ET DE SILÉSIE qui s'appuie sur le Riesen-gebirge et l'Erz-gebirge et, profitant des chutes d'eau des montagnes, file et tisse le coton, le lin, la laine, la soie. Il s'étend le long de la vallée de l'Elbe et dans le Brandebourg jusqu'à Berlin où la population d'une capitale sollicite toutes les grandes industries et où l'élevage des moutons facilite la fabrication des tissus de laine. 2° Le GROUPE DU RHIN ET DE LA RUHR où la houille a donné naissance à tant de grandes manufactures, où l'on file et tisse le coton et la soie et qui s'étend, au N.-E., jusqu'à Bielefeld et Minden, région de la toile, au S.-O., jusqu'à Aix-la-Chapelle et Eupen, région des lainages.

La BONNETERIE a pour centre principal la SAXE où l'on fabrique à très-bon marché (Chemnitz, etc.) ; hors de la Saxe il faut citer Stolberg, Apolda, Berlin, Liegnitz, Erfurth, Cologne, Hanau.

171. Les autres industries du vêtement et de la toilette. — Parmi les autres industries relatives au vêtement et à la toilette, il faut nommer la *cordonnerie* que l'on exerce à Mayence, dans la Hesse, etc. ; la *ganterie* à Berlin, Potsdam, Magdebourg, etc. ; la *chapellerie* à Berlin, Mayence, etc. ; la *confection* qui est le privilège de quelques grandes villes, comme Berlin et Dresde ; la *parfumerie* à Berlin, Francfort, Cologne, Saarbruck (savons) ; la *bijouterie* et l'orfèvrerie à *Berlin*, *Breslau*, *Hanau*, dans le cercle d'Altena, etc.

172. L'ameublement. — La construction des maisons est une industrie d'un genre tout particulier, qui s'exerce sur place et qui emploie d'autant plus de bras, que les agglomérations d'hommes sont plus considérables. Mais l'ameublement donne naissance à de nombreuses industries qui transportent et exportent leurs produits. L'*ébénisterie* de luxe est exercée à *Berlin*, Breslau, etc. ; l'industrie du *bronze* à *Berlin*, *Iserlohn*, Altena, Hanau, etc. ; la *tabletterie* et bimbeloterie dans la *Thuringe* (Sonneberg, etc.), dans la *haute Silésie*, le *Harz* et à *Berlin* ; le *cartonnage* et la fabrication des porte-monnaie, tabatières de papier mâché, etc., à *Berlin*, Brunswick, Francfort-sur-le-Mein.

La *verrerie* et la *céramique*, liées nécessairement à la présence du combustible, sont les deux industries de l'ameublement qui donnent les groupes de fabriques les plus importants. Elles sont exercées principalement dans la *Silésie* qui possède la houille et le bois, à Breslau, Buntzlau qui font de la faïence, près de Waldenbourg où l'on fait de la porcelaine et de la verrerie, ainsi qu'à Gœrlitz ; dans la *Saxe* et la *Thuringe* où l'on fait peu de verre, mais beaucoup de porcelaines de faïence et de poteries de grès, à Dresde, à Pirna, à Zwickau, à Plauen, à la manufacture royale de porcelaines de *Meissen* ; dans la Saxe-Meiningen et dans la principauté de Schwartzbourg ; dans le Brandebourg qui possède la manufacture royale de porcelaines de *Berlin*, les fabriques de porcelaine, de faïence et de grès de Charlottenbourg, de Francfort, de Berlin ; dans *la Westphalie et la province du Rhin*, où se trouve la houille, à Neuss, à Witten près de Dortmund, à Duisbourg qui fabrique des creusets renommés, à Salzbach,

Mettlach, etc., sur la Sarre ; au Stolberg est une manufacture de glaces exploitée par la Compagnie française de Saint-Gobain. A la fabrication de la porcelaine se rattache celle des *pipes*, qui a une grande importance en Allemagne.

L'*horlogerie* a ses plus nombreux ouvriers en *Saxe*, dans l'Erz-gebirge, à *Berlin* et à Francfort, à *Lahn* et dans la montagne, en Silésie. La *coutellerie* a pour centres principaux les villes où le bon acier abonde, Solingen, Remschied, etc.

173. Les industries relatives au transport. — Le transport par eau et le transport par chemin de fer emploient des bateaux, des locomotives, des wagons qui leur sont fournis par les grands ateliers de constructions mécaniques (Voir n° 168) ; le transport dans les campagnes est pourvu de chariots et de charrettes par de petits industriels résidant dans chaque localité ; il n'y a que la *carrosserie* de luxe qui soit à mentionner et qui est exercée surtout dans les grandes villes, *Berlin*, *Dresde*, Mayence, Aix-la-Chapelle, Gœrlitz, Greiz.

174. Les industries relatives aux besoins intellectuels. — Les plus importantes fabriques de *papier* sont dans la *province du Rhin*, à *Duren*, Solingen et Dusseldorf ; en *Saxe*, à Chemnitz, Dresde, Leipzig et enfin à *Berlin*. Dans toutes les grandes villes et surtout les villes d'études l'imprimerie et la librairie sont florissantes, notamment à *Berlin*, *Breslau*, *Erfurth*, *Dresde*, Leipzig, centre du commerce de la librairie en Allemagne, Weimar, Gœttingue, Francfort, Cologne, etc.

Les *instruments de musique* viennent de *Berlin*, de *Leipzig* et de Munster renommés pour les pianos ; de Cassel, d'Erfurth et de Fulde renommés pour les flûtes et les hautbois ; de Neukirchen (Saxe) et de la Thuringe où l'on fait de la lutherie commune.

2ᵉ section.

L'ALLEMAGNE DU SUD.

(Voir la carte n° 12.)

175. Retour sur la géographie physique. — L'Allemagne du Sud qui fait partie intégrante de l'Empire allemand, aussi bien que l'Allemagne du Nord, présente cependant avec cette dernière des différences physiques et ethnologiques tranchées. Elle est séparée d'elle par le cours du *Mein*, par la *Kinzig*, son affluent et par une ligne conventionnelle, qui suit de très-près la crête du Thuringerwald et du Frankenwald, et s'étend entre 3°40' et 11°30' de longitude occidentale et entre 50°40' et 47°20' de latitude. Le Rhin, qui la traverse du sud au nord dans sa partie occidentale, la divise en deux sections d'inégale étendue. Celle de l'ouest, la moins considérable (environ 22,000 *kilomètres carrés*), ne renferme que le cercle bavarois du Palatinat, la province de Hesse-Rhénane et l'Alsace-Lorraine, nouvellement annexée à l'Empire d'Allemagne; elle dépend de la région climatologique des Vosges, qui comprend en outre une partie de l'est de la France. La section orientale (108,000 *kilomètres carrés*) occupe en grande partie *un des principaux plateaux de l'Europe*, qui s'appuie au sud à la grande chaîne des Alpes, et que traversent en tous sens des chaînes de médiocre élévation. Elle appartient presque en entier à la *région alpestre* et jouit d'un climat sain, bien que vif, et généralement froid et pluvieux. La superficie générale de l'Allemagne du Sud est donc d'environ 130,000 *kilomètres carrés* (4,500 pour la partie méridionale du grand-duché de Hesse ; 76,000 pour la Bavière ; 19,500 pour le Wurtemberg ; 15,500 pour Bade et 14,500 pour l'Alsace-Lorraine).

176. La formation historique.— Comme le reste de la Germanie, l'Allemagne du Sud a très-peu subi l'influence-romaine. Elle était habitée par les Suèves (d'où la *Souabe*, contrée de l'ouest) et par les *Boii* ou *Boioarii* (d'où la *Bavière*, contrée de l'est) ; elle suivit toutes les destinées de l'Empire germanique ; le vaste duché de Souabe, qui s'étendait bien au delà du Rhin en Alsace et dans la Suisse actuelle, fut démembré au treizième siècle comme l'avait été le duché de Saxe ; la Bavière, au contraire, se maintint et s'agrandit. Quand l'ancien Empire d'Allemagne fut supprimé (1806), les trois principaux États du Sud furent agrandis par les traités qu'imposa Napoléon à l'Autriche et furent érigés, le margraviat de Bade en *grand-duché de Bade*, le *Wurtemberg* et la *Bavière* en *royaumes*. Les traités de 1815 donnèrent le Palatinat à la Bavière et réunirent tous les États du Sud et du Nord de l'Allemagne dans la *Confédération germanique*. Quand celle-ci fut dissoute en 1866, par suite de la guerre austro-prussienne, tandis que les États du Nord formèrent une nouvelle Confédération, les quatre États du Sud, libres d'en constituer une de leur côté, restèrent néanmoins isolés entre eux, mais furent rattachés séparément à la Prusse par des traités militaires. Enfin le rétablissement de l'Empire allemand, conséquence des victoires de l'Allemagne sur la France en 1871, a étroitement uni et subordonné les États du Sud à la Prusse et l'a accrue par l'annexion de l'Alsace et d'une partie de la Lorraine enlevées à la France par le traité de Francfort (10 mai 1871).

177. Les États. — Le GRAND-DUCHÉ DE HESSE (823,000 hab.), capitale DARMSTADT, comprend 3 provinces, dont deux seulement, Hesse Rhénane et Starkenbourg, font partie de l'Allemagne du Sud, la Hesse supérieure étant au nord de la ligne du *Mein*.

Le GRAND-DUCHÉ DE BADE (1,450,000 hab.), capitale CARLS-RUHE, est divisé en 4 districts subdivisés en 14 *cercles* :

Constance.   Carlsruhe.
Fribourg.   Mannheim.

Le ROYAUME DE WURTEMBERG (1,780,000 hab.), capitale STUTTGARD, est divisé en 4 *cercles* subdivisés en bailliages :

Cercle du Necker   Cercle du Danube
— de la Forêt-Noire   — du Jaxt.

Le ROYAUME DE BAVIÈRE (4,800,000 hab.), capitale MUNICH, est divisé en 8 *cercles* subdivisés en districts :

Souabe et Neubourg   Haut-Palatinat et Ratisbonne
Haute-Bavière   Haute-Franconie.
Basse-Bavière   Moyenne-Franconie
Basse-Franconie et As-   Palatinat ou Bavière Rhénane.
chaffenbourg.

Le PAYS D'EMPIRE, ALSACE-LORRAINE (1,600,000 hab. en 1866), capitale STRASBOURG, est divisé en 3 départements, Bas-Rhin, Haut-Rhin et Lorraine, subdivisés en 22 cercles.

(Voir les cartes n°ˢ 13, 14 et 15.)

C'est aussi dans l'Allemagne du Sud que sont situées la *principauté de Hohenzollern* (65,000 hab.), possession prussienne enclavée entre le Wurtemberg et Bade ; et plus au sud, entre la Suisse et l'Autriche, la *principauté* indépendante de LIECHTENSTEIN (8,500 hab.), capitale Vaduz.

178. Les régions agricoles. — L'Allemagne du Sud n'offre pas, entre ses parties basses et ses parties montagneuses, une ligne de démarcation aussi tranchée que celle qui se présente dans l'Allemagne du Nord. Mais chacune de ses régions participe à la fois du régime des plaines et de celui des montagnes. Ces régions peuvent être ramenées à 4 principales :

1° A l'ouest, la région Vosgienne, sur la rive gauche du Rhin. Elle est partagée en deux versants par la chaîne des Vosges, dont le prolongement septentrional porte le nom de Hardt et a pour point culminant le *mont Tonnerre*. Le versant du Rhin comprend l'*Alsace* et la partie orientale de la Bavière Rhénane ou *Palatinat*. Il présente lui-même trois zones parallèles, distinctes par leur configuration, la nature de leur sol, leurs produits et leur climat : la *Plaine* est une contrée basse, plate et uniforme, dépassant de quelques mètres à peine le niveau du Rhin et formée tantôt de limon, tantôt de sables et de graviers, roulés par les torrents des Vosges. La partie où domine le limon ou « lœhm » rhénan est très-favorable à la culture des céréales et des autres plantes alimentaires et industrielles, et fournit jusqu'à deux ou trois récoltes dans l'année ; la partie graveleuse et sablonneuse présente de vastes forêts. La *zone des Collines* n'a guère que 2 à 4 kilomètres de largeur moyenne. Cette largeur n'est dépassée qu'au sud de l'Alsace dans l'ancien *Sundgau*, bassin supérieur de l'Ill, et au nord du bassin de cette rivière dans le *Wasgau*. Plus au nord, au contraire, cette zone se discontinue et ne présente plus que des segments isolés. Elle est en général formée de terrains tertiaires, couverte de vignobles renommés, de riants vergers, de nombreux établissements d'exploitation industrielle et agricole, et présente l'aspect le plus riche et le plus pittoresque. La *zone des Montagnes* est elle-même accessible à la végétation jusque sur les sommets les plus élevés ou *ballons*, qui dépassent rarement 13 à 1400 mètres : les pâturages y alternent avec des forêts de hêtres et de conifères et des massifs de châtaigniers et de mérisiers, dont le fruit sert à la fabrication du kirchwasser. Le versant occidental, ou de la *Moselle*, moins bien partagé que le précédent, comprend la *Lorraine*, dont la plus grande partie appartient à la France, et le reste du Palatinat. Il est formé dans quelques vallées, comme celles de la Seille et de la Moselle (plaine de Thionville) de terrains fertiles argilo-siliceux où prospèrent, selon les altitudes et l'exposition, la vigne, le blé et l'avoine. Mais dans le bassin de la Sarre et dans le voisinage des Vosges, le sol pierreux et maigre ne fournit que du seigle et de la pomme de terre, avec la même alternative de forêts et de pâturages que sur le versant oriental.

2° La région BADO-HESSOISE est séparée de la précédente par le cours du Rhin et comprend le versant oriental de la vallée du fleuve. Elle offre également une succession de trois zones. Mais celle de la *Plaine*, formée d'alluvions et fertile en céréales, là où le gravier et le sable ne dominent pas, est moins étendue qu'en Alsace, et n'acquiert une certaine largeur que dans le nord du grand-duché de Bade et dans la Hesse. La région des collines comprend un grand nombre de vallées recouvertes par le « lœss » ou limon argilo-calcaire très-fertile, propre aux céréales, aux prairies artificielles, à la vigne, au noyer, au châtaignier. Les pentes élevées de la zone montagneuse sont couvertes par les massifs épais et giboyeux de la *Forêt-Noire* (Schwartz-wald), qui donne son nom à presque toute la contrée. Mais les plateaux formés tantôt de grès et tantôt de granit ne permettent à côté des pâturages que la culture du sarrazin et des pommes de terre.

3° La région WURTEMBERGEOISE, aux sources du *Danube* et du *Necker*, présente deux aspects différents :

La partie montagneuse comprend, au sud du Danube, l'Allgau avec ses pâturages alpestres et la *Souabe wurtembergeoise*, plateau de molasse, médiocrement cultivé ; au nord du Danube, la *Rauhe Alp*, autre plateau de formation jurassique, en partie boisé, en grande partie stérile et uniquement peuplé de troupeaux de moutons ; le revers septentrional, qui est le plus rapide, est entrecoupé de vallons fertiles ; à l'est du Rauhe Alp, est le Schwartz-wald qui a le même caractère que le Schwartz-wald badois, et, au nord, s'étendent les cantons boisés du Jura franconien. La région des plaines comprend l'étroite *plaine du Danube*, entre les hauteurs de la Souabe et la Rauhe Alp, et la fertile *plaine du Necker* dont le Strohgau est le canton le plus productif en céréales, et dont la plaine d'Hohenlohe est une dépendance.

La RÉGION BAVAROISE proprement dite fait partie d'un des hauts plateaux de l'Europe et a la forme d'un quadrilatère irrégulier, enveloppé de toutes parts par des chaînes de montagnes : les Alpes au sud, les Alpes de Souabe à l'ouest, le Rhœn au nord, le Bœhmer-wald à l'est, et toute son économie agricole se ressent de ce caractère montagneux. On peut néanmoins la diviser, comme le reste de la Haute-Allemagne, en deux zones distinctes par leur culture : 1° la *zone des montagnes* comprend trois parties : au sud, la partie alpestre s'étendant sur le sud de la Haute-Bavière et de la Souabe; elle est froide, couverte de pâturages sur les hauteurs, de forêts de sapins sur les pentes ; la partie centrale comprend le Jura franconien et les Alpes de Souabe, c'est-à-dire une portion du Haut-Palatinat et de la Moyenne-Franconie; la partie du nord-est s'étend du Spessart au Bayer-wald (forêt de Bavière) et présente une longue suite de forêts de pins sur le versant du Fichtel-gebirge, de forêts de hêtres et de chênes sur le Spessart, le Rhœn et le Bœhmer-wald, avec des pâturages où paissent de nombreux troupeaux de vaches.

2° La *zone des plaines* comprend deux parties : la plaine du Mein qui s'étend sur les trois provinces de *Franconie*, plaine fertile en céréales et bien cultivée, quoique sablonneuse dans quelques parties, comme aux environs de Nuremberg, riche en vignobles dans le voisinage de Wurzbourg; la grande plaine du Danube qui s'étend d'Ulm à Passau et de Munich à la forêt de Bavière et se compose de terrains crétacés dans le sud-ouest, de terrains tertiaires dans l'est; c'est le « grenier de la Bavière ». En raison de l'altitude du plateau, le froment n'y vient que dans les meilleures expositions, mais le seigle, l'avoine, la pomme de terre y poussent en abondance.

179. Les produits agricoles. — La récolte des céréales dans l'Allemagne du Sud s'élève au tiers environ de celle de l'Allemagne du Nord, soit 60 à 65 *millions d'hectolitres*, dont moitié pour la Bavière. Le *seigle* vient en première ligne : la culture du *froment* ne domine que dans l'Alsace, le Palatinat et la plaine du Danube ; l'*orge* dans la Hesse ; l'*épeautre* en Souabe ; le *maïs* ne vient qu'en petite quantité dans la Bavière.

Bade, le Wurtemberg et la Basse-Bavière produisent des *betteraves* ; l'Alsace et le Palatinat du *colza* ; le HOUBLON, réputé le *meilleur de l'Europe*, vient surtout des environs de *Gmund* en Wurtemberg, de *Spalt*, de *Hollebau*, de *Krembacher* en Bavière, etc.; celui d'Alsace est aussi très-renommé. On estime les *tabacs* de la Hesse et ceux du *Palatinat*, dont le nom s'étend même à ceux du grand-duché de Bade (Mulheim, Zell, Offenbourg). La culture du *lin* et du *chanvre* fleurit dans la Bavière haute et basse, la Souabe, le Haut-Palatinat et la Haute-Franconie.

Les meilleurs *vignobles* sont en Alsace (5 à 600,000 hectolitres), ceux de Colmar, de Riquewihr, de Kaysersberg, qui donne le fameux *vin de paille* égal aux meilleurs vins de liqueur du Midi ; dans la Hesse (150,000 hectolitres), les *vins du Rhin* (Nierstein, Ingelheim, Bingen, de la Bergstrasse, etc.) ; dans le pays de Bade (450,000 hectolitres), les vins de la vallée du Necker (Weinheim, etc.) et du *Margraviat* (Mulheim, Zell, Offenbourg, etc.) ; dans le Wurtemberg (500,000 hectolitres), ceux du Necker, du Tauber et du lac de Constance ; en Bavière (500,000 hectolitres), ceux du *Palatinat* (Deidesheim,

Wackenheim, Durckheim, etc.) ; ceux de Wurzbourg et de Lindau.

Parmi les *arbres fruitiers*, il faut citer les noyers, les châtaigniers, les cerisiers et les mérisiers de la Forêt-Noire, les pruniers de la Bavière, et parmi les cultures diverses, les *topinambours* et les *choux* d'Alsace, les *lentilles* de Franconie, les *légumes* de Bamberg, l'*ail* de Nuremberg, etc.

Les FORÊTS couvrent un tiers au moins de la superficie de la haute Allemagne ; aussi le mot *wald*, forêt, entre dans la composition de presque toutes les chaînes de montagnes dont les pentes sont généralement fort boisées, comme le *Schwartz-wald*, l'*Oden-wald*, le *Bayer-wald*, le *Bœhmer-wald*, etc.

180. Les animaux. — Le gros bétail est très-nombreux dans l'Allemagne du Sud. La race bovine (race du Schwartz-wald) compte plus de 4 millions de têtes, dont 3 millions pour la Bavière seule, surtout dans les pâturages du nord, du Voigtland, d'Anspach, etc. Les meilleurs *chevaux* sont les chevaux de trait de la Basse-Bavière. Les *moutons*, peu nombreux et peu remarquables, sont élevés plutôt pour la chair que pour la laine ; cependant depuis quelque temps on a introduit des mérinos dans le district du Jaxt. Grâce aux chênes des forêts, les *porcs* trouvent une nourriture abondante ; aussi sont-ils au nombre de plus de 1,600,000, dont un million pour la Bavière et 300,000 pour Bade. Les *chèvres* sont rares, sauf en Franconie ; les *abeilles* partout nombreuses, surtout dans Bade et dans le Wurtemberg (district du Danube).

Les rivières et les forêts offrent un aliment inépuisable à la pêche et à la chasse.

181. Les substances minérales. — Les richesses minérales de l'Allemagne du Sud sont peu abondantes, surtout au delà du Rhin. On ne peut citer dans la Hesse que la saline de Wimpffen ; dans le pays de Bade, quelques gisements de fer, des carrières de pierre, 2 salines exploitées par le gouvernement ; dans le Wurtemberg, les mines de fer d'Aalen et et de Wasseralfingen ; les salines de *Hall*, de Sulz, etc. ; en Bavière propre, les marbres de Berchtesgaden, les *pierres lithographiques* de Solenhofen, *les plus renommées de l'Europe*, le kaolin, le sel de Berchtesgaden, de Reichenhall, de Rosenheim, etc.

La région Vosgienne est plus riche : le *bassin houiller de la Sarre*, situé pour la plus grande partie dans la Prusse rhénane, a des ramifications assez importantes dans le Palatinat et en Lorraine (ancien *bassin* français *de la Moselle* produisant 2 millions de tonnes). On peut citer encore le petit bassin alsacien de Bouxwiller, ainsi que les mines de lignite de Bouxwiller et Lobsann, et les tourbières du Palatinat. Le fer est abondant dans le bassin de la Moselle (Hayange, Ottange, Moyeuvre, Creutznach, Styring, Ars-sur-Moselle, etc.; les salines de la vallée de la Seille (Vic, Dieuze, Château-Salins) sont les plus importantes de l'Europe occidentale et produisent près de 400,000 quintaux. Les Vosges offrent quelques gisements de mercure, de plomb et d'argent, mais ils paraissent être abandonnés, même ceux de Sainte-Marie-aux-Mines, longtemps assez célèbres.

Les principales sources d'eaux minérales de l'Allemagne du Sud sont celles de *Niederbronn*, Soultz, Wasselonne et Soultzmatt en Alsace; de BADEN-BADEN, de Badenweiler, Rippoldsau et Petersthal dans le grand-duché de Bade ; de *Kissingen* et de Hardecker en Bavière.

182. L'industrie. — On ne trouve pas dans l'Allemagne du Sud de ces vastes centres industriels comme l'Allemagne du Nord en offre dans les Provinces rhénanes, dans le bassin de la Ruhr, dans le Harz, en Saxe et en Silésie. Les régions du Sud, plus agricoles qu'industrielles, n'ont en général que des industries localisées dans un rayon restreint. Cependant les hasards de la guerre viennent d'enlever à la France et de rattacher au moins physiquement à l'Allemagne méridionale une province industrielle, qui peut lutter avec les plus florissantes de l'Europe centrale.

L'ALSACE-LORRAINE tient, en effet, un rang éminent dans l'industrie mécanique, par l'extraction et le travail préparatoire du fer dans le bassin de la Moselle (forges d'Ars-sur-Moselle, de Hayange, d'Ottange, de Styring-Wendel, etc.) par la fabrication des *machines à vapeur* (*Mulhouse* et *Graffenstaden*) et des *machines pour métiers* et outils (Thann et Guebwiller); dans l'industrie textile par le FILAGE DU COTON (2,150,000 broches, nombre presque égal à celui de l'Allemagne du Nord tout entière (centres principaux MULHOUSE, *Thann*, *Guebwiller*, Massevaux, etc.), par le filage et le tissage des laines (BITSCHWILLER, Guebwiller, *Mulhouse*, Sainte-Marie-aux-Mines), par le filage de la soie (15,000 métiers à *Thann*, Guebwiller, Soultz). Elle offre, en outre, des fabriques de *produits chimiques* (Bouxwiller et surtout *Mulhouse*); la *fabrique de glaces* de Saint-Quirin, la cristallerie de Saint-Louis, la verrerie de Forbach, la fabrique de porcelaine opaque et la tabletterie de Sarreguemines; et enfin, dans l'industrie alimentaire, les brasseries (bière de Strasbourg), les distilleries (liqueurs de Phalsbourg, kirchwasser des Vosges), les pâtés de foie gras de Strasbourg, les fromages de Munster, etc.

L'industrie de la Hesse consiste dans les ateliers de construction de Darmstadt et *Offenbach*; les corroieries d'Offenbach, Worms et Mayence; la bijouterie et les articles de mercerie, maroquinerie, tabletterie, petite quincaillerie d'*Offenbach*, la fabrication de creusets renommés.

Dans le grand-duché de Bade, *Carlsruhe* fabrique des machines et des produits chimiques; plusieurs villes

(Fribourg, etc.) préparent des cuirs et surtout des *cuirs vernis*. Le *Palatinat* fabrique du *sucre* de betterave, lequel est, avec le kirsch, l'industrie alimentaire caractéristique de la contrée. Le *tissage* de la *soie*, de la *laine*, du *chanvre*, occupe un grand nombre de bras dans les campagnes et surtout dans les vallées (draps de Pforzheim, cotonnades d'Ettlingen, de Lœrrach dont les tissus imprimés commencent à jouir d'une certaine renommée, de Constance, de Fribourg) ; les paysannes de Furtwangen, etc., tressent des *chapeaux de paille*. Dans la *Forêt-Noire* (Willengen, Eisenbach, Fribourg, Furtwangen, Saint-Georgen, etc.), on fabrique des *horloges* communes dites à coucou, des boîtes à musique, et divers objets en paille ; à *Mannheim* et surtout à *Pforzheim*, importante fabrique, on fait de la *bijouterie* ; aux environs de Mannheim (Waldhof) est une manufacture de glaces, une verrerie à Gaggenau, près de Rastatt, une fabrique de faïence (boutons, etc.) à Fribourg. L'industrie, encore peu développée, a fait des progrès sensibles depuis la suppression des maîtrises.

Dans le Wurtemberg, les industries mécaniques sont exercées à Gmund, Esslingen, Stuttgard, etc.; la préparation des *cuirs* à Calw, Tubingen, Reutlingen, Heilbronn, Ulm ; les *brasseries* sont nombreuses ; le *tissage du coton* est florissant (275,000 broches de filature), à Calw, Esslingen, Ravensbourg, Ludwigsbourg ; la *toile* (linge damassé, etc.) et la dentelle se font entre Ulm et Tubingen et dans le Rauhe Alp (Reutlingen, etc.) ; le tissage de la laine à Reutlingen, etc.; la bijouterie, la bimbeloterie, à Stuttgard, etc.; la fabrication du papier à Heilbronn, Reutlingen, Ulm, etc.; dans la Forêt-Noire, on fait des joujoux et des horloges en bois. *Stuttgard* exerce la *carrosserie*, publie des *livres* et fabrique des *instruments de musique*.

L'industrie bavaroise présente une assez grande variété.

Aux environs de *Munich*, Nuremberg, Schwabach, Erlangen, Augsbourg, Wurtzbourg, etc., on trouve des scieries mécaniques, plus nombreuses que dans toute autre partie de l'Allemagne. A Nuremberg, Kaiserslautern, Schweinfurth, etc., les industries chimiques (couleurs, etc.) sont en activité; Munich, Pirmasens, etc., préparent des *cuirs* en grande quantité.

Nuremberg fait du *chocolat* et possède, ainsi que Munich, de nombreux *moulins* à farine. *Munich, Nuremberg, Bamberg*, etc., possèdent de nombreuses brasseries qui produisent la BIÈRE renommée de BAVIÈRE. La fabrication de cette bière, qui occupe près de 5,000 brasseries et dont le prix de vente est fixé par les administrations municipales, est de près de 6 millions et demi d'hectolitres, employant environ 190,000 hectolitres d'orge germé et 3,200 tonnes de houblon; elle se divise en bière d'hiver peu forte en houblon, bière d'été plus forte, bière double (bock bier) très-forte et destinée surtout à l'exportation. On compte aussi beaucoup de fabriques d'*huiles* de graines.

Les *industries textiles* ont une certaine importance : Augsbourg, Hof, Kempten, Kaiserslautern filent et tissent le coton; Kempten, Memmingen, Bayreuth, Bamberg, le lin; Munich, Augsbourg, Hof, Nordlingen, Nuremberg, la laine pour draps, tapis, couvertures; Munich, Augsbourg et environs, Deux-Ponts, etc., la soie. Nuremberg fait de la passementerie; Pirmasens, de la cordonnerie.

Theresienthal, Furth, Bayreuth, Passau, renommé pour ses creusets, fabriquent de la verrerie, des glaces ou de la *céramique*, industrie florissante en Bavière : Nymphembourg possède une manufacture royale; *Nuremberg* produit de la coutellerie, de la quincaillerie, de l'horlogerie, de la bijouterie. Munich et la *montagne* (Reichenhall, Oberammergau, Mittenwald, etc.) fabriquent des *instruments de musique* en bois et des pianos; *Nuremberg*, des *joujoux* en bois, en fer-blanc et en plomb, des porte-monnaie ; Munich, etc., des *instruments de précision*, etc. ; Augsbourg, Nuremberg, Aschaffenbourg, Furth, du papier ; *Munich imprime* et édite beaucoup d'ouvrages.

3ᵉ Section.

LE COMMERCE DE L'EMPIRE D'ALLEMAGNE.

(Voir les cartes nᵒˢ 14 et 15.)

183. Le résumé de la production agricole et industrielle de l'Allemagne. — L'Allemagne, Allemagne du Nord et du Sud, est une vaste contrée qui mesure 544,000 *kilomètres carrés*, c'est-à-dire une superficie un peu supérieure à celle de la France. Elle a une agriculture florissante, mais dont la production est loin d'être la même dans toutes les provinces ; elle donne en tout 230 à 260 *millions d'hectolitres* de CÉRÉALES de toute espèce, parmi lesquelles dominent l'AVOINE et le SEIGLE, culture des terres froides et légères et que produisent en abondance la *Saxe*, la *Thuringe*, la *Nordalbingie*, le *Wurtemberg*, etc.; puis l'épeautre dans les États du Sud ; l'orge partout où l'on boit de la bière ; plus de 250 *millions d'hectolitres* de POMMES DE TERRE qui poussent surtout dans les terres sablonneuses du *Nord*, et dont une partie sert à la nourriture des habitants, et l'autre partie est convertie en ALCOOL et en eau-de-vie; des légumes, surtout dans le voisinage des villes et dans les vallées de l'Elbe et du Necker ; du HOUBLON qu'on cultive partout, parce que partout on boit de la BIÈRE, mais dont les qualités les plus renommées sont en *Bavière;* du TABAC, très-cultivé dans un pays où l'on fume beaucoup et pour la récolte duquel le *Palatinat* et le *Brandebourg* sont au premier rang ; des BETTERAVES, cultivées surtout dans le *Nord* (Saxe, Prusse, etc.), en vue de la fabrication du

SUCRE; du LIN qui dans la *Westphalie*, la *Silésie*, le Hanovre, etc., a donné naissance à la fabrication de la TOILE; des *graines oléagineuses*, etc.

Elle a peu de *vignobles*; mais la plupart, situés sur les *bords du Rhin*, du Necker et de la Moselle, produisent des vins d'un grand prix.

Les FORÊTS sont nombreuses et très-étendues dans l'Allemagne, soit dans les sables du nord où poussent le pin et le sapin (Brandebourg), soit dans les montagnes du centre (Harz, Saxe, Thuringe, Silésie) et du sud (Forêt noire, Bavière) où le hêtre et le chêne se mêlent aux conifères: elles couvrent le *quart* de la superficie de l'Allemagne du *Nord*, le *tiers* de l'Allemagne du *Sud*, fournissent du *bois à brûler*, du *bois de construction*, de la *résine*, et donnent lieu à diverses fabrications d'ouvrages en bois.

Le *nord de l'Allemagne* élève beaucoup de *chevaux* dans ses plaines (Mecklembourg, etc.); le *sud* (Wurtemberg, Bavière, Bade), la *Saxe* et les *provinces rhénanes*, beaucoup de BÊTES A CORNES dans leurs pâturages montagneux ; le *nord-est* (Prusse, Poméranie, etc.), dans ses landes et ses bruyères, et quelques régions montagneuses du centre (*Brunswick*, *Silésie*, etc.) élèvent beaucoup de *moutons*, surtout de mérinos qui fournissent en abondance de la LAINE à l'industrie nationale et à l'exportation. Les porcs sont nombreux là où se trouvent des forêts pour les nourrir. En somme, l'Allemagne compte environ 18 *millions* 1/2 *de têtes de gros bétail* (3 millions de chevaux et 15 millions 1/2 de bêtes à cornes), et 39 *millions de têtes de petit bétail* (plus de 30 millions 1/2 de moutons, 7 millions 1/2 de porcs, et près de 2 millions de chèvres).

La plaine de l'Allemagne du Nord et l'Allemagne du Sud (celle-ci, à l'exception du sel) ont peu de minéraux, mais la partie montagneuse de l'Allemagne du Nord est très-riche en HOUILLE, en FER et en quelques autres mé-

taux (argent, plomb, zinc) surtout dans la HAUTE SILÉSIE, la SAXE ET THURINGE, le HARZ, les PROVINCES RHÉNANES et particulièrement dans le *bassin de la Ruhr*. Aussi les forges, et généralement toutes les *industries mécaniques*, sont-elles concentrées sur ces points, et dans quelques grandes villes manufacturières, comme BERLIN ; c'est aussi à peu près dans les mêmes régions que sont exercées en grand la plupart des *industries chimiques*.

Les industries textiles, LAINAGES, SOIERIES, *cotonnades, toiles*, ont pris de très-grands développements dans certaines parties de l'Allemagne, en SILÉSIE (*Schweidnitz, Hirschberg*, etc.), et en SAXE (*Chemnitz, Bautzen, Plauen, Zwickau*, etc.) où l'on tisse le coton, le lin, la laine et la soie ; dans le *Brandebourg* (*Berlin*, Kottbus, etc.) où l'on tisse surtout la laine ; dans LA PROVINCE DU RHIN ET LE BASSIN DE LA RUHR. (*Elberfeld, Barmen, Crefeld, Gladbach, Aix-la-Chapelle. Dortmund, Cologne*, etc.), et, au delà, en Westphalie (*Bielefeld*, etc.) où l'on tisse le coton, la soie, le lin et la laine ; dans le Wurtemberg où l'industrie cotonnière est assez avancée ; dans l'ALSACE, où cette industrie occupe presque autant de métiers que dans le reste de l'Allemagne (*Mulhouse, Thann, Guebwiller*, etc.) et qui fabrique également des toiles peintes et des étoffes de laine et de soie.

On peut donc diviser l'Empire d'Allemagne en TROIS GRANDES RÉGIONS ÉCONOMIQUES correspondant aux régions physiques :

1° La RÉGION DE LA PLAINE DU NORD, s'étendant de la frontière de la Hollande à celle de la Prusse, région tout agricole et maritime.

2° La RÉGION MÉTALLURGIQUE ET MANUFACTURIÈRE DU CENTRE, qui s'étend aussi de l'ouest à l'est en une longue bande de terrains accidentés depuis la frontière de Belgique jusqu'à la Pologne ; le travail industriel y est particulièrement actif dans les *provinces rhénanes*, surtout dans le bassin de Saarbruck possédant la houille et les industries qu'elle suscite ; dans les vallées de la Lahn et de la Sieg, où l'on travaille les métaux ; dans le bassin de la Ruhr où se trouvent rassemblés la houille, le fer, le coton, la laine, la soie et où les fabriques et les usines se pressent à côté les unes des autres ; à l'extrémité septentrionale de la Westphalie, où se trouve un des siéges principaux de l'industrie linière ; dans le Harz, qui possède des mines et travaille le bois ; dans la Saxe et Thuringe où sont la houille, les métaux, les tissages et les travaux à la main exécutés dans la chaumière, tels que la bonneterie, la dentelle et la broderie ; dans le Brandebourg, qui possède le grand centre de Berlin et fabrique surtout des draps ; dans la Silésie qui, à l'occident, possède, comme la Saxe et la Bohême ses voisines, les tissus, le verre et les poteries et, à l'orient, la houille et les industries mécaniques.

3° La RÉGION DE L'ALLEMAGNE DU SUD, plus agricole que manufacturière, possède cependant dans ses montagnes certaines industries pratiquées dans la chaumière, les ouvrages en bois, l'horlogerie, la dentelle et le tissage ; et, grâce surtout à ses cours d'eau et à ses forêts, d'importantes manufactures dans ses vallées et dans ses villes, telles que l'industrie cotonnière de l'Alsace et du Wurtemberg, les fabriques de Nuremberg, d'Augsbourg, de Munich, etc.

184. La constitution du Zollverein. — Le morcellement de l'Allemagne en petits États ayant autrefois chacun leurs lignes de douanes et leurs tarifs particuliers était un grand obstacle au développement du commerce. Les Allemands le comprirent, et la Prusse donna l'exemple (1819-1828) en faisant avec la Hesse-Darmstadt et quelques autres principautés des traités pour la suppression des barrières qui les séparaient. Une association du même genre se forma entre le Wurtemberg et la Bavière, et cette association s'étant, en 1833, réunie à l'association prussienne, le ZOLLVEREIN (douanes-association) se trouva constitué; la plupart des États allemands y entrèrent successivement (1). Après les événements de 1866, le Zollverein fut agrandi et reconstitué par le traité du 8 juillet 1867. *Tous les États de l'Allemagne du Nord et du Sud (moins Brême, Hambourg*, Altona, et quelques autres ports francs, formant en tout une superficie de 400 kilomètres carrés) et le *grand-duché du Luxembourg* en faisaient partie et ne formaient, par conséquent, sous le rapport commercial, qu'un seul État, entouré d'une ligne de douanes à l'intérieur de laquelle la circulation des marchandises était entièrement libre. Le Zollverein était administré par le *conseil fédéral* (Bundesrath) composé de 58 membres représentant les intérêts des 25 États associés, et les lois qui le régissaient, votées par le *parlement douanier* (Zoll parlement) composé de 382 députés. Aujourd'hui le parlement douanier est remplacé par le conseil fédéral lui-même; et les affaires de l'ancien comité central du Zollverein sont gérées par les comités formés au sein de ce conseil pour les douanes et la circulation, pour le commerce et les communications, pour les chemins de fer, postes et télégraphes, et pour la comptabilité.

185. Les voies de communication. — L'Allemagne du Nord compte plus de 40,000 kilomètres de routes, sans compter les chemins, et l'Allemagne du Sud, dont la viabilité est, malgré les accidents du terrain, dans une bonne situation, environ 35,000 kil. de routes et de chemins.

Mais l'Allemagne du Sud est pauvre en canaux (V. la

1. Saxe et Thuringe en 1833; Nassau, Francfort, Brunswick, Hesse électorale, etc., en 1836; Bade en 1841; le Luxembourg en 1842; le Steuerverein (association du Hanovre et Oldenbourg) en 1854.

carte n° 15) ; le *canal Louis* qui par l'Altmuhl et le Regnitz unit, à travers le Jura franconien, le Danube et le Mein et, par conséquent, la mer Noire et la mer du Nord, est le seul qu'elle possède et il est peu fréquenté. Les plaines de l'Allemagne du Nord sont plus favorisées ; la canalisation y était facile et les fleuves de la région orientale, qui sont des voies commerciales généralement très-fréquentées, sont tous unis entre eux, l'Elbe et l'Oder par le *canal Finow* qui de l'Oder débouche dans le Havel, par le *canal Frédéric-Guillaume* qui de l'Oder débouche dans la Sprée, et par le *canal de Plaue* qui abrége la navigation du bas Havel à l'Elbe ; l'Oder et la Vistule par le *canal de Bromberg* qui de la Vistule débouche dans la Netze et par le canal de l'Obra qui unit la Wartha à l'Oder en amont de Posen ; dans la Prusse orientale, plusieurs canaux ont été tracés, entre autres celui qui unit la Prégel au Kurische Haff ; le Sleswig-Holstein est uni à la mer Baltique par le *canal de l'Eider* qui débouche dans la baie de Kiel.

Le réseau des CHEMINS DE FER allemands est en grande partie achevé. Il comprend 19,600 *kilomètres* (V. la carte n° 14) dont 5,200 pour l'Allemagne du Sud, 13,600 pour l'Allemagne du Nord, et 800 pour l'Alsace-Lorraine. Toutes les grandes villes communiquent entre elles. Au milieu du réseau complexe, on peut distinguer quatre grandes directions de l'ouest à l'est. Deux se trouvent dans l'Allemagne du Nord : l'une presque au pied de la région montagneuse va d'*Aix-la-Chapelle* par le *district manufacturier de la Ruhr* et par *Magdebourg* à *Berlin* et, de là, à *Kœnigsberg* ou à *Thorn* ; l'autre serpente à travers le district montagneux par *Aix-la-Chapelle*, *Cologne*, la *Thuringe* (Gotha, Weimar), *Leipsig*, *Dresde* et la *Silésie* (Gœrlitz, Breslau). Deux se remarquent également dans l'Allemagne du Sud : l'une, par le *Palatinat*, *Mannheim*, *Nuremberg*, rejoint la Bohême ; l'autre, par *Strasbourg*, *Carlsruhe*, *Stuttgard*, *Munich*, rejoint Salzbourg et l'Autriche. Cinq grandes directions existent du sud au nord : l'une, celle du Rhin, part de *Constance*, relie Bâle, s'y bifurque pour côtoyer les deux rives du fleuve, d'un côté par *Mulhouse, Colmar, Strasbourg, Mayence* et *Coblenz* ; de l'autre par *Carlsruhe, Heidelberg, Darmstadt, Wiesbaden, Coblenz, Cologne, Crefeld*, et se prolonge, au delà du bassin de la Ruhr, le long de l'Ems jusqu'à *Emden*; une autre, partant du lac de Constance (Lindau) ou de Munich, par *Augsbourg, Nuremberg*, la Thuringe et le flanc occidental du Harz, conduit à *Hambourg* et *Lubeck* et se prolonge jusque dans le Jutland ; une troisième venant du Tyrol et de Munich, conduit, par le nœud du Fichtel-gebirge, à *Leipzig*, puis, de là, à *Berlin* et *Stettin* d'une part, d'autre part par la vallée de l'Elbe à *Magdebourg* et *Hambourg*; une quatrième venant de Bohême se dirige par *Berlin* jusqu'à *Stettin* et *Stralsund*; une cinquième est la double ligne de *Silésie*, allant, de la frontière et de *Breslau*, d'une part, à *Berlin* par *Francfort* et, d'autre part, à *Colberg* par *Posen*.

Par ses chemins de fer l'Allemagne communique avec la Hollande, la Belgique, la France, la Suisse, l'Autriche et la Russie.

186. Les monnaies et mesures. — Les monnaies sont dans l'Allemagne du Nord le *thaler* qui vaut 3 fr. 64, et le silbergroschen (gros d'argent) qui vaut 1/30 du thaler ou 0 fr. 12; dans l'Allemagne du Sud, le florin qui vaut 2 fr. 12, et le kreutzer qui vaut 1/60 de florin ou 0 fr. 35.

Les États du Zollverein avaient adopté en principe une *livre* commune, qui, pesant 500 *grammes*, est en rapport simple avec les mesures du système métrique ; mais diverses mesures locales sont encore en usage dans chaque pays.

187. La marine. — L'Allemagne du Sud, n'ayant pas de côtes, n'a pas de marine, et la navigation se borne aux fleuves (Danube depuis Ulm, Rhin, Mein et canal) et au lac de Constance où chacun des trois Etats riverains, Bade, le Wurtemberg et la Bavière a son port (Constance, Friedrichshafen, Lindau).

L'Allemagne du Nord a des ports très-importants placés la plupart près de l'embouchure de ses grands fleuves :

Emden, sur la rive droite de l'Ems, qui sert de débouché à l'Ost-Frise et fait un certain commerce avec la Hollande, l'Angleterre et la Belgique.

Brême, le second port de l'Allemagne, sur le Weser, à 80 kilom. de l'embouchure, sert de débouché à tout le bassin de ce fleuve ; le Weser ayant peu d'eau, les gros bâtiments s'arrêtent à Bremerhafen, possession de la ville libre de Brême, ou à Geestmunde, possession prussienne; ces deux stations, ainsi que Brême, sont des ports francs. Cette ville, siége du Lloyd de l'Allemagne septentrionale, exporte des tissus, des grains, du bétail, etc., transporte des émigrants en Amérique et entretient un commerce considérable avec New-York, avec les autres ports des États-Unis et avec l'Angleterre ; ces deux pays figurent pour près des trois quarts dans les 1,800,000 tonneaux du mouvement général de son port.

Hambourg, la première place de commerce de l'Allemagne du Nord, est un des plus importants marchés de grains du monde; son port, qui s'étend le long de l'Elbe et se divise en port fluvial et port maritime, a un mouvement annuel de plus de 2 millions de tonneaux ; c'est avec l'Angleterre que Hambourg fait son principal commerce ; mais ses relations et ses services de navigation s'étendent sur presque toute la surface du globe, en Amérique, au fond de la Méditerranée et sur les côtes de l'Asie orientale ; c'est un port franc, aussi bien qu'*Altona*, situé sur le territoire prussien, et qui peut être considéré presque comme un faubourg de Hambourg. *Cuxhaven*, à l'embouchure même du fleuve dont le lit, est embarrassé de bancs de sable mouvants, est l'avant-port de Hambourg.

Kiel, port naguère danois, échange les bois du Nord contre les produits des fermes du Holstein ; c'est aujourd'hui l'arsenal maritime de la Prusse.

Lubeck, autrefois la reine des villes Hanséatiques, mais aujourd'hui déchue, fait encore un assez grand commerce avec la Russie et la Suède.

Wismar et *Rostock*, marché important pour les grains, sont les deux ports du Mecklembourg : Stralsund et Greifswald sont dans la Poméranie occidentale.

STETTIN, le principal port de la Prusse et le grand débouché du bassin de l'Oder, se trouve à 70 kilomètres de l'embouchure du fleuve ; avec *Swinemunde* son avant-port, il exporte surtout des bois et des grains pour l'Angleterre et la Hollande.

Colberg est le port de la Poméranie orientale.

Danzig, le port de la Vistule et, par conséquent, de la Prusse occidentale et de la Pologne, est muni d'une large rade qu'abrite une longue bande de terre sablonneuse ; ses exportations, qui se font principalement pour l'Angleterre, consistent en céréales (froment et seigle), bois, etc.

Pillau, avant-port de Kœnigsberg et d'Elbing et *Memel* sont les ports de la Prusse orientale et les débouchés de la Prégel et du Niémen ; ils exportent des céréales (seigle, avoine), du bois, des pois, du lin, etc.

L'ensemble de la *marine marchande* de l'Allemagne du Nord est évalué à 1,350,000 *tonneaux* ; mais on ne sait pas exactement le mouvement général de la navigation ; ses ports ayant été jusqu'à présent soumis à des régimes différents.

Des services réguliers établissent des communications entre les ports de la Baltique, Saint-Pétersbourg et la Suède, et entre les ports de la mer du Nord et ceux de la Hollande, de la Belgique, de l'Angleterre, de la France et de l'Amérique.

188. Le commerce intérieur. — Les transports que nécessite le commerce intérieur se font par le cabotage, par les voies fluviales, par les routes et les chemins de fer. Le cabotage est médiocrement important. La navigation fluviale, au contraire, est assez active sur le Weser, sur l'Oder ; très-active sur l'Elbe dont *Magdebourg* est le principal entrepôt. Les chemins de fer transportent environ 33 millions de tonnes pour la Prusse seule, et probablement plus de 45 millions pour l'Allemagne entière. De tous les entrepôts, le plus important est Leipzig, situé dans une belle plaine au centre de l'Allemagne, avec des chemins de fer rayonnant dans tous les sens ; depuis la fin du quinzième siècle, Leipzig a des *foires* célèbres où des marchands de l'Europe entière et même des autres parties du monde se donnent rendez-vous, et qui longtemps ont approvisionné l'Europe orientale de produits fabriqués et de denrées coloniales ; la facilité des communications tend à amoindrir les foires en permettant aux négociants de faire directement leurs achats aux lieux de production ; cependant deux des foires de Leipzig, celle de la Saint-Michel et surtout celle de Pâques qui est le rendez-vous des libraires de toute l'Allemagne, donnent encore lieu à un trafic considérable.

Au second rang, sont les *foires de Francfort-sur-le-Mein* qui ont été longtemps les rivales de celles de Leipzig ; celles de Brunswick dans l'Allemagne du Nord ; celles de Nuremberg, qui a été au moyen âge le plus grand marché de l'Europe centrale et celle d'*Augsbourg*, qui tend à reprendre son influence perdue. Les grandes villes manufacturières, *Berlin*, *Breslau*, *Dresde*, *Cologne*, *Munich*, *Mulhouse* et les ports sont, avec les villes déjà citées, les principales places du commerce allemand.

189. Le commerce extérieur. — Le COMMERCE EXTÉRIEUR qui, en 1845, était d'environ 1 milliard 600 millions, atteint aujourd'hui 5 MILLIARDS, dont 3 milliards

800 millions pour le commerce spécial et 1200 millions pour le mouvement d'entrée et de sortie du transit ; mais il ne faut pas oublier qu'il ne comprend pas tout le mouvement commercial de l'Allemagne, les grands ports de Hambourg et de Brême n'y figurant pas (1). Il consiste :

A l'*importation* :

En *matières premières pour le tissage*, *coton* et *laine* (environ 50,000 tonnes), fils de coton venant d'Angleterre, des États-Unis par Brême et Hambourg, de Belgique par Cologne, *laine* (env. 25,000 tonnes) et *fils de laine*, venant d'Australie, du Cap et de la Plata directement ou par l'intermédiaire de l'Angleterre et de l'Autriche, *soie écrue* (plus de 1,000 tonnes), chanvre et lin ;

En *denrées coloniales*, *café* (70,000 tonnes), sucre brut, cacao, thé, poivre et piment, ainsi que du *tabac*, venant directement par les villes Hanséatiques ou indirectement par l'Angleterre et la Belgique ;

En *métaux* et minéraux, *fonte brute et vieux fer* (100,000 tonnes), minerai de fer et d'acier, acier, fer forgé, calamine, cuivre, étain, plomb, soufre, houille, venant principalement de Belgique par Cologne, de Suède et d'Angleterre ;

En *céréales* et graines, froment, seigle, orge, avoine, riz, *graines de colza et de lin*, venant principalement de la Pologne et de la Russie, et par Hambourg ;

En *bestiaux*, *porcs* (plus de 400,000 têtes), *bêtes à cornes*, *chevaux*, *moutons* et viande, venant principalement d'Autriche, de Pologne et de Suisse :

En *matières premières pour les industries chimiques*, en *bois de teinture* (26,000 tonnes), en *sel*, en *cuirs* et crins, en soude, tan, poix et goudron, résine, suif, huile de poisson, huiles diverses, salpêtre, indigo, caoutchouc,

1. Les chiffres des valeurs ne sont pas officiels, mais ils sont calculés par des statisticiens, la douane ne donnant que des quantités.

garance, venant, pour les matières exotiques, surtout par Brême et Hambourg; pour les produits européens, surtout par les frontières de l'est et du sud-est ;

En bois, *bois de construction* (environ 2 millions de pièces, de Suède et Norvége et de Russie, et *bois d'ébénisterie* d'Amérique ;

En *produits alimentaires*, *harengs* (200,000 tonnes), surtout de Norvége; vins et eaux-de-vie surtout de France et de Portugal ; *fruits secs* (dattes, figues) et fruits du Midi (oranges, citrons), huile d'olive venant principalement d'Italie par mer ;

En *objets manufacturés*, *ouvrages en fer et en acier* (18,000 tonnes), *tissus* de laine, de lin, de soie, de coton, papier, verrerie et porcelaine d'Angleterre, d'Autriche, de France, etc.

A l'*exportation* :

En CÉRÉALES (environ 7 millions d'hectolitres en 1864), froment, seigle, orge, etc., *farines* et *légumes secs*, pour l'Angleterre, la Hollande, la Belgique, la Suisse, etc. ;

En animaux vivants et *produits animaux*, BÊTES A CORNES (plus de 100,000 têtes) MOUTONS (plus de 450,000), *porcs* (120,000), *chevaux* (20,000), viande, *cuirs*, peaux et *poils*, *laines*, *beurre*, pour les pays de l'Occident, Angleterre, France, Belgique, Hollande et pour la Russie ;

En boissons, *eaux-de-vie*, *vin*, *bière*, principalement pour les pays d'Occident ;

En produits agricoles divers : GRAINES de colza, de lin et de trèfle (environ 60,000 tonnes), *huiles de graines* et *tourteaux*, *sucre* et mélasse, *tabac*, houblon ;

En BOIS DE CONSTRUCTION et bois d'œuvre (environ 1 million et demi de pièces), pour l'Angleterre, la Hollande, la France, la Belgique ;

En HOUILLE (2 millions de tonnes), pour la France, la Hollande, l'Autriche, la Suisse ;

L'EUROPE CENTRALE. 245

En MÉTAUX : *minerai de fer* (180,000 tonnes), *zinc* (36,000 tonnes), *fonte, fer forgé et rails* (25,000 tonnes), *acier* (3,500 tonnes), *plomb* (15,000), etc., et *ouvrages en métaux, ouvrages en fer et en acier* (34,000 tonnes), *ouvrages en zinc et en fer-blanc,* tôle et fer-blanc, cuivre ouvré, principalement pour les pays de l'Occident ;

En *eaux minérales* et en *sel* ;

En *coton, en laine,* en *lin* et chanvre, en TISSUS, *lainages,* (16,000 tonnes), et fils de laine, *cotonnades* et *bonneterie* (9,000 tonnes), et fils de coton, *toiles* (7,000 tonnes), *soieries* 1,500 tonnes), pour la Russie, la Suisse, l'Autriche, la Hollande, la France, etc. ;

En produits manufacturés divers, *verrerie* (verre à bouteilles, gobeleterie, etc.) et porcelaine, *bijouterie* et horlogerie, *papier* et cartonnages, *livres* et gravures, *instruments de musique* ;

En *denrées coloniales,* que l'Allemagne revend surtout à l'Autriche, à la Suisse et à la Russie.

190. Le commerce avec la France. — Dans le commerce du Zollverein, l'Angleterre vient au premier rang, l'Autriche au second, la *France au troisième.* La *France* fait avec l'Allemagne (Zollverein et villes hanséatiques) environ 550 millions d'affaires, *expédiant* en assez grande quantité des *soieries,* de la *mercerie,* des *lainages;* en moindre quantité des vins, des soies, de la lingerie et des modes, des fils ; et *recevant* des *bestiaux,* de la *laine,* du *bois,* de la *houille,* des *peaux,* des *grains* dans les années de mauvaise récolte en France, des cendres et regrets d'orfèvre, etc.; ces relations ont lieu par terre beaucoup plus que par mer. Il est difficile, d'ailleurs, de dresser un compte exact des exportations de la France pour l'Allemagne, un certain nombre de marchandises qui lui sont destinées passant par la Belgique ou par la Suisse, et un certain nombre de marchandises qui entrent directement par la frontière du Zollverein étant destinées à l'Autriche et à l'Europe orientale.

4ᵐᵉ Section.

POPULATION ET GOUVERNEMENT DE L'ALLEMAGNE.

191. La population de l'Allemagne. — La population de l'Allemagne est de 40 MILLIONS D'HABITANTS, soit UN PEU MOINS DE 4/5 D'HAB. PAR HECTARE OU 74 *hab. par kil. carré*; sur ce total 29,550,000 appartiennent à l'*Allemagne du Nord* et 10,450,000 à l'*Allemagne du Sud*. C'est dans l'Alsace, dans le royaume de Saxe, et particulièrement dans le cercle de Zwickau, dans une partie de la Thuringe, sur les bords du Necker et du Rhin, particulièrement dans le district de Dusseldorf où l'on atteint le chiffre de 227 hab. au kilom. carré, que la population est le plus dense, dépassant partout 125 hab. au kil. carré ; c'est dans la plaine du nord, Prusse, Poméranie, Mecklembourg, Slesvig, Hanovre et Oldenbourg, surtout dans le district de Lunebourg, qu'elle est le plus rare, n'atteignant pas 50 hab. au kil. carré.

Cette population s'accroît rapidement ; au commencement du siècle, elle n'était guère que de vingt millions pour l'Allemagne entière. Ce supplément de population se porte surtout vers les districts manufacturiers; il se déverse aussi en partie à l'étranger, dans les autres pays d'Europe et aux États-Unis.

Tous les adultes, presque sans exception, possèdent l'instruction primaire ; l'instruction secondaire et l'instruction supérieure sont largement développées.

Le protestantisme domine en Allemagne Dans l'Allemagne du Nord, les 7/10 de la population appartiennent à l'Eglise évangélique ; les Israélites sont assez nombreux dans l'est, surtout en Posnanie : leur nombre total est de 500,000 pour toute l'Allemagne ; les catholiques composent la majeure partie de la population dans la Posnanie, les provinces rhénanes (surtout dans la province du Rhin). Dans l'Allemagne du Sud, les protestants l'emportent en Wurtemberg (7 sur 3), mais ils sont en minorité dans la Bavière, dans le duché de Bade et dans l'Alsace-Lorraine (3 sur 7).

Indépendamment des *Allemands* qui forment le fonds principal de la population (plus des 9/10), il y a plus de 2 millions de *Polonais* dans la Posnanie, la Prusse et la Silésie, des *Tchèques* en Silésie, des *Wendes* en Lusace, des *Lithuaniens* à l'est de la Prusse orientale, des *Danois* dans le Slesvig, etc. La *langue allemande* est partout la langue officielle ; mais chacune de ces familles a sa langue particulière.

192. Les grandes villes de l'Allemagne. — L'Allemagne compte 45 *villes ayant une population de plus de 30,000 âmes* (32 dans l'Allemagne du Nord, et 13 dans l'Allemagne du Sud), dont 7 ont plus de 100,000 âmes, à savoir :

KŒNIGSBERG (106,000 hab.), capitale de la Prusse orientale, vieille ville fortifiée, située près de l'embouchure de la Prégel qui lui amène les produits agricoles des contrées voisines ; célèbre par son université.

COLOGNE (125,000 hab.), située sur la rive gauche du Rhin, cité antique, ornée de nombreuses églises et d'une magnifique cathédrale, a été de tout temps le principal entrepôt de la région rhénane ; en communication avec Francfort, la haute Allemagne et les Pays-Bas, trafiquant des produits du pays, céréales, graines oléagineuses, peaux, vins, denrées coloniales et drogueries, métaux, tissus, et possédant de nombreuses manufactures, raffineries de sucre, filatures et tissages, fabriques de produits chimiques, etc.

Dresde (156,000 hab.), capitale du royaume de Saxe, traversée par l'Elbe qui la met en communication avec la Bohême, d'une part, avec Magdebourg et Hambourg, de l'autre; unie à Leipzig, à Berlin, à la Silésie par des chemins de fer ; place importante par son commerce et par les nombreuses industries exercées dans ses murs ou dans sa banlieue; plus remarquable encore par ses palais et ses musées.

Munich (170,000 hab.), la seule ville de l'Allemagne du Sud qui ait plus de 100,000 âmes; capitale du royaume de Bavière, située sur la rive gauche de l'Isar ; grande et belle ville, non moins célèbre que Dresde pour ses palais et ses musées ; centre du commerce des céréales dans la haute Bavière; possédant des manufactures nombreuses, et surtout des brasseries renommées.

Breslau (172,000 hab.), sur l'Oder, capitale de la Silésie, et le principal marché de cette riche province qui y envoie ses laines, ses céréales, ses bestiaux, ses métaux et ses tissus ; depuis vingt ans, les chemins de fer ont donné une nouvelle et grande activité au commerce de cette ville qu'avait ralenti la difficulté des échanges avec la Russie, à peu près isolée par un tarif prohibitif.

Hambourg (225,000 hab.), bâtie sur la rive droite de l'Elbe, dont cette ville est le port (v. § 187); formant, depuis le moyen âge, une puissante et riche république de marchands ; place dont le commerce s'étend aujourd'hui dans les cinq parties du monde, et qui, quoique rattachée à l'Empire d'Allemagne, conserve encore son indépendance municipale et sa situation de port franc ; les denrées coloniales, les drogueries, les céréales, les tissus, les métaux précieux, sont les principaux objets de son trafic; Hambourg possède la seule grande banque de dépôt qui existe encore en Europe.

BERLIN (702,000 hab.), capitale du royaume de Prusse, grande et belle ville (voir la fig. n° 13), régulièrement bâtie, en communication par des canaux avec les deux fleuves qui l'avoisinent, l'Elbe et l'Oder; par des chemins de fer avec toute l'Allemagne; la rivale de Leipzig pour le commerce, et le plus important marché de laines qu'il y ait en Europe; réunissant dans ses murs ou dans sa banlieue toutes les grandes fabrications, machines, produits chimiques, tissus (soieries et draps), et toutes les industries

Fig. 13. — Vue de Berlin.

d'une ville de luxe et d'une ville d'étude; possédant une université qui est aujourd'hui la première de l'Allemagne.

193. Le gouvernement. — L'administration des communes dans l'Allemagne du Nord diffère non-seulement suivant les États, mais, dans la Prusse même, suivant les provinces. En général, on distingue 1° Les *petites communes* *rurales* qu'administre un maire (Schulze, Vorsteher, etc.) nommé par l'autorité locale, et qui sont, sur certains points (Westphalie), groupées en bailliages ou cantons, avec un bailli nommé par le gouvernement ; 2° les *villes* (au-dessus de 2,500 hab.) qui s'administrent elles-mêmes, nommant pour 12 ans leur *magistrat* ou conseil exécutif, présidé par un bourgmestre et pour 6 ans leur *Conseil municipal* ; l'élection du magistrat doit être ratifiée par l'autorité supérieure, qui exerce sur les communes certains droits de tutelle administrative.

En Prusse, les *cercles* sont administrés par une sorte de sous-préfet (*landrath*) que nomme le souverain sur une liste de candidats dressée par les *états du cercle*, qui rappellent le Conseil d'arrondissement français. Le cercle est une subdivision du *gouvernement*, administré par un *comité* de fonctionnaires, dont chacun a, sous sa responsabilité personnelle, un service particulier (police, instruction, finances, etc.). Plusieurs gouvernements forment une *province*, ancienne division, qu'administrent un *président supérieur*, personnage politique nommé par le souverain, et des *États provinciaux* composés de seigneurs, de propriétaires de biens équestres, de députés des villes et de députés des campagnes et nommant leur président, dit « maréchal de la diète ».

Le gouvernement spécial du royaume de Prusse est partagé entre 1° l'*Empereur-Roi*, qui possède le pouvoir exécutif et qui l'exerce avec l'aide de ses *ministres* (au nombre de 10) lesquels peuvent être mis en accusation par les deux chambres ; 2° le *Parlement* qui a, comme le roi, l'initiative des lois et qui comprend la *Chambre des seigneurs* composée de membres héréditaires appartenant à la haute noblesse et de membres à vie nommés par le souverain, et la *Chambre des députés*, élue par un suffrage universel fonctionnant à deux degrés et organisé de manière à proportionner l'influence du vote au cens des habitants.

A l'exception des trois villes libres de Lubeck, Brême et Hambourg, qui sont des républiques, les autres États de l'Allemagne forment également des monarchies ou des principautés constitutionnelles. Dans le royaume de Saxe, dans la Bavière, le Wurtemberg, Bade et la Hesse, le système des deux chambres est en vigueur comme en Prusse. Les autres États possèdent une diète ou chambre représentative unique. Dans les deux Mecklembourg seulement, la diète a un caractère féodal et se compose presque exclusivement de membres de l'ordre équestre.

L'ensemble des divers États forme un Empire fédératif proclamé le 18 janvier 1871 et constitué le 4 mai de la même année. Les actes gouvernementaux, enlevés au libre arbitre de chaque État particulier et ressortissant au gouvernement impérial, sont le droit de législation sur les affaires militaires et la marine militaire, les relations extérieures, les finances de l'Empire, le commerce allemand, les postes et télégraphes et les chemins de fer en tant qu'ils sont jugés nécessaires à la défense du pays, les modifications et les développements successifs de la constitution de l'Empire. Le pouvoir exécutif, avec le titre d'*Empereur*, est conféré héréditairement à la couronne de Prusse. L'Empereur est assisté d'un *chancelier de l'Empire* et d'une *chancellerie fédérale*. Pour certaines fonctions administratives et législatives, le pouvoir impérial est astreint à l'assentiment 1° du *conseil fédéral* qui comprend 58 voix représentant les divers États (17 pour la Prusse, 6 pour la Bavière, 4 pour la Saxe et le Wurtemberg, 3 pour la Hesse et Bade, 2 pour Mecklembourg-Schwerin et Brunswick, une pour chacun des autres États), et est divisé, pour l'expédition des affaires, en plusieurs comités ; 2° du parlement (*Reichstag*) élu pour 3 ans par le suffrage direct de tous les citoyens de la

Confédération. L'Alsace-Lorraine seule n'est pas représentée au Reichstag ni au conseil fédéral ; elle est soumise jusqu'au 1er janvier 1873 au régime dictatorial exercé par l'empereur-roi.

Le *budget fédéral* est de 78 millions de thalers, ou environ 290 *millions* de francs et se compose des revenus indirects (les douanes, le sucre de betterave, le sel, l'eau-de-vie, la bière, le tabac), du produit des postes et télégraphes, et d'une quote-part payée par chaque État sur son revenu propre. Les dépenses de l'armée et de la marine absorbent presque toutes les recettes.

Le *budget particulier de la Prusse* est d'environ 550 *millions*; ceux des autres États forment un total d'environ 530 millions ; ce qui, ajouté aux dépenses fédérales (déduction faite de la quote-part) (1), donne pour les *dépenses d'État de l'Allemagne du Nord* une somme d'environ 1280 *millions de francs*.

L'*armée* est, en temps de paix, de 384,000 *hommes* dont 65,000 appartiennent à la cavalerie et 51,000 à l'artillerie et au génie. Elle se compose de 17 corps d'armée, répartis en autant de districts militaires, dont 10 pour la Prusse seule ; la réserve et la landwehr sont d'environ 900,000 hommes ; le roi de Prusse commande l'armée fédérale ; le service militaire est dû par tout Allemand ; il est fourni à raison de 1 an pour les volontaires qui s'équipent eux-mêmes, de 3 ans pour ceux qui tirent et qui sont désignés par le sort ; le service actif terminé, on passe dans la réserve pour 4 ans, puis on appartient pendant 5 ans à la landwehr : c'est donc en tout 12 ans pendant lesquels l'Allemand peut être réclamé pour porter les armes.

La marine militaire compte 48 navires de guerre, un personnel d'environ 4,000 hommes et 500 canons.

1 Les dépenses provinciales et communales ne figurent pas dans cette somme.

L'organisation judiciaire varie selon les États : celle de la Prusse ressemble beaucoup à celle de la France ; mais l'avancement des juges a lieu à l'ancienneté et non au choix.

L'exercice des cultes est libre ; l'Église évangélique, qui est la religion d'État de la Prusse, est administrée par un conseil supérieur et par des consistoires provinciaux ; l'Église catholique ne domine que dans la Bavière, Bade et l'Alsace-Lorraine ; elle compte 20 évêchés et 5 archevêchés (Posen, Cologne, Munich, Fribourg et Bamberg).

L'instruction primaire est obligatoire ; elle est donnée dans les nombreuses écoles qu'entretiennent les communes. L'instruction secondaire est donnée dans les realschule et les burgenschule pour l'enseignement industriel, dans les gymnases pour l'enseignement classique ; l'enseignement supérieur, dans les écoles spéciales et dans les *universités*, dont les principales sont celles de *Berlin*, de *Kœnigsberg*, de *Gœttingue*, de *Leipzig*, d'*Iéna*, d'*Heidelberg*, de *Tubingen*, de *Munich*, de *Wurzbourg*, de *Halle*, de *Breslau*, de *Bonn* et la nouvelle université de *Strasbourg*.

La nature a très-inégalement réparti ses bienfaits entre les diverses parties de l'Allemagne ; on y voit quelques vallées fertiles, de beaux fleuves, des montagnes renfermant des minéraux utiles ; mais aussi des plateaux froids au sud, stériles à l'ouest, de vastes plaines de sable et des marécages au nord. L'énergie de l'homme a profité des avantages et réagi avec persévérance contre les obstacles ; une population instruite, économe, laborieuse, a multiplié les fabriques sur certains points ; elle a fertilisé les champs et étendu de jour en jour le domaine de l'agriculture. L'Allemagne, surtout l'Allemagne du Nord, qui, il y a dix siècles, n'était pour ainsi dire qu'une suite de marécages, de landes et de forêts, est un exemple de ce que peut le travail pour rendre un pays riche. Cependant l'Allemagne a beaucoup à faire encore : bien que la population y soit moins dense qu'en Belgique, la vie moyenne y est plus courte ; si le nombre des naissances est grand, la mortalité est grande aussi parmi les enfants ; l'émigration pour cause de pauvreté enlève une partie des adultes au pays, et des fièvres intermittentes règnent dans les paines basses.

SIXIÈME PARTIE

L'EUROPE CENTRALE.

1re Section.
LA SUISSE.

(Voir les cartes de la planche n° 16.)

194. Retour sur la géographie physique. — La Suisse est située entre 8°45' et 8°10' de longitude orientale et 45°50' et 47°45' de latitude.

Elle est bornée à l'ouest par la France, au sud par l'Italie, à l'est par l'Autriche, au nord par le LAC DE CONSTANCE et le GRAND-DUCHÉ DE BADE.

Elle a une superficie de 41,000 *kilomètres carrés*.

Elle appartient au *climat alpestre*, et, située presque tout entière sur le versant septentrional de la chaîne, elle en a les plus rudes hivers. Les *roches cristallines* centrales des Alpes composent en grande partie son arête méridionale; les *roches calcaires* des contreforts des Alpes, sa partie centrale: au nord, s'étend la *plaine tertiaire* de l'Aar et du Rhin. C'est *le pays le plus montagneux* de l'Europe (voir § 15 les Alpes). Elle a par conséquent de nombreux lacs, ceux de *Genève*, de *Neufchâtel*, de *Thun*, des *Quatre-Cantons*, de *Zurich*, de *Constance*; elle est arrosée, au sud, par le *Rhône*, le *Tessin*, affluent du Pô, l'*Inn*, affluent du Danube; mais la plus grande partie de son territoire appartient au bassin du *Rhin*, et d'un de ses principaux affluents, l'*Aar*.

195. La formation politique. — Habité originairement par les *Helvètes*, peuple gaulois, ce pays fut en grande partie soumis par César et prit, sous l'Empire romain, le nom de *Grande Séquanaise*. Les Burgundes s'y établirent au ve siècle, et les Francs le rattachèrent à leurs possessions. Après la dissolution de l'empire de Charlemagne, il forma le royaume de *Bourgogne transjuraen*, puis fit partie du royaume d'Arles, jusqu'au moment où il passa, avec ce royaume, sous l'autorité des empereurs d'Allemagne (1032). Cette autorité se fit peu sentir dans l'Helvétie, où se formèrent de nombreuses villes libres. Mais la maison de Habsbourg étant montée sur le trône et ayant essayé par des mesures tyranniques de soumettre directement le pays à sa domination, les *trois cantons d'Uri, Schwitz* (d'où le nom de *Suisse*) et *Unterwald* se révoltèrent (1308), consolidèrent leur indépendance par leurs victoires, et admirent bientôt dans leur ligue Lucerne, Zurich, Glaris, Zug, Berne (de 1332 à 1353), puis Fribourg, Soleure, Bâle, etc. (1481 à 1513). Redoutables par leur courage, les Suisses furent recherchés dans toutes les armées du xvie siècle. L'Allemagne reconnut, au traité de Westphalie, l'indépendance des *Cantons helvétiques* (1648). La France intervint deux fois pour modifier leur constitution aristocratique et rendit égaux en droits les 19 cantons (1798 et 1803). Les traités de 1815 portèrent le nombre de ces cantons à 22, et changèrent le pacte fédéral, qui lui-même fut remplacé, par une nouvelle constitution fédérale, en 1848.

196. Les cantons. — La *Confédération suisse*, dont la ville fédérale est Berne, se compose de 22 cantons :
Bâle, canton divisé en *Bâle-ville* et *Bâle-campagne* (ch.-l. Liestall).

Soleure	cap.	Soleure.
Argovie	—	Aarau.
Zurich	—	Zurich.

L'EUROPE CENTRALE.   257

Schaffouse — Schaffouse.
Thurgovie — Frauenfeld.
Appenzell, canton divisé en *Rhodes intérieure* (ch.-l. Appenzell) et *Rhodes extérieure* (ch.-l. Herisau).
Grisons cap. Coire, composés de 3 ligues : *ligue Grise* (ch.-l. Dissentis); *ligue de la Maison-de-Dieu* (ch.-l. Coire); *ligue des Dix-Droitures* (ch.-l. Davos), dont les 25 juridictions forment en réalité autant de petites républiques.
Tessin cap. Lugano, Bellinzona et Locarno.
Valais — Sion, formé de la confédération de 13 dizaines.
Genève — Genève.
Vaud — Lausanne.
Neufchâtel — Neufchâtel.
Fribourg — Fribourg
Berne — Berne, divisé en six parties (Mitlelland, Seeland, Jura Bernois, Ober-Aarau, Emmenthal, Oberland).
Zug — Zug.
Lucerne — Lucerne.
Schwitz — Schwitz.
Uri — Altorf.
Unterwald, canton composé de deux parties : *Oberwald* (Sarnen) et *Niederwald* (Stanz).
Glaris cap. Glaris.

197. Les régions agricoles. — Le territoire agricole de la Suisse se divise en deux régions : la montagne, qui comprend le Jura, les Alpes et leurs nombreux rameaux ; et la plaine; celle-ci, presque partout enchevêtrée dans la montagne, comprend ses dernières pentes ainsi que le fond étroit des vallées et le long plateau tertiaire de Berne et Zurich s'étendant du Jura au lac de Constance.

1° La *plaine* est la région des vignes et des céréales. Elle n'occupe guère que les 3/20 de la surface du pays, et, si l'on excepte le plateau de Berne et Zurich, elle n'est représentée, dans la plupart des cantons du centre et du sud, que par de petits champs isolés, suspendus au pied d'une montagne ou placés au bord d'un torrent sur le sol nivelé par ses eaux ; l'orge ou le seigle y montrent seuls leurs épis clairsemés : la vigne s'y mêle quelquefois, et, sur les pentes bien exposées, mûrit jusqu'à une hauteur de plus de 600 mètres. Nulle part de grande culture : ni les mœurs, ni le sol ne s'y prêtent. La plupart des paysans sont propriétaires et cultivent eux-mêmes, à la bêche plus qu'à la charrue ; aussi, bien que leur mode d'exploitation ne soit pas perfectionné, leur travail énergique et les vastes pâturages de la région montagneuse, qui procurent du fumier en abondance, rendent leurs terres très-productives. D'élégants chalets s'élèvent sur le bord des routes et sur les flancs des collines.

2° La *montagne*, en Suisse, comme dans tous les pays, présente, sur un étroit espace, le résumé des climats les plus divers ; et une ascension de 1000 mètres suffit pour faire trouver des différences aussi grandes dans la végétation, que si l'on faisait un voyage de 1000 kilomètres du sud au nord. Les parties inférieures entre 600 et 1000 mètres d'altitude offrent disséminés çà et là les derniers champs d'orge et de seigle, de belles et vastes prairies irriguées, dont on fauche l'herbe pour nourrir le bétail à l'étable durant l'hiver ; des arbres à feuilles caduques bordant les prairies ou réunis en massifs, le châtaignier et le noyer, près des hameaux, le tremble au bord de l'eau, quelques chênes et enfin le hêtre qui atteint l'altitude de 1,500 mètres. Mais déjà, à cette hauteur, on est dans le domaine des arbres résineux : au sapin argenté succède l'é picéa, qui règne bientôt en souverain vers l'altitude de 1,800 mètres, et qui, avec ses troncs élancés de 40 mètres et plus, ses rameaux d'un vert sombre, est un des ornements caractéristiques du paysage alpestre. Au-dessus de lui se dressent jusque sur les pentes ardues des massifs de mélèzes et d'aroles, qui semblent s'allonger en colonnes d'attaque montant à l'escalade des crêtes. Mais ils n'y parviennent pas ; vers 2,000 mètres, la rigueur du climat triomphe, les avalanches renversent les aroles qui se sont hasardés trop loin, et le sol n'est plus couvert que de rhododendrons et çà et là de pins rampants et de bouleaux rabougris dont les immenses racines ont de la peine à nourrir et à soutenir un tronc maigre et tortueux. C'est avant cette limite extrême, vers 1,700 à 1,800 mètres, que se termine la première partie de la montagne, c'est-à-dire la *région des forêts*, qui comprend environ 1/5 du territoire.

Au-dessus est la *région des Alpes*, c'est-à-dire des pâturages alpestres, que l'hiver couvre chaque année, pendant plus de six mois, d'un manteau de neige et qui donnent l'été une herbe courte et d'aspect maigre, mais fine et savoureuse, source de richesse pour le paysan suisse. La nature y est partout grandiose et sévère. La région des forêts est calcaire ; celle des alpes appartient surtout aux terrains granitiques : plus d'arbres ; des rocs nus, des neiges perpétuelles d'où descendent les glaciers, et des alpages jetés sur les pentes ou couronnant les plateaux. Des chalets ou plutôt des huttes de pierres sèches abritent le berger, qui y fabrique ses fromages ; ses vaches passent la belle saison dans les alpes inférieures, que l'on fauche quelquefois pour augmenter la provision d'hiver ; les alpes supérieures sont accessibles aux seuls moutons, qui, du fond de la vallée, apparaissent au voyageur comme des points grisâtres sur la verdure. Les alpes et les prairies de la région des forêts forment plus du tiers de la surface du pays.

198. Les produits végétaux. — Avec son climat

froid et sa surface labourée peu considérable (à peine 600,000 hectares), la Suisse ne saurait produire beaucoup de céréales. Les cantons voisins du Rhin sont les mieux partagés à cet égard; mais la récolte totale, qui ne dépasse pas 4 *millions 1/2 d'hectolitres* et dans laquelle l'épeautre et le seigle occupent le premier rang, l'avoine le second, est insuffisante à nourrir la population. La *pomme de terre*, qui croît plus rapidement durant un été court, donne près de 9 millions d'hectolitres et supplée en partie à cette insuffisance.

Le chanvre et le lin sont cultivés en petite quantité pour les usages domestiques ; le *tabac* des cantons de Vaud et de Fribourg (*vallée de la Broye*) fournit des cigares de qualité médiocre.

La *vigne* a une certaine importance : elle occupe environ 27,000 hectares dans les cantons de *Vaud* (vins d'Yvorne, de l'Aigle et de la Côte, le plus élevé des vignobles de l'Europe centrale (900 mètres), de *Zurich*, de Saint-Gall, d'Argovie, de Thurgovie, de Neufchâtel (Cortaillod), etc.

Les arbres fruitiers sont nombreux, surtout dans l'est et le nord (Thurgovie, Zurich, Bâle, Soleure, etc.). Parmi eux, les *cerisiers* fournissent du kirsch ; les *pommiers* donnent le cidre (ou most); les noyers et les châtaigniers ombragent les pentes inférieures des montagnes.

Les FORÊTS devraient être une des richesses de la Suisse; elles occupent plus de 700,000 hectares surtout dans la région montagneuse ; mais leur exploitation se fait d'une façon déplorable et le produit ne compense pas le danger de la dénudation déjà trop grande des hauteurs. Les principales essences sont le chêne, le frêne, le bouleau, le sorbier et surtout les arbres résineux, arole, mélèze, sapin épicéa et sapin argenté.

La flore spontanée de la Suisse offre en outre un grand nombre de plantes médicinales et aromatiques, dont les plus usuelles sont l'*absinthe* et la *gentiane*.

199. Le bétail. — Les pâturages, prairies ou alpes, occupant près d'un million et demi d'hectares, la plus grande richesse agricole du pays c'est le BÉTAIL. On compte peu de chevaux (env. 100,000) et de *moutons* (env. 450,000), mais un assez grand nombre de *chèvres* (env. 380,000) dans les cantons montagneux, et un assez grand nombre de BÊTES A CORNES (980,000 dont 525,000 vaches à lait). Deux races s'y rencontrent : la grande et forte *race du Jura* (Neufchâtel, Berne, Fribourg, etc.), dont l'Emmenthal fournit les types les plus propres à la production du lait ; et la *race*, également grande, mais plus fine et meilleure laitière, de *Schwitz*, ou race des Alpes. La Suisse élève beaucoup d'*abeilles*.

200. Les productions métallurgiques. — La Suisse est *très-pauvre en métaux* : un peu de fer dans le Jura (Leberberg), dans le canton des Grisons (la Tamina) ; un peu de plomb dans les Grisons (Davos, etc.).

La houille n'existe qu'en très-petite quantité dans les cantons de Lucerne, Saint-Gall, etc. ; dans le Valais, on trouve de l'anthracite ; la *tourbe* se rencontre dans presque tous les cantons.

La Suisse possède plusieurs *salines* : celles de *Bex* (Valais) et du canton d'*Argovie* (Rheinfeld, Kybourg et Kaiseraugst) sont les plus importantes. Elle a surtout de nombreuses sources d'*eaux thermales* ou *minérales* : Louèche et *Saxon* (Valais), *Pfœffers* (Saint-Gall), *Blumenstein* (Berne), Saint-Moriz et Tarasp (Grisons), *Baden* (Argovie), Bex (Vaud), Kalthad (Unterwald), etc. Enfin les Alpes grisonnes et vallaisannes fournissent de très-beaux *cristaux*.

201. Les industries mécaniques & chimiques. — Quoiqu'elle n'ait ni le fer ni la houille, la Suisse a su créer de grands *ateliers de construction et de machines* à Zurich et à *Winterthur*. Elle a quelques fabriques de céruse à Berne et de couleurs pour teinture dans le *canton* *de Thurgovie*, à Bâle, etc. ; le mélèze donne de la térébenthine estimée. La *tannerie* a une assez grande importance, comme il convient à un pays qui a beaucoup de bétail, et est pratiquée dans tous les cantons, particulièrement dans ceux de *Berne*, de *Vaud*, de *Zurich* et de Bâle.

202. Les industries alimentaires. — La principale industrie alimentaire, on peut dire la première de toutes les industries de la Suisse, est la fabrication du FROMAGE. Il est, avec le pain et le lait, l'aliment ordinaire des campagnes ; c'est aussi un objet de grande exportation (plus de 250,000 quintaux par an). On fait des fromages de divers genres : des fromages mous, qui s'exportent peu ; des fromages durs et maigres ou mi-gras, qui sont presque exclusivement réservés à la consommation locale ; des fromages durs et gras qui s'exportent beaucoup et dont les deux principaux types sont ceux de *Gruyère* et de l'*Emmenthal*.

203. Les fils & tissus. — Le tissage est l'industrie manufacturière qui a le plus prospéré en Suisse : elle le doit au bon marché de la main-d'œuvre, aux nombreux cours d'eau capables de donner des moteurs aux usines et à l'absence de restrictions douanières. Cette industrie est en activité surtout dans les cantons du nord et du nord-est.

La *filature du coton* occupe plus d'un million et demi de broches, réparties dans le canton de *Zurich* (plus de 600,000), à *Zurich*, à *Winterthur* et dans la campagne, dans les cantons d'Argovie, de Glaris, de Saint-Gall, de Zug, etc. La majeure partie (environ les 4/5) du coton filé est employée, dans le pays même, au tissage des *cotonnades* sur les 55,000 métiers des cantons de *Saint-Gall* (21,500), d'Argovie, d'Appenzell, de Zurich, de Thurgovie, de Glaris, etc. Zurich, Glaris font surtout avec des métiers mécaniques les tissus blancs, calicots, percales, jaconas; les damassés se font à la main dans Rhodes extérieure, les mousselines à Saint-Gall ; les cotonnades teintes ou imprimées, dans le canton de Saint-Gall, surtout dans le Toggenbourg, dans le canton d'Argovie, et dans les districts voisins (Zofingue, etc.).

On fait quelques *tissus de chanvre* dans l'*Emmenthal*, à Berthoud, dans le district de Zofingue (Argovie), et dans les environs de Romanshorn (Thurgovie); quelques *tissus de laine* à Wadenswyl, Hazingen, Feldbach, etc. ; mais ces deux industries n'ont qu'une importance très-secondaire.

L'industrie de la SOIE, au contraire, en a une très-grande. La fabrication des *rubans* a pour siége principal BALE et le *canton d'Argovie* ; celle des *tissus* de soie, taffetas, etc., le *canton de* ZURICH (Zurich, Horgen, Meilen, Affoltern, etc.).

La *broderie*, industrie généralement pratiquée dans les régions agricoles, a pour centres principaux les cantons de *Saint-Gall* et d'*Appenzell*, comptant environ 15,000 personnes employées à ce travail : les fabricants occupent même des ouvrières jusqu'en Allemagne.

204. Les autres articles de toilette. — Les *tresses de paille* ou de crin pour chapeaux sont fabriquées dans les cantons d'*Argovie* (Wolhen, etc.), de Fribourg et du Tessin, etc., surtout pendant les longues veillées d'hiver ; on fait aussi quelques tresses et tissus de crin dans les cantons d'Argovie et de Zurich. Celui de Soleure (Schœnenwerd, Olten) fabrique des chaussures.

L'HORLOGERIE est une des grandes industries de la Suisse. Elle est pratiquée presque exclusivement par les cantons de l'ouest, ceux de NEUFCHATEL (*la Chaux-de-Fonds, le Locle, Neufchâtel*, le Val-Travers), de GENÈVE, de *Berne* (Saint-Imier, etc.), de Vaud (Sainte-Croix, etc.). Genève fournit près de 100,000 montres par an, en général de qualité supérieure; le canton de Neufchâtel en fournit plus de 150,000, parmi lesquelles dominent les montres d'argent, et approvisionne Genève de mouvements et de pièces détachées. La *bijouterie* occupe à *Genève* un assez grand nombre d'ouvriers.

205 Les autres industries. — Avec ses bois la Suisse, et particulièrement *Interlaken*, fait des planches et des *parquets*. L'*Oberland* bernois compte environ 2,000 *sculpteurs sur bois* occupés à faire de petits chalets, des couteaux à papier et autres menus objets qu'achètent les touristes. La Suisse possède quelques verreries et quelques fabriques de poteries de très-médiocre importance (Jura Bernois, Nyon, etc.).

Zurich et plusieurs autres villes fabriquent des pianos; *Sainte-Croix* (Jura Vaudois), *Genève*, etc., des *boîtes à musique*; Aarau, des instruments de mathématiques; Bex, etc., du papier; l'*imprimerie* et la LIBRAIRIE ont une grande importance à GENÈVE, à *Lausanne*, à Neufchâtel, à Zurich.

206. Les voies de communication. — Dans toute la plaine, la Suisse a un réseau très-complet de routes bien entretenues; ces routes s'enfoncent vers le sud dans d'étroites vallées et s'arrêtent pour la plupart au pied des hautes montagnes, sur le flanc desquelles on ne trouve plus que des chemins de mulets. Aucune route carrossable ne traverse les Alpes Bernoises; la route du Saint-Gothard, et la double route du Bernardino et du Splugen percent seules de part en part le massif alpestre, au profit des communications de la Suisse centrale, en unissant Zurich et Coire à la Lombardie.

La Suisse compte environ 1,400 kil. de chemins de fer, presque tous situés dans la plaine : ils partent de Genève et de Lausanne au sud-ouest, de Bâle au nord-ouest, pour desservir Neufchâtel, Berne, Zurich, les ports du lac (Romanshorn, etc.), et aboutir au pied des Alpes, à Thun, à Lucerne (d'où la ligne doit être prolongée par le Saint-Gothard), à Glaris, à Coire. *Zurich* et *Berne* peuvent être considérés comme les centres du réseau. Au sud, le chemin de Genève contourne toute la rive septentrionale du lac et pénètre dans le Valais jusqu'à Sion, d'où il doit se prolonger, comme le fait déjà la route, jusqu'en Italie par le Simplon.

Sur les lacs, il y a une navigation assez active, particulièrement sur le lac de Constance, où le port de Romanshorn fait un grand commerce avec l'Allemagne.

207. Les monnaies & mesures. — Les mesures suisses sont faciles à convertir en mesures métriques ; l'unité de poids, la *livre*, vaut 500 grammes ; l'unité de longueur, le *pied*, 30 centimètres ; l'unité de volume pour les matières sèches, le *quarteron*, 15 litres, pour les liquides, le *pot*, 1 lit. 50.

Les *monnaies* sont *les mêmes qu'en France*.

208. Le commerce. — La Suisse est peut-être le pays le plus remarquable de l'Europe sous le rapport du commerce, comme sous celui de l'industrie. Malgré les montagnes et l'absence de côtes, elle fait, relativement à sa population, un commerce considérable qui *dépasse* 1 *milliard de francs*. Elle le doit surtout à son tarif de douanes très-libéral et au génie particulier de ses habitants.

Elle *importe* des DENRÉES ALIMENTAIRES pour sa population, à laquelle ne suffit pas l'exiguïté de son sol arable. Elle tire les *grains et farines* (plus de 2 millions d'hectolitres) surtout de la Haute-Allemagne par les ports du lac de Constance; le sucre et le café d'Allemagne ; les huiles et les vins de France. Parmi les *matières premières* pour ses manufactures, le *coton* vient du Havre et plus encore d'Anvers et de Hambourg ; la *soie*, la laine, la *houille* de la basse Allemagne ; elle reçoit également du *fer*, du savon, des produits manufacturés tels que *machines*, verrerie, porcelaine, etc.

Elle *exporte* des *bestiaux*, surtout en France et en Lomhardie, des FROMAGES, des *cotonnades*, des *soieries*, de l'*horlogerie*, des *bois*, de la laine.

Le *transit* entre l'Allemagne et l'Italie, la France et l'Autriche, est considérable.

209. Le commerce avec la France. — La France reçoit de la Suisse des *soieries* (pour plus de 100 millions de francs), et des *cotonnades*, de l'*horlogerie*, de la bijouterie, des cigares qui appartiennent, pour la majeure partie, au commerce de transit et sont destinés à l'Angleterre et à l'Amérique, de la soie (venue d'Italie ou d'Autriche), des cendres et regrets d'orfèvre, des bois communs, des cotonnades, etc. Elle lui envoie, soit pour la consommation nationale, soit pour le transit, de la *soie*, du *vin*, du *coton*, des *lainages*, du café, etc. ; c'est par *Genève*, *Neufchâtel* et *Bâle* que passent ces marchandises, dont une partie se rend en Autriche ou en Italie.

210. Le résumé des forces productives. — La Suisse se divise en deux régions très-distinctes.

1° Au sud d'une ligne allant de Vevey (canton de Vaud) à Sargans (canton de St-Gall), est la *région alpestre*, avec ses montagnes, ses *exploitations forestières*, ses *vaches* et ses *fromages*, mais sans industrie manufacturière et très-mal partagée sous le rapport des voies de communication;

2° Au nord de cette ligne, la *région du Jura et de la plaine helvétique*. Celle-ci égale la précédente par son nombreux *bétail* nourri soit dans les étables et dans les belles *prairies*, soit, durant une partie de l'été, dans les pâturages alpestres ; mais elle lui est supérieure par l'étendue des *terres labourées* et est en même temps la région manufacturière et commerçante : *manufactures de coton*, filature, tissage et broderie, au nord-est, à *Saint-Gall*, etc. ; *manufactures de soie* à *Bâle* et à *Zurich* ; d'*horlogerie* à l'ouest, dans les cantons de *Neufchâtel*, de *Genève* ; de *toiles* dans la vallée de la Broye ; *ateliers de construction* à *Zurich* et Winterthur ; **commerce** actif par *Genève, Neufchâtel, Bâle*, avec la France ; par *Bâle* et le *lac de Constance* avec l'Allemagne dont les marchandises pour l'Italie se rendent à leur destination par les passages du sud, le *Simplon*, le *Saint-Gothard* et le *Splugen*.

211. Les grandes villes. — La Suisse compte 3 *villes ayant plus de* 30,000 *âmes* (Berne, Bâle, Genève) ; aucune ville n'atteint 100,000 âmes.

212. Le gouvernement. — La Suisse est une *république fédérative*. Chaque canton forme un État séparé ; les communes administrées par un syndic, un maire ou un président que nomme la commune et, le plus souvent, par un conseil communal, jouissent, en général, d'une grande indépendance, si bien que dans l'est (Appenzell et les Grisons) le canton n'est en réalité qu'une fédération de communes. Dans les petits cantons (Uri, Glaris, Appenzell, etc.), le gouvernement du canton est purement démocratique et tous les citoyens forment l'Assemblée générale (Landsgemeinde) qui nomme le conseil (Landrath) et surveille ses actes ; dans les autres cantons, c'est le système représentatif qui prévaut, avec un grand conseil pour voter les lois et un conseil exécutif.

La république tout entière est gouvernée 1° par l'*Assemblée fédérale*, comprenant deux sections : le conseil national (128 membres) élu pour trois ans en raison de la population, et le conseil des États également élu et composé de deux députés par canton ; 2° par le *conseil fédéral* qui compte sept membres élus et qui possède le pouvoir exécutif.

Il y a un budget fédéral qui est d'environ 22 millions de francs, et qu'alimentent principalement la douane et la poste ; et des budgets cantonnaux, dont les plus élevés sont ceux de Berne et de Zurich, et dont la somme est d'environ 48 millions ; ces divers budgets réunis donnent une dépense totale de 70 *millions*.

La Suisse n'a pas d'armée permanente; mais tous les citoyens sont exercés au métier des armes.

Un *tribunal fédéral* connaît des différends entre cantons et, dans certains cas, des appels dans les procès civils ; chaque canton a ses tribunaux particuliers.

L'instruction est obligatoire, mais non gratuite. Au dessus des écoles primaires et des écoles secondaires appartenant aux communes et aux cantons, il y a, l'*École polytechnique* de Zurich, qui dépend du gouvernement fédéral, les universités de Bâle, de Zurich et de Berne et les académies de Genève et de Lausanne.

213. La population. — La POPULATION est de 2 MILLIONS 1/2 D'HABITANTS, c'est-à-dire un peu PLUS DE 1/2 HABITANT PAR HECTARE, ou plus exactement, 60 *habitants par kilomètre carré*. C'est surtout dans les cantons manufacturiers de la plaine et de l'est, Genève, Berne, Zurich, Saint-Gall, que la population est dense ; elle est rare dans les cantons de montagnes: Uri et les Grisons ne comptent guère que 14 habitants pour 100 hectares.

La population est partagée en *protestants* (env. 1 million 1/2) qui dominent dans les cantons de *Berne*, de *Zurich*, de *Vaud*, de *Neufchâtel*, de *Bâle* et en général dans l'*est*; et en *catholiques* (env. 1 million), qui dominent dans les cantons de *Lucerne*, de *Fribourg*, de *Soleure*, de *Saint-Gall*, du *Valais*, du *Tessin* et autour du *lac des Quatre-Cantons*,

L'instruction primaire est très-généralement répandue. Quatre langues diverses sont parlées et correspondent aux origines diverses des populations : le *français* dans l'*ouest* (bas Valais, Vaud, Genève, Fribourg, Neufchâtel, Jura bernois) ; l'*italien* dans le *sud* (Tessin et ligue grise) ; le roman dans le sud-est (ligue de la Maison-Dieu) ; l'*allemand* (plusieurs dialectes) dans tout le reste du pays, *centre*, *nord* et *est*.

Cette petite population doit peu à son sol qui ne lui a

donné libéralement que les forêts et les pâturages; mais *elle doit beaucoup à ses mœurs simples,* mœurs de montagnards, qui l'ont faite économe, laborieuse, et qui, grâce à la liberté dont elle jouit depuis des siècles, lui ont permis, à côté de la vie pastorale qui demeure son principal caractère, d'avoir, sur divers points et pour plusieurs genres de fabrication, une industrie prospère.

2ᵉ Section.

L'EMPIRE D'AUTRICHE.

(Voir la carte n° 17.)

214. Retour sur la géographie physique. — L'EMPIRE D'AUTRICHE ou MONARCHIE AUSTRO-HONGROISE est situé entre 7° et 24° de longitude orientale, et entre 42° 20 et 51° de latitude ; il est borné, à l'ouest, par la BAVIÈRE, la SUISSE et l'Italie, au sud par l'ITALIE, la mer ADRIATIQUE, l'EMPIRE OTTOMAN et ses tributaires (*Servie* et Roumanie), à l'est, par la ROUMANIE et la RUSSIE, au nord par la Russie, la PRUSSE et la SAXE ; il a une *superficie* de 622,560 *kilomètres carrés.*

Il dépend, pour la plus grande partie du centre et du sud, de la région du Danube, et il appartient, pour la plus grande portion de son territoire à l'est, au *climat continental.* Dans la partie occidentale, les *roches cristallisées,* granit et gneiss, dominent et forment le massif de Bohême ainsi que l'arête des Alpes qui est enveloppée de dépôts dévoniens et de *calcaires* jurassiques; entre ces deux massifs et sur leur flanc oriental, s'étale une longue et irrégulière bande de *terrains tertiaires*; dans le nord (ligne des Sudètes et des Carpathes) dominent les *terrains crétacés* enveloppés de dépôts tertiaires; le sud-est (Transylvanie, etc.) est *granitique* et tertiaire et semé, comme les Carpathes, de *roches volcaniques*. Au milieu du vaste amphithéâtre de ces formations, est la plaine basse et marécageuse de la Theiss, du Danube et de la Drave, toute formée de *terrains d'alluvion*. Les *Alpes orientales* et leurs nombreux rameaux, le *quadrilatère de Bohême*, le *mont Tatra* et les *Carpathes* sont les principales chaînes de l'Autriche et dessinent l'amphithéâtre. Les principales rivières sont, au nord, l'*Elbe* en Bohême, le cours supérieur de l'Oder, de la *Vistule*, du Bug et du *Dniester* en Silésie et en Galicie ; au sud, l'*Adige* dans le Tyrol. Les 4/5 de son territoire sont arrosés par le *Danube* et ses affluents.

215. La formation politique. — Habité par les Taurisques et les Noriques, le pays qui correspondait à l'Autriche propre fut en partie conquis par les Romains, et forma les provinces de *Pannonie* et de *Norique*. Les Slaves l'occupèrent à la suite des grandes invasions, et les *Avares* y étendirent leur domination. Charlemagne le soumit, et y fonda la *Marche Orientale* (Ost-mark), rétablie par Othon le Grand après la défaite des Hongrois (955) et érigée en duché par Frédéric Ier (1156). Le *duché d'Autriche*, ayant passé aux mains d'Ottokar, roi de Bohême, s'accrut de la Carinthie, de la Styrie, du Frioul (1251 à 1278). Mais ce trop puissant vassal fut attaqué et tué par l'empereur Rodolphe de Habsbourg qui donna à ses propres fils les dépouilles du vaincu (1282) : de là l'origine de la *maison de Habsbourg*, qui ajouta à ses possessions le Tyrol, une partie de la Souabe et fixa sur la tête de ses princes la couronne d'*Empereur d'Allemagne*. Maximilien, par son mariage, acquit les Pays-Bas, et Charles-Quint, devenu roi d'Espagne et Empereur, rêva un moment la monarchie universelle. Si les espérances de la maison d'Autriche furent déçues en Allemagne par la guerre de Trente ans, la puissance de la famille s'agrandit avec Ferdinand Ier par la réunion de la Hongrie, de la Bohême, de la Moravie et de la Silésie (1526). Après avoir chassé les Turcs de la Hongrie et de la Transylvanie (1687), l'Autriche se fit céder la Dalmatie et l'Esclavonie (1699), le banat de Temeswar (1718), la Bukovine (1774). Elle perdit la Silésie contre la Prusse (1742), mais elle gagna au partage de la Pologne la Galicie et la Lodomérie (1772). Le traité de Campo-Formio lui donna la Vénétie en échange des Pays-Bas ; mais les guerres de la République et de l'Empire l'amoindrirent, et François II, dès 1804, prit le titre d'*Empereur d'Autriche* avant d'abdiquer celui d'Empereur d'Allemagne. Les traités de 1815 lui rendirent la Galicie, la frontière de l'Inn, lui donnèrent la Vénétie, les provinces Illyriennes et la Lombardie jusqu'au Tessin ; elle confisqua enfin (1846) la république de Cracovie. Mais la guerre de 1859 lui a enlevé la Lombardie, et celle de 1866 la Vénétie.

Le traité de Berlin (1878) lui a donné l'administration des provinces turques de Bosnie et d'Herzégovine et droit de garnison dans le district de Novi-Bazar.

216. Les divisions politiques. — L'EMPIRE AUSTRO-HONGROIS a deux capitales : VIENNE, capitale de l'Autriche et siège du gouvernement général, BUDAPESTH, capitale de la Hongrie. Il est formé de deux parties distinctes auxquelles les annexions du traité de Berlin ont ajouté une troisième partie.

1° Les *pays cisleithans*, c'est-à-dire en deçà ou à l'ouest de la *Leitha*, sous-affluent du Danube : ce sont les provinces d'origine allemande, auxquelles on joint la Dalmatie au sud, la Bukovine et la Galicie ou provinces polonaises à l'est, soit en quinze pays :

Basse Autriche,	cap.	Vienne (Wien).
Haute Autriche	—	Linz.
Salzbourg	—	Salzbourg.
Styrie	—	Grætz.

Carinthie	—	Klagenfurt.
Carniole	—	Laibach.
Gœritz, Uradisca,		
Istrie et Trieste	—	Trieste.
Tyrol et Voralberg	—	Innspruck.
Bohême	—	Prague.
Moravie	—	Brünn.
Silésie	—	Troppau.
Galicie	—	Lemberg.
Bukovine	—	Czernowitz.
Dalmatie	—	Zara.

2° Les *pays transleithans* ou pays de la couronne hongroise comprenant :

HONGRIE capitale BUDAPEST.

3° La *Bosnie* et *Herzégovine*, ch.-lieu Serajevo.

Transylvanie (Siebenburgen, en allemand), cap. Klausenbourg, comprenant le pays hongrois, le pays des Szeklers, et le pays Saxon.

Confins militaires.

Croatie et Esclavonie, cap. Agram.

(Voir la carte n° 18.)

217. Les régions agricoles. — L'empire d'Autriche peut se diviser en 6 *régions agricoles* :

1° La RÉGION DU NORD-OUEST comprenant plusieurs provinces et subdivisée elle-même en trois zones : 1° les districts montagneux qui de trois côtés, N.-E., N.-O. et S.-O., enveloppent la *Bohême* de forêts et de pâturages et dans lesquels est comprise la *Silésie* autrichienne ; 2° la plaine centrale présente, au centre de la Bohême, dans les vallées de l'Elbe et de ses affluents, la Moldau, la Beraun, l'Eger, une vaste étendue de terres de labour où poussent les céréales, le lin, la pomme de terre, le colza, le houblon, et qui nourrissent une grande quantité de bœufs, de moutons et de porcs ; 3° le plateau, au sud-est, sur lequel les pâturages se mêlent aux céréales, se prolonge jusqu'en *Moravie*, province qui offre à peu près les mêmes cultures que la Bohême, et qui est particulièrement fertile dans la vallée du Hanna ; on y joint la partie septentrionale de l'*archiduché d'Autriche* qui appartient à la plaine du Danube, et qui, à côté des céréales et du bétail, possède des vins estimés.

2° La RÉGION ALPESTRE est toute montagneuse et renferme l'arête des grandes Alpes, presque entièrement perdue pour l'agriculture. Elle comprend la partie méridionale de l'*archiduché d'Autriche* qui possède sur le flanc oriental des Alpes de nombreux vignobles ; le duché de *Salzbourg* dont la plaine est fertile en céréales et dont les hauteurs sont couvertes en grande partie de forêts ou de pâturages, ainsi que la *Styrie* dont les côteaux portent des vignes ; la *Carniole*, la *Carinthie*, la *Croatie*, dont une partie est occupée par les plateaux du Karst ; des vignes bordent le flanc oriental de ces provinces ; le *Tyrol*, qui a le même caractère dans la vallée de l'Inn, mais qui, dans la vallée de l'Adige, prend, sous un soleil plus chaud, le caractère italien et produit le mûrier, le tabac et la vigne.

3° La RÉGION DE L'ADRIATIQUE présente un caractère italien sur la côte garnie de mûriers, de vignes, d'oliviers ; et alpestre dans la montagne où paissent les chèvres. Cette région comprend l'*Istrie*, la partie occidentale des Confins militaires et la *Dalmatie*.

4° La RÉGION DE LA PLAINE DE HONGRIE est formée tout entière de terres d'alluvion, et comprend la plus grande partie des *Confins militaires* et l'*Esclavonie*, c'est-à-dire les vallées de la Drave et de la Save, bordées de vastes chênaies, coupées de marécages, mais donnant en abondance du maïs et portant sur les coteaux des mûriers et des vignes ; la *Hongrie*, moins les parties septentrionale et orientale, est divisée elle-même en plusieurs zones : la zone du Danube qui s'étend de Presbourg à Pesth, puis au delà de Pesth jusqu'à l'extrémité de l'Hegyallya, et qui comprend les vallées de ses principaux affluents, le Raab, le Waag, le Gran et la rive droite de la Theiss moyenne, région très-fertile, produisant toutes les céréales, la pomme de terre, le lin, les vins avec le célèbre cru de Tokay dont les produits ne sont guère dans le commerce, mais qui a le mérite de donner son nom à tous les bons vins de la contrée ; la zone qui s'étend de la rive gauche de la Theiss jusqu'au mont Bihar et aux contreforts des Carpathes, est plus fertile encore : c'est le grenier de l'Autriche, produisant, outre le froment et les autres céréales, du tabac, des légumes, des betteraves, des fruits, du riz dans la partie méridionale, de riches vignobles sur les flancs du Bihar, et nourrissant dans ses pâturages ou pusztas une petite race de chevaux rapides comme le cheval arabe dont elle descend, et d'immenses troupeaux de bœufs, de moutons et de porcs ; la zone qui s'étend entre le Danube et la Theiss, bien différente des précédentes, est marécageuse sur les rives des deux cours d'eau, et partout ailleurs sablonneuse et stérile : elle possède cependant quelques vignobles et des steppes où errent des troupeaux ; entre la Drave et le Danube est la zone du Bakony-wald, qui coupe avec ses hauteurs boisées deux belles plaines couvertes de moissons.

5° La RÉGION DES CARPATHES, région toute montagneuse, comprend la *Transylvanie*, pays de forêts et de pâturages hantés par des chevaux, des moutons, des buffles ; et n'ayant guère de terres labourables que dans les vallées de l'Aluta et de la Maros où poussent le maïs, le chanvre, le tabac et la vigne ; la partie occidentale de la *Bukovine* et toute la portion est et nord de la *Hongrie* occupée par les Carpathes et par le massif des monts Tatra et Liptau, contrée de montagnes, de forêts, de pins, de hêtres, etc., de pâturages où dominent les moutons.

6° La RÉGION DE LA GALICIE et de la *Bukovine* orientale est une région de plaines et de grande culture, riche en céréales, froment, seigle, orge, avoine, dans le nord et maïs dans le sud; en tabac, en pommiers et en bétail, porcs, moutons et bœufs.

218. Les cultures herbacées. — L'empire d'Autriche possède 18 à 20 *millions d'hectares de terres labourables*. Il en existe peu dans la région alpestre, mais beaucoup dans la *Bohême*, la *Moravie* et la Silésie, la *Basse-Autriche*, la *Galicie* où elles occupent de 40 à 50 p. 100 de la superficie du territoire; beaucoup aussi dans la *Hongrie* où elles n'occupent guère que le tiers du territoire, mais dont les 7 millions d'hectares, très-fertiles, fournissent près de la moitié (47 p. 100) de la récolte totale de l'Empire. Cette récolte est évaluée à 165 *millions d'hectolitres* (en 1867), dont 30 pour le *froment* de la *Hongrie*, du Banat (le plus renommé), de la Bohême, de la Galicie; 35 pour le *seigle* des terres élevées et froides de la *Bohême*, de la Hongrie, de la Galicie, de la Moravie, de la Basse-Autriche; 10 pour le méteil; 40 pour l'AVOINE de la *Basse-Autriche*, de la *Hongrie*, de la Bohême, de la Galicie, de la Moravie; 25 pour le *maïs* de la *plaine de la Theiss*, de la Croatie, de l'Esclavonie, de la Transylvanie et de la Bukovine; 20 pour l'*orge* de la *Hongrie*, de la Galicie, de la Bohême, de la Moravie, etc., et le reste pour le sarrasin de la région alpestre, le millet, le riz du Banat.

La *pomme de terre*, cultivée dans toute la *région du nord*, surtout en Galicie, rend en moyenne 45 millions d'hectolitres; les *légumes*, choux, pois, haricots, fèves, navets, de Galicie, de Bohême, du district d'OEdenbourg, de Moravie, d'Autriche (pois de Stockerau, etc.), lentilles du Banat et d'Arad, fournissent aussi leur part à l'alimentation publique; la culture maraîchère est pratiquée surtout dans le nord-ouest, à Laibach et, comme partout, dans le voisinage des grandes villes.

Les principales cultures industrielles sont :

La *betterave*, cultivée en grande quantité pour la fabrication du sucre dans la Bohême, la Moravie et la Hongrie ; le *lin*, cultivé dans le nord au pied des Carpathes et en Bohême, et le *chanvre*, à peu près en quantité égale, dans le sud-est, en Hongrie (Apathin, etc.), en Transylvanie, en Esclavonie, etc.; le *colza*, cultivé en Bohême, en Hongrie (vallée inférieure de la Theiss, etc.), en Autriche, en Moravie; le *tabac*, en *Hongrie* (rive gauche de la Theiss, tabac de Debreczin, etc.), en Transylvanie, en Galicie, en Autriche, dans le Tyrol italien, etc.; le HOUBLON, en BOHÊME (env. 7,500 tonnes, comtés de Saatz, d'Auscha, de Grunland, etc.) ; le sénevé en Moravie et dans la Basse-Autriche ; le safranum ou carthame en Hongrie.

L'empire d'Autriche possède près de 15 *millions d'hectares* en *prairies naturelles*, pâturages et pâtis. Dans la Dalmatie et l'Istrie, ces prairies et pâturages occupent environ la moitié du territoire ; plus du quart dans la Hongrie où sont les vastes pâturages dits *Pusztas*, dans la Transylvanie, les Confins militaires, la Bukovine, le Tyrol, la Carniole ; aussi l'Empire peut-il facilement entretenir un nombreux bétail.

219. Les cultures arborescentes. — La culture des *arbres fruitiers* est une industrie pratiquée avec succès sur divers points de l'Empire : en *Bohême*, où l'on cultive surtout le pommier ; en Galicie, où l'on fait du cidre; en Moravie et en Hongrie au pied du massif des monts Liptau et du mont Bihar ; dans la région alpestre en Dalmatie, où croissent l'olivier et le figuier; en Croatie et Esclavonie où l'on fait des pruneaux.

Mais aucun arbre fruitier n'approche par la valeur de sa production de la VIGNE qui fournit près de 12 *millions d'hectolitres* de vin. La HONGRIE est au premier rang, avec les vignobles des collines volcaniques du *Hegyallya*, c'est-à-dire du « pays de montagnes » (vin de *Tokay*, de

Talbya, de Szeghy, etc.), vignobles s'étendant sur la rive droite de la vallée de la Theiss jusqu'au delà d'Erlau, abrités des vents du nord et plantés à mi-côte jusque dans la plaine, sur un sol tout composé de poussière basaltique. Ceux du lac de *Neusiedl* (vins de Rust, d'OEdenbourg, etc.) se prolongent au sud sur une partie de la *basse Autriche* (vins de Veslau, Gumpolds, Kirchen, Grinzing, etc., dans le Kahlenberg ou Wienerwald). Les vignobles du *moyen Danube* forment, sur les flancs du Bakony-wald et sur les coteaux qui s'étendent de Pesth jusqu'au pied du mont Bihar, une longue bande dans laquelle sont les crus renommés de Saint-Georges, Sonilgar, Schomlauer, Nezmil, Bude, Menès, etc. Les vignobles de la *Drave* et de la *Muhr*, commencent en *Styrie*, à la partie supérieure des deux rivières (vins de Kerschbach, de Lutterberg, etc.), se continuent sur les deux rives de la Drave et se prolongent le long du Danube jusqu'à Belgrade (vins de Carlowitz et de la Fruska-Gora). La Transylvanie dans la vallée de la Maros, la Croatie sur les pentes méridionales du Karst, la Dalmatie sur la côte et dans les îles, le Tyrol italien, la Bohême sur les bords de l'Elbe (vins de Meldnik, etc.) produisent aussi des vins de diverses qualités.

Les FORÊTS sont encore une des grandes richesses agricoles de l'Empire. Elles occupent une superficie de plus de 16 *millions d'hectares* et leur produit annuel est évalué à plus de cent millions de francs. Dans la *région alpestre* (Salzbourg, Styrie, Carinthie, Carniole) ainsi que dans la *Bukovine*, elles couvrent environ la moitié du territoire ; dans cette dernière province, ainsi que dans la *Galicie orientale* et sur presque toute la ligne des Carpathes, sont de magnifiques pins sylvestres, mais à peine exploités, faute de moyens de communication. Dans la Croatie, l'Esclavonie, la Transylvanie, la Silésie, l'archiduché d'Autriche, la Bohême, elles couvrent environ le tiers du territoire. La *Hongrie* compte moins du quart de son territoire boisé et est même très-dénudée dans la plaine; elle possède cependant près de 4 millions 1/2 d'hectares de forêts et fournit, surtout dans le massif du mont Liptau, d'excellents bois. Dans les hautes montagnes dominent les *pins*, avec des sapins et des pinastres sur les pentes ; plus bas, les *hêtres* ; et plus bas encore, les *chênes* qui forment dans le nord-est et sur les hauteurs de la Drave et de la Save de magnifiques forêts ; puis les ormes, les châtaigniers et les noyers.

220. Les animaux. — Ayant beaucoup de pâturages, l'Empire a beaucoup de bestiaux ; cependant il importe encore plus de gros bétail qu'il n'en exporte.

Les CHEVAUX sont au nombre de près de 3 millions 1/2 ; les deux tiers sont élevés en HONGRIE où la race, petite, mais agile et rustique, fournit une excellente cavalerie légère et en Transylvanie où la race est surtout propre à l'attelage ; l'autre tiers se trouve dans le *Karst* qui donne de forts chevaux de trait, et dans le *nord-ouest* (Bohême, Moravie et Silésie) dont les chevaux se rapprochent davantage du type de la Basse-Allemagne. Les mulets (5,000) ne se trouvent guère que dans le Tyrol italien et dans la Dalmatie, et les ânes (650,000) se trouvent dans ces deux provinces et dans la Hongrie.

Les BÊTES A CORNES, au nombre d'environ 13 millions 1/2, se trouvent surtout en HONGRIE, dont les Pusztas de la région centrale nourrissent une race de bœufs de plaine, à la robe blanche ou grise, aux grandes cornes, aux jambes élancées, race très-propre à l'engraissement ; en *Galicie*, où vit la race podolienne, race de plaine ; en *Bohême*, où l'on élève des bœufs de montagnes (Suisse, Tyrol, Styrie) et des bœufs de la Frise mêlés de races indigènes (Egerland, Stadt, Tell) ; en *Transylvanie*, où domine la race montagnarde des Carpathes ; dans la *région alpestre,* où paissent les races montagnardes du Vorarlberg, de Montafone (dans le Tyrol), de l'Innthal, les grands bœufs de Pinzgau (dans le Salzbourg) et la race laitière de la vallée de la Mühr (en Styrie). On trouve enfin des buffles sur certains points de la Hongrie et de la Transylvanie.

Les MOUTONS sont au nombre d'environ 20 millions (1) et l'on évalue à 20,000,000 de kilogrammes, chiffre probablement trop faible, la production de la laine. La HONGRIE (env. 12 millions avec l'Esclavonie) occupe encore le premier rang. Depuis que Marie-Thérèse a introduit à Hollitsch (1755) le mérinos, l'élevage y a pris, grâce aux vastes pâturages et malgré la suppression récente de certains priviléges de pâture, une grande extension, et certains propriétaires possèdent des troupeaux de 100 000 mérinos et plus. Chaque année, la vente de la laine, laine fine et douce, mais ayant peu de nerf, excède 12 à 15 millions de kilogrammes. La *Transylvanie* et la partie montagneuse de la Hongrie élèvent un mouton plus rustique, le mouton de Zakel, dont la laine est longue et grossière, mais qui donne beaucoup de lait, principale nourriture des habitants, et le mouton à laine noire qui est recherché comme pelleterie et comme fibre textile. La *Galicie* nourrit aussi dans ses grandes propriétés beaucoup de mérinos inférieurs à ceux de Hongrie ; et dans les métairies de paysans, beaucoup de moutons communs, à toison longue et grossière. La *Moravie* et la *Silésie* ont un régime à peu près semblable : mérinos dans les grandes propriétés, mouton commun d'Allemagne dans les petites métairies, mouton de Zakel dans les pâturages montagneux. La *Bohême* élève aussi dans ses grandes propriétés beaucoup de mérinos, mais d'une laine généralement moins fine ; la Basse-Autriche en a un certain nombre.

1. Le recensement officiel, évidemment inexact, ne donne que 16 millions 1/2.

Les *chèvres* (1 million 1/2) ne sont nombreuses qu'en *Dalmatie*.

Les *porcs* (8 millions) sont, au contraire, un objet important de l'économie rurale et forment de nombreux troupeaux dans la *Hongrie* et dans la *Transylvanie*, où le gland nourrit les races de Szalanta à la chair fine, de Mangalizza et du Yorkshire propres à l'engraissement ; dans la *Galicie* où domine la race podolienne ; dans le *nord-ouest* (Bohême, Moravie, Silésie) et dans la *région alpestre*.

La *volaille* représente aussi une valeur notable dans la production agricole.

Les *abeilles*, nombreuses dans tout l'Empire, principalement dans l'archiduché d'Autriche, la Bohême, la Moravie, la Silésie et la Galicie, produisent du bon miel.

Le *ver à soie* est élevé dans le *Tyrol italien*, dans une île de la Dalmatie et dans la *vallée de la Save*.

221. La chasse et la pêche. — Le poisson est abondant sur les côtes de Dalmatie et dans les rivières savamment aménagées de l'archiduché ; le *gibier*, cerfs, chevreuils, faisans, dans la *Bohême*, la Moravie, la Basse Autriche, et dans les Carpathes.

(Voir la carte n° 19.)

222. Les combustibles minéraux et le fer. — C'est dans les terrains anciens, roches primitives et roches paléozoïques, que l'on trouve les plus précieuses richesses minérales: *c'est* par conséquent *dans le massif de Bohême et de Moravie, dans le massif alpestre et dans le massif transylvanien, que l'Autriche exploite le plus de mines*

La production de la *houille* est d'environ 4 *millions et demi de tonnes*. La *Bohême* occupe le premier rang avec les bassins houillers de *Pilsen* à l'ouest ; de *Schlan*, Rakonitz et Kladno au centre; de Trautenau à l'est; de Hurr au sud; et les bassins de lignite d'Eger, de Komotau, Tœplitz et Aussig, de Lukowitz au nord-ouest, de Budweis et de Wittengau au sud. La *Moravie* possède les bassins de *Rossitz* et de Mœrisch-Ostrau. Tous ces bassins sont disposés au pied des granits du quadrilatère bohémien, et l'on peut rattacher à ce groupe le bassin de Jaworzno en Galicie, et les lignites de Lundenbourg et d'Ustja. Au pied du massif alpestre sont les exploitations de *Styrie*, houilles de *Cilli* et bassins environnants, d'Eibiswalh, etc.; lignites de la Murz, de Léoben, de Fohnsdorf, de Voitsberg; les exploitations de Carinthie (houille de Prevali, lignite de Lavant) et de Carniole (houille de Sagor); celles de l'archiduché d'Autriche (houille de Neue-Welt, Gloggritz, Lilienfeld, Waidhofen, lignite de Neufeld et du Hansruck); du duché de Salzbourg (lignite de Wildshuth), de la Hongrie (houille de Brenneberg), et du Banat (Steyerdorf, etc.). Plus à l'est, en Hongrie, au milieu de terrains d'alluvion, mais appartenant à la même formation, sont les bassins houillers de *Funfkirchen*. Les autres exploitations, houille de Carpano (Istrie), du mont Promina (Dalmatie), lignite de Gran (Hongrie), de Galicie, n'ont qu'une importance tout à fait secondaire.

Le *graphite* se trouve en *Bohême* (Mugrau, etc.), en Moravie, etc.

La *tourbe* abonde dans l'archiduché d'Autriche, dans le duché de Salzbourg, la Styrie, la Carinthie, la Carniole, le Tyrol, la Bohême, la Hongrie et la Galicie.

Les gisements de *pétrole* se rencontrent en abondance sur le revers oriental des Carpathes, en Galicie, dans le Banat (Steyerdorf) ; l'asphalte vient du Tyrol (Siefeld) et de la Dalmatie.

On évalue à plus de 600,000 *tonnes* (chiffre qui paraît exagéré) la production annuelle du *fer* et de la *fonte* dans l'empire d'Autriche. La *Styrie* et la *Carinthie* occupent le premier rang, l'une avec les riches minerais de fer carbonaté enfermés dans le grauwacke, qu'on exploite dans la vallée de la Murz, dans les environs de Léoben, dans la vallée de l'Enns, près de Cilli, etc. ; l'autre avec les minerais non moins riches de la vallée de la Lavant, des environs de Gmund, etc. Dans le même *groupe alpestre* sont les minerais moins importants de la Croatie, de la Carniole, du Tyrol (Kufstein, etc.) et du Vorarlberg, de Salzbourg et de la Basse-Autriche. Traités avec le bois que fournissent les forêts des Alpes, ou avec un mélange de bois et de coke fourni par les houillères, ces minerais donnent de très-bon fer et de l'acier estimé sous le nom d'*acier de Styrie et de Carinthie*.

La *Hongrie*, avec son vaste territoire et ses minerais des environs d'Oravitza dans le Banat au sud, du comté d'Unghvar au nord, et surtout avec les milliers d'exploitations de fer carbonaté des comtés montagneux de Zips, de Sohl et de Gœmœr, occupe le second rang ; à ce groupe important on peut rattacher les minerais exploités dans les Carpathes, en Galicie, en Bukovine et en Transylvanie.

La *Bohême* et la *Moravie* forment le troisième groupe, la première avec les minerais abondants du nord-ouest, près d'Eger, de Falkenau, ceux de l'ouest près de Pilsen, d'Horowicz, et ceux du sud près de Budweis ; la seconde avec les minerais des environs de Brünn, d'Olmutz, de Mistek, qui donnent de bon acier.

223. Les autres produits minéraux. — Les carrières fournissent des pierres de taille, surtout dans le voisinage des grandes villes, du grès, du granit, de la serpentine, du marbre (marbre de Salzbourg, etc.), des *ardoises* surtout dans le Tyrol, la Bohême (Rabenstein), la Silésie et la Hongrie (Marienthal) ; de la *chaux*, surtout dans le Tyrol (Kufstein), dans les environs de Vienne, de Sagor et de Prague ; du plâtre en Autriche, Salzbourg et Tyrol ; de l'argile plastique en Bohême, en Moravie, en Hongrie, etc. ; des *opales* en *Hongrie*.

La Hongrie donne du salpêtre et de la soude ; la Bohême, la Basse-Autriche, etc., de l'alun et des pyrites qui servent à la fabrication de l'acide sulfurique.

Le SEL est fourni par les marais salants de la *Dalmatie*, par les mines de sel gemme de WIELICZKA, près de Cracovie, et par celles de Bochnia, dans la *Galicie orientale*, du comté de Marmaros en Hongrie, de la Transylvanie, de Salzbourg, de la Styrie, de la Basse-Autriche, etc.

La *Bohême*, avec ses roches primitives, doit être très-riche en *eaux minérales*; en effet, elle possède un grand nombre de bains très-fréquentés, *Carlsbad*, Eger, Marienbad, *Puïna*, *Sedlitz*, Tœplitz, etc. L'Autriche possède les eaux de Baden, de *Gastein*, etc.; la Hongrie celles d'Ofen et Pesth, de Mehadia, etc.

L'*or* se trouve en général ou dans les roches volcaniques ou dans les sables fins que roulent certaines rivières, et on le recueille par des lavages et par l'amalgamation; cette industrie est pratiquée surtout en *Transylvanie* et en *Hongrie*, sur les bords de la Maros, de l'Aranyos, du Kœrœs et du Szamos qui descendent des montagnes porphyriques, et, dans le sein de ces mêmes montagnes à Abrudbanya, etc.; elle produit près de deux tonnes de métal d'une valeur de 6 millions de francs.

Le nord de la Hongrie (mines de Schemnitz, Kremnitz, etc.), la Bohême, Salzbourg, le Tyrol, possèdent aussi quelques exploitations en roche. L'*argent*, souvent uni dans les mêmes minerais à l'or, au plomb ou au cuivre, est exploité principalement en *Hongrie* (comtés de Gœmœr, de Nagybanya, etc.), en Transylvanie, Bukovine et dans le Banat; en *Bohême* (Przibram, Joachimsthal); dans le Tyrol, le Salzbourg et la Styrie. Le *plomb* vient de *Carinthie* (Bleiberg, etc), de Hongrie (Schemnitz, Nagybanya, etc.), de Bohême (Przibram, etc.), quelque peu de la Transylvanie, de la Bukovine, de la Carniole, de la Styrie et du Tyrol. Le *cuivre* vient de la *Hongrie* (comté de Gœmœr), du Tyrol, de Salzbourg, de la Transylvanie et de la Bukovine. Le *zinc* n'est guère exploité que dans les environs de *Cracovie* et dans certaines mines de plomb de la Carinthie et du Tyrol. L'*étain* vient de la *Bohême* et du duché de Salzbourg. Le *mercure* vient d'*Idria*, rivale d'Almaden (en Espagne), et quelque peu de la Hongrie septentrionale ; le *soufre* de Salzbourg, des environs de Cracovie et de la Carniole.

La Hongrie donne de l'antimoine, du cobalt, du nickel, Salzbourg, de l'arsenic, du manganèse ; la Styrie, du chrôme, de la magnésite (écume de mer).

La plupart de ces richesses minérales sont groupées sur un petit nombre de points : le *massif du mont Bihar* dont Abrudbanya, avec ses mines de plomb et de cuivre argentifères et les lavages d'or de son voisinage, peut être considéré comme le centre, et auquel on peut rattacher la bande minière située près d'Oravitza ; la *ligne des Carpathes* proprement dits qui s'étend sur la Bukovine, la Galicie, la Hongrie, groupe moins important que le précédent, et dont Nagybanya est un des plus riches dépôts ; le *flanc oriental du massif des monts Liptau*, comprenant les trois comtés de Zips, de Gœmœr et de Sohl, donnant l'or, l'argent, le cuivre, le fer, l'antimoine, etc., et formant le centre métallurgique le plus actif de toute la Hongrie : les mines de *Schemnitz* et de Kremnitz en sont en quelque sorte des dépendances ; le *groupe de Bohême* qui, dans l'Erz-gebirge et le Bœhmer-wald, donne, indépendamment de la houille et du fer, l'or, l'argent, le plomb, etc., et dont Joachimsthal et Przibram sont les principaux lieux de production ; le *vaste groupe alpestre* qui embrasse tout le sud ouest de l'Empire, et dont le duché de Salzbourg est la partie dotée des richesses les plus variées, sinon les plus abondantes.

224. Les industries mécaniques et chimiques. — Les grandes industries mécaniques et chimiques sont relativement récentes en Autriche, et n'ont pris jusqu'ici de développements sérieux que dans quelques provinces. L'Autriche, la Styrie et la Carinthie, la Moravie, la Bohême possèdent des hauts fourneaux et des *forges* et fabriquent des machines-outils; Vienne et ses environs, Prague, Brünn, Léoben, Grætz, Elberwald, Cilli sont les principaux centres de cette industrie ; la *Styrie*, la *Carinthie* et la Basse-Autriche sont depuis des siècles renommées pour leurs *faux* et faucilles et pour certains articles de coutellerie. Les ustensiles de ménage en fonte émaillée viennent de Moravie, de Bohême et de Hongrie ; la quincaillerie et chaudronnerie, du Tyrol (Innsbruck, etc.), de la Bohême (Platten, Prague, etc.), de Vienne, de Mariazell (Styrie) ; les outils, limes, etc., de la Haute-Autriche (Steyer, etc.) ; la coutellerie de la vallée de l'Ips et de l'Enns (Waidhofen, Scheibbs, Steyer, Losenstein), de Vienne, de Prague ; les armes, de Carinthie (Klagenfurt, Ferlach), de Steyer, de Vienne, de Prague.

Les *produits chimiques* sont fabriqués à *Vienne* où presque toutes les industries chimiques sont représentées, et où les allumettes en particulier forment une branche importante ; dans la *Bohême* (Prague, Aussig, Chlumetz, Krumau, etc.), où l'emploi des pyrites a donné naissance à un certain nombre de fabriques d'acides sulfurique et autres ; en Carinthie où la présence du plomb a conduit à la fabrication de la céruse ; à Trieste; etc. *Vienne* et ses environs et Trieste font des bougies. Les forêts de pins donnent diverses résines. Les *cuirs* sont préparés dans les districts ruraux, où les troupeaux sont nombreux, surtout en *Hongrie* (Brzeczowa, Deutsch-Praden, Debreczin), et en *Galicie* (Bolechow et Brody etc.).

225. Les industries alimentaires. — Après la meunerie qui compte peu de grandes usines, sinon à Prague, à Lowositz et à Vienne, et la boulangerie pour laquelle Vienne est particulièrement renommée, les principaux produits des industries alimentaires sont le *sucre* de betterave (env. 90,000 tonnes), fabriqué principalement en *Bohême*, en *Moravie*, en *Galicie*, en *Hongrie*; l'*alcool* qu'on obtient par la distillation des mélasses, de la pomme de terre ou des grains, surtout dans les provinces agricoles du *nord* et de l'*est*; la *bière* de Bohême, de Vienne et des environs (Klein-Schwechat, etc.); les *fromages* de vache de la région alpestre et les fromages de brebis de la région des Carpathes, estimés surtout en Moravie, sous le nom de brimsen-kase. Zara fabrique une liqueur estimée, le *maraschin*.

234 Les industries textiles.— En Autriche, comme dans tous les pays, l'industrie du tissage est la première des industries manufacturières.

Le COTON est filé par plus de 1 million et demi de broches dans les filatures de la *Basse-Autriche* (*Pottendorf*, Trumau, Schwadorf, etc.), de la *Bohême* (*Reichenberg*, Friedland, Warnsdorf, Smichow, Krumau, etc.), du *Vorarlberg*, de la Moravie septentrionale (Sternberg, Zwittau, Mistek, etc.), de la Haute-Autriche (Klein-Munchen); il est tissé dans les manufactures ou dans les campagnes des mêmes contrées. Vienne, Prague, Cosmanos, Pesth, Reichenberg impriment des cotonnades.

Le *lin*, dans toute la région du nord-est, et le *chanvre*, dans la région du sud-est, sont mis en œuvre par les paysans pour leur usage personnel, et ne donnent lieu à aucune industrie importante. Dans le *nord-ouest*, au contraire, le lin a donné naissance à plusieurs grandes filatures mécaniques, qui travaillent en concurrence avec la filature à la main, et alimentent le tissage des *toiles fines* et du *linge damassé* de la Bohême (Rumbourg, Marsdendorf, Starkenbach, Reichenberg, les vallées des Sudètes, etc.), de la Moravie (Sternberg, Brünn, etc.) et de la Silésie (Troppau, etc.). La Dalmatie et l'Istrie font, avec le chanvre, des cordages et des toiles pour la marine.

Il en est de la *laine* comme du lin et du chanvre. Dans

toute la partie orientale de l'Empire, le tissage est tout rural, exercé par les femmes et fournissant un drap grossier «halinatuch», presque exclusivement réservé à l'usage de la famille : le comté d'OEdenbourg et les vallées voisines jusqu'à Grætz, Gacs, Kaschau, Brody, sont les principaux lieux de cette fabrication. De ce côté, la Transylvanie seule, dans les districts saxons de *Kronstadt* et Hermanstadt, donne pour le commerce des draps de moyenne qualité et des couvertures. La véritable industrie lainière est concentrée au *nord-ouest* dans les environs de Brünn et de Reichenberg qui fabriquent des draps fins et des étoffes de fantaisie, mérinos, orléans, etc., d'Iglau, de Bielitz et Troppau, qui font les draps ordinaires ; on y compte environ 400,000 broches de filature mécanique.

Vienne fabrique des châles ; Linz et le Tyrol (vallée de Puster), des tapis ; la Bohême, la haute et la basse Autriche, des fez.

Le tissage de la *soie*, soieries, rubans et velours, n'a d'importance qu'à *Vienne* et aux environs ; dans la Bohême et le Tyrol, ce n'est qu'une industrie toute secondaire.

En Bohême, dans l'*Erz-gebirge*, les femmes font des imitations de *dentelle* de Saxe à bon marché ; et, dans le *Vorarlberg*, l'exemple de la Suisse a développé l'industrie de la *broderie*.

227. Les autres industries. — Le vêtement emploie encore d'autres industries, telles que la préparation des *peaux de moutons* que portent les paysans de *Hongrie* et de *Transylvanie* et qui a lieu dans ces pays ; la *chapellerie*, exercée à *Vienne*, à *Prague*, à Pesth, etc.; la lingerie à Vienne, à Pilsen, etc.; la *ganterie* à Vienne, à Prague, etc.; la *cordonnerie* à Vienne, à Pesth, à Prague, etc.

Parmi les industries de l'ameublement, la plus importante en Autriche est la VERRERIE, dont la fortune date, en BOHÊME, des priviléges accordés par Marie-Thérèse aux verriers. Les grandes forêts du Bœhmer-wald et du Riesen-gebirge et le sol éminemment siliceux fournissent le combustible et la matière première. Les principaux centres de production sont : d'une part, le *Bœhmer-wald* et le *Fichtelgebirge* (districts de Budweis, de Pilsen, d'Eger) ; d'autre part, le *Riesen-gebirge* (districts de Haida, de Josefstadt, de Reichenberg). Dans l'archiduché d'Autriche, la Styrie (Grætz fait des verres de lunettes) et la Hongrie, cette industrie n'a qu'une importance médiocre. On peut citer aussi la vannerie de Bohême.

La briqueterie a pour centre principal la banlieue de Vienne. La poterie commune et la *faïence*, comprenant entre autres articles les poêles et les pipes, est fabriquée dans un grand nombre de lieux : Bohême, Basse-Autriche, Salzbourg, Hongrie, etc.; la *porcelaine*, en *Bohême* (*Carlsbad* où se trouve le kaolin, Prague, Tannowa), à Vienne, et en Hongrie (Hérend et Telekibanya).

La tabletterie, les *ouvrages en cuir*, l'*ébénisterie* constituent des industries notables à *Vienne* ; Prague et Pesth sont au second rang pour l'ébénisterie. L'*horlogerie*, amoindrie par la concurrence de la Suisse, est pratiquée néanmoins avec succès à *Vienne*, à *Prague*, à *Grætz*.

Vienne et Neustadt fabriquent des locomotives. *Vienne*, Prague, Pesth possèdent les principaux ateliers de *carrosserie*. La *Bohême* (Hohénelbe, Trautenau, etc.), la Basse-Autriche (Neusiedl etc.), la Styrie, la Hongrie fabriquent du *papier* ; les grandes villes et surtout *Vienne*, Prague et Pesth ont des imprimeries et des librairies importantes. Les *instruments de musique*, objet important de l'industrie autrichienne, proviennent en grande partie de *Vienne*, de la *Bohême* (Eger, Kœniggrætz, Pardubitz), de Brünn, etc.

228. Les voies de communication. — L'Autriche n'est pas riche en routes : environ 21,000 kilomètres, dont plus des deux tiers dans les pays cisleithans, c'est-à-dire dans les provinces manufacturières. Elle possède environ

10,200 *kilomètres de chemins de fer exploités* : 1° les *chemins de Bohême* qui de *Prague*, comme centre, rayonnent au N. sur Dresde par la vallée de l'Elbe et par la percée des monts de Lusace sur Zittau; à l'O. par *Eger* (chemin inachevé) et par *Pilsen* sur la Bavière; à l'E. sur la Moravie; les chemins de Moravie qui desservent *Olmutz*, *Brünn*, et se prolongent, au N., par *Cracovie*, à travers la Galicie jusqu'à *Lemberg*, en se reliant aux chemins de Pologne et de Silésie, et au S. jusqu'à *Vienne* ; 2° les *chemins du Danube*, qui de Passau gagnent *Vienne* par Linz et rejoignent, par deux branches, *Ofen* et *Pesth*; 3° les *chemins de Hongrie*, dont la ligne principale fait suite aux précédents, et par *Szegedin* et *Temesvar* gagne Bazias sur le Danube, point où s'embarquent les voyageurs pour le bas Danube, tandis que d'autres lignes s'avancent, vers l'E., jusqu'à *Arad*, *Grosswardein*, *Debreczin*, *Tokay*, *Kaschau*, et à l'O. relient Pesth au chemin de Trieste ; 4° les *chemins des Alpes*, qui, sur deux points, franchissent la chaîne de *Linz à Vérone* par *Salzbourg*, *Innsbruck* et le Brenner ; et de *Vienne à Trieste* par le Sommering *Grætz* et *Laibach* : ils ont divers embranchements, celui de Carinthie au delà de *Klagenfurth*, celui de Croatie au delà d'Agram, celui d'*Œdenbourg* qui parcourt le sud-ouest de la Hongrie.

Les seuls canaux de l'Empire sont le *canal François*, entre le Danube et la Theiss, et le *canal de Vienne à Neustadt* ; mais le *Danube* est une *grande ligne de navigation fluviale*, sillonnée par de nombreux bateaux à vapeur, et servant, concurremment avec les chemins de fer, aux relations de la Haute-Allemagne avec la Turquie.

229. Les monnaies & mesures. — L'unité monétaire est le gulden ou *florin*, ayant une valeur intrinsèque de 2 fr. 47 ; la couronne (monnaie d'or) vaut 34 fr. 44, et le kreutzer est la centième partie du florin ; mais la circulation se fait, pour la plus grande partie, en monnaie de papier dépréciée. L'unité de poids est la *livre* (pfund), qui vaut 560 grammes ; mais l'administration des douanes se sert de la livre du Zollverein qui est de 500 grammes ; l'unité de longueur est le *pied* (fuss) de 31 centimètres ; l'unité de surface, le *joch* de 57 ares ; l'unité de volume, le *metzen*, ou minot, pour les solides, valant environ 61 litres, l'*irmer*, pour les liquides, valant 56 litres.

230. La marine. — L'Empire d'Autriche n'a de côtes que sur la mer Adriatique : aussi sa *marine marchande* (indépendamment de la flotte du Danube) se réduit-elle à environ 8,000 bâtiments ou barques, jaugeant 380,000 *tonneaux* ; cependant le *mouvement de la navigation* est évalué à 8 *millions de tonneaux*. Il possède un grand port : Trieste, d'où partent les bateaux du Lloyd autrichien, desservant toutes les places du bassin postérieur de la Méditerranée ; il possède aussi quelques ports secondaires, *Fiume*, *Pirano*, *Gravosa*, *Spalatro*, *Zara*, et l'arsenal maritime de *Pola*.

231. Le commerce. — Le COMMERCE EXTÉRIEUR est d'environ DEUX MILLIARDS DE FRANCS, et consiste principalement :

A l'*importation* 1,060 millions : en *matières textiles*, coton, chanvre, lin, laine commune et soie brute d'Angleterre, d'Italie, d'Allemagne, de Russie, etc. ; en *filés*, et surtout filés de coton, d'Angleterre et d'Allemagne ; en *tissus*, et surtout soieries, de Saxe, d'Angleterre, etc. : ces trois catégories forment presque la moitié de l'importation totale ; en *denrées coloniales* et en tabac, importés par Trieste ou par la Saxe, etc. ; en houille de Prusse et de Saxe.

A l'*exportation* (940 millions) : en *céréales*, *fruits* et *vins*, expédiés par Trieste, la Bavière et la Saxe ; en *bois*, par Trieste, Fiume, l'Elbe, l'Oder, la Vistule, le Dniester; en *bétail*, surtout en bœufs, pour l'Italie et l'Allemagne;

en *laine fine* pour l'Allemagne; en *fers ouvrés* et *articles de quincaillerie*; en papier.

La petite *principauté de Liechtenstein* forme une union douanière avec l'Autriche. Brody, Trieste, Fiume constituent des marchés ou des ports francs en dehors de la ligne des douanes, et la Dalmatie, à cause de sa situation excentrique, est soumise à un régime de douanes particulier.

L'empire d'Autriche fait un grand transit par le Danube, et *le commerce par terre y est plus important que le commerce par mer.* Les principaux marchés et entrepôts du commerce par terre sont *Vienne*, Salzbourg, Prague, Reichenberg, Pilsen, Troppau, Cracovie, Brody, *Pesth*, dont les foires sont très-fréquentées, Raab, Semlin et Cronstadt.

232. Le commerce avec la France. — Les pays qui ont le plus de relations avec l'Autriche sont ses voisins : la *Saxe*, la *Bavière*, la *Prusse*, la *Turquie* et la *Russie*. *Le commerce direct de la France est de peu d'importance*, environ 560 millions d'après les déclarations de la douane française (1867); il consiste en importations pour la France de bois communs, de laines, de cendres et regrets d'orfèvre, de peaux brutes, et en exportations en Autriche de sucres, tissus et vins, et a surtout lieu entre Marseille et Trieste. Mais le commerce indirect de tissus et d'objets de luxe, qui a lieu par l'intermédiaire de l'Allemagne, est très-probablement plus considérable.

233. Le résumé des forces productives. — Sous le rapport économique, l'Empire d'Autriche comprend trois régions distinctes :

1° La RÉGION DU NORD-OUEST, riche par son agriculture, par ses mines et son industrie, comprend les trois provinces de *Bohême*, de *Moravie* et de *Silésie*, avec l'*archiduché d'Autriche* jusqu'au Danube. Les montagnes qui l'entourent au N. et à l'O. Sudètes, Erz-gebirge, Bœhmer-wald, garnies sur leurs pentes de *forêts* et de *pâturages*, hantées par un nombreux *bétail*, fournissent à l'industrie, surtout dans la partie occidentale, d'une part, la *houille* et les *métaux*, fer, argent, plomb, étain, qui ont fait donner à une des chaînes le nom de chaîne des *monts métalliques* (Erz-gebirge) ; et, d'autre part, de nombreux torrents qui font mouvoir les *roues hydrauliques* des usines. Elle présente au centre les vastes plaines de l'Elbe, de la Moravie, du Danube, fertiles en *céréales* et en *plantes industrielles*, et propices par suite aux industries agricoles : fabriques de *sucre* de betterave, distilleries *d'alcool* et *brasseries*. La manufacture la plus considérable est celle du tissage (*toile de lin*, *étoffes de laine* et *cotonnades*), exercé surtout dans les vallées des Sudètes et dépendances (*Reichenberg*, etc.), et sur la terrasse de Moravie, entre Prague et Brünn ; une des manufactures les plus renommées est celle de la *verrerie* et de la céramique, exercée surtout dans le Bœhmer-wald et dans les montagnes du nord (*Heida*, etc.). *Prague* et Brünn sont les centres de cette région ; Pilsen, Eger, Reichenberg, Troppau, en sont les débouchés.

2° La Région du sud-ouest, ou région alpestre, s'étendant du Danube à l'Adriatique, a le caractère agricole de toutes les régions montagneuses, *forêts*, *pâturages*, *bestiaux*. Elle possède en outre quelques mines de houille, d'abondantes mines de *fer*, des mines de plomb, de zinc, etc., et par suite, une *industrie métallurgique* développée. *Vienne*, grande capitale, est la ville la plus manufacturière et la plus commerçante de tout l'empire; Trente, Trieste, Salzbourg, Linz, sont les principaux débouchés de cette région.

3° La Région orientale, embrasse la Dalmatie, les Confins militaires, la Croatie, l'Esclavonie, la *Hongrie*, la

Transylvanie et la Galicie. C'est un vaste territoire *presque exclusivement agricole*, riche en *céréales*, en *vins* (Hongrie) et en *troupeaux*, bœufs, chevaux et *moutons*; pratiquant toutefois les industries rurales, telles que la fabrication du *sucre* et de l'*alcool* ; et possédant *deux riches régions métallurgiques*, l'une en Transylvanie, l'autre dans le massif des monts Liptau. *Pesth* peut être considérée comme le centre de cette région, dont Cracovie, Brody, Kronstadt, Bazias, Semlin sont les principaux débouchés.

(Voir les plans des cartes, n° 17, 18 et 19.)

234. Les grandes villes. — L'Empire d'Autriche compte quatorze grandes villes de 30 à 100,000 âmes, et quatre villes au-dessus de 100,000 âmes, à savoir :

TRIESTE (105.000 hab. avec les faubourgs), comprenant la vieille ville bâtie en amphithéâtre sur la pente d'une montagne, et la ville neuve étalant sur le bord de la mer ses riches quartiers, avec un port peu vaste, mais sûr, profond et d'un abord facile. Depuis le dix-huitième siècle, Trieste est devenu le principal entrepôt du commerce autrichien : la création du Lloyd, ou entreprise de services réguliers à vapeur pour toute la partie orientale de la Méditerranée, en fit, durant vingt ans à partir de 1837, la place de commerce la plus florissante de cette mer ; mais la concurrence de Marseille et d'Odessa et l'instabilité des affaires en Autriche lui ont nui depuis quinze ans.

PRAGUE (157,000 hab.), ancienne capitale de la Bohême, place forte, dans une belle situation, sur les deux rives de la Moldau, au centre de la région la plus manufacturière de l'Empire, est elle-même une grande ville d'industrie, surtout dans les quartiers neufs construits au S. Ses fabriques impriment et tissent le coton, travaillent les métaux et les produits chimiques, font des meubles, de l'horlogerie, etc. Elle a de belles imprimeries. C'est, en outre, l'entrepôt principal de la Bohême, faisant par la Moldau et par ses quatre lignes de chemins de fer, un grand commerce avec l'Allemagne du Nord et du Sud et avec les autres provinces de la monarchie autrichienne.

BUDAPEST (202,000 hab.), capitale de la Hongrie et des pays transleithans, située sur les deux rives du Danube, Pest à gauche dans une plaine, Buda à droite sur une colline, avec un beau pont sur le fleuve. Cette ville ornée de belles promenades est le centre politique de la Hongrie, et, grâce à la navigation du Danube et à quatre chemins de fer, le principal marché des produits agricoles de ce pays ; ses quatre grandes foires sont au nombre des plus importantes de l'Europe centrale et orientale.

VIENNE (608,000 hab.), capitale de l'Empire, *la ville la*

Fig 14. — Vue de Vienne.

plus peuplée de l'Europe continentale, après Paris et Constantinople, est située au pied du Wienerwald, sur la rive droite d'un des bras du Danube et sur la petite rivière de Wien. C'est une belle cité (Voir la fig. 14) agrandie aujourd'hui des faubourgs (Landstrasse, Neubau, etc.) qui l'enveloppaient de leur enceinte semi-circulaire, et du riche faubourg de Leopoldstadt situé sur la rive gauche du bras du Danube; entre le petit et le grand bras sont des prairies et des promenades; à l'O., au pied du Wiener-wald, sont les fabriques et la résidence royale de Schœnbrunn. L'activité commerciale se concentre surtout dans la ville intérieure, où sont les plus riches magasins. Le bras du Danube sur le bord duquel est bâtie la ville n'est pas celui de la navigation; aussi les bateaux à vapeur ont-ils leur station un peu en amont, à Neusdorf; quatre lignes de chemins de fer relient Vienne, par l'E. à l'Allemagne du Sud, à la France, à l'Italie; par le N. à la région du nord-ouest et à l'Allemagne du N.; par l'O. à la Hongrie occidentale (la ligne de Pesth s'embranchant sur le chemin du nord); par le S. à la Styrie et à Trieste. Vienne a toutes les industries qui animent une grande et luxueuse cité; elle possède de plus, dans ses anciens faubourgs ou dans sa banlieue, des manufactures et des usines de presque tous les genres. Placée sur le fleuve qui est la route naturelle du transit intérieur entre l'orient et l'occident, au point de contact en quelque sorte des trois régions autrichiennes, la région agricole de l'est, la région manufacturière du nord-ouest et la région métallurgique des Alpes, cette ville était destinée à être un des grands marchés de l'Europe centrale.

235. Le gouvernement. — Les diverses provinces qui composent l'empire d'Autriche présentent, sous plusieurs rapports, des différences dans leur organisation administrative. En général, les *communes* sont administrées par un *bourgmestre* à la nomination de l'Empereur et par un comité directeur permanent, désigné sous le nom de *magistrat* et élu par le *conseil municipal*, qui est lui-même élu par les bourgeois. Les communes sont groupées dans la plupart des pays Allemands en districts, les districts en cercles, les cercles en pays. Ceux-ci ont chacun un gouverneur ou président nommé par l'Empereur, et une diète provinciale composée des grands dignitaires, des principaux seigneurs et des membres élus par les villes, les corporations ou les campagnes. La Hongrie est divisée en comtés, groupés eux-mêmes en cercles ; les Confins, qui conservent encore en partie le caractère militaire, sont organisés en généralats et régiments.

Depuis la réforme politique de 1867, l'empire d'Autriche forme deux États presque entièrement distincts : Dans les *Pays cisleithans* le pouvoir législatif est exercé, concurremment avec l'Empereur, par le *conseil d'Empire* (Reichsrath), composé d'une *chambre des seigneurs* siégeant à titre héréditaire ou viager, et d'une *chambre des représentants*, dont les membres sont nommés par les diètes provinciales ; le pouvoir exécutif est exercé par l'*Empereur*, assisté de ses ministres. Dans les *Pays transleithans*, le pouvoir législatif est exercé, concurremment avec l'Empereur, par le *Reichstag*, composé de la *table des magnats*, ou chambre haute ; et de la *table des députés* élus par les villes, les comtés et les siéges ; et le pouvoir exécutif est exercé par l'*Empereur*, assisté d'un ministère particulier. La *Croatie et l'Esclavonie* ont une *diète* particulière ; l'administration de la Transylvanie est distincte du ministère transleithan. Les deux parties de l'Empire ont un *ministère commun* pour les affaires étrangères, la guerre et les finances.

Le *budget total* est d'environ 1,300 *millions* ; la dette de 7 milliards 1/2 ; l'armée de terre, sur le pied de paix, de 250,000 hommes ; le personnel de la flotte, de 6,000 hommes.

La *religion catholique* qui compte 11 *archevêchés* dans l'Empire (Agram, Erlau, Gœritz, Gran, Kolocza, Lemberg, Olmutz, Prague, Salzbourg, Vienne, Zara) est la religion de la majorité des habitants. Les autres cultes reconnus sont : l'*Église grecque* non unie qui a pour siége patriarcal Carlowitz, l'*Église protestante* des deux confessions (luthérienne et réformée), l'*Église grecque unie*, l'*Église arménienne*, l'*Église unitaire* qui a son siége en Transylvanie, l'*Église juive*.

L'administration de la justice a une organisation distincte pour les diverses parties de la monarchie : les Pays cisleithans ont une cour suprême siégeant à Vienne; au-dessous d'elle des cours d'appel ; et, au-dessous de ces dernières, des cours ou tribunaux de première instance. La curie royale, composée de la table des septemvirs et de la table royale, est le tribunal suprême de la Hongrie. La Transylvanie, ainsi que la Croatie et Esclavonie, ont une organisation analogue à celle de la Hongrie.

L'instruction est donnée, au premier degré, dans les écoles primaires, inférieures ou supérieures ; au second degré, dans les gymnases pour l'enseignement classique et dans les « realschule » (écoles des sciences exactes), pour l'enseignement industriel ; au degré supérieur, dans les sept universités de l'Empire (Vienne, Prague, Pesth, Cracovie, Lemberg, Grætz et Innsbruck), dans les écoles techniques et dans les écoles spéciales.

236. La population. — La POPULATION est d'environ 36 MILLIONS D'HABITANTS, c'est-à-dire d'un peu plus de 1/2 HABITANT PAR HECTARE ou, plus exactement, 57 *habitants par kilomètre carré*. C'est dans la région industrielle du nord-ouest, et surtout dans la partie avoisinant le Riesen-gebirge, que la population est le plus dense ; et dans la région montagneuse des Alpes et des Carpathes orientales, qu'elle est le plus rare.

La population appartient à des races distinctes, parlant chacune une langue particulière et ayant des traditions et des mœurs qui leur sont propres : de là, le défaut d'unité de la constitution politique.

17.

Les *Allemands* (env. 9 millions) occupent toutes les provinces de la *région alpestre* (moins le Tyrol italien), les *montagnes de la Bohême*, de la *Silésie* et de la *Moravie*, dont ils peuplent les manufactures ; ils forment, en outre, dans le reste de l'Empire, quelques colonies isolées, dont les plus importantes sont dans le *sud-est de la Transylvanie*. Les *Slaves* (16 millions) forment deux grands groupes : celui du nord, comprenant : les *Tchèques*, en Bohême, les *Moraves*, en Moravie, et les *Slovaques* dans la région montagneuse du nord-ouest de la Hongrie (env. 7 millions d'individus) ; 2° les *Polonais* dans la Galicie occidentale et les *Ruthènes* dans la Galicie orientale (env. 5 millions) ; celui du sud comprenant les *Slovènes* en Carinthie et en Carniole, les *Croates* et les *Serbes* dans l'Esclavonie, les Confins et le Banat (env. 4 millions). Les *Magyares* ou Hongrois (5 millions 1/2) occupent toute la plaine de la Hongrie, mêlés sur quelques points à des colonies allemandes ou slaves, et une partie de la Transylvanie orientale. Les *Roumains* (3 millions) occupent presque toute la Transylvanie et s'étendent même au delà, particulièrement en Bukovine. Les *Italiens* (1/2 million) occupent le Tyrol italien et une partie de l'Istrie. On trouve en outre disséminées sur divers points d'autres races (env. 2 millions) : Juifs, Bohémiens, Arméniens, Grecs, etc.

Les *catholiques* (24 millions) composent à peu près exclusivement la population de la région alpestre ; ils dominent aussi dans la Bohême, la Moravie et la Galicie. Les *protestants* et les unitaires (plus de 3 millions) sont nombreux dans la Hongrie et dans la Transylvanie. Les *Grecs* (7 millions) dominent dans la Bukovine, dans la Transylvanie occidentale et s'étendent sur toute la région du sud. Les *Juifs* (plus d'un million) sont nombreux dans la Galicie, la Bukovine et la Hongrie orientale.

L'instruction primaire, quoique obligatoire, est très-peu répandue dans la région orientale, surtout dans la Dalmatie et la Galicie ; elle est, au contraire, généralement florissante dans la région occidentale, surtout dans la Silésie, la Moravie, l'Autriche et la Bohême.

Cet ensemble de populations diverses d'origine, de langue, de mœurs, de religion, est loin d'avoir partout la même aptitude au travail et d'être parvenu à un même degré de civilisation. Les montagnards des Alpes vivent encore, pour la plupart, de la vie purement agricole et pastorale, excepté sur quelques points, où le commerce a tracé ses routes et où la présence des minéraux a nécessairement créé les industries métallurgiques. Les Slaves du nord et du nord-est vivent essentiellement de la vie agricole, ainsi que les Magyares de la Hongrie; et, faute des stimulants que fournissent au travail l'existence de fabriques, la division de la propriété, la diffusion de l'instruction, ils sont loin de tirer de la nature toutes les richesses qu'elle pourrait fournir; la Bohême, avec quelques cantons de la Moravie et de l'Archiduché, sont les parties où la race allemande, plus instruite, plus ingénieuse, a le plus développé la richesse, spécialement dans les plaines (Bohême, Autriche, etc.).

SEPTIÈME PARTIE

L'EUROPE MÉRIDIONALE

1re Section.

LE PORTUGAL.

(Voir la carte n° 20.)

237. Retour sur la géographie physique. — Le Portugal, situé entre 36°58′ et 42°8′ de latitude, et entre 11° 53′ et 8° 35′ de longitude occidentale, est borné par l'Espagne au nord et à l'est, sur une étendue de 912 kil.; au S. et à l'O. par l'océan Atlantique, dans lequel se projettent le *cap Roca* et le *cap Saint-Vincent*, formant la pointe extrême du sud-ouest de l'Europe; il a une *superficie* de 90,000 *kil. carrés*, et de 93,000 en y comprenant les îles qu'il possède à l'ouest de la côte d'Afrique.

Le climat du Portugal est le *climat océanique*: chaud et pluvieux dans le nord, il participe du climat méditerranéen et du climat africain dans le sud. Les *terrains primitifs* y dominent, mais les environs de Lisbonne et une partie de l'Alemtéjo sont de formation jurassique et tertiaire; le sol, *très-accidenté* et descendant en terrasses vers la mer, est parcouru par l'extrémité occidentale des chaînes ibériques, et arrosé par le cours inférieur du *Minho*, du *Douro*, du *Tage* et du *Guadiana*.

238. La formation politique. — Pendant les préparatifs de la première croisade, un cadet de la maison de Bourgogne, Henri, petit-fils du duc Robert Ier, qui était lui-même petit-fils de Hugues Capet, vint guerroyer contre les Maures sur la côte occidentale de la Péninsule, et conquit sur les deux rives du Douro un territoire que le roi de Castille, Alphonse VI, érigea en comté (1095). Ce petit état, nommé *Portugal*, du nom de sa capitale Porto, longtemps appelée *Portus Calle*, fut érigé en royaume quelques années plus tard, lorsqu'Alphonse, fils d'Henri, ayant vaincu les Maures à Ourique, fut proclamé roi par ses soldats sur le champ de bataille (1139). En 1147, Lisbonne fut conquise sur les Maures ; la conquête des *Algarves* (1249-1253) porta jusqu'à la mer la frontière du Portugal et lui donna à peu près ses limites actuelles. Le Portugal se tourna alors vers les découvertes maritimes et acquit un vaste empire aux Indes et dans l'Amérique méridionale, au Brésil. Pendant soixante ans (1580-1640), le Portugal fut soumis à l'Espagne ; mais, à la faveur de la guerre de Trente ans, la maison de Bragance remonta sur le trône. Chassée par les Français (1807), elle alla régner pendant quelques années au Brésil. Son retour fut signalé par des troubles, et, en 1826, le roi, abandonnant le Portugal à sa fille, se contenta du Brésil, qui forme, depuis ce temps, un empire séparé. Avant de partir, il octroya au Portugal une charte qui, objet de longues discordes, a été révisée, en 1852, et est aujourd'hui la loi fondamentale du royaume.

Les divisions politiques. — Le ROYAUME DE PORTUGAL, capitale LISBONNE, comprend 8 *provinces*, subdivisées en 21 districts. Ces provinces sont :

Minho, cap. *Braga* (3 dist. : Viana, Braga, Porto) ;

Tras-os-Montès, cap. *Bragance* (2 d. : Bragance, Villaréal) ;

Beira, cap. *Coïmbre* (5 dist. : Aveiro, Coïmbre, Viseu, Guarda, Castello-Branco) ;

Estramadure, cap. *Lisbonne* (3 dist.: Leiria, Santarem, Lisbonne) ;

Alemtéjo, cap. *Evora* (3 dist. : Portalègre, Evora, Béja);

Algarves, cap. *Faro* (2 dist. : Faro, Tavira) ;

Iles Açores, cap. *Angra* (3 dist. : Angra, Horta, Ponta-Delgado) ;

Iles de Madère, cap. *Funchal.*

Le Portugal possède des colonies : 1° en Afrique, les îles du Cap-Vert (dont 7 sur 14 sont habitées); les îles Bissagos, etc. ; en Sénégambie, les îles Saint-Thomas et du Prince ; sur la côte de Guinée, Angola, le Benguela et dépendances ; Mozambique et dépendances ;

2° En Asie et Océanie, Goa, etc., dans les Indes; Macao, en Chine ; quelques îles de l'Archipel indien.

(Voir la carte n° 21.)

239. Les régions agricoles. — Le Portugal se divise en quatre régions agricoles :

1° La RÉGION MONTAGNEUSE ou *terrasse portugaise*, qui confine au plateau castillan, et s'étend sur le *Tras-os-Montès* et le *Beira oriental*, de la Tameja, affluent du Douro, jusqu'au delà du Tage : les *pâturages* y dominent ; mais les *vignobles* couvrent les coteaux, et, dans le fond des vallées, on cultive l'*olivier,* le *seigle* et le *maïs.*

2° La RÉGION DU NORD, du Minho au Mondégo, sablonneuse et stérile au bord de la mer, est traversée de montagnes couvertes de *châtaigniers* et dont les pentes (rive gauche du Douro et du Mondégo) portent la *vigne;* entre ces montagnes, des plaines fertiles bien cultivées donnent en abondance les céréales, surtout le *maïs*, la pomme de terre, les haricots, etc., et nourrissent un beau *bétail ;* les exploitations appartiennent pour la plupart à la petite culture.

3° La RÉGION DU CENTRE comprend l'*Estramadure* , également sablonneuse sur la plus grande partie du littoral, coupée de montagnes calcaires, âpres et sauvages (Sierra d'Estrella, etc.), et de sables ferrugineux. Par suite elle est peu cultivée, et présente au S. du Tage de vastes landes, mais elle possède dans les alluvions du fleuve de bonnes terres, qui donnent en abondance non-seulement le riz, culture malsaine, mais le maïs, le blé et les fruits.

4° La RÉGION DU SUD, chaude et sèche, comprend deux provinces : l'*Alemtéjo*, tantôt sablonneux, tantôt hérissé de roches ferrugineuses et improductives, fertile seulement sur quelques points généralement accidentés, comme les environs d'Evora et de Portalègre, où le terrain devient argilo-siliceux, mais occupé en général par des landes immenses couvertes de cistes et d'asphodèles ; l'*Algarve*, plateau en partie calcaire, élevé de 200 mètres en moyenne au-dessus du niveau de la mer, et où l'on voit de belles *forêts de chênes* et des champs de *froment*.

240. Les produits végétaux. — La *production totale des céréales*, fort médiocre, relativement à la population et à l'étendue du pays, peut être évaluée à 11 *millions d'hectolitres* (1), dont près de 5 millions pour le MAÏS, cultivé surtout dans la région du nord; de 3 millions pour le *froment*, cultivé dans le centre (blé tendre) et surtout dans le sud (blé dur); plus de 2 millions pour le *seigle*, cultivé dans le nord et dans la région montagneuse ; le reste pour l'orge (centre et sud), l'avoine (sud) et le riz (centre).

La pomme de terre, l'oignon, le lupin, la châtaigne contribuent à l'alimentation publique.

Les arbres fruitiers ont plus d'importance au point de vue du commerce extérieur. Ce sont : l'*oranger*, cultivé surtout dans les environs de *Lisbonne* et de *Sétubal*, dans l'*Algarve* et donnant, année moyenne, plus de 500 millions de fruits ; le *citronnier* ; l'*olivier* de *Santarem*, etc., donnant environ 200,000 hectolitres d'huile médiocre ; le figuier de l'Algarve, l'amandier, le noyer.

1. Les chiffres de la statistique portugaise ne fournissent que des approximations vagues.

Les forêts n'occupent guère plus de 20,000 hectares. La plus importante est celle de Leiria, forêt de pins créée sur une lande autrefois stérile ; dans le nord dominent le *pin* maritime et le pin pignon ; dans le sud, le *chêne*, favorable à l'élevage des porcs, et particulièrement le *chêne-liége*.

241. La vigne. — La *vigne* est au premier rang parmi les produits du sol, et le vin est la principale richesse du pays. La récolte, très-variable, dépasse 3 *millions et demi d'hectolitres*; elle se compose de vins ordinaires, que produisent toutes les provinces, et qui sont généralement consommés dans le pays, et de vins fins dont la majeure partie est exportée. Les principaux centres de production sont :

La province de *Minho*, qui cultive la vigne mariée à l'olivier sur la lisière des champs, et récolte des vins ordinaires ;

La région du *haut Douro* et de ses affluents s'étend dans le Tras-os-Montès et le Beira oriental, sur les pentes des montagnes schisteuses qui bordent les étroites vallées du pays (communes d'Alijo, de Regna, de Sabrosa, de Villa-Réal, de Murça, etc.), et produisent les vins fins connus sous le nom de vins de Porto, qui est le centre de l'exportation ; tout le district de Bragance fournit beaucoup de vins, assez semblables à ceux du Douro ;

Le bas Beira et l'Estramadure donnent d'assez bons vins, vins blancs et vins légers, pour la consommation intérieure et quelque peu pour l'exportation, surtout dans le canton de la *Bairrada*, entre Coïmbre et Aveiro; dans le district de Santarem, sur les bords du Tage (Cartaxo, etc.); dans les environs de Torrès-Vedras, de Colarès, et de Lisbonne, dans le *Lavradio*, aux environs de *Setubal* renommé pour ses muscats.

L'*Alemtejo* possède les vins d'Évora, et ceux des coteaux

qui s'étendent vers Extremoz, Borba et Villaviçosa, etc.; l'*Algarve*, ceux de Tavira, etc.;

Madère produit, quoiqu'en moindre quantité qu'autrefois, un vin de liqueur des plus renommés.

242. Les produits animaux. — Le Portugal n'est pas riche en *bétail*, surtout en bêtes de somme (130,000 ânes, 40,000 mulets, 75,000 chevaux) ; mais la race des chevaux d'Alter, dans l'Alemtéjo, est estimée. Un demi-million de *bœufs*, dont la moitié à peu près dans la seule *région du nord* (race de Barroza et race d'Arrouqueza) servent surtout au labourage et aux charrois. On compte enfin 2 millions et demi de moutons dont plus de la moitié dans la région montagneuse et dans le sud, et dont la laine, blanche ou noire, est de qualité médiocre ; plus d'un million de *chèvres* et près d'un million de *porcs*.

L'éducation des *vers à soie* qui était en pleine décadence, reprend une certaine activité, surtout dans le voisinage de *Porto*.

243. Les produits minéraux. — Le Portugal est également pauvre en produits minéraux. Cependant, les matériaux de construction abonderaient s'ils étaient bien exploités. Citons, entre autres, le *granit* gris et rose de la province de Minho ; l'*ardoise* de Vallongo, près Porto ; le calcaire siliceux de Condeixa, propre à faire des meules ; le grès rouge et la pierre de taille de la prov. de Coïmbre ; les *marbres* de Figuiera, de Cintra, d'Arribida (connu sous le nom de brèche de Portugal), d'Extremoz et Montes-Claros, etc.; le kaolin de Feira ; l'*argile* réfractaire du district de Leiria ; la chaux phosphatée de Portalègre ; la terre de Bucaros, près d'Extremoz, propre à la fabrication des alcarazas, etc. Il faut citer aussi la pouzzolane des Açores.

Le Portugal possède peu de houille (mines de San Pedro da Cova, du cap Mondégo, de Chao Preto au sud de Leiria), et l'exploitation est très-bornée. Il possède des *minerais de fer* dans toutes ses provinces, principalement aux environs d'*Évora*, d'Elvas, de Leiria ; du *minerai de cuivre* pyrites de cuivre et de fer) en abondance dans l'*Alemtéjo*, au milieu des terrains granitiques et porphyriques du district d'Évora (mines de Peccena, de Sobral, d'Alcala, etc.), au milieu des schistes cristallins voisins d'Extremoz et d'Alandroal, et des terrains paléozoïques (mine de *San Domingo*, etc.), et dans le district d'Aveiro au milieu des schistes cristallins (mines de Palhac, etc.); du *minerai de plomb* à Varsea, dans le district d'*Aveiro* (mines de Carvathal, de Braçal, etc.); de l'antimoine à Vallongo, un peu d'étain à Robordosa ; du manganèse dans le sud-est de l'Alemtéjo.

L'exploitation de beaucoup de mines, commencée dans l'antiquité, a été reprise dans le cours de ces vingt dernières années.

Le *sel* du Portugal est de qualité supérieure, surtout celui des salines de *Sétubal*, très-recherché pour saler les morues, celui d'Aveiro, de Figuiera, de Tavira, etc.; il fournit environ 3 millions et demi d'hectolitres par an.

Les *eaux minérales* sulfureuses de Caldas da Reinha, dans l'Estramadure, sont les plus renommées.

244. Les produits manufacturés. — L'industrie, malgré l'activité déployée depuis quelques années, n'a encore que très-peu de développement.

On compte, près des lieux de production, 12 *fonderies* de métaux, à *Porto*, à *Lisbonne*, etc.; 4 manufactures de liége, 6 fabriques de chandelles, 4 tanneries (Béja, etc.); des fabriques de produits chimiques à Lisbonne, etc.

On fait et on exporte, surtout dans la région du *nord*, des *fromages* de brebis et de chèvre.

On tisse le *coton* dans les districts de *Lisbonne*, de Porto, d'Aveiro, etc.; le chanvre et la laine peignée dans le district de Coïmbre, etc.; la *laine cardée* à Portalègre, Guarda, Lisbonne, etc.; la soie à Lisbonne. On fabrique, à Peniche et à Vianna do Castello, de la dentelle commune; à Lisbonne, de la bonneterie ; à Lisbonne, à Porto, des chapeaux et des chaussures.

Lisbonne fabrique de la faïence ; Vista-Alegre (district d'Aveiro), de la porcelaine ; Leiria, de la verrerie.

Les *constructions navales* ont une certaine activité à *villa de Conde* au N. de Porto, à Espozende et au Faro.

Aveiro, Penella, etc., fabriquent du *papier* ; Lisbonne imprime.

245. Les voies de communication. — Quoiqu'il soit lié au reste de la péninsule par une longue frontière de terre, le Portugal, bordé par des montagnes et des plateaux déserts, ne communique avec l'Espagne que par une seule grande route, celle de *Badajoz à Elvas*, par où passe aujourd'hui le chemin de fer. Trois autres communications, moins fréquentées, existent entre Ciudad-Rodrigo et Almeïda, Braga et Saint-Jacques de Compostelle, Bragance et Zamora ; aussi les relations avec l'Espagne ont-elles toujours eu peu d'importance.

Pour les communications intérieures, le Portugal n'a pas 3,000 kil. de routes (encore datent-elles de vingt ans au plus) ; il a 800 *kilomètres de chemins de fer* reliant *Lisbonne* à l'Espagne par *Badajoz*, et rayonnant au N. jusqu'à *Porto* par Coïmbre, au S. jusqu'à *Évora* et *Béja*.

246. Les monnaies et mesures. — La monnaie de compte est le *reis*, et les monnaies réelles le *teston*, monnaie d'appoint en argent, valant 100 reis ou 5 neuvièmes de franc, et la *couronne*, monnaie d'or valant 10,000 reis ou 55 fr. 55 cent. Les *poids et mesures* sont ceux du *système métrique français*.

247. Le commerce. — La *navigation* totale, entrée et sortie, représente un mouvement d'environ 2 *millions et demi de tonneaux* ; l'effectif de la *marine marchande* du Portugal est inférieur à 100,000 *tonneaux*. Porto et Lisbonne sont les deux principaux ports.

Le COMMERCE EXTÉRIEUR, qui, comme celui de tous les pays de l'Europe, s'est beaucoup accru depuis vingt ans, atteint presque 300 MILLIONS DE FRANCS. Il consiste :

A l'*importation*, en *coton*, *métaux*, denrées coloniales, farineux, animaux, morues, dépouilles d'animaux, lainages, soieries, etc.

Et à l'*exportation*, en *vins*, coton, minerai, fruits, liége, laine, huile, sel, etc.

248. Le commerce avec la France. — Dans le commerce du Portugal, le premier rang est à l'*Angleterre*, qui figure à elle seule pour plus de la moitié des échanges ; le second au Brésil. Le troisième est à la *France* qui envoie des soieries, des lainages, des outils, de la mercerie, des modes, des machines, etc., et qui achète des matières premières (graines oléagineuses, peaux brutes, etc.), des fruits secs, de l'huile, etc.

249. Le résumé des forces productives. — Le Portugal est un pays presque exclusivement *agricole*, dont la *vigne*, sur le *haut Douro* et dans l'*Estramadure*, et les fruits, olives, *oranges*, etc., sont les principales productions au point de vue commercial ; dans le nord, la terre y est cultivée avec soin ; dans le centre et dans le sud, où les forêts sont une des richesses principales, s'étendent de vastes espaces stériles. *Porto* et *Lisbonne*, qui sont les deux grands ports, sont aussi les seules villes où l'industrie ait une véritable activité.

250. Les grandes villes. — Le Portugal possède une *ville de* 90,000 *âmes* (Porto) et une *ville de plus de* 100,000 *âmes* ; aucune autre ville n'atteint plus de 10,000 habitants.

(Voir le plan de la carte n° 20.)

LISBONNE (175 000 hab.), capitale du royaume, dont la population, avec les faubourgs (Bélem qui lui sert d'avant-port, Olivares, etc.), atteint 225,000 habitants. La ville est bâtie en amphithéâtre sur la rive droite du Tage, qui forme à cet endroit comme un vaste lac, où manœuvreraient à l'aise toutes les flottes du monde entier et qui, à la partie occidentale de la ville, se rétrécit tout à coup pour se rendre à l'Atlantique par une longue passe étroite et profonde dont la tour de Bélem défend l'entrée ; Lisbonne, séjour des étrangers, a un commerce assez important qui est en grande partie exercé par des Anglais (voir la fig. 16).

251. Le gouvernement. Le Portugal est divisé en *paroisses* administrées par une junte de paroisse et par un régidor ; au-dessus de la paroisse, la *commune* avec

Fig. 16. — Lisbonne.

son administrateur, nommé par le roi et son conseil communal, puis le *district* avec son gouverneur civil, son conseil de district et sa junte.

Le pouvoir exécutif appartient au *roi* qui l'exerce par l'intermédiaire de ses ministres ; et le pouvoir législatif appartient au *Corps législatif* composé d'une chambre des députés élus tous les 4 ans, et d'une chambre des pairs ; la pairie est héréditaire.

Le *budget*, non compris celui des colonies, est de 125 *millions de francs* ; l'armée de terre est de 32,000 hommes, l'armée de mer de 4,000.

L'instruction, légalement obligatoire, mais peu répandue, est donnée dans les écoles primaires de premier et de second degré, dans les écoles industrielles, dans les lycées, dans les écoles polytechniques, à l'université de *Coïmbre*, etc.

Le Portugal professe la religion catholique : il est divisé en 14 évêchés et 3 *archevêchés* (Lisbonne, Évora, Braga).

252. La population. — La POPULATION est d'environ 4 MILLIONS $\frac{1}{2}$ D'HABITANTS (dont 400,000 dans les îles), c'est-à-dire de MOINS DE $\frac{1}{2}$ HABITANT PAR HECTARE, ou, plus exactement, de 47 *habitants par kilomètre carré*. C'est dans l'Alemtéjo que la population est le plus clairsemée (le district de Béja n'a que 10 hab. par kilomètre carré); dans les provinces de Minho et Douro qu'elle est le plus dense.

Indépendamment des îles qui font partie intégrante de la monarchie, le Portugal possède encore des débris importants de son ancienne puissance coloniale (les îles du Cap Vert, les provinces d'Angola, Benguéla, Sofala et Mozambique en Afrique ; Goa dans l'Inde ; Macao en Chine ; Timor en Océanie, etc.), dont la superficie totale est évaluée à 2 millions de kilom. carrés, et la population à près de 4 millions d'habitants.

Les Portugais du nord, robustes, laborieux et ressemblant de tout point aux Galiciens, diffèrent complétement des Portugais du centre et du sud, lesquels sont d'un caractère calme, peu expansif et presque taciturne, comme les Espagnols desquels d'ailleurs ils diffèrent sur beaucoup de points. Ils pourraient, comme ils l'ont fait à une autre époque, avec plus d'instruction, plus de génie industriel et plus d'activité, créer, à l'aide des forces naturelles qui sont à leur disposition, et des qualités morales qui les distinguent, beaucoup plus de richesse et s'élever à un plus haut degré de puissance économique.

2ᵉ Section.

L'ESPAGNE.

(Voir la carte nᵒ 20.)

253. Retour sur la géographie physique. — L'Espagne, sans compter les îles, est située entre 36° et 43° 47′ de latitude ; et entre 11° 40′ de longitude occidentale et 1° de longitude orientale. Elle est bornée, au N., par la France et le golfe de Gascogne (ou de Biscaye) ; à l'O., par l'océan Atlantique et le Portugal ; au S., par l'océan Atlantique, le détroit de Gibraltar et la Méditerranée ; à l'E., par la Méditerranée. Elle a une *superficie* de 499,000 *kilomètres carrés* et de 507,000 en y comprenant les îles hors d'Europe ; elle présente un développement de 430 kilomètres de frontière de terre et de 2,900 kilomètres de côtes (700 sur l'Atlantique et 1,200 sur la Méditerranée).

Elle appartient au *climat pyrénéen* dans sa partie septentrionale et au *climat méditerranéen* dans sa partie méridionale ; mais elle offre cette particularité que, formée en majeure partie d'un *plateau très-élevé*, qui occupe tout le centre de la péninsule et où la pluie est très-rare, elle a des variations de température analogues à celles des climats continentaux. Les *terrains anciens* dominent dans l'ouest et le sud ; le terrain jurassique et crétacé dans les montagnes de l'est ; le *terrain tertiaire* dans

L'EUROPE MÉRIDIONALE. 313

les vallées de la Méditerranée et dans celles du Guadalquivir. Le plateau qui, à une certaine époque géologique, fut un lac, est bordé de terrains primitifs. De nombreuses chaînes de montagnes traversent en tous sens l'Espagne : *Pyrénées* au N., *monts Ibériques* du N. au S., *Sierra Guadarrama*, *monts de Tolède*, *Sierra Morena*, *Sierra Nevada*, etc., de l'E. à l'O. Entre chacune de ces chaînes est un fleuve : le *Minho,* le *Douro* (en espagnol *Duero*), le *Tage*, le *Guadiana*, le *Guadalquivir* se jettent dans l'Atlantique ; le Xujar, le *Ségura*, l'*Èbre* se jettent dans la Méditerranée.

254. La formation politique. — Habitée par de nombreuses tribus d'*Ibères*, d'origine peut-être africaine, et de Celtes, l'Espagne fut visitée d'abord par les Phéniciens, puis soumise en partie par les *Carthaginois* qui fondèrent Carthagène. Les *Romains* s'en emparèrent après de longues guerres (218-133). A l'époque de l'invasion des barbares, les *Suèves* s'établirent dans la Galice ; les *Vandales* traversèrent le pays en laissant leur nom à une province (Andalousie) ; les *Wisigoths* fondèrent un empire qui s'étendit sur toute la péninsule et qui fut détruit en 711, par les *Arabes*. L'Espagne, sous les califes de Cordoue, fut très-florissante (711-1080). Mais les chrétiens, qui avaient conservé leur indépendance dans les montagnes du nord, repoussèrent peu à peu les musulmans et formèrent les royaumes de *Navarre* (857), des Asturies et de *Léon* dans les montagnes du nord ; d'*Aragon*, dans la principale vallée du nord-ouest (1035). A la même époque, le royaume des Asturies, qui s'était étendu sur le plateau central, devenait le royaume de *Castille* (1033). Celui de Léon lui fut réuni en 1230 et, par suite, la Castille devint le plus puissant État de la péninsule. L'Espagne atteignit son *unité* par le mariage d'Isabelle et de Ferdinand le Catholique qui réunit les couronnes de Castille et d'Aragon (1479) ; par la conquête du royaume de Grenade, dernière possession des musulmans (1492), et par la confiscation du royaume de Navarre (1512).

Vers le même temps, Christophe Colomb donnait à l'Espagne les trésors de l'Amérique ; elle devenait tour à tour maîtresse de l'Italie méridionale et du Portugal (1580-1640) ; elle avait uni ses destinées et ses possessions à celles de l'Autriche, et devenait la puissance prépondérante en Europe. Nous voyons même Charles-Quint porter les couronnes d'empereur d'Allemagne et de roi d'Espagne. Lorsque s'éteignit en Espagne la maison d'Autriche (1700), la dynastie des Bourbons monta sur le trône après une longue guerre, en abandonnant la plus grande partie des possessions européennes de l'Espagne (1713) ; pendant cette guerre, les Anglais avaient occupé Gibraltar (1704), qu'ils possèdent encore. Napoléon s'empara de la couronne d'Espagne et la donna à son frère Joseph ; mais une guerre terrible (1808-1814) finit par expulser les Français et rétablit les Bourbons. Les années suivantes furent signalées par la perte successive de toutes les possessions de l'Amérique continentale. L'Espagne elle-même, à l'intérieur, fut déchirée par des luttes civiles qui amenèrent une deuxième fois la chute des Bourbons (1868), remplacés (1870) par une dynastie italienne.

255. Les provinces. — Le ROYAUME D'ESPAGNE comprend 49 *provinces*, subdivisions administratives des anciennes provinces historiques restées cependant elles-mêmes comme circonscriptions militaires ou capitaineries générales. Ces anciennes provinces sont :

Galice, cap. *La Corogne* (4 prov. : Corogne, Lugo, Orense, Pontevedra).

Asturies, cap. *Oviédo* (1 prov. : Oviédo).

Provinces basques, cap. *Vittoria* (4 prov. : Navarre, Biscaye, Guipuscoa, Alava).

Aragon, cap. *Saragosse* (3 prov. : Saragosse, Huesca, Téruel).

Catalogne, cap. *Barcelone* (4 prov. : Barcelone, Tarragone, Lérida, Gironë).

Léon, cap. *Léon* (3 prov. : Léon, Zamora, Salamanque).

Vieille-Castille, cap. *Burgos* (8 prov. : Burgos, Logroño, Santander, Soria, Ségovie, Avila, Palencia, Valladolid).

Nouvelle-Castille, cap. *Madrid* (4 prov. : Madrid, Tolède, Guadalajara, Cuença).

Manche, cap. *Ciudad-Réal* (1 prov. : Ciudad-Réal).

Valence, cap. *Valence* (3 prov. : Valence, Alicante, Castellon de la Plana).

Murcie, cap. *Murcie* (2 prov. : Murcie, Albacète).

Andalousie, cap. *Séville* (8 prov. : Séville, Cadix, Huelva, Cordoue, Jaën, Grenade, Alméria, Malaga).

Estramadure, cap. *Badajoz* (2 prov. : Badajoz, Cacérès).

Baléares, cap. *Palma* (1 prov.).

Iles Canaries (1 prov.).

L'Espagne possède en outre des *colonies* dans trois parties du monde :

1° En Amérique, Cuba et Puerto-Rico ;

2° En Océanie, les Philippines, les Carolines, les Mariannes et les îles Palaos ;

3° En Afrique, les Présides (sur la côte du Maroc); Tétouan, sur la même côte, conquis en 1860 ; l'île d'Anno-Bon, en Guinée etc.

Entre la Catalogne et la France, dans une vallée des Pyrénées, est la petite *république d'Andorre* qui, depuis le temps de Charlemagne, est toujours demeurée indépendante, et qui a une population de 18,000 âmes.

(Voir la carte n° 21.)

256. Les régions agricoles. — On peut diviser l'Espagne en quatre régions agricoles :

1° La région pyrénéenne ou région du nord-ouest, s'étend sur quatre provinces : le *Pays basque* dont les habitants, énergiques au travail, ont su tirer très-bon parti de leur sol montagneux, qu'ils ont divisé en petites exploitations n'ayant guère plus de 2 hectares en moyenne ; l'extrémité de la Vieille-Castille (prov. de Santander) ; les *Asturies*, dont les montagnes boisées portent le chêne, le châtaignier, le noisetier et dont les plaines produisent des pommes, du maïs et du seigle ; la *Galice*, qui, malgré ses montagnes couvertes de châtaigniers et de chênes, est une des parties de l'Espagne les mieux cultivées et les plus riches en gros bétail.

2° La région de l'Èbre, au nord-est, comprend trois provinces et offre des paysages très-divers : la *Navarre* est un massif de montagnes couvertes de beaux chênes et de pâturages au N. ; une plaine fertile, mais médiocrement cultivée au S. L'*Aragon* est le pays le mieux arrosé de toute l'Espagne. La *Catalogne* est partagée en deux parties par le Llobregat : elle offre, à l'O., un plateau rocheux et stérile, excepté dans l'étroite vallée de la Sègre ; à l'E., une plaine éclairée par le chaud soleil de la Méditerranée, rendue fertile par le labeur de ses habitants, nourrissant, surtout dans le Lampourdan un assez nombreux bétail et donnant des fruits divers, olives, raisins, etc.

3° La région du plateau castillan, au centre et à l'O., forme une immense table de grès ou de calcaire, haute de 600 à 700 mètres environ dans sa partie méridionale (Nouvelle-Castille), de 700 dans sa partie septentrionale (Léon et Vieille-Castille) (voir le carton de la carte d'Espagne). Surmontée çà et là de quelques lignes de montagnes abruptes et blanches de neige l'hiver, noires et sombres l'été, elle est profondément ravinée par des torrents et des fleuves qui disparaissent en quelque sorte, encaissés chacun dans une étroite et verdoyante vallée, pour ne laisser à l'œil que la perspective de déserts dits dans le pays « parameras ». L'eau y est très-rare, parce que la ceinture de montagnes qui bordent ce plateau n'y laisse guère pénétrer les nuées. Aussi, couverte en grande partie de bruyères, de genêts et de chênes nains, elle présente trop souvent l'aspect de plaines glaciales l'hiver, brûlantes l'été. Cette région comprend quatre provinces : le royaume de *Léon*, riche en pâturages dans le voisinage de la Galice (le Vierzo ou vallée du Sil), est couvert de bruyères dès qu'on s'élève sur le plateau. La *Vieille-Castille* est plus élevée que toutes les autres, mais son climat tempéré et le terrain permettent une production abondante de céréales et une assez grande production de vin ; aussi elle nourrit de très-nombreux moutons, l'été, dans ses hauts pâturages ; quand on descend le plateau vers la rive de l'Ebre, on retrouve des champs fertiles : on est dans la Rioja, presque dans l'Aragon. La *Nouvelle-Castille* donne aussi beaucoup de blé, surtout dans sa partie N.-E. ; mais elle a en général le même aspect désolé surtout dans la Manche, dont le nom significatif veut dire terre desséchée, mais qui a cependant de bons vignobles : toute la portion septentrionale du royaume de Murcie (prov. d'Albacète) dépend de la Manche. L'*Estramadure*, composée en partie de terrain tertiaire et naturellement plus fertile, produit en effet beaucoup de blé dans le sud, mais elle est occupée dans presque toute sa partie septentrionale par des steppes et de vastes pâturages sans eau, où les troupeaux viennent des montagnes de la Castille pour passer l'hiver.

4º La région de la Méditerranée, au S.-E., étalée en amphithéâtre, aux rayons du soleil d'Afrique, sur les pentes orientale et méridionale du plateau, et coupée au S. par la haute Sierra Nevada, est une région d'une admirable fertilité partout où le cultivateur peut se procurer l'eau, toujours rare, des torrents ou des rivières ; elle comprend trois provinces : le royaume de *Valence* dont une partie dépend encore du plateau, mais où les vallées du Guadalaviar, du Xucar, du Segura, etc., entourées d'âpres terrasses montagneuses, sont couvertes d'orangers, de rizières, d'oliviers, de mûriers. Cette partie, appelée le jardin (la huerta), est formée, près de la mer, de terres d'alluvion que les savantes irrigations des Arabes et de fréquentes fumures rendent très-fertiles ; la côte est bordée de marécages (albuféras) que la culture a transformés en rizières. La province de *Murcie* jouit à peu près des mêmes cultures dans la vallée du Ségura et donne dans les autres parties la soie la plus renommée ; mais les années où la pluie manque, celles-ci sont absolument stériles. L'*Andalousie*, dont les montagnes nues et les parties non irriguées n'offrent que des déserts brûlants semés de quelques palmiers nains, et dont la plaine, au contraire, pourrait être si riche, n'est cependant pour ainsi dire qu'une vaste friche, dont les maigres pâturages nourrissent des chevaux, et dont les forêts de chênes (surtout dans la province de Huelva) servent à engraisser de nombreux porcs. Les pentes des montagnes du midi et leurs petits cantons irrigués (plaine de Grenade, etc.) ont un tout autre aspect ; ils donnent toutes les productions de l'Europe et de l'Afrique, le blé, le maïs, l'orge, le pois chiche, l'olivier, l'oranger, le nopal et le cotonnier ; c'est dans l'ancien royaume de Grenade, près de Motril et de Grenade, sur une côte disposée en espalier au pied de la Sierra Nevada, que ces cultures tropicales réussissent le mieux et que l'on trouve le dattier (forêt d'Elche, etc.) et la canne à sucre, à côté des vignes et des céréales.

En général, dans toute l'Espagne, on distingue les terres sèches (*secanos*), qui donnent du blé et qui n'ont qu'une valeur médiocre, et les terres irriguées, *regadios*, qui sont très-fertiles, propres à presque toutes les cultures et qui ont une grande valeur.

257. Les produits végétaux. — L'Espagne, si elle était mieux cultivée et mieux pourvue de voies de communication, donnerait d'abondantes récoltes en céréales. On estime, mais par des évaluations très-vagues et assurément exagérées (1), à 50 millions d'hectolitres la production du FROMENT, cultivé principalement sur le *plateau*, dans les deux Castilles, l'Estramadure et l'Aragon ; à 20 millions d'hectolitres, celle de l'*orge*, que l'on cultive dans toutes les provinces ; à 8 millions d'hectolitres, celle du *seigle*, cultivé surtout dans la région pyrénéenne ; à 4 millions d'hectolitres, celle du maïs, qui vient dans les plaines du sud et de l'est, et à moins de 1 million, celle du *riz*, qui ne pousse que dans les provinces de Valence et de Murcie : en tout un peu plus de 80 *millions d'hectolitres de céréales*.

Les *patates*, dont la récolte approche de 1 million et demi de tonnes, et qui sont cultivées partout, principalement dans le sud, sont d'un puissant secours pour la nourriture des habitants, ainsi que les pommes de terre, cultivées dans l'Andalousie (Motril, Marbella, Mijas, etc.), les *pois chiches* (Fuente, Sauco, Mentrida, etc.), les gesses de la Manche, les haricots, les lentilles, l'ail, etc.

La région pyrénéenne et la région du midi fournissent un peu de *lin* et de *chanvre* de qualité médiocre ; les environs de Motril et les îles Baléares, un peu de *coton*.

La *Manche* donne du *safran*, du *sumac* et du *carthame* ; la *Navarre*, les provinces de Cordoue, de Séville, du bois de *réglisse* ; les environs de *Malaga*, l'anis et la *canne à sucre*, dont la culture était très-développée du temps des Arabes ; les *melons* et les pastèques abondent dans le midi.

1. Les chiffres de la statistique espagnole ne fournissent que des approximations très-vagues.

Dans les régions bien exposées, les fruits mûrissent facilement : Tolède et l'Aragon sont renommés pour leurs abricots; les *Baléares*, *Valence*, la Catalogne pour leurs *amandes* et leurs pistaches; l'*Andalousie*, surtout aux environs de Malaga et la *province de* VALENCE (env. 6,000 hectares en tout produisant plus de 600 millions d'oranges), pour leurs citrons, leurs ORANGES et leurs *grenades*; l'*Andalousie* (Malaga, Séville, Alméria, Huelva) et *Valence*, pour leurs *figues*. Les Asturies et la Catalogne donnent des noisettes, des glands doux, des marrons.

L'OLIVIER est très-cultivé, surtout sur le *littoral méditerranéen* (*Andalousie*, Murcie, Valence, Catalogne, Baléares) et dans la vallée du Guadalquivir et du Guadiana; mais l'huile qu'on en tire est médiocre. Le *mûrier* pousse sur la côte de la Méditerranée.

On porte à plus de 8 millions d'hectares l'étendue des forêts; mais la plus grande partie consiste en quelques rares arbrisseaux et en buis, semés sur des terrains rocailleux ou sur des plateaux arides; le bois est très-rare aujourd'hui en Espagne, et le produit ne paraît pas dépasser 15 millions de francs. Dans les montagnes du midi, *entre Alicante et Alméria*, on récolte le *sparte*, espèce de jonc qui sert à faire des nattes, des tapis, des filets. Sur le *plateau central*, sont les plus vastes espaces désignés sous le nom de *forêts* : c'est là que se trouve la forêt de Garganta (prov. de Ségovie). Sur les montagnes du nord (prov. de *Léon*, d'*Oviédo* et de *Santander*) il y a de belles forêts de pins, de chênes, de hêtres et de châtaigniers. Le *liége* vient plus particulièrement de la province de *Séville* et dans la *Catalogne*.

258. Le vin. — Parmi les productions du sol espagnol, la plus renommée est le VIN, qui donne près de 10 millions d'hectolitres. Très-heureusement située à cet égard, l'Espagne a des vignobles dans presque toutes ses provinces. Ceux des deux *Castilles* (Toro, Rueda, la Seca, Navas del Rey, Villarubia, Navalcarnero, *Ocaña*, Yepes, Arganda, *Val de Peñas*, etc.) sont réservés pour la consommation intérieure; ceux de l'*Aragon* (Saragosse, *Campo de Cariñena*, etc.), de *Catalogne* (Priorato, Barcelone, Girone, Tarragone, etc.), de *Navarre*, de Logroño dans la vallée supérieure de l'Èbre, donnent des vins blancs estimés et de gros vins forts en alcool et recherchés pour l'exportation lointaine. C'est surtout dans les *provinces du midi*, Murcie, Valence et l'Andalousie, que la production est abondante et fournit des vins estimés à l'étranger; l'*Andalousie* occupe le premier rang avec les vins blancs légers de la province de Huelva, ceux de Séville, le *vin de Xérès*, si recherché en Angleterre, et ceux de San Lucar et d'*El Puerto*, les vins de liqueur de *Malaga* (récolté à Velez-Malaga) ; le *Malvoisie* des îles Canaries très-recherché est devenu rare. Mais, à part ces crus renommés et voisins de la mer, les vins d'Espagne, mal fabriqués, conservés dans des vases de terre ou dans des outres, faute de tonneaux et de moyens de transport, se gardent peu et n'ont qu'une médiocre valeur.

Alicante ne donne plus guère que des vins légers ordinaires : mais ses *raisins secs*, ainsi que ceux de *Malaga* et de *Denia*, sont exportés en grande quantité.

La *Catalogne*, Valence, Murcie, etc., distillent une partie de leurs vins pour faire de l'*eau-de-vie*.

Les *provinces basques*, qui n'ont pas de vignes, font du *cidre* exquis.

259 Les produits animaux. — L'Espagne est très-pauvre en prairies artificielles ; mais, ayant beaucoup de *pâturages* et de *pâtis* (plus de 11 millions d'hectares), elle a un plus grand nombre d'animaux de ferme que l'état de son agriculture ne pourrait le faire supposer.

Les *mulets* (650,000), surtout dans la *Nouvelle-Castille*, et les *ânes* (750,000), surtout dans l'*Estramadure*, sont plus nombreux que les *chevaux* (400,000), quoique les chevaux d'*Andalousie*, de Valence et de Galice soient renommés.

Environ 2 millions de *bêtes à cornes* vivent surtout dans les prairies des *Asturies*, de la *Galice*, du Vierzo (Léon).

17 *millions et demi de* MOUTONS; c'est le bétail qui, avec les chèvres, convient le mieux aux pays de montagnes et de maigres pâturages : un tiers environ appartient à la race *mérinos*, à laine fine et touffue, dite aussi dans le pays race des moutons transhumants, parce que, n'étant jamais renfermés dans des bergeries, ils émigrent en grands troupeaux de 10 et 20,000 têtes, selon les saisons, des hauteurs des *Asturies*, du royaume de *Léon* (moutons léonais), de la *Vieille-Castille* (moutons ségoviens, moutons sorians) et de la Sierra de Cuença ou d'Albarracin où ils passent l'été, dans les plaines de l'*Estramadure*, de la *Manche* et dans les montagnes de Murcie où ils paissent l'hiver. Ils descendent à mesure que s'abaisse la température, et broutent librement, sur leur passage, en vertu d'anciens priviléges, dans tous champs non clos. Les propriétaires de ces troupeaux forment la corporation de la *Mesta* ; leur droit de parcours a été une cause de ruine pour l'agriculture espagnole. Faute de soins suffisants et par suite de la concurrence à l'étranger des autres pays producteurs de laines fines, la valeur des laines espagnoles a beaucoup baissé.

1 million et demi environ de *porcs* dans les provinces de Galice, de Salamanque, de Huelva, etc.

3 millions de *chèvres*, dans l'Estramadure, Léon, etc.

La volaille et les *œufs* sont deux produits importants des fermes espagnoles.

Le nopal est cultivé en assez grande quantité dans les

chaudes provinces méditerranéennes de Valence, de Grenade, de Malaga et surtout dans les *Canaries* pour obtenir la *cochenille*. Le *miel* est estimé dans les districts d'*Alcaria* (prov. de Guadalajara), dans les sierras de Cuença et de Soria, où le thym et le romarin des montagnes fournissent un suc exquis aux abeilles. La *soie*, quoique frappée par le fléau qui atteint toute la production européenne, a encore dans le royaume de *Valence* et dans la province de Jaën une certaine importance.

260. La production minérale. — Contrée montagneuse dans laquelle les roches anciennes abondent, l'Espagne doit être RICHE EN PRODUITS MINÉRAUX. On les exploitait dès le temps des Carthaginois et des Phéniciens et on évalue encore à 70 *millions de francs*, la valeur totale des métaux extraits des mines et affinés dans les 550 fonderies et usines de l'Espagne.

Les MATÉRIAUX DE CONSTRUCTION sont les meules et les pierres à aiguiser de Barcelone, le granit et les ardoises de Tolède, l'albâtre de Navarre et de Soria, les argiles réfractaires de Zamora, de Linarès, d'Almeria, etc.; les *marbres* de Saragosse, de Vittoria, le marbre blanc de Macetel (prov. d'Almeria), ceux du district d'Aspe (prov. de Valence), d'Orihuela (prov. d'Alicante), de Palma (Baléares), de Cordoue, d'Oviédo, de Séville, de Soria, de Murcie, etc. Tous ces matériaux sont en grande quantité ; mais on n'en exploite qu'une très-petite partie. La Galice, les provinces de Tolède, d'Almeria, de Zamora, la Catalogne (Olo, prov. de Girone) possèdent du kaolin, de la pouzzolane. La Navarre, la province de Soria fournissent de l'albâtre ; la province de Murcie, des pierres lithographiques.

La *houille* (environ 360,000 tonnes) se rencontre sur plusieurs points : les principaux bassins sont ceux des *Asturies* (mine de Langréo, etc.), de *Léon* et Castille (Barruelo, la Magdalena, Orbo, prov. de Palencia), de Cordoue (mine de Belmez et d'Espiel), de Catalogne (mine de San

Juan de las Abadesas), d'Aragon (bassin de Téruel et de Montalban) et de Valence.

Le *fer* (environ 50,000 tonnes) est exploité dans toute la *région pyrénéenne*, Navarre, Guipuscoa, vallée de la Bidassoa, Biscaye (mine de Sommorostro et forges de Bilbao), Oviédo (forges de Langréo, fonderie de Miérès, etc.); et dans l'*Andalousie* (mines des Alpujarras, forges de Marbella, de Malaga, de Motril, mines de la prov. de Séville, forges de Pedroso, de Trubia qui appartient à l'État, mines de la province de Cordoue) ; toutes ces exploitations donnent en général du bon minerai magnétique.

Le PLOMB est au premier rang des métaux exploités en Espagne (environ 275,000 tonnes de minerai, donnant 67,000 tonnes de plomb, valant 23 millions de francs). Il est exploité dans onze provinces, dans la région pyrénéenne (prov. d'*Oviédo*, d'Alava, etc.), dans la Manche et dans les *montagnes du sud-est*, surtout dans l'ancien royaume de Grenade (sierra de Gador, etc.), dans celui de Murcie, et dans la province de Jaen (mine de *Linarès* appartenant à l'État, etc.).

Dans la *sierra Almagrera*, près de Carthagène, et dans le district de *Hien de la Encina*, on exploite des mines d'ARGENT natif, qui produisent environ 3 millions de francs, indépendamment de l'argent que contient le minerai de plomb et que, le plus souvent, on exporte confondu avec ce dernier.

Le MERCURE de la mine d'*Almaden* (ou plus exactement d'Almadengos, près d'Almaden), possession de l'État et dont les filons de cinabre ont plus de 15 mètres d'épaisseur, ainsi que la mine très-médiocre de Miérès (prov. d'Oviédo), approvisionnent l'Europe entière (1), et fournissent annuellement près de 800 tonnes, valant plus de 4 millions.

Le *cuivre*, exploité un peu dans les provinces de Biscaye

1. En concurrence avec Idria (Autriche) et la Californie.

(Bilbao), d'Oviédo, de Séville (mine admirable, district de Castillo de las Guardas), beaucoup dans la province de Huelva (mine de *Rio-Tinto*, appartenant à l'État, etc.), fournit annuellement 2,500 à 3.000 tonnes de métal.

Le *zinc* de la région pyrénéenne (prov. d'Oviédo, de Biscaye, de Santander) et des provinces de Murcie et d'Alméria donne de 1,800 à 2,000 tonnes.

Les autres mines exploitées produisent du soufre (mine de Hellin appartenant à l'État, mines de la province de Téruel et de Conil, près Cadix); du *manganèse* (prov. de Huelva, etc.); de l'étain dans les Alpujarras, dans la Galice, près de Tédabaria, dans les provinces de Grenade, de Santander, de Zamora, etc.; de l'antimoine (pr. d'Oviédo, etc.); de l'alun (Aragon) ; de la soude (Alicante, Malaga, Cormenar de Oreja dans la prov. de Madrid, Vieille-Castille, Catalogne) ; du graphite (Marbella, Huelma) ; du jayet (Utrillas dans la province de Téruel) ; du jaspe (prov. de Soria); du pétrole (Maestu, près Vitoria); du phosphate de chaux dans l'Estramadure, entre la frontière portugaise et Logrosan.

Le *sel* est aussi une des productions minérales importantes de l'Espagne ; on l'extrait de *Cardona* (prov. de Barcelone), de *Minglanilla* (prov. de Cuença), des provinces de Saragosse, de Soria, de Cordoue, de Burgos (saline de Poza), de la Navarre, des salines d'Iviça (Baléares), de celles de la Catalogne, surtout aux *bouches de l'Ebre*, de Valence et des environs de *Cadix*.

La nature du sol veut que les *eaux minérales* soient très-abondantes ; on en connaît dans plus de 700 localités. Parmi les plus fréquentées, on cite : 1° dans la région du nord ou *région pyrénéenne*, celles de Caldas, Caldetas, Olesa et la Puda (prov. de Barcelone), Panticosa (prov. d'Huesca), Tiermas et Alhama (pr. de Saragosse), Fitero (Navarre), Zaldivar et Élorrio (pr. de Biscaye), Caldas de Besaya (pr. de Santander), Bruyères (pr. d'Oviédo),

Ardenillo et Gravallos (pr. de Logroño), et les nombreux bains de la *Galice*, eaux qui rappellent, autour de la sierra de Moncayo et sur le versant espagnol des Pyrénées, la riche série d'eaux sulfureuses et salines des Pyrénées françaises ; 2° la *région du plateau central*, Trillo et la Isabella (prov. de Guadalajarra), Ledesma (prov. de Salamanque) ; 3° dans la *région du sud*, Alhama (prov. de Murcie), Chiclana (prov. de Cadix), Benimarfiell et Busot (prov. d'Alicante).

261. Les produits manufacturés. — En Espagne, l'*industrie* est *peu développée*.

Les *industries mécaniques* n'ont qu'un petit nombre de représentants, à *Barcelone*, Pampelune, Lasarte (Guipuscoa), Madrid, Malaga. Les *armes* à feu viennent du *Guipuscoa*, ; les armes blanches de Tolède et de Madrid. Les *industries chimiques* ont aussi pour siége principal *Barcelone*, puis Oviédo, Madrid, Valence, Cadix et Alicante. La distillation des fleurs et des fruits produit des essences. Les *cuirs* et peaux préparées ont une certaine importance ; *Barcelone*, la Catalogne, l'Aragon, les Asturies, la Galice, c'est-à-dire les *provinces du nord*, exercent cette industrie ; Madrid et Saint-Sébastien font des bougies. *Séville*, Madrid, Valence, etc., fabriquent des *cigares*.

Les industries alimentaires sont toujours relativement nombreuses dans un pays peu industrieux, parce que manger est le premier besoin de l'homme. D'importantes *meuneries* et des fabriques de pâtes alimentaires sont établies à Valladolid, à Salamanque, à Palencia, à Burgos, à Oviédo, à Aranjuez, à Albacète, non loin des céréales du *plateau castillan*. Des huileries existent dans le sud. Les *fromages* de lait de brebis de *Burgos*, de Cacérès, de *la Manche*, des Baléares, le fromage de lait de vache de Saragosse sont estimés dans le pays. *Alicante, Badajoz, Cacérès, Salamanque* sont cités pour la *charcuterie* en général; *Vich*, pour les saucissons; la *Galice*, pour les jambons; Burgos, Grenade, pour la viande salée.

Dans toute l'Espagne, et principalement dans les *provinces du nord*, on fait beaucoup de chocolat, aliment d'une consommation journalière en Espagne.

C'est surtout dans la *Catalogne*, et particulièrement dans les *environs de Barcelone*, port dans lequel débarque la matière première, que sont les manufactures de coton qui occupent, dit-on, près de 100,000 ouvriers; on en compte aussi quelques-unes dans le sud, qui produit la matière première, à Malaga, à Motril; dans les *Baléares*, le Guipuscoa, et la Vieille-Castille, un assez grand nombre de métiers fabriquent, pour l'usage des habitants, des cotonnades grossières. C'est dans la *Navarre* (Pampelune, etc.), à *Barcelone*, à Mataro, à Ségovie, dans la province de Logroño (Rio-Alhama, etc.), dans le Guipuscoa (Renteria, etc.), et à Malaga que l'on tisse la *toile*. La *laine*, soit la laine peignée dont on ne consomme qu'une petite quantité, soit la laine cardée avec laquelle on fait la plupart des *draps* et tissus à l'usage des habitants, a ses principales manufactures et ses métiers de campagne les plus nombreux à *Palencia*, à *Barcelone* et aux environs, (Sabadell, Tarrasa, Manrya, Valls); au second rang viennent Bejas (prov. de Salamanque), renommé pour la solidité de ses tissus, Alcoy (prov. d'Alicante), les Baléares, dont les couvertures se vendent dans toute l'Espagne, Ségovie, Burgos, le Guipuscoa, etc., la plupart de ces villes sont situées dans la région des moutons. La *soie* est filée soit à la main dans les campagnes, soit dans les filatures de *Valence* et environs; elle est tissée à *Barcelone*, à Reus, à Manresa renommé pour le bon marché de ses produits, à Valence, à Madrid, à Séville, à Grenade, etc.

C'est encore à *Barcelone* et dans les districts ruraux de la *Catalogne*, que l'on fait le plus de *dentelles*, surtout des dentelles de soie, très-chargées d'ornements ; on en fait aussi à Almagro (prov. de Ciudad-Réal). Dans cette catégorie industrielle, on peut faire rentrer les nattes, filets et cordes de *sparte* fabriqués dans les campagnes et dans quelques ateliers, entre *Alicante* et *Alméria*.

La province d'Oviédo fait des parures de jayet et des sabots; la Galice, des manteaux de paille ; la Vieille-Castille, des bas tricotés, dits glorias : industries toutes rurales.

Madrid, *Barcelone* fabriquent des objets d'*orfévrerie* pour les églises ; *Albacète* de la *coutellerie*. Pour la *céramique*, les matériaux abondent: mais on les emploie peu; à part les alcarazas de *Cordoue*, les grandes jarres de la *Manche* et la fabrique de porcelaines de *Séville*, il n'y a que des ateliers d'ordre tout à fait secondaire à Madrid, à Malaga, à Grenade, à Barcelone, à Castillonète. Les *verreries* sont à Malaga, à la Corogne, à Gijon, à Carthagène, à Barcelone, à Guadalajarra ; et la principale manufacture est celle de *la Granja* (prov. de Ségovie).

Madrid et Valladolid jouissent d'une certaine réputation pour la sellerie et la bourrellerie. Dans les ateliers de Barcelone, on fabrique une partie du matériel des chemins de fer.

Parmi les industries qui servent à satisfaire des besoins de l'esprit, la fabrication des *instruments de musique* est la plus florissante : pianos de *Madrid*, de *Barcelone*, de Valence et de Séville ; guitares de Saragosse, de Cadix, castagnettes de Grenade, etc.

262. Les voies de communication. — L'Espagne est très-mal pourvue de voies de communication. La plupart des cours d'eau ne sont pas navigables; les canaux sont en très-petit nombre, les seuls qui existent sont les *canaux de l'Ebre* (canal impérial, canal des Alfaques, etc.), le canal de Castille, et le Guadalquivir canalisé de Séville à la mer ; en tout, rivières et canaux, ne présentent pas plus de 600 kil. sur lesquels la navigation intérieure pourrait être permanente.

Elle possède à peine 20,000 kil. de routes de toute nature, récemment construites ; pas de chemins vicinaux. La plupart des transports ont lieu à dos de mulets à travers les parameras et les ravins, quoique les voitures et charrettes depuis 20 ans leur disputent de plus en plus la clientèle.

Le réseau des *chemins de fer* est d'environ 5,500 kil. De *Badajoz, Cadix, Malaga, Grenade, Carthagène, Alicante,* diverses lignes, se réunissant à Alcazar, gagnent *Madrid* et, de là, la France (Bayonne) par Burgos, coupant la péninsule du S. au N., et jetant des embranchements à l'O. sur Zamora, sur Léon et Astorga, pour aller jusqu'à la Corogne ; puis au N. sur Santander et sur Bilbao. Une autre ligne suit la côte de la Méditerranée d'Alicante à Girone par *Valence, Barcelone*, et se reliera à Perpignan ; une troisième, traverse l'Espagne de l'E. à l'O., de *Madrid* à *Barcelone* par *Saragosse*, avec embranchement allant de Saragosse rejoindre la ligne du nord par *Logroño* et par *Pampelune*.

263. **Les monnaies et mesures.** — L'Espagne a *les mêmes monnaies, poids et mesures que la France.*

264. **La navigation.**—Ayant peu de routes, une grande étendue de côtes, et faisant presque tout son commerce par mer, l'Espagne devrait avoir une marine nombreuse ; cependant sa *marine* de long cours n'atteint pas 180,000 tonneaux, et celle destinée au cabotage 120,000 ; en tout 300,000 *tonneaux*. Le *mouvement total de la navigation* nationale et étrangère, entrée et sortie réunies, dépasse 2 *millions de tonneaux* : Barcelone, *Cadix, Malaga, Bilbao,* Valence, Carthagène, Santander qui fait un assez grand commerce de grains, sont les principaux ports.

Des services de bateaux à vapeur relient Cadix, Malaga, Carthagène, Alicante, Valence, Barcelone, etc.

265. Le commerce. — Le COMMERCE EXTÉRIEUR, quoique bien supérieur à ce qu'il était il y a vingt ans (1), n'est encore que de 850 MILLIONS DE FRANCS.

L'*importation* consiste principalement en *métaux précieux* de France, etc.; en *fils de chanvre* et de lin d'Angleterre; en *sucre* de Cuba; en tissus de laine et tissus de soie; en coton, cacao, morue, soie, bois, etc.

L'*exportation* consiste en *vins* pour l'Angleterre, Cuba, la France, etc.; en *métaux précieux* pour la France, etc.; en *métaux usuels* pour la France, l'Angleterre, etc.; en *fruits secs*, *huile d'olive*, *farine*, etc., pour les États-Unis, l'Angleterre, etc.

266. Le commerce avec la France. — *La France tient le premier rang* dans les relations commerciales de l'Espagne. L'Angleterre vient au second rang, à peu de distance.

Au troisième sont les *colonies espagnoles*: Cuba, Puerto-Rico, qui envoient à la métropole du sucre, du café, et les Philippines qui envoient surtout du tabac; les Canaries ne sont pas regardées comme colonies.

Bien loin, au quatrième rang, sont les États-Unis, la Colombie, la Belgique, la Plata, la Suède, le Portugal; l'Algérie française est au cinquième avec le Pérou, etc.

La France tire d'Espagne du *plomb*, des fruits, des laines, du linge ouvré, de l'huile, du safran, etc., et y envoie des *tissus de laine*, des *soieries*, des *mulets*, des cotonnades, de la mercerie, etc.

267. Le résumé des forces productives. — Au point de vue économique, l'Espagne peut se diviser en trois régions :

1° La RÉGION DU NORD, ou région pyrénéenne : les *forêts* y couvrent les pentes des montagnes et les *châtaigniers* y prospèrent; le *gros bétail* y est, surtout dans la

---

1. Il a à peu près triplé depuis 1839, époque à laquelle fut quelque peu adouci le régime douanier.

Galice, assez nombreux ; la *houille* et les *métaux* y sont exploités et les habitants pratiquent certaines industries, celle du *fer* dans les provinces basques, les Asturies ; celles du fer, de la *filature* et du *tissage* dans la Catalogne : la *province de Barcelone*, que les Espagnols nomment leur Lancashire, est la *contrée manufacturière* par excellence de l'Espagne, et *Barcelone* est son port.

2° La RÉGION DU CENTRE, ou région du plateau, s'étend jusque sur l'Aragon : l'industrie y est nulle ; mais le sol fournit le *blé*, la *laine* et le vin.

3° La RÉGION DU SUD, ou région méditerranéenne, comprend l'Andalousie, et s'étend sur les côtes, de Valence à Huelva. Échauffée par un soleil ardent, elle produit la *soie*, le riz, l'*olive*, l'*orange*, le citron, le *vin* (*Malaga*, *Xérès*, etc.). L'incurie des hommes laisse en friche la plaine de l'Andalousie, mais elle présente des cultures splendides dans le voisinage de la côte et renferme dans ses montagnes des mines précieuses, qui rendent du *plomb*, du *mercure*, du *cuivre*, de l'argent, etc., et qui ont donné naissance à quelques centres d'industrie (Malaga, etc.) ; *Cadix* est son port.

268. Les grandes villes. — Quoique mal peuplée, l'Espagne, dont les habitants, au lieu d'être disséminés dans les campagnes, sont groupés sur certains points et particulièrement sur les bords de la mer, compte dix-huit *villes de* 30,000 à 100,000 *âmes*, et quatre *villes de plus de* 100,000 *âmes*, à savoir :

(Voir les plans des cartes nos 20 et 21).

VALENCE (107,000 hab.), à 2 kilomètres de l'embouchure du Guadalaviar, où se trouve la petite bourgade du Grao qui lui sert de port, est une grande et belle ville, qui fabrique des soieries et surtout des velours et à qui sa riche campagne, bien irriguée (huerta de Valence), fournit de riches objets d'exportation, vins, safran, oranges, etc.

SÉVILLE (118,000 hab.), belle ville, située sur la rive

gauche du Guadalquivir, au débouché de la plaine de l'Andalousie, a été, au XVIᵉ siècle, le grand port de l'Espagne ; mais l'ensablement du fleuve ne permet plus, depuis longtemps, aux bâtiments de plus de 100 tonneaux d'y aborder.

Barcelone (189,000 hab.), capitale de la Catalogne, a été, dès le moyen âge, le principal port de la péninsule sur la Méditerranée, et en est aujourd'hui le centre industriel le plus actif. On y travaille le fer, le coton, la laine, la soie et le chanvre, et on y fait un commerce actif, surtout avec Marseille, Gênes et Livourne. La place est défendue par une citadelle et par le port de Montjuich, qui,

Fig. 15. — Vue de Madrid.

construit sur une montagne, domine le port.

Madrid (322,000 hab.), capitale de l'Espagne, est située au milieu d'un plateau aride, sur le bord du Mançanarès, torrent souvent desséché, mais elle est bien approvisionnée d'eau depuis l'ouverture du canal d'Isabelle II. Ornée de beaux monuments et percée de grandes rues animées par une circulation active, surtout à l'époque des foires de septembre, elle compte peu de manufactures ; la carrosserie et l'imprimerie y sont au nombre des industries les plus florissantes (voir la fig. 15).

269. Le gouvernement. — Le territoire est partagé en municipalités *(ayuntamientos)* qui ont, pour les administrer, un conseil comprenant un certain nombre de conseillers *(regidores)* élus par les habitants, et un maire *(alcade)* pris par le chef de l'État dans le sein du conseil ; les *provinces* ont, pour les administrer, un *gouverneur*, lequel rappelle les préfets français et est assisté d'un conseil provincial nommé par le chef de l'État, sorte de conseil de préfecture, et d'une députation provinciale, sorte de conseil général. A la tête des anciennes provinces est un *capitaine général* qui a l'autorité militaire. L'État est gouverné par un roi et par deux chambres : un *sénat* dont les membres sont à vie et une *chambre des députés*.

Le *budget* atteint 700 *millions* de francs ; l'armée compte 150,000 hommes, et le service de la marine militaire environ 20,000 hommes.

270. La population. — La POPULATION est de 16 MILLIONS 1/2 D'HABITANTS dans les 49 provinces (Baléares et Canaries comprises), c'est-à-dire de UN TIERS D'HABITANT PAR HECTARE ou 32 *habitants par kilomètre carré*. Sur le plateau, la population, très clair semée, ne dépasse pas 15 habitants par kilomètre carré ; dans la Galice, dans les provinces basques, et sur la côte de Catalogne, elle dépasse 70 habitants par kilomètre carré. Cette population s'accroît lentement ; la mortalité y est grande.

On n'y compte guère plus d'un million (1,200,000) de personnes vouées aux occupations industrielles, et de 70,000 au commerce.

Presque tous les Espagnols professent la *religion catholique*. L'instruction y est encore très-peu développée ; une statistique récente y comptait 1 sur 5 habitants seulement sachant lire et écrire. L'*espagnol* est la langue généralement usitée; elle est parlée dans toute sa pureté par les *Castillans*, race du centre qui s'étend jusqu'à la Méditerranée. Dans le nord-ouest, les *Galiciens*, race particulière, robuste et laborieuse, parlent un dialecte voisin du portugais; dans le nord, les *Basques*, non moins robustes et non moins énergiques, ont leur langue particulière; dans le nord-est, les *Aragonais* et les *Catalans*, race vive, énergique, pétulante, que l'on retrouve jusqu'au delà de Valence, parlent un dialecte provençal, employé aussi dans les îles Baléares.

La nature qui n'a pas favorisé l'Espagne sous le rapport de la pluie, lui a aussi rendu très-difficiles les moyens de communication; mais elle l'a dotée de belles plaines, de vallées fertiles, quand elles sont arrosées, et de nombreuses mines. Les hommes n'ont pas su en tirer tout le parti qu'ils auraient dû; ce pays, qui a eu quelques belles époques dans l'histoire de la civilisation, manque aujourd'hui de l'instruction, de l'activité laborieuse et patiente, qui sont nécessaires à une population pour triompher des obstacles physiques et tourner en sources de richesses les conditions naturelles d'une contrée; aussi, sous un climat où l'homme peut vivre et prospérer sans de grands efforts, la population est-elle, excepté dans la Catalogne, la Galice, le pays basque et la côte méditerranéenne, généralement rare et pauvre. Des efforts intelligents et un gouvernement stable peuvent ramener cependant de beaux jours pour l'Espagne.

271. Gibraltar. — Au S. de l'Espagne, est un long massif de rochers escarpés, réuni au continent par un isthme bas et étroit : c'est ce qu'on appelle *la pointe d'Europe*, sur le flanc occidental de laquelle est bâtie la ville de *Gibraltar* (18,000 hab.). Les Anglais en sont maîtres depuis 1704, et en ont fait une forteresse imprenable. La rade de Gibraltar, protégée par deux môles, est le lieu de relâche ordinaire des bâtiments qui passent le détroit; les voiliers, pour sortir de la Méditerranée et forcer le courant, sont quelquefois obligés d'y attendre longtemps un bon vent d'est. La ville, qui fait quelques affaires avec la côte d'Afrique, est surtout un grand entrepôt de cotonnades anglaises qui s'écoulent de là, en partie par contrebande, en Espagne.

3me Section.

LE ROYAUME D'ITALIE.

(Voir la carte n° 22.)

272. Retour sur la géographie physique. — Le ROYAUME D'ITALIE, situé entre 4° 12' et 16° 40' de longitude occidentale, et entre 46° 40' et 36° 40' de latitude, comprend, outre la péninsule italique, deux grandes îles, la Sardaigne et la Sicile; il est borné par la FRANCE, la SUISSE et l'AUTRICHE au N.-O., N. et N.-E.; par la mer TYRRHÉNIENNE et la MÉDITERRANÉE à l'O.; par la Méditerranée et la MER IONIENNE au S.; par le *canal d'Otrante* et la MER ADRIATIQUE à l'E. Il a une *superficie* de 296,000 *kilomètres carrés*.

L'Italie appartient au *climat méditerranéen* par ses îles et par toute la péninsule, moins les pentes des Alpes qui dépendent du climat alpestre. Les *terrains crétacés* et les *terrains tertiaires* dominent sur toute la ligne de l'Apennin, avec quelques bandes de terrains jurassiques dans le centre et dans le sud; la plaine du Pô et celle du Tibre sont des *alluvions modernes*; les *roches éruptives* dominent dans la campagne de Rome, dans celle de Naples, dans la Sardaigne et à l'Orient de la Sicile. Les *Alpes* l'enceignent au N. et les *Apennins* la traversent dans toute sa longueur. Le *Pô*, l'*Adige*, la *Brenta*, la *Piave*, le *Tagliamento*, l'*Isonzo*, l'arrosent au N.; l'*Arno*, l'*Om-*

brone, le *Tibre*, le *Garigliano*, le *Vulturne* à l'O. ; le Basiento et le Bradano au S. ; l'Ofanto à l'E. La partie alpestre compte de nombreux lacs, *lac Majeur, lac de Côme, lac de Garde*, etc. ; et la partie centrale, les *lacs de Pérouse* ou de *Trasimène*, de Bolsena, etc.

273. La formation politique. — L'Italie fut habitée primitivement par les Pélasges, au centre et au midi, par les *Ligures*, tribu ibérique qui s'établit à l'ouest ; par les *Vénètes*, d'origine slave, qui s'établirent à l'est ; par les *Gaulois* (Ombriens, etc.) qui occupèrent toute la Cisalpine, plus tard elle fut dominée par les Étrusques ou Toscans, qui fondèrent au nord et au centre un florissant empire, et colonisée au midi par les Phéniciens et par les *Grecs*; puis elle tomba, après de longues guerres, sous la puissance des *Romains* (765 à 163 avant J.-C.), et, pendant six siècles, Rome domina sur le monde. L'Italie, ravagée par les Wisigoths, les Huns et les Vandales, passa, après la chûte de l'Empire romain d'Occident (476 après J.-C.), au pouvoir des Hérules, puis des *Ostrogoths* (489-554), enfin des *Lombards* (568). Charlemagne réunit à son empire toute l'Italie du nord jusqu'à la Pescara et rendit tributaire le duc de Bénévent, qui possédait le midi. Après la dissolution de l'*Empire carlovingien*, une période de troubles et d'anarchie commença en Italie ; de petites principautés se formèrent et les villes s'organisèrent en municipalités. Avec Othon le Grand, qui reçut à Rome la couronne impériale (962), les *Allemands* rentrèrent dans la péninsule qui resta soumise à leur domination, ou du moins à leur influence pendant trois siècles (1250). Cependant les *Normands* avaient formé dans le midi le royaume de Naples, devenu le royaume des *Deux-Siciles* (1016-1194), et la puissance temporelle des papes, établie par Charlemagne, s'était accrue. Au moyen âge, brillèrent les *républiques de Gênes, de Pise* qui s'éclipsa promptement, de *Florence*, de *Venise*. Au xve siècle, les

Français essayèrent en vain d'établir leur domination en Italie : la couronne de Naples, longtemps disputée, resta à l'Espagne (1503) ; Charles-Quint s'empara du Milanais (1535) et établit en Italie la toute-puissance de la *maison d'Espagne-Autriche*. Au commencement du dix-huitième siècle, l'influence passa de la branche espagnole à la branche autrichienne ; et à la même époque, le Piémont, érigé en royaume (1713), prit le nom de *royaume de Sardaigne* (1720). Pendant les guerres de la République et de l'Empire, la constitution de l'Italie fut plusieurs fois remaniée : toute la partie nord-ouest jusqu'à Terracine forma des *départements français*, par suite de diverses réunions qui eurent lieu de 1802 à 1810 ; toute la partie nord-est forma le *royaume d'Italie* dont Napoléon Ier fut roi (1803). Le royaume de Naples, au S., avait pour roi Murat, beau-frère de Napoléon (1808). Les événements de 1815 rendirent le royaume des Deux-Siciles aux Bourbons, les États pontificaux au pape, le Piémont avec Gênes au roi de Sardaigne, rétablirent les duchés de Toscane, de Parme, de Lucques, de Modène, et donnèrent la Vénétie et la Lombardie jusqu'au Tessin à l'Autriche, qui reprit une influence toute-puissante en Italie. Une tentative pour échapper à ce joug échoua en 1849. En 1859 et 1860, à la suite de l'expédition de Napoléon III en Italie, l'Autriche céda la Lombardie jusqu'au Mincio. Bientôt après, les duchés, une partie des États pontificaux et le royaume des Deux-Siciles s'annexèrent au Piémont devenu l'instrument de l'indépendance et de l'unité italienne et qui prit en 1861 le nom de ROYAUME D'ITALIE. L'unité s'est accomplie par la cession de la Vénétie en 1866 et l'occupation de Rome en 1870.

274. Les provinces. — Le ROYAUME D'ITALIE, dont FLORENCE est la capitale, comprend 69 *provinces désignées par le nom des chefs-lieux* et réparties en 11 grandes divisions :

1° *Piémont et Ligurie*, comprenant les 6 provinces d'Alexandrie, Coni, Gênes, Novare, Port-Maurice, Turin ;

2° *Sardaigne*, comprenant les 2 provinces de Cagliari et Sassari ;

3° *Lombardie*, comprenant les 8 provinces de Bergame, Brescia, Côme, Crémone, Mantoue, Milan, Pavie, Sondrio ;

4° *Émilie*, comprenant les 9 provinces de Bologne, Ferrare, Forli, Massa et Carrare, Modène, Parme, Plaisance, Ravenne, Reggio ;

5° *Marches*, comprenant les 4 provinces d'Ancône, Ascoli-Piceno, Macerata, Pesaro et Urbino ;

6° *Ombrie*, comprenant la province de Pérouse ;

7° *Toscane*, comprenant les 7 provinces d'Arezzo, Florence, Grosseto, Livourne, Lucques, Pise, Sienne ;

8° *Provinces napolitaines*, comprenant les 16 provinces d'Aquila (anciennement Abruzze ultérieure seconde), Avellino (anc. Principauté ultérieure), Bari (anc. Terre de Bari), Bénévent, Campo-Basso (anc. Molise), Caserta (anc. Terre de Labour), Catanzaro (anc. Calabre ultérieure seconde), Cosenza, Chiéti (anc. Abruzze citérieure), Foggia (anc. Capitanate), Lecce (anc. Terre d'Otrante), Naples, Potenza (anc. Basilicate), Reggio (anc. Calabre ultérieure), Salerne (anc. Principauté citérieure), Teramo (anc. Abruzze ultérieure première) ;

9° *Sicile*, comprenant les 7 provinces de Caltanisetta, Catane, Girgenti, Messine, Palerme, Syracuse, Trapani ;

10° *Vénétie*, comprenant les 8 provinces de Bellune, Padoue, Rovigo, Trévise, Udine, Venise, Vérone, Vicence.

11° L'ancien *Patrimoine de l'Église* formant la province de Rome, autrefois divisée en 5 délégations (Rome, Civitta-Vecchia, Viterbe, Frosinone et Velletri).

Entre l'Émilie et les Marches est enclavée la petite

république de Saint-Marin, qui occupe un espace de 61 kil. carrés et compte 7,000 habitants.

(Voir la carte n° 23.)

275. Les régions agricoles. — Le royaume d'Italie peut se diviser en cinq régions agricoles :

1° Au N., la RÉGION DU PÔ, qui comprend elle-même deux parties très-distinctes :

La première, située *au nord du Pô*, descend du sommet des Alpes jusqu'au fleuve par trois étages : d'abord, c'est *la montagne* abrupte et rocheuse, percée d'étroites vallées, avec quelques rares bois résineux et de vastes pâturages alpestres ; dans le fond des gorges, de petits champs de seigle et d'avoine que le paysan propriétaire retourne de ses mains et crée presque entièrement par son labeur en apportant à la hotte et en retenant par des murailles de pierres sèches les terres prêtes à s'ébouler ; puis vient *la colline et le plateau* où domine la culture du mûrier et où l'on trouve la vigne, le froment, le seigle et le sarrasin cultivés à la bêche par de petits métayers ; enfin, c'est *la plaine*, terre d'alluvion, contrée riche par excellence, exploitée en général par la grande culture, dont la terre donne souvent deux récoltes par an, et dont la fertilité est due beaucoup moins au sol lui-même qu'aux nombreux cours d'eau descendant de la montagne et répartis dans la plaine, à l'aide de canaux habilement multipliés (canal Cavour, Naviglio grande, canal Muzza débitant 50 mètres cubes d'eau par seconde). C'est à ces derniers que l'on doit les rizières et les prairies dont quelques-unes (les *marcites* ou prés d'hiver, arrosés par la Vettabia) donnent jusqu'à huit coupes par an. Là où viennent l'herbe ou le riz, on les préfère à toute autre culture, comme beaucoup plus productifs ; là où ils ne viennent pas, on trouve les prairies artificielles, qui aident à l'élève d'un nombreux bétail, le maïs et le froment, le seigle, l'avoine, le colza, le sorgho, le millet, sur certains points le mûrier ; presque partout le peuplier marque la ligne des canaux ; sur le bord des lacs mûrissent l'olivier et l'oranger. Plus froide dans le *Piémont*, cette partie de la région du Pô a dans la *Lombardie* ses campagnes les plus riches et les mieux arrosées, et dans la *Vénétie* ses plaines les plus étendues, lesquelles, vers le bord de la mer, se changent en marécages et en lagunes.

La partie située *au sud du Pô*, moins bien arrosée, comprend le *Montferrat* dont les coteaux portent la vigne et le mûrier ; la *Ligurie* montagneuse et aride au nord, mais produisant, sur les versants méditerranéens échauffés par le soleil, les plus beaux fruits des contrées méridionales, l'olivier, l'oranger, l'amandier ; l'*Émilie* pierreuse et sauvage dans l'Apennin où elle rend plus de châtaignes que de blé, mais plantée de vignobles sur les coteaux et couverte dans la plaine, surtout dans la plaine de la Romagne, de moissons, de champs de maïs et de chanvre, que coupent de distance en distance de petites rivières bordées de prairies.

2° La région du centre comprend trois parties :

La *Toscane*, dont les hauts plateaux montagneux sont couronnés tantôt de forêts de hêtres, de châtaigniers, de genévriers ; et tantôt de pâturages où chèvres et moutons passent l'été. Pendant l'hiver ces troupeaux descendent dans les marécages plantureux, mais malsains, dits *maremmes*, dont les collines présentent au regard le mûrier et la vigne, et dont les plaines bien cultivées donnent le maïs, le blé, le lupin ;

L'*Ombrie*, montagneuse, mais généralement bien cultivée par de robustes campagnards, et les *Marches*, plus accidentées encore sur les crêtes de l'Apennin, mais rappelant, sur les bords de l'Adriatique, la culture de la Romagne ;

La *campagne de Rome*, plaine d'un aspect sévère,

presque entièrement déserte, n'offrant aux regards attristés que de maigres pâturages, de rares champs de blé et de vastes marécages : les *marais Pontins* n'occupent pas moins de 18,000 hectares.

3° Au S., la RÉGION NAPOLITAINE comprend quatre parties :

Les riches *plaines de l'ouest*, situées entre l'Apennin et la mer Tyrrhénienne, embrassent la *terre de Labour*, *Naples* et la *Principauté citérieure*, et donnent d'excellents blés durs, du maïs, des pastèques, du chanvre, ainsi que l'oranger, le mûrier, l'olivier et le peuplier mariés à la vigne et abritant les récoltes contre les ardeurs d'un soleil brûlant ;

Les âpres *montagnes du centre et de l'est* couvrent presque entièrement les *Abruzzes* et s'étendent par la principauté de *Bénévent* et la *Principauté ultérieure* jusque sur la *Basilicate*, avec leur population rare et sauvage, leurs pâturages couverts de moutons l'été et déserts l'hiver ;

La *plaine du sud-est* comprend l'ancienne *Pouille* et s'étend jusqu'au cap Leuca. C'est une terre calcaire, mal arrosée par de maigres filets d'eau et mal cultivée ; les oliviers y abondent ; les moutons, chassés des montagnes par le froid, y passent l'hiver, mais leurs migrations fréquentes sont une des causes de l'état misérable de l'agriculture ; les *Calabres*, ou extrémité sud-ouest de l'Italie, contrée malsaine sur le littoral, montagneuse au centre, avec de vastes plateaux (plateau de la Sila, etc.), mais en grande partie inculte et livrée à la vaine pâture, nourrissent une bonne race de petits chevaux.

4° La SICILE présente au centre un vaste plateau élevé de 4 à 500 mètres, sans routes, sans bois et presque sans culture ; sa côte méridionale est malsaine et peu habitée ; mais les côtes orientale et septentrionale sont, au contraire, assez peuplées et animées par une végétation luxuriante et presque tropicale ; on y trouve le cotonnier et la canne à sucre.

5° La SARDAIGNE présente à l'intérieur une série de plateaux montagneux diversement découpés, très-boisés, avec un littoral généralement insalubre et des plaines fertiles comme le Campidano, mais peu cultivées faute d'habitants et de voies de communication.

276. Les cultures herbacées. — L'Italie consacre au labourage environ les 2/5 de son sol, c'est-à-dire *plus de 15 millions d'hectares* et récolte environ 70 *millions d'hectolitres de grains*, quantité qui n'est pas tout à fait suffisante pour nourrir ses habitants. Sa récolte se compose, moitié de FROMENT (35 mill. d'hect.), dont les plus belles espèces sont le grano gentile de Toscane, très-estimé et exporté contre importation de blés de qualité inférieure, et les beaux *blés durs* de *Naples* (blé de Barletta, ceux de la plaine d'Arezzo, etc.), et de *Sicile*, riches en gluten. Un quart appartient au *maïs* (16 mill. d'hect.) cultivé surtout dans la *vallée du Pô* et dans la Toscane, et donnant par hectare 30 à 40 hectolitres, tandis que le froment n'en donne guère que 17 : il sert à faire la polenta, sorte de bouillie dont se nourrissent les paysans. Un huitième se compose d'orge et d'avoine (7 millions 1/2 d'hectolitres) ; le reste, de seigle, de sorgho et surtout de *riz* que l'Italie produit en plus grande quantité qu'aucun autre pays d'Europe (1 million 1/2 d'hectolitres pour 150,000 hectares) : il réussit surtout dans les plaines irriguées, inondées même jusqu'en juillet, du Piémont, de la *Lombardie* (Gera d'Adda, etc.), et de la *Vénétie* (districts de Pavie, Novare, Vérone, Verceil, Milan, Mantoue, Rovigo, etc.) (1).

La *pomme de terre* fournit près de 10 millions d'hecto-

1. Tous les chiffres relatifs à la production agricole ou industrielle ne doivent être regardés que comme des évaluations approximatives.

litres à l'alimentation ; les haricots, les doliques du nord, les poids chiches du midi ajoutent environ 4 millions.

Les principales cultures industrielles sont : le *chanvre* et le *lin*, qui produisent 63,000 tonnes de filasse, dont 50,000 pour le chanvre ; le plus renommé est celui du *Bolonais*, celui du *Ferrarais*, de la *Toscane*, du *Modénais* ; la *Lombardie* est presque au même rang, à cause de son lin ; vient au second rang le Piémont ; la terre de Labour et la Sicile au troisième ; le lin réussit surtout dans les environs de Crémone, de Crême, de Potenza. La garance vient de Toscane et de Salerne ; le *sumac* de Vénétie et de Sicile (val de Mazzara près de Palerme) ; l'anis, le safran, des provinces méridionales ; le *coton* (valeur, 60 millions de fr.), de la *Sicile*, de la *Calabre*, des districts de Salerne et de Lecce, et de quelques vallées de la Sardaigne.

En *Sicile* on cultive encore un peu la *canne à sucre* (env. 8,500 tonnes). Les *prairies naturelles*, les marcites ou prés d'hiver, les prairies artificielles (trèfle, lollio et luzerne) qui se trouvent en certain nombre dans la *Lombardie*, n'occupent en tout qu'un million d'hectares ; les *pâturages*, au contraire, pâtis de l'Apennin, etc., occupent près de 5 millions 1/2 d'hectares et abondent dans les provinces napolitaines.

277. Les arbres. — Les principales cultures arborescentes de l'Italie sont :

1° La vigne dont le soleil ardent, les pentes du terrain et la nature du sol favorisent la culture. La Sicile est au premier rang, avec une production de plus de 4 millions d'hectolitres et des crus renommés, le *Marsala*, le muscat de *Guarnaccio*, le *Syracuse*, le granatino ou vin blanc de Catane, etc.; au second, l'*Émilie* avec ses coteaux de l'Apennin qui regardent le soleil levant, de la vallée du Pô (le Lambrusco, le Cisolo, etc.) ; au troisième, le Piémont et la Ligurie, avec les coteaux du Montferrat (malvoisie d'Asti), du Novarais, de la vallée d'Aoste, les pentes des Alpes maritimes et de l'Apennin (le Dolcetto, le Couad, le Gattinara, etc.) ; la Vénétie avec les coteaux des monts Euganéens et du Frioul ; les Marches et l'Ombrie avec les crus de Pérouze, etc. ; la Toscane avec le Chianti, etc. ; les provinces napolitaines avec les coteaux qui vont de Naples aux Abruzzes et qui s'étendent dans la Calabre, et les crus du Lacryma-Christi au pied du Vésuve, les vins du Pausilippe, d'Ischia, de Capri, ceux de la province de Lecce, le gréco de Nocéra, etc. La production totale atteint peut-être 20 millions d'hectolitres. Une culture meilleure et l'abandon de l'usage antique de marier la vigne à d'autres arbres d'où elle pend en festons, mais où elle mûrit mal, la rendrait encore plus abondante. L'Italie méridionale fournit beaucoup de raisins secs. Les provinces napolitaines (*Vasto*, etc.), *Venise*, Trévise, Vicence, etc., fournissent du vinaigre ; l'*Émilie* et Venise, de l'eau-de-vie.

2° L'OLIVIER occupe un demi-million d'hectares dans les *provinces napolitaines* (surtout terre de Bari et terre d'Otrante), dans la Sicile, la Ligurie, la Toscane (Lucques, etc.), et dans les expositions favorables du Piémont et de la Lombardie, fournit 1 million et demi d'hectolitres d'huile.

3° Le MURIER, dont la feuille nourrit le ver à soie, est cultivé dans presque toutes les provinces italiennes, surtout celles de la *vallée du Pô* (en première ligne la *Lombardie*), du Frioul et de l'Ombrie ; c'est encore une des belles industries agricoles de l'Italie, quoique la maladie des vers à soie en ait considérablement diminué le rendement (des 4/5 environ depuis 10 ans).

4° L'ORANGER, donne des fruits savoureux dans les *provinces napolitaines* et dans la *Sicile*.

D'autres *fruits*, le citron, le cédrat, la figue, la prune, l'amande, la pistache, l'ananas poussent sous le climat des *provinces méridionales* et de la *rivière de Gênes*.

5° Le CHATAIGNIER et le NOYER, qui garnissent certaines parties de l'*Apennin* (Toscane et Lucques, Abruzzes) et des *Alpes*, ont plus d'importance encore; la châtaigne fournit plus de 5 millions d'hectolitres de substance alimentaire à la population des montagnes.

Parmi les produits arborescents, il faut encore citer les *noix* et avelines de l'Italie méridionale, la *réglisse* des Abruzzes et de la Calabre, la pistache de Sicile.

Relativement à son étendue, l'Italie, quoique la plupart de ses montagnes et de ses plateaux soient dénudés à cause de l'incurie des hommes, compte presque autant de *forêts* que la France (4 millions d'hectares); mais les espaces désignés sous ce nom n'ont souvent que des arbres très-clair semés, et les difficultés du transport en rendent l'exploitation difficile. Le pin, le hêtre et le châtaignier dominent dans les forêts du nord (Piémont, Lombardie, Vénétie); près de Ravenne, est la plus grande forêt de pins de l'Italie (5,000 hect.). La *Toscane*, dans ses nombreuses forêts, exploite avec grand profit le *tan* ou écorce du chêne ordinaire, le *liège* que donne le chêne-liège, et exporte une assez grande quantité de charbon et de potasse. La *Sardaigne* possède aussi de belles forêts de chênes et de chênes-liége (forêt de Montana, etc.). Le mélèze des plateaux de la Sila donne de bonne *poix*, et le frêne de la Sicile et du mont Gargano de la *manne*.

278. Les animaux. — L'Italie est pauvre en bétail. Elle possède environ:

1 million et demi de *chevaux* élevés surtout dans les prairies de Rovigo, de Padoue et dans le midi (Capitanate et Calabre) dont la petite race d'origine arabe est estimée;

Un peu plus de 3 millions et demi de *bêtes à cornes*, de race médiocre: la majorité se trouve dans les *provinces du nord* (Piémont, Lombardie, Parme, Modène), où l'on engraisse en général des bœufs de la race de Schwitz ; dans les maremmes de Toscane et dans les provinces méridionales on rencontre, à côté du bœuf rustique, le *buffle* ;

9 millions de *moutons*, d'une laine généralement commune, vivent, pour la plupart, sur les pâtis des *provinces méridionales* (Abruzzes, Pouille, Sicile), dans un état à demi sauvage ; ils passent l'été dans les montagnes des Abruzzes, l'hiver dans les plaines de la Pouille ;

4 millions de *porcs*, seul bétail que l'Italie possède en abondance, nombreux surtout dans la *Romagne* et dans les *provinces méridionales*.

Il faut ajouter à cette liste les *chèvres* en assez grand nombre, comme dans tous les pays de montagnes, et les *abeilles* dont les essaims sont nombreux, surtout dans les provinces du nord (miel de Piémont, de Bormio, d'Empoli).

279. La pêche. — Sur les côtes si étendues de l'Italie, la *pêche* est abondante : le *thon*, le maquereau, la sardine, l'anchois sont les produits ordinaires de cette pêche, pratiquée surtout sur les côtes de *Gênes*, de *Toscane*, des provinces napolitaines (*golfe de Gaëte*, *golfe de Tarente*, etc.), de *Sicile*, de Sardaigne et dans l'Adriatique par les marins de Chioggia. La *lagune de Comacchio* est disposée en bassins où l'on élève et où l'on pêche une grande quantité de poissons, principalement d'*anguilles*. Les *lacs* et les torrents des Alpes donnent en grande quantité la truite et la tanche.

Les marins de *Naples*, de *Livourne*, de Sainte-Marguerite près de *Gênes*, pêchent le *corail* sur les côtes sud-ouest de la Corse et sur la côte d'Afrique.

(Voir la carte n° 21.)

280. La houille et le fer. — L'Italie est pauvre en

combustibles minéraux; elle consomme 5 à 600,000 tonnes de houille, et ne tire guère de son sol que 50,000 tonnes de *lignite,* provenant des lacs desséchés des époques géologiques. Les principaux dépôts sont, dans les Alpes, près de Boca dans le Novarais, dans le *val Gandino* près de Bergame, dans le *Valdagno* en Vénétie ; dans l'Apennin, à Cadibone en *Toscane,* sous forme soit de bois fossile dans la vallée supérieure de l'Arno, soit de lignite noir et bitumineux à Monte-Rufoli, à Tatti, à Follonica-Ribalta, à Monte-Massi, à Acqua-Nera ; dans les Calabres, à Agnana et Gonidoni, mais encore peu exploité. On a reconnu la présence du lignite sur un grand nombre d'autres points. La *tourbe* abonde, surtout au *pied des Alpes,* dans les plaines de la Lombardie, du Piémont et en *Toscane.*

L'Émilie et l'Abruzze (à Chiéti) ont des gisements de pétrole peu exploités (Miano, San Andrea, etc.).

L'Italie a de bons *minerais de fer*; l'*île d'Elbe* (gîtes de Rio-Marina, du cap Calamita, etc.) possède d'inépuisables dépôts de fer oxydé magnétique que l'on exploite depuis l'antiquité ; la *Sardaigne,* du cap Spartivento à la vallée d'Iglesias, a un riche gisement de même qualité ; le Bergamasque, le Brescian, la Valteline, la Calabre en fournissent aussi ; mais l'extraction totale ne dépasse pas 150,000 tonnes de *minerai.*

Aussi travaille-t-on très-peu le fer en Italie : à peine sort-il des usines 50,000 tonnes dont plus de moitié dans la Lombardie qui fabrique des clous et des tôles (Valteline, val Camonica, val Sassina et val Sabbia) ; la forge royale de Pisagne est un des principaux établissements de ce genre ; à Piombino, on fait de l'acier.

281. Les autres métaux. — L'Italie possède de belles mines de *cuivre*, surtout dans les roches serpentines de la *Toscane,* dans la *Vénétie* (Agordo); sur une production de 3,000 tonnes de cuivre en pain, 2,200 environ proviennent de *Monte-Catini,* de Val di Cecina (Toscane), et à peu près autant d'Agordo (prov. de Bellune). C'est surtout dans la *Lombardie* (Lecco, etc.) que sont les principales usines pour la fonte et la *fabrication du cuivre.*

L'Italie produit environ 16,000 tonnes de minerai de *plomb,* dont les quatre cinquièmes consistent en galène argentifère de la *Sardaigne* (district d'Iglesias, etc.); vient après, la Toscane septentrionale (Boltino près de Lucques). Le plomb métallique est évalué à 10,000 tonnes. Le minerai fournit souvent aussi un peu d'argent (env. 1 million et demi de francs). Quelques mines (par exemple Macugnaga dans le val Anzasca) donnent de l'or; d'autres donnent du mercure (Vallalta, province de Bellune; Sièle, province de Grosseto); d'autres du zinc (dans la commune d'Auronzo, province de Bellune), de l'antimoine (à Montanti, province de Grosseto), du nickel (le Becco d'Ovaglia en Piémont), du manganèse (San Marcello, en Piémont, Franura, et Pignone en Ligurie); mais tous ces métaux sont en très-petite quantité.

282. Le soufre. — Le SOUFRE est une des richesses minérales de l'Italie. Toute la région sud-est de la SICILE, sur une longueur de 250 kilomètres, renferme une suite presque ininterrompue de dépôts de 1 à 8 mètres d'épaisseur qu'exploitent aujourd'hui plus de 350 soufrières; malgré les inconvénients d'une exploitation toute primitive et l'insuffisance du combustible pour alimenter les fours (calcaroni), la production dépasse 250,000 tonnes et approvisionne presque toute l'Europe; c'est dans les provinces de *Caltanisetta* (80,000 tonnes), de *Girgenti* (60,000 tonnes), et de *Catane* (12,000 tonnes) que sont les plus productives soufrières. Près du *Vésuve* et sur le revers oriental de l'Apennin, *entre Ancône et Bologne,* se trouvent une quinzaine de soufrières, dont la plus importante est Perticara de Talamella et qui ne rendent pas moins de 80,000 tonnes.

283. L'acide borique et le sel. — Dans les maremmes toscanes, près de Volterra, *entre Pomarance et Massa*, il s'échappe de terre, en certains endroits, des jets de vapeurs sulfureuses (*soffioni*, soufflets) ; on a converti ces endroits en lacs artificiels (lagoni) dont l'eau dissout et retient les gaz, puis fournit, par évaporation, l'*acide borique*.

Grâce à son climat chaud, l'Italie a des *salines* productives : en Sicile près de *Marsala*, de *Trapani* et d'Agosta ; en Sardaigne, près de *Cagliari* ; au fond de l'Adriatique, à *Comacchio* et près de *Venise* (San Felice), etc. ; elle a aussi du sel gemme (près de Volterra).

284. Les eaux minérales. — Les eaux minérales les plus fréquentées de l'Italie sont : en Piémont, celles de Courmayeur, d'*Acqui*, de *Valdieri* ; en Toscane, celles de San Giuliano, de *Lucques*, de *Monte-Catini*, de *Val di Nievole* ; dans le midi, celles de *Castellamare*, d'*Ischia*, etc.

285. Les carrières. — Composé presque tout entier de roches calcaires, l'Apennin est riche en matériaux de construction : le défaut de communications y limite seul l'exploitation des carrières. Le *macigno*, le *travertin*, l'albâtre de *Toscane* (Montalcino, Volterra) sont particulièrement renommés.

Plus anciennes sont les roches exploitées sur le flanc des Alpes, le *granit* rouge de *Montorfano* (près de Pallanza), d'Alzo, de Baveno ; le *gneiss* et le micaschiste des environs de Pignerol (Malanaggio, etc.) et de Saluces ; l'*ardoise* du district de *Lavagna* près de Chiavari (mont Saint-Jacques) ; la *pierre à aiguiser* du *Bergamasque* ; le kaolin de l'île d'Elbe ; la pierre ponce des îles Lipari (mont Campobianco), du Vésuve et de l'Etna, le corindon des Alpes piémontaises.

Le MARBRE est la principale richesse des carrières d'Italie, ses plus belles variétés sont le marbre vert de Suze, de Polcevira ; le marbre blanc de Gandoggio, et le marbre saccharoïde de Vezze dans le Bergamasque, le marbre blanc et arenaire de Lombardie, la brèche de Vérone, les marbres de Toscane, le MARBRE BLANC DE CARRARE et de SERRAVEZZA, renommé comme le plus beau marbre statuaire de l'Europe et donnant lieu à une extraction d'environ 80,000 tonnes par an, y compris 15,000 tonnes des carrières de Massa.

Les argiles colorées, *ocre jaune de Sienne*, terre verte de Vérone, etc. sont nombreuses en Italie.

286. Les industries préparatoires. — Quand l'homme s'est procuré, par la culture, l'élevage ou l'extraction, tous les matériaux que lui peut fournir la nature, il les met en œuvre par son industrie pour créer les produits utiles à sa consommation personnelle. Mais, avant d'arriver à composer un vêtement, un aliment, il faut qu'il crée, avec ces matériaux, des outils, des instruments pour manier et transformer ces mêmes matériaux: de là une série d'industries mécaniques ou chimiques que nous nommons *industries préparatoires*, parce qu'elles préparent en effet le travail définitif qui a pour but la satisfaction d'un besoin personnel de l'homme.

Les industries mécaniques, par suite du manque de fer et de houille, sont peu développées en Italie ; les principaux ateliers de construction sont situés à Follonica, à Saint-Pierre d'Arena près de Gênes, à Pietrarsa, près de Naples. A *Lecco* et dans les environs on fait du fil de fer, de la quincaillerie, de la *chaudronnerie* et surtout les gros chaudrons qui servent à cuire le lait dans les fromageries de la montagne ; Milan et diverses usines de la Lombardie et du Piémont fabriquent des limes et des râpes.

La Lombardie a des fabriques d'armes dans le *Brescian* (Brescia, Corcina), etc.; et de *coutellerie* à *Milan, Brescia, Florence*, etc.

Les *industries chimiques* sont, par suite de l'abondance des matières premières, un peu plus prospères. Outre l'acide borique, on peut citer l'acide citrique de *Sicile*, extrait du citron, la garancine de Castellamare extraite de la garance, l'acide sulfurique de *Turin*, de *Milan*, de Palerme, la céruse de Gênes et de Livourne, la potasse et le tartrate de potasse des provinces méridionales, le vert-de-gris de Naples, la poudre de Toscane, les essences (bergamotte, etc.) de Sicile, des environs de Florence et de Gênes.

On fabrique des *bougies* dans plusieurs grandes villes, *Turin*, *Milan*, Livourne, Pise, etc.

Les *tanneries* d'Italie qui apprêtent soit les peaux de la contrée, soit celles d'Amérique, ont une certaine importance, surtout dans la *Ligurie* et le *Piémont*, dans la *Vénétie*, dans les *provinces napolitaines* (Castellamare, San Giaccomo delle Capri, Solofra, etc.) et à *Messine*.

L'olivier a donné naissance à la fabrication du *savon*, pratiquée dans un grand nombre de lieux, surtout à *Gênes*, *Naples*, *Livourne*.

287. Les industries alimentaires. — Parmi les industries alimentaires, l'Italie peut citer ses *fromages*, surtout les fromages dits de Grana ou *parmesans*, bien qu'on en fabrique très-peu aux environs de Parme : ils proviennent surtout des *provinces lombardes* de Milan (Corsico), de Lodi (Codogno), de Pavie, de Crémone et de Mantoue. Viennent ensuite le Gorgonzola et le Stracchino, fromage de brebis du Bergamasque. La *charcuterie* offre les jambons de la Romagne et de l'Émilie, les saucissons de Florence, la mortadelle de Prato et de Bologne, etc. Les *pâtes*, (vermicelle, macaroni, etc)., des côtes de *Ligurie* et des *provinces napolitaines*, les biscuits de Ligurie, les cantucci de Livourne et de Florence, la *confiserie* (dragées de Bergame, fruits candis de Gênes, nougats de Calabre, chocolat de Turin et de Florence, câpres de Sicile), les *liqueurs* (anisette de Brescia, vermouth de Turin, etc.) sont également renommés.

288. Les industries textiles. — Quoique produisant le *coton*, l'Italie ne compte guère que 450,000 broches de filature, dont la majeure partie est en *Lombardie* (Varèse, Lecco, Milan, Voghera), et en Ligurie (Gênes). Le tissage, plus important, est pratiqué par des tisserands de campagne dans le midi (Cosenza, Catanzaro, Castellamare); à la campagne ou dans des fabriques, en Toscane (Florence et la vallée inférieure de l'Arno), où l'on fait en assez grande quantité pour les classes pauvres des étoffes dites « bordato » et « fustagno », et dans le nord (Milan, Biella, Voghera, etc.).

L'Italie ne met en œuvre qu'une petite partie du chanvre et du lin qu'elle récolte : Lecco, Bergame, Brescia, Milan, Chiavari, Gênes, Bologne, etc. dans le nord ; Naples, Catanzaro, dans le sud, font de la *toile*.

La fabrication des *draps* et lainages, qui est en voie de progrès, produit surtout des articles communs, principalement dans le *Piémont*, à *Biella*, le centre italien le plus important des industries textiles, et à Turin ; à Gênes et à Coni ; dans la province de Vicence ; dans la Toscane; dans la terre de Labour et la province de Salerne.

La *soierie* a été une des grandes industries italiennes : elle est bien déchue, malgré la présence de la matière première, et elle ne compte guère que 20,000 métiers battants, particulièrement à *Côme* pour les étoffes à bon marché, à *Gênes* pour les velours, à *Bologne* pour les crêpes.

La *dentelle* et la *broderie* ont pour centres : *Gênes*, qui fait travailler les paysannes de la Ligurie ; *Milan*, qui fait travailler celles de la Lombardie (Cantù, Saint-Angelo, etc.) et *Venise*. La *passementerie* a pour centres le Piémont, Milan et Naples.

289. Les autres articles de toilette. — L'Italie

L'EUROPE MÉRIDIONALE.   353

fait, avec la paille d'un certain blé de mars coupé en vert ou avec celle du seigle, des *chapeaux de paille*, industrie très-florissante en *Toscane* (Signa, Brozzi, Pistoie, Prato) et qui s'étend sur diverses autres provinces, Massa, Ascoli, Vicence, les Abruzzes. *Biella* fait des *chapeaux de feutre*.

La *cordonnerie* est pratiquée, non-seulement pour la consommation locale, mais pour l'exportation, dans la *Ligurie*; la *ganterie* à bon marché à *Naples*, la *ganterie* fine à *Turin*, Gênes, Venise.

L'*orfévrerie* et la *bijouterie* italiennes ont joui d'une grande réputation ; les objets travaillés à *Gênes*, Asti, Milan, Rome, Naples, etc., ont encore une originalité qui les distingue : la bijouterie emploie beaucoup de coraux et de camées.

290. Les industries de l'ameublement. — Dans un pays où la tuile est généralement employée pour la couverture des maisons, la *briqueterie* doit être florissante : elle l'est particulièrement dans les provinces de *Turin*, de *Milan*, d'Ancône et de Florence. La poterie et la faïencerie sont également en activité dans toutes les provinces, surtout dans celles de Florence, de Naples, de Milan et d'Ancône. L'Italie a créé, dit-on, au moyen-âge, l'industrie de la faïence qui doit son nom à une de ses villes, *Faenza*, à laquelle, pourtant, une petite ville de France, *Fayence* (Var) dispute cet honneur. Elle a aussi fabriqué les belles majoliques, qui appartiennent autant à l'art qu'à l'industrie. Florence, Milan, etc., font encore des majoliques, des terres cuites ; les provinces napolitaines font des poteries dans le style des vases étrusques ; Milan fait de la porcelaine ; Lucques, des plâtres ; Florence et Rome, des mosaïques.

Murano et *Venise* fabriquent de la verrerie, surtout de la *verroterie* (perles, coraux, etc.), connue sous le nom de « conterie ».

20.

La *marqueterie*, espèce de mosaïque en bois, est pra‑
tiquée à Florence et à Savone ; et l'*ébénisterie*, qui a été
aussi un des fleurons de la couronne industrielle de l'Ita‑
lie, est exercée, surtout pour les articles ordinaires, à
Sienne, à Milan et aux environs, à Biella, à Chiavari, à
Florence. etc.

291. Les autres industries. — Dans les industries de
transport, il n'y a guère à citer que Naples et Milan, dont
la *carrosserie* est renommée. A San Giovanni et à Teduc‑
cio on fait des locomotives. *Gênes*, la *Spezia*, etc., cons‑
truisent des navires.

Dans les industries destinées à satisfaire des besoins in‑
tellectuels, *Pavie*, *Brescia*, etc., fondent des cloches pour
les églises ; les *papeteries* (env. 21,000 tonnes de papier)
sont situées dans les *provinces napolitaines*, à Sova, Ar‑
pino, Saint-Élia, Atina, Amalfi, où elles trouvent de l'eau
pure en abondance; dans le Piémont (Vaprio, Varèse,
Serravalle, etc.) ; sur la côte de *Ligurie* ; sur divers points
de la *Lombardie* ; en Toscane (Sienne, Pistoie, Lucques).
Toutes les grandes villes ont des imprimeries : *Milan* et
Florence, Turin, Gênes sont au premier rang.

La *Lombardie*, la *Toscane*, *Naples* fournissent beaucoup
d'*instruments de musique* ; les *Abruzzes*, une grande par‑
tie des *cordes* à boyau, que l'on fabrique avec l'intestin
grêle du mouton.

**292. Le résumé de la production agricole et in‑
dustrielle.** — Au point de vue économique, l'Italie peut
se diviser en deux régions bien distinctes, celle du nord
et celle du sud :

1° La RÉGION DU SUD doit ses richesses à la nature beau‑
coup plus qu'à l'homme ; elle a de vastes espaces incultes
et presque déserts ; très-peu de gros bétail, mais un assez
grand nombre de *moutons* dans ses montagnes, surtout
dans les Abruzzes ; des fruits exquis que son soleil fait
mûrir, *raisins*, *olives*, *oranges*, etc. ; enfin le *soufre* de

la Sicile et du Vésuve. Mais, à l'exception du tissage dans les campagnes, de la fabrication du *vin*, de l'*huile*, des *pâtes alimentaires*, des *cordes à boyau*, qui sont des dépendances étroites de son agriculture, cette région n'a pour ainsi dire *aucune industrie*, et elle est généralement pauvre.

2° La RÉGION DU NORD a une agriculture florissante ; les *plaines irriguées* de la *Lombardie* sont au nombre des terres les plus productives du monde ; la *vallée du Pô* tout entière reproduit, surtout sur la rive gauche, l'image de l'agriculture lombarde : des *pâturages*, sur les hauteurs ; des *mûriers* et des *vignes*, quelques oliviers sur les coteaux ; dans les plaines, le *maïs*, le *froment*, le *riz*, les *prairies artificielles* et le *chanvre* ; un *bétail* nombreux, des *fromages* renommés et divers produits de *charcuterie*. Les pentes méridionales de la Ligurie, mieux exposées encore et abritées des vents du nord, abondent en *fleurs* et en *fruits* (oranges, etc.). La Toscane a le *maïs*, le *blé*, l'*olivier* ; l'Émilie, le *chanvre* et la *soie* de qualité supérieure et des *vins* estimés. Les Alpes et surtout l'Apennin sont riches en *carrières* et fournissent des granits, du *marbre* en abondance : la Toscane possède du *fer*, du *cuivre*, du *plomb*, de l'*acide borique*. L'industrie manufacturière, quoique bien inférieure à l'agriculture, a une certaine importance dans le nord, surtout aux environs de Gênes et de Milan. *Gênes, Lecco, Milan, Brescia*, etc., travaillent les métaux ; le *Piémont* (Biella, etc.) et la *Lombardie* tissent le *coton*, le *chanvre* et la *laine* ; la *Toscane* tresse la *paille* ; *Florence* et *Milan* pratiquent la *céramique* ; *Murano*, la *verrerie*.

293. Les voies de communication. — L'Italie possède peu de voies de communication par terre : à peine 24,000 kilomètres de routes nationales ou provinciales, situées pour la plupart dans la Toscane et dans les provinces septentrionales, et auxquelles il faut ajouter

86,000 kilomètres de chemins communaux généralement mal entretenus.

Le réseau des chemins de fer comprend environ 6,000 kilomètres exploités. Ceux de la haute Italie qui suivent la vallée du Pô en desservant *Turin*, *Milan*, *Venise*, jettent plusieurs rameaux dans les vallées latérales et communiquent à travers les Alpes avec la France par le mont Fréjus, à l'aide d'un magnifique tunnel de 14 kilomètres de longueur, improprement appelé tunnel du mont Cenis ; avec l'Autriche par le Brenner et par Trieste, à travers l'Apennin avec *Gênes* et avec Florence ; les chemins dits romains desservent *Florence*, la Toscane, *Rome*, *Naples* et s'avancent au sud, sur la côte de la mer Tyrrhénienne, jusqu'à Éboli ; les chemins méridionaux suivent la côte de l'Adriatique, de *Bologne* à *Brindisi* et *Lecce*, et se rattachent, par l'Ombrie, aux chemins romains.

Les Calabres et la Sicile n'ont encore que quelques tronçons de voies ferrées sur les côtes.

294. Les monnaies et mesures. — *Les mesures et monnaies sont les mêmes en Italie qu'en France.*

295. La marine. — L'Italie, malgré son vaste littoral (5,400 kil.) et les glorieux souvenirs de ses républiques maritimes du moyen âge, n'occupe qu'un rang secondaire parmi les marines marchandes. Elle possède environ 18,000 bâtiments, mais la plupart sont de simples barques et le tonnage total n'atteint pas 950,000 *tonneaux* ; le *mouvement général de la navigation*, entrée et sortie réunies, mais sans compter le cabotage, est d'environ 8 *millions de tonneaux*, dont 2 millions et demi sous pavillon italien. Les ports les plus importants sont Livourne, Gênes, Venise et Naples, qui expédie beaucoup de grains ; au second rang sont *Messine*, *Palerme*, *Ancône* et *Civita-Vecchia* ; au troisième, Castellamare, Cagliari, Trapani, Girgenti, l'île d'Elbe, Brindisi.

Le cabotage, qui est presque exclusivement réservé à la

marine italienne, accuse un mouvement total de plus de 11 millions de tonneaux.

L'*arsenal* maritime de l'Italie est dans le golfe de *la Spezia*.

Des services réguliers de bateaux à vapeur relient Gênes, Livourne, Civita-Vecchia, Naples, Palerme et Messine d'un côté ; de l'autre, Venise, Ancône et Brindisi.

296. Le commerce. — Parmi les foires les plus importantes, sont celles de *Sinigaglia*, d'Alexandrie et de Savone.

Le COMMERCE EXTÉRIEUR est d'environ 2 MILLIARDS et consiste principalement :

A l'*importation*, en *soies grèges* d'Autriche, de France, de Suisse, de Turquie, etc. ; en *céréales* (avoine, etc.), de Russie, de Turquie, de Grèce, d'Autriche, d'Égypte, etc.; en coton et *tissus de coton* d'Amérique, d'Angleterre ; en *sucre raffiné* de France, etc. ; en laine et *tissus de laine* de France, d'Angleterre, d'Autriche, de Tunis, d'Amérique, etc. ; en *fer* brut et en cuivre d'Angleterre, de France, etc. ; en *tissus de soie* de France, de Suisse ; en *houille*, etc.; en filés de coton ;

A l'*exportation*, en *soies grèges* pour la *France*, la *Suisse*, l'Autriche, l'Angleterre, etc.; en *huile d'olive* pour la France, l'Angleterre, l'Autriche, l'Amérique, etc.; en *soufre* pour la France, l'Angleterre, les États-Unis, etc.; en céréales pour la France, etc.; en tissus de soie pour l'Angleterre, l'Amérique, etc.; en parfums et essences ; en marbres pour la Russie, la France, les États-Unis, etc.; en chanvre et lin ; en vin.

297. Le commerce avec la France. — Dans les relations commerciales de l'Italie, la *France* occupe le *premier rang* avec un commerce de 5 à 600 millions. La Grande-Bretagne n'est qu'au second rang ; au troisième se placent l'Autriche et la Suisse. La France a surtout la prépondérance dans l'Italie septentrionale; car dans l'Italie méridionale (Naples et Sicile), l'Angleterre l'emporte.

La France *importe* en Italie des *lainages* (env. 50 millions de fr.), des *soieries*, du *sucre raffiné*, des vins, de la soie, de la mercerie et des boutons, des cotonnades, des peaux préparées et ouvrées, des outils et ouvrages en métaux, de la poterie et verrerie, etc.; elle *tire* d'Italie de la *soie* (environ 80 millions), des bestiaux, de l'huile d'olive, des cendres et regrets d'orfèvre, du soufre, du bois, des peaux, du riz, des pailles tressées, etc.

298. Les grandes villes. — Le royaume d'Italie compte 17 *villes, dont la population est entre 30,000 et 100,000 âmes*, et *huit villes* ayant une population de plus de 100,000 habitants qui sont les capitales des principaux États de l'Italie, telle qu'elle était constituée autrefois :

(Voir les plans des cartes n°ˢ 22, 23, et 24.)

VENISE (113,000 hab.), bâtie au milieu des lagunes de l'Adriatique sur un groupe d'îlots, traversée en tout sens par d'étroits canaux dont le plus important est le canal Grande (sur lequel se trouve le pont de Rialto). Fondée par des habitants de la Vénétie qui fuyaient devant les invasions de barbares, Venise a été au moyen âge la plus grande ville d'Italie et la république maritime la plus florissante de l'Europe. La conquête de l'Europe orientale par les Turcs, la découverte du passage aux Indes par le cap de Bonne-Espérance et les dissensions de l'Italie avaient amené sa décadence longtemps avant la perte de sa liberté en 1796 ; mais elle conserve dans ses monuments et dans ses œuvres d'art de magnifiques souvenirs de sa splendeur, et elle commence à se relever un peu par le commerce. Le large canal de Giudecca lui sert de port, mais le peu de profondeur des eaux lui rend nécessaires les deux ports situés sur la bande de terre qui sépare la lagune de la haute mer, le port du Lido à la passe du nord, et le port de Malamocco à la passe du sud. Un chemin de fer relie, par un long viaduc, Venise au continent.

FLORENCE (115,000 hab.), ancienne capitale de la Toscane et capitale du royaume d'Italie de 1861 à 1870, est bâtie sur les rives de l'Arno et surnommée la ville des arts; nulle cité italienne n'est plus riche en chefs-d'œu-

Fig. 17. — Vue de Florence.

vre, statues, tableaux, monuments ; elle possède les musées du palais Pitti et du palais Médicis, la coupole de Sainte-Marie-des-Fleurs élevée par Brunelleschi, les portes du baptistère sculptées par Lorenzo Ghiberti, etc. (Voir la fig. n. 17.)

GÊNES (128,000 hab.), qui fut sur la côte occidentale de l'Italie ce qu'était Venise sur la côte orientale, est encore aujourd'hui au premier rang parmi les ports italiens. Enfermée dans un amphithéâtre de montagnes que traverse le chemin de fer de Turin, Gênes est dans une situation pittoresque avec une mer profonde qu'on appelle la rivière du Ponant à l'ouest et la rivière du Levant à l'est ; c'est à la fois une ville d'industrie et une ville de commerce ; elle exporte du riz, de l'huile, de la soie, du papier, du corail, des fromages, des pâtes alimentaires, et importe du sucre, des céréales, du fer et autres métaux ouvrés, des tissus, du café, de la houille, etc.

PALERME (167,000 hab.), capitale de la Sicile, est située sur la rive sud-ouest d'une baie vaste, mais battue des vents, et à l'entrée d'une riche plaine que couronne à l'horizon un amphithéâtre de montagnes ; ses principales im-

Fig. 18. — Vue du port de Naples.

portations consistent en sucre et en tissus ; ces exportations en soufre, en sumac, en oranges et citrons, en soie, en vins et esprits, en huile, en fruits secs, etc. ; les navires anglais ont la principale part dans son commerce.

TURIN (180,000 hab.), ancienne capitale des États sardes, située entre la Doire et le Pô, dans la petite plaine du Piémont, est une belle ville d'une construction régulière et une place de commerce importante.

MILAN (196,000 hab.), ancienne capitale de la Lombardie, est une grande cité, dont la population totale, avec les faubourgs, dépasse 235,000 âmes ; ses monuments et surtout sa cathédrale, ainsi que ses nombreux palais, en font une des plus belles villes de l'Italie.

Naples (419,000 hab.), ancienne capitale du royaume des Deux Siciles, est située sous un ciel d'une pureté incomparable, au fond du beau golfe de Naples, et jouit d'un admirable panorama, avec le Vésuve qui se dresse au soleil levant au dessus de Portici et de Torre del Greco (voir la fig. n° 18) ; Castellamare, Sorrente et l'île de Caprée au sud ; et à l'ouest Pausilippe et son cap. Colonie fondée par les Grecs dans l'antiquité, Naples a toujours été une ville commerçante ; l'huile, la soie, les oranges, la garance, les vins, les peaux, les pâtes alimentaires sont les principaux articles de son exportation.

Rome (220,000 hab.), capitale du royaume d'Italie depuis 1870, et ancienne capitale des États Pontificaux, est la ville du monde la plus riche en monuments et en souvenirs de l'antiquité et de la Renaissance. Elle est également pleine des souvenirs de l'Église catholique, dont elle n'a pas cessé d'être la capitale spirituelle, puisque le Souverain Pontife y a maintenu sa résidence. Beaucoup plus peuplée du temps des Romains que de nos jours, elle présente dans une enceinte fortifiée de 18 kilomètres de grands espaces presque déserts, surtout au sud-est. Aussi, c'est au milieu des jardins et des vignes, qu'on trouve les plus belles ruines antiques, le Colysée, l'arc de Constantin, les restes du Forum, l'arc de Septime Sévère, etc. La cité moderne, au nord-ouest, est assise sur les deux rives du Tibre (Voir figure n° 19) ; sur la rive droite sont la cité Léonine, le Vatican, séjour du Pape, enrichi des peintures de Raphaël, et le château Saint-Ange. On compte à Rome plus de 300 palais et autant d'églises dont la plus remarquable est l'église de Saint-Pierre, une des merveilles de l'architecture.

Quant à l'État pontifical, dont Rome était la capitale, et qui datait virtuellement des donations de Pépin et de Charlemagne, il eut sa plus grande splendeur du XIe siècle, époque des luttes de l'Église et de l'Empire, au XVIe siècle, époque de la Renaissance. Sous Napoléon Ier, ce territoire fut une première fois conquis et converti en départements français ou italiens. Restitué au pape en 1815, il fut démembré en 1860 de l'Émilie, des Marches et de l'Ombrie rattachées au royaume d'Italie. Rome même et son territoire immédiat ont subi le même sort en 1870.

Fig. 19. — Vue de Rome.

299. **Le gouvernement.** — Les *communes* jouissent, en Italie, d'une grande liberté; elles sont administrées par un conseil communal que nomment les habitants, par une junte (6, 4 ou 2 assesseurs) nommée par le conseil communal et par un syndic que nomme le roi.

Les *provinces* sont administrées d'une part par un préfet assisté d'un conseil de préfecture que nomme le roi, et d'autre part par le conseil provincial, qu'élisent les habitants et qui vote les impôts, et par la députation provinciale composée des députés de la province au Corps législatif, laquelle administre les fonds provinciaux.

Les pouvoirs publics de l'État sont le *roi* qui, assisté de ministres responsables et d'un conseil d'État, exerce le pouvoir exécutif, et le *Corps législatif* composé de deux chambres, le Sénat dont les membres sont nommés à vie par le roi, et la Chambre des députés dont les membres sont élus pour 5 ans à raison d'un député pour 50,000 habitants.

Le *budget* est d'environ 1 *milliard et demi*; la dette et la guerre sont les principales charges; l'impôt foncier et l'impôt sur le revenu, l'enregistrement, les tabacs et les douanes sont les principales sources du revenu.

L'armée de terre est d'environ 520,000 hommes; le personnel de la flotte d'environ 18,000 hommes.

La religion catholique est la religion de l'État; mais les autres cultes sont librement exercés. Il y a 45 *archevêchés* et 118 évêchés.

L'administration de la justice n'est pas encore uniforme dans toutes les provinces; mais, en général, elle se rapproche beaucoup de l'administration française.

L'instruction est donnée dans les écoles primaires, publiques ou privées; dans les gymnases, lycées, instituts techniques, lycées ecclésiastiques pour le degré secondaire; et pour le degré supérieur, dans les universités, au nombre de 20, dont les principales sont celles de Bologne, Florence, Padoue, Rome et Turin.

300. La population. — La POPULATION est de 26 millions D'HABITANTS, c'est-à-dire de PRÈS DE 1 HABITANT PAR HECTARE ou plus exactement de 84 *habitants par kilomètre carré*. C'est dans l'Italie septentrionale (vallée du Pô, Ligurie, Toscane septentrionale), dans les Marches et dans la plaine dont Naples est le centre, que se trouve la population la plus dense ; la population est, au contraire, très-rare dans la Sardaigne, le sud de la Sicile et le sud-est de la Péninsule.

Presque tous les Italiens professent la *religion catholique*. L'instruction, pour le progrès de laquelle le gouvernement et les particuliers font de grands efforts, est cependant peu répandue, surtout dans les provinces méridionales. La nature a donné aux Italiens un beau climat, mais un sol inégalement fertile ; ils en ont admirablement profité dans la Lombardie, et l'industrie, sollicitée autrefois par les relations commerciales, s'était développée sur plusieurs points de l'Italie septentrionale et centrale avec plus d'activité qu'aujourd'hui bien qu'elle soit cependant en voie de progrès. Dans l'Italie méridionale cette activité est beaucoup moindre, et les habitants sont loin de tirer de leur pays toutes les richesses agricoles ou manufacturières qu'il pourrait donner ; aussi la misère et la grossièreté des mœurs y sont-elles plus grandes.

301. Malte. — Le *groupe de Malte* (270 kilom. carrés) comprend trois îles situées au sud de la Sicile. Jadis siége d'un ordre religieux et militaire célèbre, ces îles sont depuis le commencement de ce siècle une *possession britannique* ; mais par leur position géographique et par leur population elles sont italiennes. Ce sont : *Malte*, cap. la Valette, la plus grande des trois, Gozzo et Comino.

Le climat est chaud, tempéré par le voisinage de la mer. Outre les *céréales* et les *pommes de terre*, le sol fournit le *coton*, l'*orange* (orange ordinaire et mandarine), le *cumin*, l'anis, produits qui, avec le calcaire dit pierre de Malte, les tissus dits « cotonines », les peaux brutes ou ouvrées et les blondes, forment les principaux articles de l'exportation. *La Valette*, placée pour ainsi dire au centre de la Méditerranée et munie d'un bon port, fait un assez grand commerce.

La population est de 135,000 habitants.

4me Section.

LA TURQUIE ET LA BULGARIE.

(Voir la carte n° 25.)

302. Retour sur la géographie physique. — La Turquie d'Europe (sans compter Candie) est située entre 39° et 48° de latitude, et entre 13°30′ et 27°30′ de longitude orientale : elle est bornée, au N., par l'Autriche, par la Serbie et la Bulgarie ; à l'O., par l'Autriche et le Monténégro, la mer Adriatique, le *canal d'Otrante* et la mer Ionienne ; au S., par la Grèce ; à l'E., par l'Archipel, la mer de Marmara, les détroits des Dardanelles et du Bosphore qui la séparent de l'Asie et par la mer Noire. La Turquie a une superficie d'environ 230,000 kilomètres carrés (sans compter la Bosnie et l'Herzégovine).

La Bulgarie, qui s'étend entre le *Danube* et les *Balkans* et même au delà des Balkans à l'ouest, a une superficie de 72,000 kilomètres carrés.

La contrée appartient au *climat méditerranéen* ; mais les nombreuses montagnes dont elle est couverte établissent de grandes différences de température entre les provinces, selon l'altitude et l'exposition, et y rendent en général le froid rigoureux en hiver.

Les *terrains* primitifs dominent dans la partie centrale ; les terrains *crétacés* dans la partie occidentale ; et les terrains tertiaires au N. et à l'E. Le pays est généralement montagneux : du *Tchar-Dagh* rayonnent les *Alpes Dinariques* au N., les *Balkans* et le *Rhodope* ou Despoto-Dagh à l'E., le *Pinde* au S.; les principaux cours d'eau sont la *Narenta*, le *Drin*, la *Voïoussa*, affluents de l'Adriatique, à l'O.; le *Salembria*, l'*Indjé-Karasou*, le *Vardar*, le *Strouma*, la *Maritza*, affluents de l'Archipel au S. et à l'E. ; le *Danube* avec ses affluents la Save, la Morawa, etc., sur la frontière septentrionale.

303. Les révolutions politiques. — Dans l'antiquité, la Thrace, la Macédoine, l'Épire, longtemps barbares, étaient, avec la Thessalie, les principales régions de cette contrée que la Grèce civilisa en partie. La *Macédoine*, devenue puissante, grâce aux conquêtes de Philippe et d'Alexandre, assujettit la Grèce (336 av. J.-C.) et fut à son tour soumise par les *Romains* (148 av. J.-C.).

Dans les derniers temps de l'Empire, Constantinople, fondée par Constantin sur l'emplacement de Byzance (330), devint la résidence des empereurs et, quand l'héritage de Théodose eut été partagé entre ses deux fils (395), elle fut la capitale de l'Empire d'Orient (395-1453). Les empereurs d'Orient eurent successivement à lutter contre les *barbares* qui franchissaient la limite du Danube, Goths, Huns, Serbes, Bulgares, Croates, Valaques. Dès le viie siècle, les *Serbes* et les *Bulgares* établirent leur domination entre le Danube et les Balkans, les premiers à l'ouest, les autres à l'est, et ces derniers dominèrent même quelque temps sur presque toute la péninsule, où leur race est encore nombreuse. L'Empire d'Orient s'était séparé de l'Église romaine au ixe siècle (schisme de Photius). Au xiiie siècle, pendant les croisades, les Latins s'emparèrent de Constantinople et fondèrent un empire éphémère (1204-1261). Au xive siècle, les *Turcs Ottomans*, originaires du Turkestan, franchirent les Dardanelles (1356), conquirent la Thrace qu'ils appelèrent Roumili, c'est-à-dire pays des Romains (1360), la Bulgarie (1396), la Valachie (1393-1460), la Servie (1459), la Bosnie (1463), la Morée (1470), l'Albanie (1473) et la Moldavie (1489). La *prise de Constantinople* en 1453 avait mis fin à l'empire grec. La conquête de Belgrade et de Rhodes (1522) et le règne de Soliman le Magnifique marquèrent l'apogée de l'empire ottoman qui s'étendait, à la fin du xvie siècle, jusqu'au lac Balaton, et possédait la plus grande partie de la Hongrie et toutes les côtes de la mer Noire. La fin du xviie siècle inaugura pour

L'EUROPE MÉRIDIONALE. 367

lui une période de décadence : la paix de Carlowitz (1699) lui enleva la Hongrie, la Transylvanie, l'Esclavonie, la Dalmatie. Au xviii° siècle (de 1718 à 1792), il perdit les côtes de la mer Noire, Temeswar, la Bukovine ; au xix° siècle, la Bessarabie (1812). La Servie se déclara indépendante en 1800 ; le traité d'Andrinople (1829) consacra l'indépendance de la Grèce, et mit les principautés de Serbie, de Valachie et de Moldavie sous le protectorat de la Russie qui aspirait à la conquête de Constantinople. Le traité de Paris (1856) arrêta momentanément ses progrès. Les traités de San-Stefano et de Berlin (1878) ont considérablement réduit la puissance ottomane, en agrandissant le Monténégro, la Serbie et en créant au sud du Danube un nouvel état : la *Bulgarie*.

304. Les circonscriptions administratives. — La Turquie d'Europe, dont la capitale est Constantinople, a des divisions administratives très-variables. Elle est aujourd'hui partagée en *eyalets* ou vilayets, comprenant eux-mêmes plusieurs sandjaks :

Constantinople,

Roumélie orientale à laquelle le traité de Berlin a donné une administration particulière,

Mutessariflik de *Perzerim*,

Eyalet de *Roumili*,

Eyalet de *Janina*,

Eyalet de *Selanik*,

Eyalet de *Tirkhala*,

Eyalet de *Djezaïr* (îles de la Méditerranée),

Eyalet de *Ghirit* (Crète).

La Turquie est suzeraine de l'état de Bulgarie créé par le traité de Berlin ; elle étend en outre sa domination sur la Turquie d'Asie, sur une partie de l'Arabie, sur la régence de Tripoli en Afrique ; et sa suzeraineté sur l'Égypte et la régence de Tunis.

(Voir la carte n° 26.)

305. Les régions agricoles. — La Turquie avec la Bulgarie comprend *quatre régions agricoles :*

1° La RÉGION DU PLATEAU CENTRAL comprend le midi de la Bosnie et de la Servie, le sud-ouest de la Bulgarie, le nord-ouest de la Roumili, la province de Perzerim et l'Albanie orientale. Haute de 700 à 1,000 mètres environ, froide en hiver, rocheuse et nue sur beaucoup de points, couverte sur d'autres d'immenses forêts, hérissée de chaînes dont plusieurs sommets dépassent 2,000 mètres, coupée de ravins et de vallées au fond desquelles courent les rivières, elle produit néanmoins, pour sa rare population, le maïs, le sarrazin, le seigle, le froment et l'orge.

2° La RÉGION DES TERRASSES OCCIDENTALES comprend la Croatie, l'Hertzegovine, l'ouest de l'Albanie et de l'Épire. Elle descend de degré en degré des hauteurs du plateau jusqu'au rivage de la mer, et étale successivement les forêts de chênes (district de Tchamouria, etc.), les coteaux couverts de vignes et les champs où prospèrent le mûrier, le chanvre, le tabac, l'olivier, l'oranger, l'épeautre, le maïs et le millet.

3° La RÉGION DE LA PLAINE DU DANUBE comprend la Bosnie et la Bulgarie septentrionale. C'est une terre d'alluvion, froide en hiver, marécageuse, surtout vers l'embouchure du fleuve, mais fertile en maïs, en millet, en froment.

4° La RÉGION DES VALLÉES DE L'ARCHIPEL, c'est-à-dire de la Maritza, du Strouma, du Vardar, de l'Indjé-Karasou, de la Salembria, etc. Séparées par des montagnes boisées ou infertiles, elles ont chacune un caractère propre, mais elles jouissent en général d'un climat chaud et produisent en abondance les céréales (maïs, riz, froment), le mûrier, la vigne, le tabac, le cotonnier, l'olivier.

306. L'agriculture. — Il est impossible d'indiquer, même d'une manière vague, le chiffre de la production des céréales en Turquie. La principale céréale est le *maïs*, que l'on cultive dans toutes les plaines, surtout dans la

Bulgarie, la Thessalie et la Thrace ; celui de Philippopoli est particulièrement estimé ; on le mange rôti ou on en fait de la bouillie dite « mamaliga » (en Bulgarie), laquelle constitue la principale nourriture des habitants. Les autres céréales cultivées sont le *riz*, avec lequel on fait l'aliment connu sous le nom de pilau, cultivé dans les vallées, dans celle de la Maritza, qui donne les riz blancs de Tatar-Bazar et de Philippopoli, dans la plaine de Serès, dans la vallée de la Salembria ; le *millet* et le *sorgho*, cultivés surtout dans les vallées chaudes de la Bulgarie, de la Thrace et de l'Albanie ; l'*épeautre* surtout sur la côte d'Épire ; le *froment* en Bulgarie, en Thessalie, etc. ; l'*orge* (Philippopoli, etc.) ; le *seigle*, surtout dans les parties hautes, ainsi que le *sarrasin* que donnent en assez grande abondance la Bosnie et l'Hertzegovine.

Les *pois chiches* (pois d'Andrinople, etc.), les *topinambours*, les *tomates*, les choux, les oignons, l'ail, les courges, les pastèques, les melons et l'oseille contribuent aussi à l'alimentation.

Les plantes industrielles sont le *chanvre* que l'on cultive un peu partout, surtout dans les îles et dans l'Albanie ; le lin assez rare ; le *coton* qui, comme le riz, vient dans les vallées chaudes de la Maritza, du Strouma (plaine de Serès), du Vardar (coton de Salonique), de la Salembria ; le *tabac* de la *province de Salonique*, dans laquelle les provenances les plus estimées sont celles de l'*Indjé-Karasou*, de Sari-Chaban, etc. (cultivé à Drama, Pravichta, la Cavalle), celui des provinces de Janina et d'Andrinople ; les *drogues tinctoriales*, garance, sumac, kermès, noix de galle, de l'Albanie et de la Thessalie ; le colza de Bulgarie et le sésame de la Maritza et de la Roumili.

Parmi les cultures arborescentes la *vigne*, bien que cultivée avec peu de soin, donne en général de gros et beaux grains. On les consomme comme raisins de table et comme raisins secs, surtout ceux qui proviennent des terrasses de l'Hertzégovine, de la Thessalie et de la Macédoine ; où l'on en fait des vins estimés, tels que le vin du mont Athos, et ceux des Dardanelles, de Crète, d'Épire, de Schoumla (en Bulgarie). L'*olivier*, qui donne une huile médiocre, parce qu'elle est mal préparée, abonde sur les côtes de la Chalcidique, de la Roumili, de l'Albanie et dans les îles. Les autres *arbres fruitiers*, orangers, citronniers, grenadiers, figuiers, amandiers, abricotiers, réussissent dans les vallées ; les noyers sur les pentes montagneuses ; les cerisiers, pommiers, poiriers, pruniers, partout. On cultive le rosier pour faire de l'essence de rose au pied des Balkans et surtout près d'Andrinople (1) ; le *mûrier*, qui nourrit le ver à *soie*, forme des forêts entières sur les bords de la mer Noire en Roumili et en Bulgarie ; *Andrinople* (vallée de la Maritza) est le marché le plus important de la soie ; Scutari (Albanie), Volo (Thessalie), les îles et Salonique (vallée du Vardar et de l'Indjé-Karasou dont les produits sont estimés) viennent au second rang.

La Turquie, avec ses plateaux montagneux, est riche en FORÊTS ; mais ces forêts ne sont pas aménagés, et, faute de routes, elles ne sont, pour la plupart, ni exploitées ni même explorées. Presque tout le *plateau central*, la plupart des *pentes des Balkans* et une partie du *Despoto-dagh* sont boisés. Au nord de la fertile plaine de Serès sont de belles forêts de pins ; à l'ouest de Varna, des forêts de chênes (chêne rouge et chêne pédonculé), de frênes et de hêtres. Parmi les produits les plus abondants de l'exploitation forestière sont la *vallonée*, c'est-à-dire la capsule du gland du chêne-ægilops, employée pour la tannerie et pour la teinture, récolte qui occupe à l'automne un grand nombre de paysans, et le *buis* qui croît en quantité et acquiert de grandes dimensions.

1 On cultive beaucoup aussi le géranium pour en faire de l'essence.

La Turquie n'a pas de prairies artificielles et a peu de gros bétail : de bons *chevaux* d'origine tartare ou arabe, de taille et de force médiocres, mais d'une grande vivacité, sont élevés dans les pâturages des Balkans, principalement entre Sophia et Ichtiman, entre Philippopoli et Iamboly ; dans les vallées de la Macédoine, de la Thessalie et de l'Albanie. On trouve un assez grand nombre de *mulets* et d'*ânes* de belle taille et de belle apparence, surtout dans la Thrace, la Macédoine et l'Albanie ; un petit nombre de grands *bœufs* à longues cornes et à robe grise, nourris presque uniquement d'orge et ne servant que comme bêtes de somme; des *buffles* dans la Bulgarie, la Roumili et l'Albanie ; beaucoup de *moutons* à laine assez commune et mal lavée, surtout dans la Bulgarie et la Roumili (1) ; beaucoup de *chèvres*, comme dans tous les pays de montagnes ; beaucoup de *porcs*, qui errent en nombreux troupeaux dans les forêts de chênes et y vivent à demi sauvages. La Turquie élève aussi beaucoup d'*abeilles*.

307. L'industrie. — L'activité industrielle est nulle en Turquie : à part les industries rurales ou locales dont les artisans, dans les villes, sont groupés en corporations, et qui travaillent pour les besoins journaliers de la population, il n'y a aucune grande exploitation manufacturière.

Les minéraux ne manquent pourtant pas : marbre, plombagine d'Uskup et de Drama, argile plastique de Sophia, de la Bosnie, etc. ; mais on ne les exploite presque pas. Cependant dans la région montagneuse et boisée qui avoisine Kustendil, à *Karatowa*, Egri-Palanka, Klissoura ; dans la vallée de la Bosna, en aval de Serajewo (Vissok, etc.) ; à Kamengrad et Stari-Maïdo, en Croa-

---

1. L'exportation s'en fait principalement par le Danube (environ 2,700 tonnes), par Enos, Rodosto (environ 7,500 tonnes) et par Salonique (environ 3,000 tonnes).

tie ; à *Samokow*, en Thrace, il y a des mines et quelques hauts fourneaux ; mais les procédés sont très-défectueux. Les autres métaux exploités sont l'*argent* à Kustendil, l'argent mêlé au plomb au mont Pélion, du cuivre à Kustendil, etc. Les marais salins de l'Albanie et de la Thrace, les lagunes du bas Danube et les sources salées de la Bosnie donnent du *sel*.

L'industrie manufacturière n'a guère à mentionner que les *tapis*, les *broderies* d'or et d'argent, les instruments de musique (cymbales, etc.), la *tabletterie* (boîtes, bracelets d'ambre, chiboucks, narghilés, etc.), les faïences et poteries de Constantinople (Eyoub), les poteries de Routschouk, l'orfévrerie de *Iagnevo*, les *armes* que l'on fabrique dans un certain nombre de lieux, surtout à *Constantinople*, dans la province de *Perzerim*, à Islimia, à Bosna-Seraï, etc., et les cuirs que l'on prépare avec soin.

308. Les monnaies & mesures. — L'unité monétaire est la *piastre* (kourouche), valant 0^f, 22. L'unité de longueur était jusqu'ici l'*archine*, de 0^m,75, pour les étoffes, l'endazé de 0^m,65 ; l'unité de poids, l'*occa*, de 1$^{kilog.}$ 285 ; mais la Turquie vient d'adopter le *système métrique*.

309. Les voies de communication. — Les routes postales, très-peu nombreuses, mesurent 10,000 kilomètres ; la principale est celle qui, de Constantinople, par la vallée de la Maritza et le Tchar-Dagh, gagne Bosna-Seraï et le Danube ou l'Adriatique ; mais ces routes sont ou mal entretenues ou sans aucun entretien, et le manque de moyens de communication est un des grands vices économiques de la Turquie. Par exemple, sur la route de Scutari à Perzerim (136 kilom.), qu'on parcourt en trois ou quatre jours dans la belle saison, on met de huit à quinze jours en hiver sans rencontrer un village ni un abri.

Les chemins de fer (environ 300 kilom.), de *Routschouk*

à *Varna* et de *Tchernawoda à Kustendjé*, conduisent à la mer Noire et complètent la route du Danube, la grande voie navigable de la Turquie (1).

Les communications commerciales ont lieu, en majeure partie, par la mer. Des services réguliers de bateaux à vapeur turcs relient les ports européens de la mer Noire, *Bourgas*, *Varna*, *Kustendjé*, *Saint-Georges*, et les ports asiatiques à Constantinople ; en concurrence avec le Llyod autrichien ; des services autrichiens ou français (messageries nationales) relient CONSTANTINOPLE et SALONIQUE à tous les grands ports de la Méditerranée. Les autres ports de la Turquie ayant quelque importance commerciale et desservis aussi pour la plupart par des services à vapeur, sont : *Gallipoli*, *OEnos*, *la Cavalle*, *Volo*, *la Canée*. La Turquie commande, par les Dardanelles et le canal de Constantinople, l'entrée de la mer Noire.

310. Le commerce. — Le COMMERCE EXTÉRIEUR ne paraît pas dépasser 500 MILLIONS DE FRANCS et consiste :

A l'*importation*, en *tissus* (cotonnades, lainages, soieries, toiles), en vêtements et articles de toilette, en *denrées coloniales* (sucre, café), en quincaillerie, objets de métal, ouvrages en cuir, armes, métaux, etc.;

A l'*exportation* en cocons, *soie*, *coton*, graines oléagineuses, *laines* et poils de chèvres, peaux, buis, vallonée et noix de galle, alizari (extrait de garance), etc., ainsi qu'en grand nombre d'objets provenant de la Perse ou de l'Asie Mineure et tirés des entrepôts de Constantinople.

Dans ce commerce, la *France* vient au *second rang*, après l'Angleterre et avant l'Autriche ; elle fournit surtout ses soieries et ses cotonnades (ou celles de la Suisse), son sucre, etc., et achète des cocons, des soies, des

1. La Maritza aussi est navigable, sur une étendue d'environ 400 kilomètres.

graines de ver à soie, des laines, des graines oléagineuses, etc.

311. Les grandes villes. — La Turquie possède cinq villes de 30 à 100,000 âmes (Sophia, Gallipoli, Philippopoli, Bosna-Seraï, Salonique), et deux villes de plus de 100,000 âmes :

(Voir les plans de la carte n° 25).

ANDRINOPLE (110,000 hab.) ou Edriné, est située sur la Maritza, au centre d'une plaine fertile, et fait par suite un commerce important de denrées agricoles. Elle possède quelques tanneries et est habitée, comme la plupart des villes de Turquie, par un mélange d'Ottomans, de Bulgares, d'Arméniens, de Grecs et de Juifs.

CONSTANTINOPLE ou Stamboul (855,000 hab. et 1 million avec la population flottante), capitale de l'empire, est bâtie à l'entrée du Bosphore, sur une presqu'île triangulaire, que défend, du côté de la terre, un double rempart, et que baignent des deux autres côtés la mer de Marmara et un golfe nommé la Corne d'Or à cause de sa forme. Ce golfe forme un port excellent, long de 6 kilomètres, accessible aux plus gros navires de guerre et capable de contenir plus de mille bâtiments. Le sérail, grand à lui seul comme une ville, renferme les grandes administrations et occupe toute la pointe orientale de la presqu'île. (Voir la figure n° 20).

312. Le gouvernement. — Les hameaux et communes sont groupés en nahiyés, puis en cazas, en livas ou provinces et les livas en *eyalets* ou vilayets, administrés par des pachas. Le pouvoir appartient sans limites au *sultan* qui administre avec l'aide 1° du *conseil des ministres* dont les deux plus importants personnages sont le *grand visir*, président du conseil, et le *cheikh-ul-islam*, chef du corps des ulémas, chargé des fonctions du culte et de la justice ; 2° du *divan* composé de tous les fonctionnaires.

*Le *budget* est d'environ 380 *millions de francs*; l'armée régulière de 100,000 hommes; le personnel de la flotte de 30,000 hommes.

313. La population. — La POPULATION, dont on ne sait pas au juste le chiffre, paraît être d'environ 10 à 12 MILLIONS D'HABITANTS, c'est-à-dire d'environ 1/3 D HABITANT PAR HECTARE ou 30 *habitants par kilomètre carré*; c'est sur le plateau central qu'elle est le plus clair-semée et sur les côtes du Bosphore et dans la vallée de la Maritza qu'elle est le plus dense. Cette population composée d'é-

Fig. 20. — Vue de Constantinople.

léments divers, Turcs, Grecs, Bulgares, Slaves, Arméniens, que le temps n'a pas fondus en un même corps de nation, et qui professent des cultes différents, l'islamisme, le christianisme (Catholiques, Grecs unis ou non unis, Arméniens) obéit à des tendances diverses. Les habitants, en général peu instruits, sont très-loin d'avoir tiré d'un sol, en partie montagneux, mais en grande partie fertile, toutes les ressources agricoles ou industrielles qu'il peut offrir à l'activité laborieuse ; aussi la Turquie est-elle généralement pauvre.

5me Section.

LE MONTÉNÉGRO, LA SERBIE ET LA ROUMANIE.

(Voir la carte n° 25.)

314. Retour sur la géographie physique. — Les principautés tributaires de la Turquie sont au nombre de trois en Europe :

Le MONTÉNÉGRO, par 42°30′ de latitude et 17° de longitude orientale, est une région froide, toute montagneuse. Agrandi par le traité de Berlin, il mesure environ 10,000 kilomètres carrés.

La SERBIE, située entre 42° et 45° de latitude, et entre 16°40′ et 20°25′ de longitude orientale, est une contrée montagneuse, sillonnée par la *Morava* et par les étroites vallées de ses affluents et bordée au N. par le *Danube*. Elle mesure une superficie de 49,000 kilomètres carrés.

La ROUMANIE, formée des anciennes principautés de *Valachie* et de *Moldavie*, située entre 43°38′ et 48°8′ de latitude, et entre 20°20′ et 27°55′ de longitude orientale, est bordée au N. et à l'O. par les *Carpathes*, au S. par le *Danube*, et arrosée par plusieurs de ses affluents, entre autres l'*Aluta*, le *Sereth* et le *Pruth*. Elle mesure 150,000 kilom. carrés.

Ces principautés, dont l'étendue totale est de plus de 200,000 *kilomètres carrés*, sont comprises dans le *climat continental* ; généralement montagneuses et exposées aux vents d'E., elles ont des hivers très-rigoureux et des étés très-chauds.

315. Les divisions politiques. — Le MONTÉNÉGRO,

principauté indépendante depuis le xiv⁰ siècle, assujettie par les Turcs à un tribut et à une vassalité dont il s'est depuis longtemps affranchi, doublée en étendue par le traité de Berlin (1878), a été gouverné du xvi⁰ siècle jusqu'au milieu du xix⁰ par des vladikas, ayant la double autorité spirituelle et temporelle ; il est régi aujourd'hui par un hospodar, et a pour capitale *Cétinyé*.

La SERBIE, partie de la Mésie des anciens, et habitée par les *Serbes*, peuplade slave, depuis le vii⁰ siècle de l'ère chrétienne, fut soumise par les Turcs au xv⁰ siècle, se souleva contre eux en 1800 et fut reconnue comme principauté libre en 1829 ; le traité de Berlin l'a agrandie (1878). Elle a pour capitale *Kroujagevatz*, *Belgrade*.

La ROUMANIE, habitée d'abord par des peuples de race celtique, forma en partie sous les Romains la Dacie Trajane, fut occupée ensuite par les Goths, et subit tour à tour les diverses invasions barbares (Tartares, Huns, Bulgares, Avares, etc.). Au xiii⁰ siècle, les Roumains descendirent des montagnes où ils s'étaient réfugiés et recouvrèrent le pays. Le royaume de Bogdanie (1352-1538) fut fondé en Moldavie. Les Turcs conquirent la contrée (1460-1489) et, dès lors, nommèrent et déposèrent à leur gré les hospodars. Les traités d'Iassi (1792) et d'Andrinople (1829) placèrent les deux principautés de *Moldavie* (cap. Iassi) et de *Valachie* (cap. Bucarest) sous le protectorat de la Russie ; celui de Paris (1856), sous le protectorat des sept puissances signataires. Les principautés, d'abord séparées, se sont unies sous le nom de ROUMANIE (1861) et leur union a été définitivement reconnue (1866). Par le traité de Berlin (1878), elle a été affranchie de toute dépendance et elle a dû céder la partie de la Bessarabie qu'elle possédait en échange de la Dobracha, au sud du Danube.

La capitale est BUCAREST (142,000 hab.).

(Voir la carte n° 26.)

316. Le Monténégro. — Le Monténégro est une suite de montagnes et de plateaux calcaires, généralement nus et stériles, produisant dans les vallées quelques céréales, nourrissant des troupeaux, n'ayant aucune industrie, et presque aucun commerce extérieur.

La *population*, qui mène une vie toute pastorale, est d'environ 100,000 âmes. Elle est gouvernée par un prince (hospodar) héréditaire et un Sénat.

317. La Serbie. — La SERBIE qui appartient, par sa partie méridionale, au plateau central de la Turquie et, par sa partie septentrionale, à la région du Danube, en a les productions : *forêts* au sud, *céréales, tabac,* un peu de vin et de soie au nord. Elle possède une houillère (Dobra), des mines de fer et de cuivre surtout dans la partie nord-est (Maïdanpek, etc.), des mines de plomb et de zinc (Koutchaïna, etc.) ; elle compte une ville de commerce importante, *Belgrade*, qui est un des grands entrepôts du Danube et la principale étape entre Vienne et Constantinople. Son commerce est d'environ 40 millions de francs dont les trois quarts avec l'Autriche : elle vend du bétail et surtout des porcs, et achète des tissus, de la quincaillerie, des denrées coloniales, du sel (de Valachie), etc.

La Servie est gouvernée par un prince (Knias) héréditaire et par une assemblée nationale (Skoupchtina) ; sa population, presque exclusivement agricole, et professant la religion grecque orthodoxe (archevêché Belgrade), est d'environ 1,300,000 individus, ou 1/3 *d'habitant par hectare*.

318. L'agriculture roumaine. — La *Roumanie*, comme toute la vallée inférieure du Danube, a des étés très-chauds et des hivers rudes. Bornée d'une part par les Carpathes, d'autre part par le Danube, elle présente une inclinaison générale vers le sud et se divise en trois zones agricoles ; 1° la *zone des Carpathes*, zone toute montagneuse, couverte de forêts et de pâturages alpestres, et comprenant le nord de la Valachie et le nord-ouest de la Moldavie ; 2° la *zone des collines*, dans laquelle dominent les pâturages secs, et qui comprend la majeure partie de la Moldavie et la Valachie intermédiaire ; 3° la *zone du Danube*, vaste plaine, généralement argilo-siliceuse, riche en humus, rappelant sur divers points par ses qualités la « terre noire » de Russie et fertile en céréales.

La céréale par excellence est le MAÏS qui occupe à peu près la moitié des terres arables, donne environ 18 millions d'hectolitres et passe pour être le meilleur d'Europe; la mamaliga, bouillie de maïs, est le principal aliment des paysans qui consomment très-peu de viande. Le *froment* vient au second rang et alterne ordinairement avec le maïs sur les mêmes terres qu'on laisse ensuite se reposer pendant un an ; on fait aussi une assez grande quantité d'*orge*, et un peu d'avoine pour la nourriture des animaux, du seigle pour la distillation. Le millet, les haricots, les lentilles, les fèves, les pommes de terre (ces dernières pour la consommation des villes), les pastèques, contribuent aussi à l'alimentation des habitants.

Les principales plantes industrielles sont le *chanvre* qu'on cultive un peu partout, le *tabac* qu'on cultive surtout dans les environs de Bukharest (Gaieski, Bila, etc.) et au sud de Iassy (Houchi, etc.); le *colza* de la basse Valachie.

Parmi les cultures arborescentes, la plus importante est celle de la *vigne*, qui donne par an 3 à 400,000 hectolitres, surtout en vins blancs, et que l'on cultive sur les terres siliceuses et calcaires de la *zone des collines*. Les quatre crus les plus renommés sont ceux de Cotnar, de Dragachani (vins blancs), de Dealo-Mare (vins rouges et blancs), d'Odobesti (vins rouges). Il faut citer aussi les *pruniers* avec le fruit desquels on fait une *eau-de-vie* estimée dans le pays et généralement les arbres à *fruits* qu'on emploie en grande quantité pour faire des *confitures*.

Les FORÊTS occupent 2 millions d'hectares et se trouvent pour la plupart dans la *zone montagneuse* : le sapin, le mélèze, le pin, le genévrier et le bouleau dominent dans les parties les plus élevées ; le *hêtre,* le frêne, le *chêne rouvre*, l'érable dans les parties inférieures, etc.; dans les îles du Danube, on trouve le saule, le peuplier et l'aune.

Les *prairies naturelles* ou pâturages, que l'on trouve en abondance dans les trois zones, n'occupent pas moins de 3 millions d'hectares : dans ce chiffre est compris la vaste steppe du Baragan.

Les prairies et l'orge nourrissent un bétail assez nombreux, mais qui pourrait l'être beaucoup plus : on compte environ un demi-million de *chevaux*, de race moldave et d'origine orientale, petits, vifs, capables de soutenir une longue fatigue, mais incapables de traîner un poids très-lourd. Plus de 2 millions et demi de *bêtes à cornes* (parmi lesquelles sont quelques buffles) font les charrois et les travaux des champs : petites et robustes dans la montagne, elles sont plus développées dans la plaine et ont les grandes cornes des bœufs de Podolie. Près de 5 millions de *moutons* et de brebis donnent de la viande, de la laine de qualité médiocre et du lait converti pour la plus grande partie en fromage (cachecaval du mont Penteleu, etc.) ; environ un demi-million de *chèvres* vivent surtout dans les districts montagneux du nord-ouest. La Roumanie possède 1 million de *porcs*, surtout dans la Valachie occidentale, de la volaille partout, des vers à soie surtout dans la Valachie centrale.

Le *gibier* (cailles, perdrix, outardes, etc.) est très-abondant, et on pêche beaucoup de *poissons*, surtout d'esturgeons, à l'embouchure du fleuve, dans les baltas ou lacs qu'il forme sur sa rive et dans les torrents.

319. Les mines et l'industrie. — La Roumanie qui, depuis les roches primaires des Carpathes jusqu'aux alluvions du Danube, a une grande variété de terrains, est riche en substances minérales, pierres meulières (Merleu, près de Iassy, etc.), gypse, albâtre, pierre à chaux, argile plastique, or dans les sables de l'Aluta, etc., plomb, mercure, *sel gemme* des mines d'Ocna, de Slanic, de Telega et d'Ocnelé-Mari, *pétrole* et même houille (à Laïnitchi).

A part les *meuneries* et les *distilleries d'eau-de-vie* qui ont les campagnes pour siéges, les *scieries* des forêts, les industries alimentaires dans les villes, il n'y a pour ainsi dire aucun établissement industriel en Roumanie. Les paysans font eux-mêmes leurs briques et leurs gros draps qu'ils portent ensuite au fouloir; les femmes tissent elles-mêmes leurs tapis de tenture avec la laine de leurs moutons, fabriquent les lainages légers et le linge de la maison : ce sont les habitudes de la vie purement agricole. Dans quelques villages cependant (Statiore, etc.), on fait, pour la vente dans les foires, des couvertures en poils de chèvre, dites « prèche ». La *boissellerie* pratiquée à certaines époques dans les forêts par des bandes de tziganes nomades, la céramique qui consiste surtout dans la fabrication des *poêles en terre* et des *poteries* communes (Pukeni, etc.), sont, avec la faïence de Bacau et la verrerie commune de Grozesti et Rucar, les seules industries à citer.

320. Le commerce. — La Roumanie vient d'adopter le système des *monnaies* et des *mesures françaises*.

Le pays a un assez grand nombre de *foires :* celle de *Faltitcheni* est la plus importante. Il a très-peu de routes ; sept cols, dont les trois plus fréquentés sont ceux du Jiu, de l'Aluta et de la Prahowa, l'unissent à la Transylvanie ;

le Danube est la grande voie du commerce. On y compte enron 900 kilom. de *chemins de fer.*

Le COMMERCE est d'environ 220 MILLIONS DE FRANCS; il consiste à l'*importation* en *toiles*, machines et objets de fer, coton, métaux, fruits, bestiaux, etc.; et à l'*exportation* en *céréales* (maïs, froment, etc.), en animaux ou produits d'animaux, etc. Dans ce commerce, la *France* vient au *cinquième rang* après l'Autriche, la Russie, la Turquie et l'Italie.

321. Le gouvernement et la population de la Roumanie. — La Roumanie est gouvernée par un Hospodar, prince héréditaire et constitutionnel (de la famille royale prussienne de Hohenzollern), gouvernant de concert avec la représentation nationale composée d'un sénat électif et de l'assemblée des députés. Le budget est d'environ 75 millions; l'armée est de 50,000 hommes.

La POPULATION dépasse 4 MILLIONS 1/2 D'INDIVIDUS, soit environ 1/3 *d'habitant par hectare.* Les 4/5 habitent les campagnes; l'instruction primaire y est très-peu répandue; la plupart des Roumains professent le culte grec (*Bukharest* et *Iassy* sont les deux archevêchés), et parlent la *langue roumaine*, dérivée du latin. Il y a dans le pays beaucoup de juifs, exerçant en général le commerce, et de tziganes ou bohémiens, exerçant un certain nombre de petites industries. En général, la Roumanie, qui est dotée d'un sol fertile et d'un beau fleuve, pourra, quand sa population se sera améliorée par le travail et l'instruction, tirer bien meilleur parti de ses richesses naturelles.

322. La navigation du bas Danube. — Le Danube est la seule grande route d'eau que l'Europe possède dans la direction de l'ouest à l'est; c'est une route qui ne mesure pas moins de 2,000 kilomètres et qui, grâce au canal Louis reliant le fleuve au Rhin, traverse l'Europe de part en part, de la mer du Nord à la mer Noire. La navigation commence à *Ulm* ; depuis Donawerth, le fleuve est sillonné par des bateaux à vapeur, bateaux bavarois de Donawerth à Linz, bateaux du Lloyd autrichien de Linz à la mer ; les bateaux autrichiens transportent par an plus de 600,000 voyageurs et plus de 2 millions de tonnes de marchandises. *Vienne*, *Pesth*, *Semlin* et Orsowa sont les principales étapes du moyen Danube.

Le bas Danube, qui longe ou traverse les principautés, a pour ports principaux : Belgrade en Servie, Giurgewo en Valachie, et, en face, Roustchouk en Bulgarie, *Braïla* en Valachie, Galatz et Ismaïl en Moldavie. GALATZ, sur la rive gauche du fleuve, est le grand port du Danube. Il exporte beaucoup de céréales (maïs, blé, etc.), des graines oléagineuses, du suif, de la laine et des planches pour les pays riverains de la Méditerranée et pour l'Angleterre ; et il reçoit en échange du sucre, des fils et tissus, du tabac, du poisson salé, etc. Ce sont surtout des Grecs qui font le commerce à Galatz, et des bâtiments anglais qui fréquentent le port. A l'est de Galatz commence un vaste delta marécageux, terminé par des bouches, où des barres de boue entravent la navigation. Aussi de grands travaux ont été exécutés pour rendre plus praticable la bouche Soulina, et une commission internationale est chargée de veiller au bon entretien des embouchures d'un fleuve, qui est la voie naturelle de commerce d'une notable partie de l'Europe.

6me Section.

LA GRÈCE.

(Voir la carte n° 26.)

320. Retour sur la géographie physique. — La GRÈCE, située entre 36° et 39° 50' de latitude, et entre 17°

et 24° de longitude orientale, est bornée au N., par la TURQUIE ; à l'O., par la MER IONIENNE; au S., par la MÉDITERRANÉE dans laquelle elle projette le *cap Matapan*, la pointe la plus méridionale de l'Europe ; à l'E., par l'ARCHIPEL. Avec les îles (*îles Ioniennes, Cyclades* et *Eubée*) elle mesure 50,000 *kilomètres carrés*.

Elle appartient au *climat méditerranéen*; mais l'altitude y rend les hivers froids. C'est une région de montagnes dépendant de la chaîne du *Pinde* et composée en grande partie de terrains crétacés et calcaires. Les seuls cours d'eau de quelque importance qui l'arrosent, sont l'*Aspropotamo*, le *Rauphia* et l'*Iri*.

324. Les révolutions politiques. — Les *Grecs* ont été les plus glorieux représentants de la civilisation antique. Vaincue par les Macédoniens, puis réduite en *province romaine* (146 av. J.-C.), la Grèce partagea les destinées de l'*Empire d'Orient*. Elle fut en partie conquise par les Vénitiens au moyen âge, puis tomba sous la domination des Turcs dont elle s'est affranchie (1821-1829) pour former le *royaume de Grèce*, auquel l'Angleterre a cédé (1863) les îles Ioniennes sur lesquelles elle exerçait, depuis 1814, son protectorat.

325. Les circonscriptions administratives. — Le ROYAUME DE GRÈCE, dont ATHÈNES est la capitale, est divisé en deux parties :

1° La *Grèce* proprement dite comprenant 10 nomarchies, subdivisées en 49 éparchies, à savoir :

En terre ferme :

Attique et *Béotie*, capitale *Athènes* (*Setine*) ;

Phthiotide et *Phocide*, capitale *Zeitouni* (l'ancienne *Lamia*) ;

Acarnanie et *Étolie*, capitale *Missolonghi*.

En Morée :

Corinthie et *Argolide*, capitale *Nauplie* ;

Achaïe et *Élide*, capitale *Patras* ;

Arcadie, capitale *Tripolitza* ;

Laconie, capitale *Sparte* ;

Messénie, capitale *Calamata*.

Dans les îles :

Eubée, avec Scyro, Scopelo, etc., capitale *Négrepont* (l'ancienne *Chalcis*) ;

Cyclades (dont les principales sont Andro, Tino, Zéa, Syra, Naxia, Amourgo, Santorin, Milo, Séphanto, Paro), capitale *Syra*.

2° *Les îles Ioniennes*, *Corfou*, *Paxo*, *Sainte-Maure*, *Théaki*, *Céphalonie*, *Zante* et *Cérigo*, forment trois nomarchies et quatre éparchies.

(Voir la carte n° 26.)

326. L'agriculture. — La Grèce comprend trois régions naturelles, l'*Hellade*, la *Morée* et les *îles*. Les deux premières se composent surtout de montagnes capricieusement enchevêtrées, aux flancs quelquefois boisés, plus souvent couverts de pâturages, plus souvent encore rocheux et décharnés ; elles offrent aussi quelques plaines fertiles, comme la plaine de Béotie arrosée par le Céphise qui se déverse dans le lac Copaïs, à niveau variable ; et la plaine d'Élide ; mais elles sont très-incomplétement cultivées. Sur une surface de 45,000 kilom. carrés, la Grèce continentale n'a que 19,000 kilom. de terres arables (1) sur lesquels 7,500 seulement sont en culture ; le tiers de ces 7,500 reste chaque année en jachère, de sorte qu'un tiers seulement du sol est utilisé pour la production des végétaux alimentaires. Les îles, moins montagneuses, sont plus uniformément cultivées.

Les céréales, qui occupent environ 35,000 hectares, donnent 8 à 9 millions d'hectolitres en *froment*, *maïs*, orge, etc., principalement dans la Béotie et l'Attique,

---

1. Les chiffres de la statistique grecque ne peuvent donner qu'une idée sommaire des rapports entre les diverses productions.

dans l'Élide, la Messénie et Corfou : quantité insuffisante pour nourrir la population.

Les cultures industrielles sont le coton (3,000 hectares) de Sainte-Maure, etc.; le tabac (3,500 hect.) de Nauplie, d'Épidaure, etc.; la garance des bords du lac Copaïs; le kermès de Livadie.

Ce sont les cultures arborescentes qui donnent les produits les plus importants : la VIGNE, cultivée pour les *raisins secs* (18,000 hectares) dans les campagnes de l'*Achaïe*, de Nauplie, de Syra, des îles Ioniennes, et principalement à *Zante* et *Céphalonie*, rend 25 millions de livres ; on la cultive pour le *vin* à Argos et dans les *Cyclades* (Santorin, Tino qui donne le vin de Malvoisie, etc.); l'*olivier* (40,000 hect.) est cultivé dans presque tous les départements ; le *mûrier* (9,000 hect.) dans l'Eubée et le *Péloponèse* (vallée de Laconie, de Messénie, etc.), qui en a pris le nom de Morée ; les *figuiers* à Calamata, à Corfou, etc.; enfin les amandiers, orangers, abricotiers, noyers, etc. et, en général, toutes les cultures arborescentes, ont fait de grands progrès depuis quarante ans.

Les forêts, quoique épuisées et détruites en grande partie, occupent encore d'assez vastes espaces, surtout dans le nord, et fournissent un article important du commerce grec, la *vallonée*.

Le gros bétail est très-peu nombreux : on ne compte qu'environ 7,000 chevaux, 90,000 *ânes* ou mulets, 70,000 bêtes à cornes : mais il y a 1,800,000 *moutons*, 3,400,000 CHÈVRES et 60,000 porcs.

327. L'industrie. — L'industrie est à peu près nulle en Grèce. La nature a donné à ce pays de magnifiques MARBRES, marbre blanc de Paros très-recherché par les sculpteurs, marbre du Pentélique, etc.; on exploite l'*émeri* de *Naxos*, et de la meulière dans l'île de Milo, etc.; un peu de houille, du soufre à Coumi (Eubée), du soufre à Milo, du plomb argentifère dans les scories du Laurium, provenant des exploitations de l'antiquité; du *sel* dans les marais salants.

Athènes, Nauplie, Corfou, Syra exercent les métiers nécessaires à l'existence d'une population urbaine; mais, à part les *tanneries* de *Syra*, les broderies d'or et d'argent, les tapis et les tissus de soie transparents qui rappellent l'industrie de la Turquie, on ne peut citer que les *constructions navales* qui ont une assez grande importance dans les *ports* (le Pirée, Nauplie, Syra, Corfou).

328. Le commerce. — Les Grecs, et surtout ceux des îles, s'adonnent beaucoup au commerce maritime : l'*effectif de la marine marchande* est d'environ 330,000 *tonneaux* et le *mouvement général de la navigation*, entrées et sorties, dépasse 4 *millions et demi de tonnes*. Les principaux ports sont le *Pirée*, *Patras*, Nauplie, SYRA, CORFOU.

Les *monnaies et mesures* sont celles du *système métrique*.

Le COMMERCE EXTÉRIEUR est d'environ 140 MILLIONS DE FRANCS et consiste principalement :

A l'*importation*, en *tissus*, cotonnades, lainages, etc., d'Angleterre, d'Autriche, de France ; en skins d'Angleterre, d'Égypte, etc.; en céréales de Valachie et de Russie; en sucre et denrées coloniales de France, d'Angleterre, des États-Unis ; en bestiaux de Turquie ;

Et à l'*exportation*, en RAISINS SECS pour l'Angleterre, l'Autriche, etc.; en figues, huile d'olive, vallonée, cuirs, pour l'Angleterre, la Turquie, l'Autriche, etc.

La France n'a qu'un rôle très-secondaire dans ce commerce (environ 18 millions de francs), et vient en troisième ligne après l'Angleterre et la Turquie. Elle fournit principalement du sucre, des lainages, des peaux ouvrées, des ouvrages en métaux, et prend en échange des cocons, de la soie, du tabac, de la laine, des raisins secs, etc.

329 Le gouvernement. — La Grèce est gouvernée par un *roi*, assisté de ministres responsables et par une *double chambre :* chambre des députés élus pour trois ans, et sénat dont les membres, âgés de 40 ans au moins, sont nommés à vie par le roi.

Le *budget* est d'environ 34 *millions de francs* ; l'armée de terre d'environ 15,000 hommes.

La religion grecque domine presque exclusivement ; les affaires du culte sont confiées à un synode dirigeant. L'instruction primaire est relativement assez avancée.

330. La population. — La POPULATION est de 1 MILLION 400,000 HABITANTS, c'est-à-dire d'un peu plus de UN QUART D'HABITANT PAR HECTARE ou 27 *habitants par kilomètre carré.* C'est l'un des États d'Europe où la population est le plus clair-semée, surtout dans la région montagneuse ; les îles et surtout les îles Ioniennes sont les parties les plus peuplées ; mais aussi c'est un de ceux dont la population s'accroît le plus rapidement. Aussi, bien que dénuée d'industrie et généralement pauvre, mais commerçante, cette population pourra, avec le temps, la liberté ou l'ordre, tirer bien meilleur parti d'une contrée qui semble faite pour le commerce et où a fleuri la plus belle civilisation antique.

HUITIÈME PARTIE

LA RUSSIE.

(Voir la carte n° 27.)

331. Retour sur la géographie physique. — La Russie occupe toute la partie orientale de l'Europe, entre 40° 30' et 70° de latitude et entre 15° 30' et 60° de longitude orientale (1). Elle est bornée au N. par l'océan Glacial avec la *mer Blanche*; à l'O., par la Norvége et la Suède, dont elle est séparée par la *Tornéa*, par la mer Baltique avec les *golfes de Botnie, de Finlande et de Riga*, par la Prusse, l'empire d'Autriche et la Roumanie dont le *Pruth* la sépare; au S., par la Turquie, la mer Noire avec la *mer d'Azoff*, la Turquie d'Asie et la Perse, dont la sépare l'*Aras*; à l'E., par la mer Caspienne et par les provinces asiatiques de l'empire russe, qui se trouvent à l'est du fleuve *Oural* et la chaîne des *monts Ourals*.

Sa plus grande longueur du N. (baie de Waranger) au S. (Aras) est 5,230 kilom. Sa *superficie* est d'environ 5,668,000 *kilomètres carrés* dont 354,000 pour le grand-duché de Finlande, 122,000 pour le royaume de Pologne, 255,000 environ pour la partie européenne des provinces

---

1. Le gouvernement de Perm (ainsi que celui d'Orenbourg) s'étend au delà des limites de l'Europe jusqu'au 62° degré de longitude à l'E.; et, au S., les provinces caucasiennes, dont la Russie a fait une administration particulière qui s'étend de la Manytsch à l'Aras, descendent jusqu'au 38° degré de latitude.

caucasiennes qui, tant en Europe qu'en Asie, comptent 439,000 kilom. carrés, 4,940,000 pour la Russie d'Europe proprement dite. L'empire russe occupe donc *plus de la moitié de la superficie totale de l'Europe*, 10,176,000 kilomètres carrés); et avec la Sibérie, le Turkestan russe et le Caucase asiatique (15,085,000 kilomètres carrés), son étendue est plus du double de celle de cette partie du monde et s'élève à 20,753,000 kilom. carrés (1).

La Russie appartient, dans sa partie septentrionale, au *climat hyperboréen*, dans tout le reste de son territoire aux *climats continentaux* (région de la Baltique, région de la grande plaine moscovite, région des steppes, région polonaise). Elle est formée de terrains primitifs en Finlande et sur la ligne de l'Oural; de terrains de transition et de terrains secondaires inférieurs, avec quelques bandes de terrain jurassique dans tout le reste de la partie septentrionale; dans la partie centrale et dans la partie méridionale dominent, avec une longue bande de roches primitives, les terrains crétacés et tertiaires; et, sur les bords de la Caspienne et de la mer d'Azoff, les terrains modernes.

Formée presque entièrement de plaines immenses, la Russie n'a de montagnes qu'à deux de ses extrémités, l'*Oural* et le *Caucase* ; le reste ne consiste qu'en collines (*collines du Volga*, etc.) ou plateaux peu élevés (*Valdaï, Uvalli*); elle possède les plus grands cours d'eau de l'Europe, la *Petchora*, le *Mezen*, la *Dwina du Nord*, l'*Onéga*, tributaires de l'océan Glacial et de la mer Blanche; la *Newa*, la *Dwina du Sud*, le *Niémen*, tributaires de la Baltique; le *Dniester*, le *Bug*, le *Dniéper*, le *Don*, le *Manytsch*, le *Kouban*, tributaires de la mer Noire et de la mer d'Azoff; le *Térek*, le *Volga*, l'*Oural*, tributaires de la Caspienne, et

1. Sa plus grande largeur de l'O. à l'E., en comprenant la Russie d'Asie avec la Russie d'Europe, mesure de Kalisch au Kamtschatka 15,450 kilomètres.

les plus grands lacs: *lac Ladoga, lac Onéga, lac Peïpous, lac Ilmen*, etc.

332. La formation politique. — Cette vaste contrée fort peu connue des anciens, qui la désignaient sous les dénominations vagues de *Scythie* et de *Sarmatie*, se trouva sur le passage de toutes les migrations primitives et de toutes les invasions des peuples asiatiques. Aux premières lueurs de l'histoire, les Finnois habitaient au nord et au centre, les Slaves à l'ouest et au midi. Cette dernière partie fut occupée successivement par les Goths, les Huns, les Avares, les Khazars, les Petschénègues, etc. En 862, des *Normands* varègues, venus de la Suède, sous la conduite de Rurik, s'emparèrent de Novgorod sur les Slaves et fondèrent les *duchés de Russie*; maîtres de Kieff, ils étendirent leur domination sur une partie de la Sarmatie, inquiétèrent par leurs incursions l'empire de Constantinople, objet éternel de la convoitise des Russes, et, sous Wladimir Ier (980), embrassèrent le christianisme. Un siècle plus tard, se formait à Moscou la principauté de Souzdal, dont les tzars et la population adoptèrent le christianisme et la langue slave. Attaqué par les *Mongols* (1223), tout le pays, duchés et tzarats, fut soumis et, pendant deux siècles, resta tributaire du Khan de la *Horde d'or*. Cependant les tzars s'étaient rétablis à Moscou (1329); *Iwan III chassa les Mongols* (1482) et étendit la domination moscovite des bords *du Dniéper aux monts Ourals*. Au XVIe siècle, la conquête de Kasan et d'Astrakhan, celle de la Biarmie (Perm) et la fondation d'Arkhangel soumit à la Russie la plus grande partie des populations finnoises et touraniennes de l'Europe; et sa domination sur l'Asie septentrionale commença par la conquête du khanat de Sibir (Sibérie occidentale). Mais les dissensions recommencèrent et, à l'avénement de la dynastie des Romanoff (1613), les Suédois et les Polonais avaient conquis sur les Moscovites plusieurs provinces que ceux-ci ne tardèrent pas à recouvrer (1656) en s'emparant même de l'Ukraine et en s'avançant dans les pays slaves de l'ouest ; Pierre le Grand enleva à la Suède la *Carélie*, l'*Ingrie*, l'*Esthonie*, la *Livonie*, fonda *Saint-Pétersbourg* (1703) et traça nettement le but de la politique russe: domination sur tous les pays de langue slave et de religion grecque. Élisabeth acquit une *partie de la Finlande* enlevée à la Suède (traité d'Abo, 1743). Catherine II, continuatrice de Pierre le Grand, réunit à son empire la *Crimée* et les *bords de la mer Noire*, du Dniester au Caucase (1774-1792) ; la *Courlande* que lui céda le dernier grand-duc (1795) ; la *Pologne* qu'elle démembra dans trois partages (1772-1795) et dont elle prit les provinces orientales jusqu'au Niémen et au Bug ; enfin l'Amérique russe (1789), retrocédée de nos jours (1868) aux États-Unis. Alexandre Ier enleva à la Suède le *reste de la Finlande* et les îles d'Aland (1809) ; à la Turquie, la *Bessarabie*, entre le Dniester et le Pruth (1812). Vainqueur des Français, qui avaient envahi la Russie (campagne de 1812), il prit une grande part à la dernière coalition qui renversa Napoléon, et reçut, par le traité de Vienne, le *grand-duché de Varsovie*, débris de l'ancienne Pologne (1815). Le traité d'Andrinople (1829) assura à la Russie une grande influence sur les provinces danubiennes, qu'elle prit sous son protectorat ; et le traité d'Unkiar-Skelessi (1834) donna à sa marine militaire la prépondérance dans la mer Noire. Le traité de Paris (1856) lui enleva ces derniers avantages ; les traités de San-Stefano et de Berlin (1878) les lui ont rendus avec usure. D'un autre côté, elle a étendu et affermi sa puissance dans le Caucase et dans l'Asie centrale et orientale (Turkestan et bassin de l'Amour).

La *Pologne* avait été longtemps le plus important des États slaves. Érigée en royaume (1066) par le prince qui la convertit au christianisme, elle s'agrandit considérablement au XIV° siècle, surtout lorsqu'un mariage eut réuni la Pologne et la Lithuanie, sous le premier prince de la dynastie des Jagellons (1386) ; elle s'agrandit encore au XVI° siècle, s'avança à l'ouest jusqu'aux Carpathes, aux monts Sudètes et au Brandebourg, pendant qu'au nord elle tenait le golfe de Riga et occupait, à l'est, la plus grande partie de la Russie. Mais à la même époque (1572) la monarchie devint élective ; et peu après, la décadence commença malgré les exploits de Sobieski. La Pologne était affaiblie par les dissensions et par les influences étrangères, lorsque la Prusse et la Russie complotèrent un démembrement auquel accéda l'Autriche. Les deux premiers partages (1772 et 1793) lui enlevèrent plus de la moitié de son territoire ; le troisième (1795) supprima le royaume de Pologne ; l'Autriche s'avança jusqu'à la Piliça et au Bug ; la Prusse jusqu'à la Piliça, au Bug et au Niémen ; la Russie eut toutes les provinces à l'est de ces deux derniers cours d'eau. Napoléon, enlevant à la Prusse et à l'Autriche une partie des provinces usurpées (celles des partages de 1793 et de 1795), en forma le grand-duché de Varsovie : c'est ce grand-duché qui, en 1815, fut donné à l'empereur Alexandre sous le nom de royaume de Pologne. A la suite du soulèvement de 1830, les Russes supprimèrent le royaume ; et, après les événements de 1865, l'administration distincte qu'avait conservée l'ancien royaume fut également supprimée.

333. Les gouvernements. — L'EMPIRE RUSSE, dont la cap. est SAINT-PÉTERSBOURG, est divisé en 75 *gouvernements*, 8 *provinces* et 9 *territoires*, répartis de la manière suivante :

I. RUSSIE D'EUROPE.

(48 gouvernements, 1 province et 4 territoires.)

Dans la *Grande-Russie*, 19 gouvernements : Moscou, Koursk, Toula, Riasan, Orel, Kalouga, Tamboff, Voronège, Jaroslaff, Vladimir, Nijni-Novgorod, Tver, Smolensk, Pskoff, Kostroma, Novgorod, Vologda, Olonetz chef-lieu Pétrosawodek (1), Arkhangel.

Dans la *Petite-Russie*, 4 gouvernements : Kieff, Poltawa, Kharkoff, Tchernigoff.

Dans la *Russie orientale*, 10 gouvernements et 3 territoires : Pensa, Kasan, Simbirsk, Saratoff, Viatka, Samara, Perm, Oufa, Orenbourg, ayant sous son autorité les 2 territoires des Cosaques d'Orenbourg et des Cosaques de l'Oural, Astrakhan ayant sous son autorité le territoire des Kirghises d'Astrakhan.

Dans la *Russie méridionale*, 4 gouvernements, 1 province et 1 territoire : Bessarabie chef-lieu Kischineff, Kherson chef-lieu Nikolaieff, Yekaterinoslaff, Tauride chef-lieu Simferopol, ayant sous son autorité le territoire dit pays des Cosaques du Don.

Dans la *Russie occidentale*, 8 gouvernements : Podolie chef-lieu Kaminiec, Kowno, Grodno, Volhynie chef-lieu Jitomir, Wilna, Mohileff, Vitebsk, Minsk.

Dans la partie dite *provinces de la Baltique*, 4 gouvernements : Saint-Pétersbourg, Courlande ch.-l. Riga, Livonie ch.-l. Dorpat, Esthonie ch.-l. Rewel.

II. GRAND-DUCHÉ DE FINLANDE.
(8 gouvernements.)

Nyland ch.-l. Helsingfors, Tavastehus, Wasa, Saint-Michel, Wiborg, Kuopio, Uleaborg.

III. ROYAUME DE POLOGNE.
(10 gouvernements.)

Varsovie, Kalitsch, Kielce, Plock, Souvalki, Radom, Lublin, Lomza, Siedlce, Piotrokow.

1. Nous ne mentionnons que les chefs-lieux dont le nom diffère de celui du gouvernement.

IV. CAUCASE.

(5 gouvernements [dont un en Europe] 3 territoires [en Europe] et 2 districts [en Asie], sous le nom de pays vassaux.)

En Europe : Stavropol, avec les territoires du Kouban, du Terek, du Daghestan.

En Asie : Tiflis, Bakou, Ériwan, Koutaïss (avec les districts de Mingrélie et Abkhasie).

V. SIBÉRIE.

(4 gouvernements et 7 provinces (1).)

(Voir la carte n° 28.)

334. Les régions agricoles. — La Russie se divise en 5 *régions agricoles* :

1° La RÉGION GLACIALE comprend la *Laponie* russe, le nord de la *Finlande*, la *presqu'île de Kola* et tout l'est du gouvernement d'Arkhangel, de l'embouchure du Mezen à la source de la Petchora ; à peine peut-on la ranger parmi les régions agricoles ; car l'agriculture n'y existe pas ; le sol est couvert à l'est d'immenses marais tourbeux, dits *toundras,* entrecoupés de terrains pierreux, où végète la mousse ; le *renne* y est le seul bétail.

2° La RÉGION FORESTIÈRE s'étend depuis le golfe de Bothnie, jusqu'à la source de la Petchora, sur la *Finlande méridionale*, toute semée de lacs et de forêts et fertile seulement dans le voisinage d'Abo, et sur les gouvernements d'*Olonetz* et de *Vologda* ; sa limite méridionale est tracée par une ligne qui s'étendrait du golfe de Finlande à l'Oural, par le lac Peipous, la source du Dniéper, Moscou et le confluent de la Samara et du Volga. Elle embrasse donc dans la *Grande-Russie*, dans la *Russie*

(1) Voir la géographie de l'Asie dans le volume de *la Terre*.

septentrionale et la *Russie orientale*, à peu près l'espace compris entre 64° et 56° de latitude. Dans cette région *apparaissent les céréales*, avoine, seigle et orge, et l'on cultive le *lin*; mais la principale richesse consiste en d'*immenses forêts* qui dans quelques gouvernements (gouvernements d'Olonetz et de Vologda) couvrent jusqu'à 80 et 92 p. 100 de la superficie du territoire. Une partie, il est vrai, ne comprend que des broussailles; mais une grande partie consiste en massifs impénétrables de *sapins*, de *pins* et quelquefois de bouleaux dans le nord; de *mélèzes* et de cèdres dans l'est; de *trembles*, d'*aunes*, de *tilleuls* et quelquefois de chênes dans le sud. Dans le nord de cette région, on ne cultive guère les céréales que dans les champs fraîchement défrichés, dont on coupe le bois, ou dont on brûle les broussailles et qui donnent pendant plusieurs années d'assez bonnes récoltes sans fumure.

3° La RÉGION OCCIDENTALE, comme la précédente, a beaucoup de *forêts*, composées de *pins*, de *chênes*, d'*ormes*, de tilleuls, de frênes et d'érables; mais, sous un climat moins rigoureux, elle renferme plus de *prairies* et plus de terres labourées. Les provinces baltiques, *Ingrie*, *Esthonie*, *Livonie*, *Courlande*, sont au nombre des plus boisées (près de la moitié du territoire de la Livonie est en forêts); cependant les marais, les pâturages, où paît un nombreux *bétail* et les terres labourées y alternent avec les forêts. Outre les céréales, orge, seigle, avoine, les terres arables fournissent le *lin*; la culture y est plus avancée que dans aucune autre partie de la Russie. La *Lithuanie*, également marécageuse dans sa partie septentrionale, ainsi que le gouvernement de Witepsk, produisent beaucoup de *chanvre* dans la vallée de la *Duna*; le gouvernement de Mohileff et celui de Minsk sont plus marécageux encore dans leur partie méridionale, qui comprend sur presque tout le cours du Pripet, l'immense *marais de Pinsk*. La

Pologne, à l'extrémité occidentale de l'empire russe, a près de la moitié de son territoire occupé par des bois et *forêts*; mais les terres, cultivées principalement à l'ouest de la Vistule, fournissent en grande quantité le *seigle*, le *froment*, l'*orge* et la *betterave*. Au sud, la *Volhynie*, encore très-boisée, et la *Podolie*, qui appartient déjà à la région de Terre-Noire, et dont la plus grande partie est en terres labourables, sont au nombre des provinces riches en *céréales*.

4° La RÉGION CENTRALE comprend toute la *portion méridionale de la Grande-Russie*, au sud de Moscou, toute la *Petite-Russie*, et s'étend à l'est au delà du Volga : ici, peu de bois, peu de marais : des *céréales*. C'est la *région agricole* par excellence. A mesure qu'on s'avance vers le sud de cette région, le sol devient de plus en plus fertile : médiocrement productif dans les gouvernements de Smolensk, de Kalouga, de Moscou, qui donnent cependant en assez grande quantité le lin et le chanvre ; très-cultivé et *fertile en céréales* dans les gouvernements de *Toula* et d'Orel, il devient d'une fécondité pour ainsi dire inépuisable dans la grande région de Tschernoziem, c'est-à-dire *Terre Noire*, qui s'étend de la Podolie jusque vers Orenbourg, sur presque toute la petite Russie (moins la partie septentrionale de Tschernigoff) ; sur toute l'Ukraine, la pourvoyeuse du commerce d'exportation d'Odessa ; sur le *sud de la Grande-Russie* (gouvernements de de Koursk, Voronège, et partie d'Orel, Toula, Riasan, Tamboff) dans le *centre de la Russie orientale* (gouvernement de Saratoff, partie de Simbirsk et de Samara) et sur la partie *nord-ouest de la Nouvelle Russie* (gouvernement d'Iekaterinoslaff, et partie de Kherson, Tauride et Don) Dans cette contrée privilégiée, le grain, sans aucun engrais, rend 15 et 20 pour 1, mais les procédés de culture sont grossiers et la jachère biennale est à peu près partout en usage. Les principales cultures sont le *froment*, le *millet*, le *maïs*, ainsi que quelques *plantes industrielles*, *betteraves*, *tabac*, lin, chanvre, etc.

5° La RÉGION MÉRIDIONALE, que l'on peut nommer *région des steppes* ou *région pastorale*, s'étend au sud de la Terre-Noire. A l'ouest, dans la Bessarabie méridionale et jusqu'au Don vers Bogutschar, elle forme une *haute plaine* calcaire, de 40 à 50 mètres au dessus du niveau de la mer, *sans arbres*, presque sans eau, entrecoupée de « balkas », ravins, où jadis ont coulé des torrents ; et couverte, après la rigoureuse saison d'hiver, de *hautes herbes*, au milieu desquelles paissent de nombreux troupeaux de *bœufs*, de *chevaux* et surtout de *moutons* à laine fine ; à l'est, du Don jusqu'à l'Oural, c'est une *plaine basse*, unie de toutes parts à perte de vue, semée de marais et d'étangs d'eau saumâtre, peuplée de bandes innombrables d'oiseaux aquatiques et de troupeaux de *moutons* à grosse queue et de chevaux. Dans la Bessarabie et la Crimée, on trouve le froment, le maïs et la *vigne* ; les pentes du *Caucase* sont couvertes de *forêts* et de pâturages, qui tranchent avec l'aridité des steppes.

335. Les produits végétaux. — La production des CÉRÉALES dans la Russie d'Europe est estimée à près de 500 MILLIONS (1) D'HECTOLITRES, évaluation qui paraît être inférieure à la réalité. Elle a une grande importance dans les gouvernements de *Tamboff*, de *Samara* (dans une partie seulement, car la moitié des terres du gouvernement de Samara est inculte), de *Riasan*, de *Viatka*, de *Voronège*, de *Toula*, d'Orel, de Koursk, de Saratoff, d'Orenbourg, de Kharkoff, de Kaminiec, d'Iekaterinoslaff,

---

1. Les chiffres de la production agricole sont plus élevés que ceux des statistiques officielles, qui ne comprennent pas d'ordinaire la Finlande et la Pologne. Au surplus, tous les chiffres relatifs à la statistique russe, à cause de renseignements assez imparfaits de l'administration, ne doivent être considérés que comme une manière d'apprécier l'importance relative des productions.

dans chacun desquels elle dépasse 15 millions d'hectolitres, et dans l'ancien royaume de *Pologne*. Cette production consiste surtout en *froment*, cultivé dans les provinces du midi et dans celles du centre jusqu'au 60° degré. Celles qui sont les plus renommées pour cette culture sont l'*Ukraine* qui donne particulièrement le blé ghirka (blé de mars), le plus estimé sur le marché de Kieff et à Odessa ; la *Podolie*, la *Volhynie*, la *Bessarabie*, la région moyenne du *Volga* et la *Pologne* (surtout l'ancienne province de *Sandomir* qui fournit le blé sandomirka). Viennent ensuite le *seigle*, cultivé dans toutes les régions, surtout dans le *centre* et en *Pologne* ; l'*avoine* qui domine dans la région du *nord* ; l'*orge* cultivé à peu près dans toutes les régions ; le *maïs*, seulement dans la région du *midi*, surtout en Bessarabie ; le *millet*, dans la région de la *Terre-Noire*.

La production de la *pomme de terre*, récoltée surtout dans les provinces de l'ouest, est estimée à 80 millions d'hectolitres.

Le *chou* rouge, le gros *cornichon* de la Russie méridionale, les *pois*, le sarrasin complètent l'alimentation végétale.

Parmi les plantes industrielles,

Le LIN est cultivé en vue de la filasse (200,000 tonnes) dans la partie septentrionale de la *Grande-Russie* et dans les *provinces baltiques* (gouvernements de *Pskoff*, *Smolensk*, *Vologda*, dans la vallée de la Sukhona, Kostroma, Viatka, Vladimir, Livonie, Witepsk, dans toute la vallée de la Duna, etc.) ; et dans la *Russie méridionale* (gouvernements de Iekaterinoslaff, de Kherson, de Voronège, etc.), surtout en vue de la graine.

Le *chanvre*, généralement fin et fort, mais dont la récolte n'est guère que le quart de celle du lin, est cultivé surtout dans le sud de la *Grande-Russie*, dans la *Russie-Blanche* et l'*Ukraine* (gouvernements de Kalouga, Toula,

Smolensk, Tchernigoff, Koursk, Orel, qui donne le chanvre le plus estimé, Poltawa, etc.).

Les graines oléagineuses, hormis le chènevis et la graine de lin, n'ont qu'une médiocre importance, si ce n'est toutefois le sésame et le tournesol dans la Russie méridionale.

La culture de la *betterave* est répandue surtout dans la *Petite-Russie (Kieff,* Podolie, Tchernigoff, Kharkoff, Poltawa), dans le *sud de la Grande-Russie* (Koursk, Toula, Kalouga, Orel, Tamboff) et dans l'ouest de la *Pologne*.

Le *tabac* provient en grande quantité des gouvernements de *Samara, Tchernigoff, Poltawa,* Saratoff, Voronège, Kharkoff, Kherson, Tauride, Bessarabie, Podolie, Volhynie, etc., c'est-à-dire de la *région du sud*.

Les *prairies* naturelles, pâturages, pâtis et steppes, occupent près de la moitié, quelquefois même plus de la moitié du territoire dans la *Nouvelle-Russie*, et jusque dans le gouvernement de Saratoff, qui tient aux steppes du Don.

La *vigne* ne réussit que dans le sud, et la production du vin, qui n'est guère que de 1 million d'hectolitres, n'a quelque importance que dans la *Bessarabie* (vins d'Akermann, etc.), dans les vallées du *Kouban*, du *Terek* et dans la *Crimée*; le pays du Don, les gouvernements de Kherson, d'Astrakan, de Kieff, ont aussi quelques vignobles.

La culture maraîchère a une certaine activité dans les environs de Saint-Pétersbourg, de Moscou et en Finlande.

Les gouvernements du *midi* (Tauride, Bessarabie, Kieff, etc.) cultivent certains *arbres à fruits*, le prunier, le pommier, le poirier, le noyer et l'amandier.

Les FORÊTS couvrent un espace de plus de 200 MILLIONS D'HECTARES, principalement dans la *région forestière* (36 millions d'hectares dans le gouvernement de Vologda, 33 dans le gouvernement d'Arkhangel, 24 dans le gouvernement de Perm, 10 dans le gouvernement d'Olonetz), c'est-à-dire entre 56° et 64° de latitude. Il y en a beaucoup aussi, quoiqu'en moins grande quantité, dans la Pologne et la Petite-Russie, et elles sont une des grandes richesses agricoles de l'empire. Elles se composent, au nord, de *pins* sylvestres et de *sapins*; aux deux premières essences se mêlent, à l'est, les mélèzes et les cèdres; au centre, les trembles, les aunes, et souvent les tilleuls et les chênes; à l'ouest, le chêne, l'orme, le tilleul, le frêne et l'érable. On consomme beaucoup de bois, soit pour le *chauffage* durant les longs et rudes hivers; soit pour la *construction* des maisons qui sont toutes en bois dans les campagnes, et des bateaux que l'on dépèce presque toujours après un voyage; soit pour la fabrication de la *potasse* (principalement dans les gouvernements d'Orenbourg, de Samara, de Kasan); soit enfin pour l'*exportation*. Les forêts donnent aussi de la *poix* (gouvernements d'Arkhangel, Nijni-Novgorod, Volhynie, etc.), de la *térébenthine* (gouvernements d'Arkhangel, Nijni-Novgorod, Vologda, Olonetz, etc.), du *goudron* (gouvernements de Kostroma, de Perm, etc.). On évalue à plus de 500 millions de francs la valeur annuelle des produits forestiers; l'éloignement des centres de consommation ou des lieux d'exportation, le manque de routes nuisent considérablement au rendement des forêts, et font qu'à Moscou et surtout à Odessa le bois à brûler est plus cher qu'à Paris (1). Dans la région du midi, où il n'y a pas un arbre, on est réduit à se chauffer avec de la bouse de vache séchée. Sur les points où la population est nombreuse, le déboisement fait des progrès rapides.

336. Le bétail. — La Russie, ayant peu de prairies artificielles et même peu de prairies fauchées, n'a pas une quantité de bétail proportionnée à la vaste étendue de son territoire.

1. En 1867 on payait 25 fr. à Moscou, 28 fr. à Odessa, ce qui ne valait que 8 fr. à Saint-Pétersbourg et 1 fr. à Arkhangel.

Les CHEVAUX (16 millions) sont nombreux dans la *Grande-Russie* (gouvernements de *Tamboff*, *Voronège*, Nijni-Novgorod, etc.) qui nourrit une race de trait, grande et forte, dont une partie, améliorée par l'introduction de chevaux arabes ou anglais, est devenue une race de beaux chevaux de luxe et d'excellents trotteurs : la race renommée des trotteurs, dite Orloff, et la race bitionge élevée dans les gras pâturages de la petite rivière Bitioug, appartiennent à ce groupe. Le *pays des Cosaques du Don* élève une race rustique, la race Cosaque, sans élégance, à la taille petite, à la poitrine profonde, au jarret sec et infatigable, élevée en liberté au milieu des steppes. Dans la *Russie orientale*, principalement dans les gouvernements d'*Astrakhan*, *d'Orenbourg*, de Perm, de Samara, dominent la race de Viatka, petite, mais dure au travail, la race de l'Olva et la race Tartare, compagne des tribus nomades de la Caspienne.

Les BŒUFS (22 millions) sont nombreux dans la *Russie septentrionale* où se trouve la race de Kholmogory ; dans les *provinces baltiques* et jusque dans les gouvernements de Pskoff et de Witebsk ; dans la *Russie méridionale* et dans le gouvernement d'*Astrakhan*, où se trouve la race de Tcherkassk ; ils fournissent de bonne viande et beaucoup de *suif*.

Les MOUTONS (env. 50 millions) sont assez nombreux du Pruth au Volga, surtout dans les steppes de la *Petite-Russie* et de la *Russie méridionale*, où l'on rencontre beaucoup de moutons à *laine fine* et de mérinos (ces derniers, principalement dans les gouvernements d'Iekatérinoslaff, de Kherson et de Tauride), et jusque dans les gouvernements de Voronège, de Tamboff, de Riasan ; dans la *Russie orientale* (gouvernements d'*Astrakhan*, Samara, Saratoff, Simbirsk, Orenbourg, Kasan, Viatka, Perm), où dominent les moutons ordinaires et surtout le mouton Astrakhan à laine grise ou noire, et le mouton kirghiz à queue de graisse, donnant une laine grossière mais beaucoup de *suif* ; on les trouve aussi en assez grand nombre dans la Courlande.

Les porcs (9 millions) abondent surtout dans la *Petite-Russie* et fournissent à l'exportation beaucoup de *soies*.

Les *chèvres* sont très-peu nombreuses (1 million et demi), parce que la Russie n'est pas un pays de montagnes.

Les *rennes* (700,000) ne se trouvent que dans la *région du nord* et dans la Finlande.

Les *chameaux* (30,000) se rencontrent, au contraire, dans la région du *sud-est*, au voisinage du Caucase et de la Caspienne.

Les ruches d'*abeilles* se trouvent dans toute la Russie centrale et méridionale, surtout dans les environs de *Poltawa* et d'*Iekaterinoslaff*; dans le reste de la Petite et de la Nouvelle-Russie et dans le sud de la Grande-Russie, on consomme beaucoup plus de miel que de sucre.

Les *vers à soie* sont élevés aussi, mais en petit nombre, dans la Petite et dans la Nouvelle-Russie (en plus grand nombre dans les environs de Koutaïss, en Transcaucasie).

337 Les produits de la chasse et de la pêche. — Les climats très-rigoureux ont des animaux à riche fourrure et les grandes forêts renferment beaucoup de bêtes fauves : double raison pour que la CHASSE soit une industrie importante dans le *nord de la Russie*. Les gouvernements d'Arkhangel, de Vologda, d'Olonetz, de Viatka, de Perm, de Saint-Pétersbourg, de Tver, de Novgorod et la Nouvelle-Zemble fournissent pour une valeur d'environ 2 millions de francs de *fourrures* (peaux d'ours, de loup, de blaireau, de renard, d'écureuil), de musc, de castoreum, etc.; mais ce revenu, dont le travail de l'homme n'entretient pas la source et qui a pour effet de détruire sans reproduire, diminue chaque année.

La *Sibérie* fournit en fourrures un revenu d'un million de francs à peu près (1).

La PÊCHE a une plus grande importance encore, parce que les Russes consomment beaucoup de poisson. Les *lacs du nord* fournissent des poissons d'eau douce (surtout l'éperlan) que l'on expédie frais ou gelé. — Les principales pêcheries sont celles de la *mer Blanche* et de l'océan Glacial, qui fournissent le *hareng*, le phoque, la baleine ; de la *Baltique* (hareng, sprate, saumon, etc.) ; de la *mer Noire*, dans les limans du Dniester, du Bug et du Dniéper ; de la *mer d'Azoff*, du Don et du Kouban, dont la production est évaluée à 16 millions de francs ; de la *Caspienne*, près des bouches du Terek, du Volga, de l'Oural et de l'Emba, et dont la production paraît dépasser 40 millions de francs. Dans les pêcheries des mers du midi, on prend surtout l'ESTURGEON, grand poisson de 5 mètres de long qui, outre la chair, mets délicat et recherché, qu'on la vende gelée, salée, ou salée et séchée, donne le *caviar* fait avec les œufs, le vesiga fait avec l'épine dorsale, et la *colle de poisson* faite avec la vessie natatoire de l'animal. Ce poisson se plaît dans les eaux saumâtres d'une faible salure ; c'est pourquoi il vit en si grand nombre dans la partie inférieure des fleuves, dans la mer d'Azoff et dans la mer Caspienne, mers peu profondes et alimentées par des fleuves qui y versent de l'eau douce et des masses considérables de détritus organiques dont les poissons font leur nourriture. Le dédale des îles et des limans tout couverts de roseaux de la côte Caspienne, semble disposé par la nature comme des viviers pour l'élevage des poissons. Aussi ces *pêcheries* sont-elles *les plus importantes du monde entier*. La plus célèbre est celle de Bojiï-Promysly (pêcherie divine) près de l'embouchure du Kour.

(Voir la carte n° 20.)

1. Voir le volume de *la Terre*.

338. Les produits minéraux. — La Russie exploite peu ses carrières ; dans la plupart des gouvernements, le bois remplace les autres matériaux de construction. Cependant, dans le voisinage des grandes villes, *Saint-Pétersbourg*, *Moscou*, Nijni-Novgorod et dans le sud où le bois fait absolument défaut (gouvernements de *Kharkoff*, *Iekatérinoslaff*, Tauride, etc.), la fabrication des *briques* est très-active. Les *ardoises* et les *pierres meulières* du pays des Cosaques du Don (districts de Miousk et du Donetz) ont une certaine réputation dans la contrée. Les marbres des bords des lacs Ladoga et Onéga, les marbres, jaspes et porphyres de l'Oural sont également exploités. *Gjel* (près de Brinitzy, gouvernement de Moscou), le district de *Gloukhoff* (gouvernement de Tchernigoff) et la Pologne (Augustowsk et Grabelsk, etc.) fournissent en abondance de l'*argile* à poterie ; la *Finlande*, du *quartz*, du granit, du porphyre ; le gouvernement de *Vladimir*, du *sable* pour les verreries.

L'*Oural* est assez riche en *pierres précieuses*, malachite (dans les mines de cuivre), émeraude de Mursinsk, topaze d'Alabaschka, améthystes, etc.

La Russie est jusqu'ici très-pauvre en exploitations de *houille* ; le plus productif de ses bassins est celui du *Donetz* qui paraît s'étendre sur tout l'espace compris entre le Miousk et le Donetz (mines de Grouschevka, etc.) et qui rend environ 100,000 tonnes d'anthracite ou de houille ; ceux du district de Backmout (gouvernement d'Iekatérinoslaff), ceux de Moscou, du Kouban, de l'Oural, de Tsechkowst et Ksaviersk (Pologne) ne rendent pas ensemble 25,000 tonnes de houille.

Les gouvernements de *Moscou*, de *Kharkoff*, de *Saint-Pétersbourg* et toute la contrée entre Saint-Pétersbourg et Varsovie, renferment beaucoup de *tourbières*.

Sur les bords de la Caspienne (districts d'Apschéron,

de Bakou, de Derbent, etc.) et sur ceux de la mer d'Azoff (presqu'îles de Kertsch et de Taman), on trouve du pétrole.

Le *fer* est assez abondant : la production s'élève annuellement à près de 300,000 tonnes de fonte au bois de bonne qualité, mais d'un prix assez élevé. Le principal groupe est celui de l'Oural, dont presque toutes les mines appartiennent au *gouvernement de Perm*, dans les vallées de la Toura, tributaire du Tobol, et de ses affluents, le Taguil, la Pyschma, etc., ainsi que dans celle de la Tschusowaya, tributaire de la Kama (mines et usines de Goro-Blagodat, de Nijni-Taguil dont le minerai est fourni par la montagne Vissokogora, énorme masse de fer magnétique ; d'Artinsk, de Barantcha, de Bogoslovsk, de Verkhotourié, d'Alexandrovsk, de Neviansk, de Kyschtyme, de Zlatooust, d'Alapaïeff, etc.) : il s'étend à l'ouest sur les gouvernements de *Viatka* (usine de Votsinsk, etc.) et de Wladimir (Mourom, etc.); au sud sur ceux d'*Oufa* (Kalaff, Ivanosk, etc.) et d'Orenbourg (Beloretzk, etc.) ; et au nord sur celui de Vologda. Les autres groupes sont ceux du gouvernement d'*Olonetz* (fonderies de Pétrozavodsk, d'Alexandrovsk, etc.); du gouvernement de *Radom*, en Pologne, où l'on exploite le minerai carbonaté des houillères (Dombrowna, Szyklowiec, Ostrowiec, Borkowice, Rogoznik etc., fournissant environ 75,000 tonnes de fonte) ; des gouvernements de Toula (mine de Krapvina, etc.), de Moscou, d'Iekatérinoslaff (Lougansvk, Pebrosk) : ils n'ont qu'une importance tout à fait secondaire.

Les mines et usines de l'*Oural* rendent environ 5,000 tonneaux de *cuivre* par an. Elles sont situées dans les gouvernements de *Perm* (Taguil, Iongo, usine d'Ekatérinenbourg, mines au sud de Perm), d'*Oufa* (Bogaïavlensk, etc.) et d'Orenbourg. Taguil et Goro-Blagodat, fournissent près d'une tonne de *platine* ; l'or (environ 5 tonnes 1/2 valant environ 18 millions de francs) se trouve dans les lavages de *Perm* et d'*Orenbourg*, à Ekatérinenbourg, Goro-Blagodat, Bogostovsk, Zlatooust, Berosowo, etc.

Le *sel* gemme se rencontre aussi dans les mines de l'*Oural*, dans les gouvernements de Perm (Perm, etc.) et d'Orenbourg (steppe des Kirghiz). Le sel marin provient des lacs salants situés sur la côte de la *mer Noire*, de la *mer d'Azoff*, qui est très-peu salée, mais qui déverse, dans une sorte de vaste lagune de la côte de Crimée et nommée Sivache, une partie de ses eaux, laquelle s'y sale fortement par l'évaporation ; et de ceux des *steppes du Volga et de l'Oural*, principalement du *lac Elton* ; la production totale dépasse 450,000 tonnes.

En ajoutant à la production minière de la Russie d'Europe la production plus importante de la Sibérie, on arrive à un rendement total d'une valeur de 170 millions de francs.

339. Les industries préparatoires. — Quoique la Russie possède du fer, la fabrication des machines y est sans importance. Saint-Pétersbourg, Moscou, Nijni-Novgorod et Varsovie font des machines agricoles ; Zlatooust, etc., des faux ; Moscou, la Courlande, Riasan, des aiguilles ; *Nijni-Novgorod*, *Moscou*, *Toula*, Riasan, Vladimir, Iaroslaff, la Livonie, Perm, Kalouga, de la *quincaillerie* et surtout des samovars (bouilloires à thé) de la serrurerie, des cloches ; Zlatooust et *Toula* des armes.

Les industries chimiques ont plus d'importance. Les *produits chimiques* proprement dits sont fabriqués à Moscou, à Saint-Pétersbourg, à Iaroslaff, c'est-à-dire dans les centres manufacturiers ; l'*huile*, dans les régions qui produisent le lin, et surtout dans les gouvernements de Koursk, d'Orel, etc. ; le *suif*, surtout dans les *gouvernements du sud et du sud-est* où le bétail abonde (Perm, Orenbourg, Samara, Saratoff, Iekatérinoslaff, Kherson,

Tamboff, Voronège, etc.), et à *Saint-Pétersbourg*, où l'on consomme beaucoup de viande ; les *chandelles* sont fabriquées à *Moscou*, à *Odessa*, à *Saint-Pétersbourg*, à Kharkoff, en Livonie, à Kasan, etc.; les *bougies* à *Varsovie*, à Kasan, etc. ; le *savon*, principalement à *Saint-Pétersbourg*, à *Moscou*, à *Kasan*. Les *cuirs* et peaux (veau, bœuf, vache et cheval, en tout 8 millions et demi de peaux par an) sont préparés à *Saint-Pétersbourg*, à *Moscou*, à Kalouga, à Bolkhoff (gouvernement d'Orel), à Ostachkoff (gouvernement de Tver), à *Kasan*, à Armasass (gouvernement de Nijni-Novgorod), à Mouroff (gouvernement de Vladimir), à Varsovie, etc.; les maroquins, cuirs vernis, etc., à *Torjok* (gouvernement de Tver), à *Moscou*, à Kazan, à Toula ; les peaux de mouton (environ 12 millions de peaux par an) qui servent à l'habillement des paysans, dans les gouvernements de *Kalouga*, de *Moscou*, de Kostroma, de Kasan, de Nijni-Novgorod, de Kharkoff, etc.; la *colle* à *Moscou*, à *Nijni-Novgorod*, à Perm, à Saratoff.

340. Les industries alimentaires. — En dehors de l'agriculture, de la chasse et de la pêche qui fournissent les substances alimentaires, et des petits métiers qui les préparent pour les consommateurs des villes, la Russie compte quatre grandes industries alimentaires :

La *meunerie* est pratiquée surtout à *Odessa* et dans le gouvernement de Novgorod, aux deux extrémités de la principale région agricole.

La distillation des grains et des pommes de terre donne plus de 3 millions d'hectolitres d'alcool par an, lequel, après avoir été mélangé avec de l'eau, fournit à la consommation environ 8 millions d'hectolitres d'eau-de-vie ; elle est pratiquée dans presque toutes les provinces (excepté Stavropol, Astrakhan, Arkhangel et Vologda), surtout dans la *Podolie* et *Petite-Russie* (Kieff, Kharkoff, Tchernikoff ; dans la *région agricole du centre* (Voronège, Pensa, Tamboff, Orel, Saratoff, etc.); dans le gouvernement de *Viatka* et dans l'*ouest* (Volhynie, Pologne, Courlande, Livonie).

La fabrication de la *bière* a lieu surtout dans les *provinces de l'ouest*, dans la Petite et dans la Nouvelle Russie.

Celle du *sucre* de betterave a lieu presque exclusivement dans la *région agricole du sud-ouest*, et particulièrement dans les gouvernements de KIEFF, de *Podolie*; dans le reste de la *Petite-Russie*; dans la portion de la *Grande-Russie* située au sud de Moscou; à l'est, dans les gouvernements de Pensa et de Saratoff; à l'ouest, dans les gouvernements de Volhynie, Mohileff et Minsk, et dans la Pologne. Le produit est de près de 60,000 tonnes.

La plupart de ces industries sont exercées par les propriétaires fonciers sur leurs terres.

341. Les industries textiles. — Le tissage du *coton* est une industrie récente en Russie et qui a fait de rapides progrès. On y compte environ 1,600,000 broches de *filature* dans les gouvernements de *Saint-Pétersbourg*, de *Vladimir*, de *Moscou*, de Tver, d'Esthonie, etc.

Les tissus sont, en général, des cotonnades grossières exécutées dans les fabriques ou dans les campagnes du *bassin de l'Oka et du Volga supérieur*, entre Moscou, Kostroma et Nijni Novgorod (gouvernements de Moscou, Vladimir, Tver, Iaroslaff, Kostroma, Kalouga, Riasan); dans celles des gouvernements de Saint-Pétersbourg, de Livonie; en Pologne (*Lodz*, la seule ville manufacturière de la Pologne), et en Finlande; beaucoup de ces tissus sont vendus bruts ou imprimés surtout en rouge d'Andrinople, à raies ou à carreaux.

Le tissage du *lin* et du *chanvre* est au contraire très-ancien et conserve par son importance le premier rang. C'est une industrie rurale, pratiquée partout où poussent le lin et le chanvre, pour la consommation domestique.

Elle a lieu également pour le commerce dans les gouvernements de Vologda, de Vladimir (toiles dites de Flandre, de Wiasniki, etc.), de Kostroma (linge damassé de Vytschouga, etc.), d'Iaroslaff (toiles fines de Vélikoyé-Sselo, etc.), de Novgorod, de Tver, c'est-à-dire dans le *nord de la Grande-Russie* (1), en Pologne (Girardow) et dans le gouvernement d'*Arkhangel*. La majeure partie consiste en toiles grossières ; les campagnes des gouvernements de Kalouga, Orel, Koursk, Iaroslaff et Tver, c'est-à-dire le centre et le *sud de la Grande-Russie*, donnent des toiles à voiles et des coutils ; le *nord*, le *bassin du Volga*, etc., donnent des *cordages*.

L'industrie des *lainages* vient immédiatement après l'industrie linière. Les tissus de *laine peignée* sont fabriqués surtout à *Moscou* (mérinos, châles, etc.), et en moindre quantité, à Saint-Pétersbourg, Riga, Grodno, etc. ; les tissus de laine foulée, flanelles, et surtout les DRAPS, à Moscou, à *Grodno*, à Simbirsk, à Tschernigoff, à Kieff, Voronège, Kalouga, Tamboff, Pensa, et généralement dans la *Grande-Russie* au sud du Volga et jusqu'au Dniéper, sur la limite de la région pastorale des moutons, à Saint-Pétersbourg et environs ; ainsi qu'en *Livonie* (Pernau, Riga, etc.) et en Pologne (*Lodz*, etc.).

Le tissage de la *soie* (tissus, brocarts pour les églises, passementerie, etc.) est concentré dans le district de *Bogorodsk* (gouvernement de Moscou) et dans les environs de *Saint-Pétersbourg* (2).

A ces industries, on peut joindre la fabrication des *nattes* et écorces de tilleul, qui servent de chaussures, de cordes d'emballage, et qu'on fabrique surtout dans les gouvernements de *Viatka* et de *Kostroma*.

1. Vologda toutefois n'est pas dans la Grande-Russie.
2. On peut ajouter dans les environs de Bakou, bien que ce district soit dans la Transcaucasie.

342. Les autres industries. — Parmi les autres industries russes, on peut citer :

La fabrication des gants, à Saint-Pétersbourg et à Moscou ;

La fabrication des *cigares* dont les principaux centres sont *Saint-Pétersbourg*, *Moscou*, Riga et Odessa ;

La fabrication des *poteries* communes des gouvernements de *Saint-Pétersbourg*, *Moscou*, *Livonie*, Iaroslaff, Kharkoff, Orel ; des faïences de *Verbilk* (gouvernement de Moscou), etc. ; des porcelaines de la manufacture impériale de *Saint-Pétersbourg* et des fabriques de *Moscou*, de Vladimir et de Livonie ;

La fabrication des *verres et cristaux* des gouvernements de *Vladimir*, de Saint-Pétersbourg, de Riasan, d'Orel, de Livonie, de Lublin, etc. ;

La *coutellerie* de *Nijni-Novgorod* et des environs (Worsma, Pawlowo, Vatch), et celle de Riasan, à proximité des fers de l'Oural ;

La fabrication des *voitures* de luxe de *Saint-Pétersbourg*, *Moscou* et *Varsovie* ; et celle des voitures communes dites « télegas » dans le gouvernement de *Kasan*, etc. ;

La fabrication du *papier*, des gouvernements de *Saint-Pétersbourg*, de Moscou, de Livonie, de Kalouga ;

L'*orfèvrerie*, dans le genre byzantin, à *Moscou*, à Oustioug et Totma dans le gouvernement de *Vladimir*, à Saint-Pétersbourg, etc.

343. Les voies de communication. — Relativement à son étendue, la Russie est *un des pays d'Europe les moins bien dotés sous le rapport des voies de communication par terre*. A peine possède-t-elle 9 à 10,000 kilom. de routes empierrées ; dans la Finlande, les communications sont en tout temps assez faciles sur un sol de granit ; mais dans le centre et surtout dans la Terre-Noire, les chemins sont généralement impraticables pendant la plus grande partie de l'année. Dans ces régions es transports se font avec de lourds chariots traînés par des bœufs. L'hiver, qui étend ses rigueurs du nord jusqu'au sud, atténue l'inconvénient de ce défaut de routes, en durcissant le sol, et en le recouvrant d'une couche de neige sur laquelle a lieu le *traînage*, ou transport par traîneaux auxquels on attelle des bœufs, des chevaux ou, dans les contrées du nord, des rennes : aussi une grande partie des charrois se fait-elle durant l'hiver.

La Russie est mieux pourvue de moyens de communication par eau. De grands fleuves et de grandes rivières forment un *réseau d'environ* 35,000 *kilomètres navigables*, et d'un nombre à peu près égal de kilomètres flottables. Si l'on excepte le sud et le nord-est, qui sont très-dépourvus sous ce rapport, soit parce que l'eau manque, soit parce que les fleuves sont embarrassés de rapides ou parce que le pays est désert, tout le reste de la Russie d'Europe jouit de communications par eau nombreuses et faciles. Elles peuvent être partagées en 6 groupes :

Le *bassin de la Dwina du nord* a Oustioug comme principal port intérieur et Arkhangel comme débouché.

Le *bassin de la Newa* et des grands lacs comprend un réseau de canaux : les uns sont destinés à faciliter la navigation : *canaux du lac Ladoga*, de l'*Onéga*, *canaux du lac Ilmen*, *canal de Biélo-Ozéro*, par lesquels on évite le passage dangereux à travers les lacs ; les autres servent à mettre la capitale en communication avec les bassins voisins : 1° le *canal de Tikhvine* conduit d'un affluent du lac Ladoga jusqu'au Volga à Mologa près de Rybinsk, par la rivière Mologa ; 2° le *canal de l'impératrice Marie* allant du canal l'Onéga au lac Biélo-Ozéro, tributaire du Volga, par la Scheksna, dont le confluent est à Rybinsk, réunit comme le précédent le bassin de la Neva à celui du

Volga, par une ligne de navigation intérieure de près de 3,400 kilomètres de Saint-Pétersbourg à Astrakhan ; 3º le *canal du prince Alexandre de Wurtemberg* réunit la Scheksna au lac Koubinsk (bassin de la Dwina du nord) ; 4º le *canal de Vischny-Volotschok* unit un affluent du lac Ilmen (la Msta) à Tver, par un affluent du Volga.

Tver, Rybinsk, Solzy (gouvernement de Pskoff) sont les principaux ports de ce réseau de canaux et Saint-Pétersbourg en est le débouché ; des 3 canaux qui réunissent le Volga et Saint-Pétersbourg le plus fréquenté est le canal Marie.

Le *canal de Saïma*, qui débouche à Wiborg, contribue à faciliter les communications entre la Finlande et Saint-Pétersbourg.

Le *bassin du Volga supérieur et de l'Oka*, son affluent, s'étend sur presque toute la Grande-Russie (moins les gouvernements du midi) ; les ports y sont nombreux. Tver, Iaroslaff, Kasan sur le Volga, Kalouga, Kolomna, et Mourom sur l'Oka, Moscou sur la Moskowa. Les deux grands débouchés de ce bassin sont Rybinsk d'où l'on gagne Saint-Pétersbourg et Arkhangel, et Nijni-Novgorod d'où l'on gagne l'Asie et le bas Volga.

Le *bassin du Volga inférieur et de la Kama*, son affluent, comprend toute la Russie orientale. Oufa dans le bassin de la Kama, Samara et Saratoff sur le Volga, en sont les principaux ports ; Astrakhan, Perm et Nijni-Novgorod les grands débouchés.

Les *bassins du sud* : Don, Dniéper et Dniester, ont beaucoup moins d'importance.

Les *bassins de l'ouest*, *Vistule*, *Niémen*, *Duna*, en ont davantage ; le *canal d'Augustowo* met en communication la Vistule (par le Bobr) et le Niémen ; les *canaux de la Bérésina*, le *canal Oginski*, le *canal Royal* mettent en communication la Duna, le Niémen, la Vistule avec le Dniéper ; Varsovie sur la Vistule, Kowno, Yourbourg sur le Niémen, Witepsk dans le bassin de la Duna sont les principaux ports de ces bassins et ont pour débouchés Danzig et Riga.

Les *chemins de fer*, de construction récente, mesurent environ 11,400 *kilomètres*. Les lignes principales sont 1° une ligne allant de la frontière autrichienne et de la frontière prussienne (par Bromberg) à *Varsovie*, puis de Varsovie à *Vilna*, où aboutit une seconde ligne venant de la frontière prussienne (par Kœnigsberg), et de Vilna à *Saint-Pétersbourg* avec embranchement de Varsovie à Brzesclitewski et ramifications à Saint-Pétersbourg; 2° une ligne allant de *Saint-Pétersbourg* à *Moscou*; 3° les lignes allant l'une de Moscou sur *Nijni-Novgorod* où elle rejoint la navigation du Volga, deux autres (avec divers embranchements), allant vers le sud de la Grande-Russie jusqu'à *Voronège* par *Riasan* et jusqu'à *Kieff* par *Orel* et *Koursk*; 4° une ligne transversale par Voronège, Orel, *Witepsk*, et la vallée de la Duna, reliant ces deux dernières lignes à Varsovie et se prolongeant jusqu'à la mer, à *Riga*; 5° une ligne allant d'*Odessa* au Dniéper; 6° la ligne du *Don* jusqu'à Grouchevka; 7° la ligne du *Volga-Don* qui réunit les deux fleuves; 8° les chemins de fer de Finlande.

344. Les poids & mesures, monnaies. — L'unité de poids dans le commerce est la livre (*founte*) de 409 grammes et le *poud* (40 fountes) de 16^{kilos},38.

L'unité de longueur est le *sagène* de 2^m,13; et pour les mesures itinéraires, le *verste* à peu près égal au kilomètre (1^{kil},66); l'unité de surface, le *dessiatine* de 1 hectare 1/2 environ.

L'unité de mesure pour les matières sèches, le *tchetverik* de 26^{lit},23, et pour les liquides le *vedro* de 12^{lit},29; le *last* ou tonneau de mer, mesure variable, est à peu près le double du tonneau métrique.

L'unité monétaire est le *rouble*, dont le *copek* est la 100e partie, et qui, en argent, vaut environ 4 francs; mais, la circulation se faisant presque exclusivement en monnaie de papier, le rouble-papier n'a qu'une valeur variable, inférieure à 3 fr. 50.

345. Le commerce intérieur et les foires. — Le commerce intérieur de la Russie a pour centre *Moscou*, qui est aussi le centre de la région manufacturière : de cette région partent de nombreux colporteurs qui vont dans les campagnes et dans les villes des gouvernements voisins vendre les produits des fabriques, tissus, fils, articles de quincaillerie, etc. Autour de Moscou, dans la région manufacturière et dans la région agricole qui la borde au sud, il existe de nombreuses et importantes *foires*, qui, dans les pays où les communications ne sont ni faciles ni fréquentes, réunissent à certaines époques fixes marchands et acheteurs. Les principales foires de cette région centrale sont celles *de l'Ukraine*, dans le gouvernement de *Kharkoff* (foires de l'Épiphanie, de la Protection de la sainte Vierge, etc., à Kharkoff, foire de Soumy, etc.); dans le gouvernement de *Poltawa* (foire de Saint-Élie, etc., à Poltawa, foires de Romny, etc.); et dans celui de *Koursk*. Le trafic total des 11 grandes foires de l'Ukraine est évalué à plus de 300 millions de francs et consiste surtout en cotonnades de Moscou et de Vladimir ; en soieries, draps, lainages de Moscou ou de l'étranger ; en fer et thé de Nijni-Novgorod ; en laine des gouvernements du sud ; en chevaux, cuirs, suif, miel, peaux de mouton, vins de Crimée, sucre de Kieff, poissons de la mer d'Azoff, drogueries d'Odessa. Il faut citer encore les foires de Tchernigoff, de Kieff, des gouvernements d'Iekaterinoslaff, de Tamboff, de Voronège, de Tver, d'Iaroslaff, Vladimir, la FOIRE DE NIJNI-NOVGOROD, ou foire de Makarieff, dont le trafic dépasse aujourd'hui 500 *millions de francs*.

Cette foire de Nijni-Novgorod, la plus célèbre de l'Orient, date à peine d'un demi-siècle. Elle se tenait auparavant à 100 kilomètres de là, vers le nord, loin du Volga et dans une position beaucoup moins favorable. C'est Alexandre Ier qui, en 1817, la transporta au confluent de l'Oka et du Volga, dans la plaine de la Strelka, et qui fit construire le bazar qui, à l'époque de la foire, de la fin de juillet à la fin d'août, devient trop étroit pour contenir les marchandises. Les bords du canal se couvrent de plusieurs milliers de boutiques, et Nijni-Novgorod qui, le reste de l'année, n'a pas plus de 25,000 habitants, compte alors une population flottante de 200,000 voyageurs. Les fêtes, les spectacles se mêlent aux affaires, comme dans les grandes foires de l'Europe occidentale au moyen âge. Plus des trois quarts des marchandises sont des produits russes, *cotonnades* (dont la vente en 1869 a dépassé 80 *millions de francs*), lainages, métaux (surtout fer, acier, cuivre), soieries, pelleteries, toiles, cuirs, poteries, céréales, poissons, vins, bétail, etc. Cependant l'Europe occidentale fournit aussi son contingent (30 *millions de francs* en 1869) : vins de France et d'Espagne, soieries, cotonnades, draps de France, d'Allemagne ou d'Angleterre, ainsi que la bijouterie, l'horlogerie, la droguerie et les denrées coloniales. L'Asie, dont cette foire est le plus important point de communication par terre avec l'Europe, y est représentée (70 *millions de francs* en 1869) par les thés de Chine, par la garance, les peaux et les soieries venus du Turkestan, par les soieries, les tapis, le coton, etc. de Perse.

En dehors de ce vaste groupe central, il faut citer les trois groupes maritimes et les deux groupes asiatiques qui constituent les courants commerciaux allant du centre aux extrémités de la Russie et aboutissant aux ports et marchés d'exportation et d'importation :

Le *groupe du nord* comprend tout le bassin de la Dwina (gouvernement d'Arkhangel et de Vologda) et aboutit à Arkhangel (foire de Sainte-Marguerite, etc.); le bois, la potasse, le goudron, les fourrures, sont les principaux objets d'échange, on y exporte aussi des céréales, du lin et du suif.

Le *groupe de la Baltique* attire vers Saint-Pétersbourg et Riga une grande quantité de matières premières du centre : lin, chanvre, bois, céréales, mais comme il est en communication plus régulière avec le reste de l'Europe, il a moins de foires importantes ;

Le *groupe de la mer Noire* possède les foires du Don (foire d'Ourioupinsk, etc.), en communication avec le Volga et Astrakhan par le chemin de fer du Don-Volga, et les foires de Kherson. Les principales marchandises sont les céréales, le bétail, le sucre, l'huile, le caviar ; Odessa et Taganrog sont ses débouchés ;

Le *groupe du sud-est*, a les foires des gouvernements de *Simbirsk* (foire du grand Carême) et de Saratoff sur la rive droite du Volga, en communication avec les foires du centre ; et, sur la rive gauche, les foires des gouvernements de Samara (foire de Bougoulma, etc.) et d'*Orenbourg* (foire de Menselinsk, etc.) en communication avec les steppes des Kirghiz : ceux-ci y viennent échanger leur bétail contre des céréales, du sucre, des draps, des cotonnades, pendant que des caravanes de Khiva et de Boukhara étalent leur coton brut, leurs châles et leurs fourrures ; le grand débouché de cette région est *Astrakhan* à l'embouchure du Volga, en communication avec la Perse et la région caucasienne, et où arrivent, en partie par terre, les soies et les fruits du sud.

Le *groupe de l'Oural* comprend le gouvernement de Viatka et surtout celui de *Perm*, où sont les nombreuses foires (foire de Massliansk, etc.) qui approvisionnent les districts métallurgiques, et qui, en communication avec Nijni-Novgorod, servent d'étapes au commerce de la Russie centrale avec la Sibérie et la Chine (principalement la *foire d'Irbitt*, sur le revers oriental de l'Oural, faisant environ 150 millions d'affaires). Les fourrures de la Sibérie, le thé de la Chine, les métaux de l'Oural s'y échangent contre les bestiaux et le poisson du sud, les tissus du centre, les céréales et le sucre du sud-ouest.

346. La navigation maritime. — La Russie n'a qu'une très-faible *marine marchande*, environ 500,000 *tonneaux*, dont plus de la moitié appartient à la Finlande. Le *mouvement total de la navigation maritime*, entrée et sortie réunies, sous pavillon russe et sous pavillon étranger, est d'environ 4 *millions et demi de tonnes*. Dans ce mouvement, la mer Baltique occupe le premier rang ; ses principaux ports sont : Saint-Pétersbourg, qui a deux avant-ports, Cronstadt, et, en quelque sorte à l'entrée du golfe de Finlande, Port-Baltique où les navires, à l'époque des glaces, débarquent leurs marchandises que des traîneaux transportent ensuite à Saint-Pétersbourg ; *Riga*, Libau dont les abords sont très-rarement gelés, Perna, Wiborg. Les ports du sud sont au second rang : Odessa, sur la mer Noire, débouché des céréales de la région agricole, et centre du commerce extérieur dans ces parages, en communication fréquente par le cabotage avec les ports secondaires de Kherson, de Nikolaieff et d'Akermann ; *Taganrog* et *Rostoff-sur-le-Don*, aujourd'hui les principaux ports de la mer d'Azoff, en relation de cabotage avec les ports secondaires de Mariopol, de Berdiansk, etc. Au troisième et au quatrième rang, sont la mer Caspienne avec les ports d'*Astrakhan*, de Bakou ; et la mer Blanche avec le port d'*Arkhangel*, où les glaces ne permettent la navigation que durant les mois de juillet et d'août.

347. La frontière de terre. — C'est par mer que se fait la majeure partie du commerce extérieur de la Russie. Cependant, à cause de la grande étendue de ses frontières terrestres, le commerce par terre ne saurait être négligé. Il a lieu, à l'ouest, surtout par la Vistule, par le chemin de fer de Kowno en Prusse (douane de Verjboloyo) et par les deux chemins de fer de Pologne et Radziviloff ; au sud par *Tiflis* qui communique avec la Perse (Tauris) et la steppe russe (par le défilé de Dariel), et qui fait un certain transit entre la Caspienne (port de Bakou) et la mer Noire (port de Soukhoum-Kalé) ; à l'E., par *Orenbourg* qui est en communication avec la steppe des Kirghiz (possession russe) et le Turkestan et par *Ekatérimenbourg*, où passe la route de Sibérie conduisant à la frontière chinoise.

348. Le commerce extérieur. — Le chiffre du COMMERCE EXTÉRIEUR est loin de répondre à l'étendue de ce vaste empire : il est d'environ 2 MILLIARDS 800 MILLIONS DE FRANCS.

Il consiste : A l'*importation* en *fibres textiles*, *coton* brut ou filé (pour environ 400 millions de fr.), venant d'Angleterre, de Prusse, de Boukhara et de Perse ; en *laine* venant d'Angleterre et d'Allemagne ; en soie de Prusse et de Perse ; en *métaux bruts ou ouvrés* et *machines* d'Angleterre, de Prusse, d'Autriche ; en *thé*, venant par mer d'Angleterre ou directement par terre de Chine (par Kiakhta) ; en *couleurs*, *drogueries*, *produits chimiques*, venant d'Angleterre, de Hollande et de France ; en *vins* de France et d'Espagne ; en *denrées coloniales*, sucre et café venant par l'Angleterre, la Hollande et les villes anséatiques ; en tabac de Turquie, de Prusse, etc. ; en *tissus* (tissus de laine d'Allemagne, tissus de soie d'Allemagne, de France, etc., cotonnades de Perse, d'Allemagne et d'Angleterre, toiles d'Allemagne).

A l'*exportation*, en GRAINS ET FARINES (plus de 260 millions de francs), expédiés surtout par les ports du sud en Angleterre, en Prusse, en France, en Italie, en Turquie ; en *lin et chanvre* de la Baltique, expédiés par les ports pour l'Angleterre, la Prusse, la France, la Belgique, etc. ; en *graines oléagineuses* pour l'Angleterre, la France, la

Prusse, les Pays-Bas ; en *laines* (1), expédiées surtout par le sud pour l'Angleterre, la Prusse, l'Autriche, la France, la Turquie, la Perse; en *suifs* pour l'Angleterre, etc. ; en *cuirs* pour la Prusse, l'Angleterre, la Turquie, l'Asie ; en *crins et poils* pour l'Angleterre et la Prusse ; en *bois* pour l'Angleterre, la Prusse, la France, etc.; en *cotonnades* pour l'Asie centrale et la Chine ; en *draps* pour la Chine ; en potasse pour l'Allemagne, les Pays-Bas, l'Angleterre ; en métaux pour l'Angleterre et la Prusse ; en peaux et fourrures pour la Prusse et l'Autriche ; en toiles et cordages pour l'Angleterre, l'Amérique, les principautés danubiennes.

On peut y joindre (quoiqu'il s'agisse de l'Asie) l'exportation des soies de la Transcaucasie par le port de Poti.

349. Le commerce avec la France. — Dans les relations commerciales avec la Russie, le premier rang est à l'*Angleterre* (environ 1100 millions de francs), le second à la *Prusse* et à la Confédération du Nord (environ 800 millions) ; la *France n'occupe que le troisième rang* avec un commerce d'environ 200 millions, laissant après elle l'Autriche (100 millions), les Pays-Bas (40 millions), la Turquie, l'Italie, la Suède et la Norvége, etc.

Avec l'*Europe* la Russie fait un commerce d'environ 2 *milliards* 600 *millions* ; avec l'*Asie*, un commerce de moins de 200 *millions*.

La France tire de la Russie surtout des *grains*, des *bois*, de la laine, du lin, des graines oléagineuses, des graisses, des poils, etc.; elle y porte des *vins*, du sucre raffiné, des soieries, de l'huile, des fruits, du papier, des modes, des livres, de la lingerie, des poteries, etc.

350. Le résumé des forces productives. — Au point de vue économique, la Russie peut se diviser en 6 *grandes régions* :

(1) La Russie exporte trois fois plus de laine qu'elle n'en importe.

1° La RÉGION FORESTIÈRE, au nord : son agriculture est médiocre ; son industrie presque nulle ; le *bois* avec ses divers produits, la *chasse* (fourrures) et la *pêche* dans l'Océan et dans les lacs constituent sa principale richesse. On n'y trouve des *fabriques* qu'aux environs de *Saint-Pétersbourg*, qui sert, ainsi qu'*Arkhangel*, Tver et Rybinsk, de débouché à cette région.

2° La RÉGION DE L'OUEST est éminemment *agricole*, et fournit du bois, du lin, des céréales et du bétail ; mais elle possède aussi des *fabriques* (tissages, distilleries, sucreries, faïenceries) en *Livonie* et en *Pologne* ; et son commerce se fait par Saint-Pétersbourg et *Riga*, par les chemins de fer de l'ouest et par la frontière de Galicie.

3° La RÉGION MANUFACTURIÈRE du centre, dont *Moscou* est pour ainsi dire le foyer principal, s'étend de Tver et de Rybinsk au nord, à Orel au sud ; et du Dniéper à l'ouest jusqu'à Nijni-Novgorod à l'est. C'est une région assez active, *tissant la laine, le coton, le lin* et la soie ; fabriquant des *poteries* et des *verres*, préparant les *cuirs*, les peaux, les produits chimiques, etc., dans les ateliers de Moscou, de Vladimir, de Nijni-Novgorod, d'Iaroslaff, de Toula ; ayant des foires importantes, *Nijni-Novgorod* surtout, pour débouchés ; une navigation très suivie sur l'Oka et le Volga, et des communications fréquentes avec Saint-Pétersbourg par Rybinsk, grâce aux canaux et au chemin de fer ; avec l'Oural et l'Asie, par Nijni-Novgorod ; avec le sud, par les foires de l'Ukraine.

4° La RÉGION DES CÉRÉALES s'étend au sud de la précédente, de Kamieniec jusqu'au delà de Samara sur le Volga ; c'est la région de *Terre-Noire*, fertile en *blé*, en maïs en plantes industrielles et surtout en *betteraves*, mais n'ayant guère que des industries agricoles, *distilleries* et *sucreries*, et s'approvisionnant d'objets manufacturés dans ses nombreuses foires, surtout dans les grandes *foires de l'Ukraine*.

5° La RÉGION DES STEPPES au sud s'étend des bords du Dniester à l'Oural. Dans quelques districts, elle produit des *vignes*, du maïs, avec un peu de soie, mais en général elle est impropre à l'agriculture et sans aucune industrie, comme sans une seule forêt : les troupeaux de *moutons* et de *chevaux* font toute sa richesse ; mais elle a, sur la mer Noire, des ports très-fréquentés, parce qu'ils servent de débouchés aux produits de la région des céréales.

6° La RÉGION MÉTALLURGIQUE ou région de l'Oural, s'étend d'Orenbourg jusque vers la source de la Kama, sur les deux versants de la chaîne (en Europe et en Asie) dans les gouvernements de la Russie d'Europe. C'est une région mal partagée sous le rapport des produits agricoles, parce que le climat y est rigoureux, mais elle possède de belles *forêts*, des mines abondantes de *fer*, de *cuivre*, etc., et de *grandes foires* pour approvisionner la contrée et servir d'étapes à la route qui relie l'Europe à l'Asie.

351. Les grandes villes. — La Russie compte 28 *villes ayant de* 30 *à* 100,000 *habitants* (Saratoff, Vilna, Kasan, Kieff, Nicolaieff, en ont plus de 60,000) et 6 *villes ayant plus de* 100,000 *habitants :*

(Voir les plans des cartes 27 et 28.)

RIGA (102,000 hab.), ancienne capitale de la Livonie, place forte et second port de commerce de la Russie, sur la Baltique, à l'embouchure de la Dwina du sud, sur laquelle est établi un pont de bateaux de 870 mètres de longueur. Centre principal de l'industrie et du commerce d'exportation de la région manufacturière et agricole de l'Ouest, pour les céréales, le lin, le chanvre, les bois, les toiles et autres tissus, les cuirs, les tabacs, etc.

KICHENIEFF (104,000 hab.), capitale de la Bessarabie, centre d'un commerce actif avec les principautés danubiennes.

Odessa (121,000 hab.), ville fondée par Catherine II à la fin du xviii° siècle, à l'époque où l'impératrice prit possession des bords de la mer Noire, est située sur la côte occidentale d'une assez vaste baie. Son port, quoique mal abrité contre les vents, est le seul port commode de la mer Noire, et tout le commerce des céréales, du suif, de la graine de lin et de la laine de la Russie méridionale y est concentré. Un chemin de fer facilite le transport, naguère très-difficile, de ces produits à travers la steppe.

Varsovie (184,000 hab.), capitale de la Pologne, grande et belle ville, située sur la rive gauche de la Vistule, avec le faubourg de Praga sur la rive droite; le fleuve et les chemins de fer lui servent de débouchés.

Moscou (400,000 hab.) est située sur la Moscowa, au bord de laquelle est le Kremlin, que la ville avec ses faubourgs enveloppe comme d'un triple cercle. Capitale de l'empire moscovite jusqu'au temps de Pierre-le-Grand, brûlée presque entièrement en 1812, mais relevée avec plus de splendeur, elle est encore aujourd'hui le séjour d'une partie de l'aristocratie russe et de la jeunesse studieuse qui fréquente l'Université ; c'est aussi le centre du grand district manufacturier de la Russie, et un des plus importants entrepôts de son commerce.

Saint-Pétersbourg (668,000 hab.) est situé à l'embouchure de la Newa, sur un territoire marécageux enlevé aux Suédois par Pierre-le-Grand, qui voulait placer sa capitale près de la mer, en communication avec les ports de l'Europe. Le fleuve, que des canaux relient à tout le système de navigation intérieure de la Russie, se jette à la mer au milieu de bas-fonds, par plusieurs bouches dont une seule, la grande Newa, est accessible aux bâtiments ; mais la plupart d'entre eux doivent décharger à Kronstad ou à Peterhof. La forteresse Saint-Pierre-et-Saint-Paul, placée à la bifurcation des deux Newa, défend le port. C'est une ville grande, riche, ornée de places très-vastes, de palais nombreux et qui fait un commerce important. (Voir la figure n° 21.)

352. **Le gouvernement.** — Les paysans russes, récemment émancipés, sont groupés en *communes*; les communes en *volostes* ou cantons. Ils élisent leurs magistrats ; mais ils sont liés étroitement à la commune, qu'ils ne peuvent quitter que dans certaines circonstances déterminées et à condition d'être agréés par une autre commune et d'y posséder un champ.

Les *provinces* et *gouvernements* sont, pour la plupart, divisés en *districts*, que préside un maréchal de la noblesse, et sont administrés par un gouverneur civil quel-

Fig. 21. — Vue de Saint-Petersbourg.

quefois par un gouverneur militaire. Les territoires n'ont qu'une administration militaire. L'*Empereur* exerce le *pouvoir absolu*; son autorité est sans limites légales comme sans contrôle. Il expédie par l'entremise de la chancellerie privée les affaires qu'il traite directement, les autres affaires par ses ministres. Il est assisté d'un conseil de l'Empire, qu'il consulte sur les questions d'Etat ; d'un sénat, qui promulgue les lois et juge en dernier ressort ; et d'un saint synode qui délibère sur les questions religieuses.

Le *budget* est d'un peu moins de 2 *milliards de francs*; les droits sur les boissons sont malheureusement la source la plus importante du revenu. L'armée régulière, sur le pied de paix, est évaluée à près de 770,000 hommes, mais il n'y a guère que 500,000 hommes qui puissent être mis en campagne. Le personnel de la flotte est d'environ 30,000 hommes.

La religion grecque, ou, plus exactement, gréco-russe, dont l'empereur est le chef suprême, est la religion de l'État. L'empire russe comprend 55 *éparchies* ou diocèses grecs dont trois siéges métropolitains de premier ordre : *Saint-Pétersbourg* (avec Novgorod), *Moscou*, *Kieff* ; et 4 éparchies ou diocèses catholiques dont un archevêché (Mohileff).

353. La population. — La POPULATION est de 82 MILLIONS D'HABITANTS dont 72 MILLIONS 1/2 EN EUROPE (à savoir 63 millions 1/2 dans la Russie proprement dite ; près de 2 millions en Finlande, 5 millions 1/2 en Pologne, 1 million 1/2 dans la partie européenne des provinces caucasiennes), c'est-à-dire pour la Russie européenne 1/10 D'HABITANT PAR HECTARE ou 12 *habitants par kilomètre carré*; c'est dans la Pologne, dans l'Ukraine et la Podolie que la population est le plus dense ; on y compte presque 40 habitants par kilomètre carré (1), tandis qu'on en compte seulement 5 en Finlande, et à peine 2, dans les trois gouvernements du nord (Arkhangel, Olonetz, Vologda), et dans les provinces de l'Oural et d'Astrakhan.

1. Le gouvernement de Moscou, celui de tous dont la population est le plus dense, a 50 habitants par kilomètre carré.

La population de la Russie, en Europe, appartient à plusieurs races très-distinctes : *Samoïèdes et Finnois* (Finlandais, Caréliens, Lapons, Permiens, Tscheremisses), au nord jusqu'à la Néwa et sur le flanc de l'Oural jusqu'au Volga; *Tartares et Mongols* (Tartares proprement dits, Nogaïs, Bachkirs, Kirghizes, Cosaques), à l'est jusqu'à Nijni-Novgorod et la Crimée ; *Tcherkesses* au pied du Caucase ; Roumains dans le sud-ouest, *Allemands* dans les provinces baltiques et dans certaines colonies du sud-est ; *Juifs* en Pologne, Lithuanie et Ukraine. Mais les *Slaves*, purs ou croisés, forment la grande majorité des habitants de la Russie d'Europe (58 millions) et comprennent les Moscovites mêlés de sang touranien (environ 40 millions) dans la Grande Russie, etc., les Ruthènes, etc. (environ 8 millions) dans la Russie Blanche et la Petite Russie, les Polonais (environ 7 millions) dans la Pologne, etc., les Lithuaniens (3 millions) entre la Duna et le Niémen, etc.

Le *culte gréco-russe* compte 52 millions 1/2 de fidèles, groupés surtout dans la *Russie d'Europe* proprement dite; le *culte catholique* (7 millions) domine dans la *Pologne* ; le *culte protestant* (4 millions) dans la *Finlande*; l'*islamisme* (2 millions 1/2) dans les provinces du *sud-est* ; le *judaïsme* (2 millions) est pratiqué surtout dans les provinces de l'*ouest*.

Les naissances sont très-nombreuses (environ 4 à 5 naissances annuelles par 100 habitants) ; mais les décès, surtout parmi les enfants, y sont aussi beaucoup plus nombreux qu'ailleurs, surtout dans les gouvernements du sud-est ; ce qui est en général l'indice d'une population privée de bien-être et d'instruction.

On calcule qu'un million à peine d'enfants fréquentent les écoles primaires.

Les diverses races, en effet, qui composent en Europe l'empire russe, sont loin d'être au même niveau de civilisation. Les populations du nord, paralysées par le climat, et presque totalement dépourvues d'instruction (excepté en Finlande), sont très-clairsemées sur le sol et très-arriérées ; celles du sud-est ne sont pas moins ignorantes et mènent, excepté dans les villes, la vie à demi nomade des peuples pasteurs, vie dans laquelle l'homme subsiste des biens de la terre, sans pour ainsi dire y rien ajouter par sa propre industrie et sans marquer le sol de l'empreinte de son travail et de sa personnalité. Le centre et l'occident sont dans une situation morale un peu meilleure; mais la vie y est presque exclusivement agricole ; l'activité y est en général sans stimulant ; la grande propriété y domine; l'ignorance et l'incurie du lendemain sont les deux grands défauts des paysans. Cependant la construction des chemins de fer et l'émancipation des serfs viennent d'ouvrir une nouvelle ère qui développera, à n'en pas douter, la situation morale de la Russie.

NEUVIÈME PARTIE

LES ÉTATS SCANDINAVES

1re Section.

LE DANEMARK.

(Voir la carte n° 30.

354. Retour sur la géographie physique. — Le Danemark est situé entre 5° 44' et 10° 26' de longitude occidentale ; et entre 54° 30' et 57° 45 de latitude. Il est borné, au S., par la Prusse et la mer Baltique ; à l'E., par le *Sund* et le Cattégat, qui le séparent de la *Suède*; à l'O., par le *Skager-Rack* et la mer du Nord. Il a une *superficie* de 39,000 *kilomètres carrés* et, avec l'Islande et les Féroë, de 143,000 *kilomètres*.

Le Danemark appartient au climat océanique, et la température, dans les îles surtout, est humide, mais rarement très-froide. Il est formé en grande partie de *terrains modernes*; une partie du Jutland et des îles est de formation *crétacée*. C'est un pays de plaines basses ; la partie continentale ou presqu'île du Jutland, est l'extrémité de la grande plaine de la basse Allemagne ; aucun cours d'eau important ne l'arrose ; mais, il y a quelques siècles, le *Lym-fiord*, anse marine et marécageuse, a percé de part en part la presqu'île. Entre la presqu'île et l'extrémité de la Suède, sont les iles danoises : Fionie, séparée de la presqu'île par le *Petit Belt*; Seeland, séparée de Fionie par le *Grand Belt* et de la Suède par le *Sund*; Langeland, *Laland*, *Falster*, Moen, etc., au sud ; et, plus loin à l'est, *Bornholm*.

355. La formation politique. — Habité par des *Scandinaves* et des *Germains*, le Danemark, dont le nom signifie frontière basse, fournit au moyen âge, conjointement avec la Suède et la Norvége, les redoutables pirates connus sous le nom de Normands (hommes du Nord). Au xie siècle, le Danemark, converti au christianisme, devint un royaume, qui s'étendit bientôt sur une partie de la côte de la Baltique et sur la province de Gothie. L'*Union de Calmar* (1397) réunit les trois royaumes scandinaves (Danemark, Suède, Norvége) sous l'autorité du Danemark qui, à l'époque de la rupture de l'union, conserva cependant la Norvége et une partie de la Gothie. Ce dernier pays lui fut enlevé par les conquêtes suédoises au xviie siècle ; et la Norvége, par les traités de 1815. Enfin le duché de Lauenbourg, qui lui avait été donné en échange de ce royaume, lui fut ravi ainsi que le Holstein et le Slesvig, par la guerre contre l'Allemagne et par le traité de Vienne (1865).

356. Les divisions politiques. — Le royaume de Danemark, dont la capitale est Copenhague (Kiobenhaven), se divise en 5 pays : *Seeland*, Moen et Samsoë; *Fionie*, Langeland et Arroë ; *Laland* et Falster ; *Bornholm*; *Jutland*. Les dépendances de la monarchie danoise sont, en Europe, les *îles Feroë* et l'*Islande* ; en Amérique, le Groenland et les îles Sainte-Croix et Saint-Thomas.

(Voir la carte n° 31.)

357. L'agriculture. — Le Danemark est un pays essentiellement agricole, composé de deux régions :

1° Le Jutland a sa partie occidentale presque entièrement formée de landes plates, semblables à nos landes de

Gascogne, de tourbières et de marécages et très-médiocrement productive, excepté sur les dunes de la côte et dans les prairies qui bordent les rivières; mais sa partie orientale, coupée de fiords, bien arrosée, semée de petits lacs, est formée d'un sol crayeux ou argileux, riche et bien cultivé.

2° Les ILES, surtout Seeland et les îles du sud, sont très-fertiles : elles présentent généralement une surface ondulée, formée de terrains d'alluvion en argile caillouteuse mêlée de blocs erratiques, ou en terres sablonneuses qui se prêtent bien à la culture; dans Seeland apparaissent quelques collines crayeuses, dont la plus élevée (Moensklint) ne dépasse pas 130 mètres.

Plus du quart du territoire (1 million d'hectares) est occupé par la culture des *céréales*, dont le produit moyen, estimé à 30 *millions d'hectolitres*, est supérieur à la consommation des habitants : l'AVOINE et l'*orge* occupent le premier rang, comme sous tous les climats septentrionaux; le seigle est au second rang, et le froment, dont la culture d'ailleurs est en progrès, vient au quatrième (75,000 hectares). Laland est renommé pour son blé dur; la culture du sarrasin est peu importante.

Il faut ajouter, comme productions des terres arables, la *pomme de terre* et le lin, qu'on rencontre assez communément, ainsi que le colza, les navets, le houblon de Fionie, le tabac de Fredericia, les pois de Falster et de Laland.

Un million et demi d'hectares sont consacrés aux PRAIRIES naturelles ou artificielles.

Les *forêts*, relativement peu nombreuses, formées de hêtres, et belles surtout dans l'île de Seeland, occupent environ 200,000 hectares. Les îles donnent des poires et des pommes estimées.

L'élevage du bétail, favorisé par l'humidité du climat, occupe une grande place dans l'agriculture danoise. On compte environ 350,000 *chevaux* de la forte race du Jutland, de la grande et belle race de Laland et Fionie, de la petite race de Seeland et de la race élégante de Roeskilde. Les 1,200,000 *bêtes à cornes*, appartiennent à la race de boucherie du Jutland ou à la race laitière d'Angeln, qui domine dans les îles. On compte enfin 1,900,000 moutons à laine commune et 380,000 porcs. *Relativement à la population, le nombre des bêtes à cornes est considérable.*

La *pêche* des morues et des merluches dans les parages des Feroë et de l'Islande est importante.

358. **L'industrie.** — Le Danemark, grâce à la nature de son sol, ne peut pas être riche en minéraux : Bornholm seul offre un peu de houille; mais on trouve presque partout la *tourbe*, combustible ordinaire des habitants.

Copenhague a des fonderies de *fer* ; elle fabrique des machines, de la *quincaillerie*, des *articles pour la pêche*, de la soude avec la cryolithe du Groenland, des bougies, etc. ; le *Jutland* prépare des *cuirs*.

Le *fromage* et surtout le *beurre* sont deux fabrications agricoles, qui doivent être florissantes dans un pays où le gros bétail abonde. Le Jutland a des jambons renommés ; *Copenhague* a des *raffineries de sucre*, des *brasseries* ; la même ville et les districts ruraux possède de nombreuses *distilleries*.

Les *industries textiles* (laine, lin) y sont encore presque toutes rurales ; cependant, il y a quelques fabriques de tissus de lin à Copenhague, à Vintersboelle ; de drap, à Copenhague, à Brede, à Usseroed, à Odense ; de tissus de coton à Copenhague ; on fait des cordages à Copenhague ; de la dentelle dans le district de Ribe ; de la bonneterie dans diverses campagnes ; des gants, dans le genre de ceux qui sont connus sous le nom de gants de Suède, à Randers et Odense ; des chapeaux à Copenhague, à Odense.

Les *tuileries* et les *briqueteries* sont forcément nombreuses dans un pays qui a peu de pierre de taille ; celles des environs d'Elseneur sont renommées.

Copenhague jouit d'une certaine réputation pour les meubles, la porcelaine (manufacture royale), l'horlogerie, les constructions navales.

359. Les voies de communication. — Composé d'une presqu'île et d'îles, le Danemark a ses principales *communications par mer*. Cependant il possède plus de 6,000 kilom. de routes (ou chemins cantonnaux); quelques canaux, entre autres celui qui rend le Lym-fiord navigable ; et environ 700 kil. de *chemins de fer :* une ligne traverse le Jutland dans sa partie la plus fertile, d'Aarhuus à Aalborg, et rejoint la bouche orientale du Lym-fiord ; une autre, partant d'Allemagne, aboutit à *Fredericia* et, au moyen de deux tronçons qui traversent Fionie et Seeland, dessert *Copenhague* et Elseneur ; et, par trois courtes traversées en bateau dont le total n'atteint pas 20 kilomètres (1), met en communication l'Europe centrale et la Suède.

Divers services de bateaux à vapeur relient Copenhague et quelques autres villes à la Scandinavie, à la Prusse et à l'Europe occidentale.

360. Les monnaies et mesures. — L'unité monétaire est le *rigsdaler* qui vaut 2 fr. 85 ; l'unité de poids, la livre (*pund*) de 500 grammes ; l'unité de longueur, le pied (*fod*) de 31 centimètres ; l'unité de volume, le *pot* presque égal au litre (0 lit. 966), et le tonneau.

361. La marine. — La *marine marchande* est d'environ 180,000 *tonneaux*, et le *mouvement général* de la navigation dans les ports, entrée, sortie et cabotage compris, est d'environ 3 *millions de tonneaux*. Copen-

---

1. 650 mètres pour le petit Belt, 16 kilomètres pour le grand Belt, et 3 kilomètres pour le Sund.

hague, Aalborg, Elseneur, Aarhuus sont les ports principaux.

362. Le commerce. — Le COMMERCE, qui est d'environ 200 MILLIONS DE FRANCS, consiste :

A l'*importation*, en *sucre, houille, fer* et autres métaux, sel, café, huile, riz, vins et spiritueux, tabac, *tissus de coton* et tissus de laine, bois, etc.

A l'*exportation*, en *céréales et farines* pour l'Angleterre, la Suède, l'Allemagne et l'Islande; en colza et tourteaux, en beurre, peaux pour l'Angleterre et l'Allemage ; en briques pour la Suède, etc.

Le Danemark ne fait que peu d'affaires avec ses deux possessions européennes: les *îles Féroë*, dont les habitants élèvent des *moutons*, pêchent et chassent les oiseaux de passage; et l'*Islande*, où l'élevage des *moutons*, la pêche de la *morue* et la fabrication de l'*huile de poisson* sont les principales industries. Il en fait moins encore avec le Groenland, où les phoques et la cryolithe sont les seuls objets d'échange.

Le *commerce du Danemark avec la France* est peu important (2 millions 1/2 de francs environ) et consiste surtout en importations de *vins* et eaux-de-vie.

363. Les grandes villes. — Le Danemark n'a qu'une seule ville au-dessus de 100,000 âmes (voir le carton de la carte n° 30): c'est COPENHAGUE, capitale du royaume, laquelle compte 170,000 habitants et fait à elle seule plus de la moitié du commerce danois. C'est aussi la ville des lettres, l'arsenal militaire et la seule place où l'industrie ait quelque activité. Elle est située sur le Sund, la grande route maritime entre la mer du Nord et la Baltique ; le détroit qui sépare Seeland de la petite île d'Amager lui sert de port et est défendu par des ouvrages avancés : Copenhague est sur la côte de Seeland ; Frederikshaw, son faubourg, sur la côte d'Amager.

364. Le gouvernement. — Les *communes* s'administrent elles-mêmes, sans être soumises à la tutelle de l'État, par leur *conseil municipal* qui nomme son président ; les *préfectures* ont à leur tête un bailli nommé par le roi et assisté d'un conseil de préfecture qui est chargé des rapports avec les conseils municipaux.

Le *Roi* est un monarque constitutionnel : il possède le pouvoir exécutif, qu'il exerce par l'intermédiaire de ses ministres; et il partage le pouvoir législatif avec le *Rigsdag*, parlement composé de deux chambres, la chambre territoriale (Landsthing), formée en partie de membres nommés à vie par le roi, en partie de membres élus par une élection à deux degrés ; et la chambre populaire (Folkething), élue par le suffrage universel.

Le *budget* (qui ne comprend ni le clergé, ni l'instruction primaire rémunérés par la dîme, par des revenus territoriaux ou par les communes) est d'environ 60 *millions*; l'armée de terre est de 36,000 hommes sur le pied de paix, et le personnel de la flotte de 900 hommes.

La justice est rendue par les sous-préfets, sortes de juges de paix, dont les appels sont portés à Copenhague et à Viborg. Le pays est divisé en 7 diocèses de l'église luthérienne. L'instruction primaire est obligatoire et gratuite.

365. La population. — La POPULATION est de 1,800,000 AMES (1), c'est-à-dire UN PEU MOINS D'UN DEMI-HABITANT PAR HECTARE, ou plus exactement 46 *habitants par kilomètre carré*. C'est dans Seeland qu'elle est le plus dense, et dans le Jutland occidental qu'elle est le plus rare.

La moitié environ de cette population (434 habitants sur 1,000) vit de l'agriculture, un cinquième (217 sur 1,000) de l'industrie. L'instruction primaire est générale: la langue parlée est le *danois*, qui est très-voisin des langues scandinaves, se rattachant elles-mêmes à la grande famille des langues germaniques. Le Danemark doit sur-

1. Sans l'Islande et les Féroë, qui ont 76,000 habitants.

tout à l'instruction et aux qualités laborieuses de ses habitants, la prospérité de son économie agricole.

2e Section.

LA SUÈDE ET LA NORVÉGE.

(Voir la carte n° 30.)

366. Retour sur la géographie physique. — La PRESQU'ILE SCANDINAVE, qui comprend la Suède et la Norvége, est située entre 2° 30′ et 29° de longitude orientale, et entre 55° 21′ et 71° de latitude.

Elle est bornée, au Sud, par LA BALTIQUE et les *détroits* qui l'unissent à la mer du Nord (Skager-Rack, Cattégat, Sund); à l'Est, par LA BALTIQUE et la RUSSIE dont la séparent la Tornéa et la baie de Waranger; au Nord, par l'OCÉAN GLACIAL; à l'Ouest, par l'océan Glacial et la MER DU NORD. Elle a une *superficie de* 759,000 *kilomètres carrés*, dont 442,000 *pour la Suède* et 317,000 *pour la Norvége*.

Elle appartient au climat océanique; mais la température, très-modérée en Norvége par le Gulf-Stream, est, à cause de la latitude et de l'altitude, très-rigoureuse sur les plateaux et dans le nord de la presqu'île.

Elle est formée presque exclusivement de *terrains granitiques*; une partie des Alpes Scandinaves appartient à la *formation silurienne*; quelques portions de la Scanie à la *formation crétacée*. C'est un pays montagneux, traversé du Nord au Sud par les *Alpes Scandinaves*, découpé par un nombre considérable de fiords, flanqué d'îles et d'îlots (*archipel de Tromsen*, *îles Lofoden*, *archipel de Bergen*, *archipel de Stockholm*, etc.), accompagné de quelques grandes îles, OEland, Gottland; semé de lacs, lacs *Mœlarn*, *Venern*, *Wettern*, etc., et arrosé par des cours d'eau peu importants, Glommen, Gota, Dal, Umea, Pitea, Tornéa, etc.

337. La formation politique. — Primitivement

habitée par des *Lapons* et par des tribus de race finnoise, la Scandinavie fut envahie par les *Scandinaves* au Nord, par les *Goths* au Midi. Sous le nom de Normands, ces barbares désolèrent l'Orient et l'Occident par leurs ravages vers les IXe et Xe siècles ; au XIe *siècle*, ils embrassèrent le christianisme et *s'organisèrent en royaumes* ; Stockholm fut fondée en 1254, et le royaume de Suède, qui s'étendait sur la Finlande, occupant les deux rives du golfe de Bothnie, fut, par *l'union de Calmar*, réuni pendant cinquante ans (1397-1448) au Danemark. La Suède, s'étant séparée, recouvra définitivement son indépendance avec Gustave Wasa (1523) et adopta la réforme luthérienne. Victorieuse avec Gustave-Adolphe et ses successeurs, elle chassa les Danois de la Gothie, des îles d'Aland et de Gottland, et fit en Allemagne des conquêtes qu'elle ne put garder. Au XVIIIe siècle, les Russes lui enlevèrent les provinces de la Baltique (1703-1721) et la Finlande orientale (1739). En 1808, elle perdit aussi la Finlande occidentale ; mais, en échange de cette province et des dernières possessions allemandes, elle obtint la Norvége aux traités de 1814.

368. Les divisions politiques. — La Suède et la Norvége forment deux royaumes tout à fait distincts:

Le ROYAUME DE SUÈDE, dont STOCKHOLM est la capitale, est divisé en 24 *læn* ou préfectures, savoir :

5 dans le *Norrland* ou pays du Nord : Bothnie septentrionale, Bothnie occidentale, Norrland occidental, Jemtland, Géfléborg.

7 dans la *Suède propre* : Kopparberg, Upsal, Stockholm, Westers ou Westmanland, Carlstad ou Vermland, Nikœping ou Sœdermanland, OErebro.

12 dans la *Gothie* : Gothland oriental, Skaraborg, Elfsborg, Gœteborg et Bohus, Jœnkœping, Calmar, Kronoberg, Halland, Malmœhus, Blekinge, Christianstad, île de Gottland.

Le ROYAUME DE NORVÉGE, dont CHRISTIANIA est la capitale, est divisé en 17 *bailliages*, à savoir :

2 dans le *Nordlandens* ou pays du Nord : Finmarkens et Nordlandens.

5 dans le *Nordenfields* ou pays au nord des montagnes : Nordre-Drontheim, Sœndre-Drontheim, Romsdal, Nordre Bergenhuus, Sœndre-Bergenhuus.

10 dans le *Sœdenfields* ou pays au sud des montagnes : Hedemarken, Christian, Aggerhuus, Smaalehnene, Jarlsberg et Laurwig, Buskerud, Bradsberg, Nedenaes, Mandal, Stavanger.

(Voir la carte n° 31.)

369. Les régions agricoles. — La Suède, au point de vue agricole, peut se diviser en trois régions :

1° La GOTHIE ou région méridionale, par la nature du climat, se rapproche beaucoup des îles danoises ; elle a un sol en partie crayeux, en partie granitique, mais mêlé de dépôts siluriens ou d'argile détaché des roches feldspathiques et apporté autrefois par le mouvement des glaciers. Elle comprend, au centre, le *plateau*, à moitié stérile, à moitié boisé, du *Smaland*, d'où l'on descend dans de belles et fertiles plaines, telles que la *plaine de Scanie* au sud, qui, surtout dans la partie méridionale, renferme les plus riches cultures du royaume, ou les *plaines d'Ostrogothie* et de *Vestrogothie* au nord, étalant des deux côtés du lac Wetter leurs champs de céréales ; ou bien sur les côtes accidentées de la *Blekingie* fertile et pittoresque, du *Halland* couvert en partie de bruyères et en partie de cultures, du *Bohuslan* montagneux et entrecoupé de fiords. C'est la région des forêts de *hêtres*, abondantes surtout dans le Smaland et dans la Scanie septentrionale, et des *céréales* ; le noyer, et même la vigne et le pêcher, y poussent dans les lieux favorablement exposés.

2° La Suède propre, ou région centrale, avec un sol de granit ou de feldspath recouvert sur divers points, surtout dans la vallée du lac Mœlarn, par des argiles de la période glaciaire, est plus froide et moins fertile que la précédente: elle renferme cependant, précisément dans la vallée du lac Mœlarn, la riche province de *Sudermanie* et la *plaine d'Upsal* (Upland), une des plus productives en céréales, surtout en seigle. Le sol, beaucoup plus élevé qu'en Gothie, est couvert de forêts dans la partie occidentale : le hêtre n'y pousse plus, mais le *chêne* le remplace et se mêle aux *conifères* ; l'extrémité nord-ouest est formée par la *Dalécarlie* dont les vastes forêts, les montagnes et la pauvreté annoncent déjà la région du Nord.

3° Le Norrland ou région septentrionale occupe à lui seul les deux tiers de la superficie du royaume : c'est une région granitique, froide, et dont la température qui est de 4° en moyenne à l'embouchure du Dal, s'abaisse rapidement jusqu'à 1°, à l'embouchure de la Tornéa ; et plus rapidement encore, quand on monte de la côte la succession de terrasses conduisant au sommet des Alpes Scandinaves. La partie méridionale jusqu'à l'Angermanie, et même au delà, près de la côte, donne encore quelques céréales, surtout l'orge et l'avoine ; mais la partie nord et nord-ouest, depuis le 65° degré, n'est plus qu'un haut plateau tourbeux, rebelle à la culture, et s'étendant à la fois sur la Suède, la Norvége et la Russie, et qu'on nomme Laponie. Le pays en général présente un vaste *massif de forêts de pins et de sapins*, d'aunes blancs et de bouleaux, à travers lesquelles courent, de cascade en cascade, les « elfs » ou fleuves qui, dans la partie supérieure de leur cours, s'épandent en lacs oblongs entre leurs rives de granit. Nulle part, sinon dans les Alpes de Suisse, on ne voit aussi bien les limites successives des cultures arborescentes, tracées par l'altitude et par la latitude : parvenues à une hauteur de 250 mètres, les forêts s'éclaircissent ; elles cessent à 350 mètres, pour laisser la place à quelques rares et chétifs bouleaux ; le tilleul, qui pousse sur la côte jusque vers 64°, s'arrête avant 61° dans la montagne (1).

La Norvège peut se diviser en 2 régions :

1° La RÉGION SEPTENTRIONALE (Norrland) est la continuation de la *Laponie* suédoise, plus montagneuse au sud, plus aride au nord ; la terre n'y donne plus que des mousses, nourriture ordinaire des rennes.

2° La RÉGION MÉRIDIONALE, ou région des fiords, a un climat, tempéré par le Gulf-Stream, moins rigoureux, à latitude égale, que celui de la Suède. Mais la terre végétale y manque ; la roche granitique y descend presque partout à pic dans les innombrables fiords du rivage. Cependant, comme en Suède, on trouve dans le sud quelques terrains siluriens ; l'orge et la pomme de terre sont les principales cultures ; les prairies donnent le foin nécessaire au bétail pendant la saison d'hiver ; le reste du territoire est occupé par les forêts ou par les rochers nus.

370. Les produits agricoles. — Les *céréales et substances alimentaires*, telles que pois et pommes de terre, fournissent de 50 *à* 55 *millions d'hectolitres* : 11 pour l'*avoine,* surtout dans la Scanie, le Smaland, le Wermland ; 6 pour l'orge dans la Scanie, l'Upland, Géfléborg, le Norrland occidental, etc.; 5 pour le seigle dans la Scanie, l'Ostrogothie, Calmar, etc.; 20 pour les *pommes de terre*, que l'on cultive partout, surtout dans la Scanie, la Vestrogothie, la Bothnie, etc.

Les raves, les choux, les navets sont récoltés en grande quantité.

1. Sur la carte, les lignes de limite des cultures arborescentes sont empruntées pour la Suède au travail très-exact de M. Anderson, et sont seulement approximatives pour la Norvége.

Les forêts couvrent à peu près le *tiers de la presqu'île scandinave*, c'est-à-dire plus de 20 millions d'hectares situés surtout dans le centre et le nord de la Suède, dans le sud-est de la Norvége (forêts du Glommen, etc.). En Europe, la Russie seule possède une étendue forestière plus grande ; et aucun pays n'en possède, relativement à l'étendue de son territoire, une proportion aussi forte. Ces forêts sont formées de hêtres et de sapins dans le midi ; de chênes et de sapins dans le centre ; de sapins, pins et bouleaux dans le nord. Elles constituent la *principale richesse agricole* de la péninsule, et ont amené l'établissement de plus de 3,000 scieries ; sur quelques points elles commencent à être trop éclaircies par les coupes.

Les *prairies* et pâturages occupent aussi une grande étendue et nourrissent un nombreux bétail : environ 500,000 *chevaux* parmi lesquels les petits chevaux norvégiens, vigoureux et rapides ; près de 3 *millions de bêtes à cornes*, principalement dans la Gothie et la Dalécarlie ; à peu près autant de moutons, à laine commune, principalement dans la Scanie et l'Ostrogothie ; 1 million de *porcs* ; 1.2 million de *chèvres*, surtout dans le Norrland et la Dalécarlie ; et 150,000 *rennes* environ dans la Laponie.

371. **La pêche.** — En Suède, la pêche, quoiqu'elle ait beaucoup diminué depuis un siècle, est encore la ressource principale des habitants du Norrland. Les fleuves, les lacs et les fiords de toute la péninsule fournissent une grande abondance de *saumons* et de truites, et l'on s'occupe à développer cette pêche, que le gaspillage avait notablement réduite. En Norvége, la pêche maritime est *une des sources de richesse du pays* ; elle a pour objets principaux les *morues* et les *harengs* : des bateaux venus de toutes parts pêchent la morue durant les mois d'hiver près des *îles Lofoden* et sur les bords du Westfiord, et

vont la chercher au printemps, au nord du Finmarken, ou durant l'été, mais en moindre quantité, sur toutes les côtes. Quant aux *harengs*, celui d'hiver monte à cette époque des profondeurs de la mer du Nord vers les côtes pour frayer, et se pêche du cap Lindesness au cap Stat et même au Molde-fiord, surtout aux environs de Bergen et de Stavanger ; celui d'été, plus estimé dans la bonne saison, mais moins abondant, se rencontre sur presque toutes les côtes. Des bateaux non pontés, semblables aux barques que montaient au moyen-âge les pirates normands, affrontent par milliers une mer presque toujours orageuse, et rapportent du poisson frais que l'on exporte quelquefois dans la glace ; des harengs salés avec le sel de Portugal ou de Sicile ; des morues (environ 600,000 barils) de provision (Stockfisch) préparées avec le sel de Portugal ou quelquefois de France ; des morues salées (Klipfisch) ; de l'*huile de foie de morue* ; des *rogues* (œufs de poisson) que l'on vend aux pêcheurs de sardines ; du guano de poisson. En ajoutant la pêche de l'esprot, du maquereau, du homard, pratiquée principalement entre Bergen et le cap Lindesness, celle des squales pratiquée dans l'océan Glacial, et la chasse aux phoques qui a lieu surtout dans l'île Jean Mayen, on a une production totale d'environ 50 millions de francs.

372. Les mines. — La presqu'île scandinave tout entière est pour ainsi dire une carrière inépuisable de granit ; on exploite le porphyre d'Elfdalen, le marbre de Claestorp, etc. On exploite un peu de *lignite* à Hœgannaes, et on en a découvert un autre gisement, assez important, en Scanie.

Mais la grande richesse minéralogique du pays est le FER que contiennent en quantités considérables les roches cristallines, et qu'on exploite, soit dans les filons mêmes, soit dans les lacs et les marais où les révolutions géologiques l'ont roulé en grains de minerai oxydé. Le minerai est généralement manganésifère et rend jusqu'à 50 p. 100. Les mines exploitées sont au nombre de plus de 500, situées pour la plupart dans la *Suède proprement dite* et près du littoral du *Sœdenfields* (Drammen, Laurwig, Christiania, Arendal), etc.

Les quatre provinces qui en possèdent le plus et qui font le plus de *fonte* et de fer, sont celles de *Kopparberg* dans sa partie méridionale, d'*Œrebro*, de *Carlstad*, de *Westerœs*, auxquelles il faut ajouter Géfléborg, de manière que le groupe principal des usines à fer forme un *massif continu du lac Wener au port de Gèfle*, sur la Baltique. C'est dans ce massif que sont les mines de Bipsberg, Grœngesberg, Norberg, Nora, Philipstad, Persberg, et les usines de Nyhammar, Ludvika, Korsa, Hagge, Hellefors, Borgvik, *Undeholm*, Storfors, Surahammar, Ferna, Hofors, Orkelbo, etc. Sur la limite de ce groupe sont les célèbres gisements de minerai magnétique de *Danemora* qui donnent 20,000 tonnes par an et qui alimentent presque toutes les usines des provinces d'Upsal et de Stockholm; et, dans l'Ostrogothie, les grandes usines de Motala et de Finspong. Dans le Norrland, il y a des mines comme celle de Gellivara, qui pourraient rivaliser avec les plus riches de la Suède : la difficulté des transports en restreint l'exploitation. Les fers de Suède sont très-renommés, et comme le minerai est très-pur, on commence à l'employer beaucoup pour la fabrication de l'*acier* par le procédé Bessemer (acier de Fagersta, Danemora, Carlstad, etc.). La production annuelle de la fonte en Scandinavie est d'environ 240,000 tonnes.

Les usines de Motala, Nyby, Surahammar, Nikœping, etc., font de la *tôle* ; celles de Carlstad, de l'Ostrogothie et du Kopparberg, etc., font des clous ; celles de Jader, Bofors, Carl, Gustaf, près d'Elkestuna, etc., de la taillanderie et de la quincaillerie.

Grâce à sa constitution géologique, la Scandinavie possède encore d'autres exploitations minérales : des mines d'*argent* (galène argentifère) à *Sala*, à Kongsberg, mine autrefois célèbre, aujourd'hui presque épuisée ; des mines de *cuivre* à Atvidaberg, à Fahlun, riches filons, en partie épuisés aujourd'hui, dans le Jemtland, à Roraas, à Thydal, à Yetteroën, etc. ; des mines de nickel, à Sœgmyra, Klefva, Espedals ; de zinc à Ammeberg, près du lac Wetter, etc. ; on trouve aussi du cobalt, de l'arsenic, etc.

373. L'industrie. — Le travail des manufactures est très-médiocrement développé. Les *tanneries* ont, comme en Danemark, une assez grande importance, surtout dans la *Scanie*, à Christiania, etc.; et l'on fabrique pour plusieurs millions de *machines*.

Au nombre des industries les plus prospères, sont la *fabrication de l'eau-de-vie*, pratiquée surtout dans le sud de la Scandinavie ; la *raffinerie de sucre*, pratiquée dans les *ports*, à *Stockholm*, Gèfle, Calmar, Malmoë, Gœteborg, Bergen, etc. ; et la manufacture du *tabac*.

Les paysans tissent eux-mêmes la plupart des étoffes qu'ils consomment : cependant on fait des *cotonnades* à *Fahlun* et dans quelques ports, *Stockholm*, *Calmar*, *Gœteborg* ; des draps à *Norrkœping*, *Stockholm* ; quelques toiles et cordages dans le Géfléborg, à Nydalen, dans les environs de Stockholm, de Carlskrona, de Gœteborg, de Christiania et Bergen ; des soieries à Stockholm et à Upsal.

On fabrique de la *verrerie* et de la faïence à Stockholm (Gustafberg), à Christiania et dans les environs ; du papier à Gœteborg, Nikœping, Christiania, Bergen ; des bougies à Stockholm, Gœteborg, etc. *Bergen*, Drammen, Carlskrona, Christiania, etc. s'occupent de *constructions navales*.

374. Les voies de communication. — La presqu'île scandinave a peu de routes (environ 30,000 kilom. de routes de poste) ; d'où la difficulté d'exploiter d'une manière complète et rationnelle les forêts et les mines. Cependant les fiords qui pénètrent profondément dans le pays, les remplacent en Norvége, dans la Suède proprement dite et dans la Gothie septentrionale ; les communications intérieures ont lieu assez facilement par les lacs que parcourent de légers bateaux à vapeur et que font communiquer des canaux : le *canal de Gœta* unit Gœteborg et le Kattégat à Suderkœping et à la Baltique (1) ; large et profond, il compte 186 kilom. de long avec les lacs ; mais il est moins fréquenté depuis la construction des chemins de fer et la suppression du péage du Sund. Les *canaux* d'Hielmar, de Strœmsholm, de Sœdertelje facilitent les *débouchés vers Stockholm*.

Les *chemins de fer* qui ont une longueur de 2,200 kilom., partent d'*Helsingborg*, en face d'Elseneur et de *Malmoë*, en face de Copenhague. Ils desservent la Scanie et se dirigent, en projetant plusieurs embranchements, sur *Stockholm* qu'ils atteignent après avoir relié entre les lacs la ligne de *Gœteborg* ; de Stockholm la ligne gagne *Upsal* et *Westerœs*. *Gèfle* et *Fahlun*, *Christiania* et Charlottenberg sont réunis par des voies ferrées, et un certain nombre de petites lignes particulières conduisent des mines ou des usines au cours d'eau voisin.

375. Les monnaies et mesures. — En Suède, l'*unité monétaire* est le *riksdaler riksmynt*, valant 1 fr. 42 et divisé en 100 ores ; l'unité de longueur est le pied (fot) de $0^m,29$; l'unité de poids, la livre (skalpund) de 453 grammes. En Norvége, le pied est de 31 centimètres, et la livre de 498 grammes ; le pot est presque le même qu'en Danemark.

376. La marine. — La *marine marchande* est d'environ 2 *millions de tonneaux*, dont 220,000 pour la Suède et 1,760,000 pour la Norvége ; le *mouvement de la*

1 De Gœta au lac Wener, la communication est complétée par le canal de Trollhæta, remarquable chef-d'œuvre de l'art hydraulique.

navigation est de *près de* 7 *millions* 1/2 *de tonneaux*; mais les entrées et sorties des bateaux de pêche y figurent pour une très-grande part. Les principaux ports sont Stockholm, *Gœteborg, Malmoë, Helsingborg*, Wisby, Calmar, Carlskrona pour la Suède; *Bergen*, Christiania, Drammen, Drontheim pour la Norvége. Des services à vapeur pénètrent en été jusqu'au fond du golfe de Bothnie; et, sur la côte de Norvége, jusqu'à *Hammerfest*, la ville la plus septentrionale du globe.

377. **Le commerce.** — Le COMMERCE est médiocre, parce que le pays n'est pas, somme toute, un pays riche; il ne dépasse guère 500 MILLIONS DE FRANCS, et il consiste:

A l'*importation*, en *sucre, café*, coton, laine, tabac, *houille*, cuirs, vins et eaux-de-vie;

A l'*exportation*, en *bois* (madriers, planches, poutres), en *céréales* (avoine, orge et seigle), en *fer* (fonte, fer forgé, acier, etc.), en minerais divers, en papier, en allumettes, en goudron, etc.

378. **Le commerce avec la France.** — Plus du tiers de tout le commerce scandinave est aux mains de l'*Angleterre*. L'*Allemagne du Nord* et le *Danemark* viennent en second; au troisième rang, la *France*, qui vend du *vin*, de l'*eau-de-vie*, du sucre, de la *mélasse*, du *café*, et achète en échange du *bois* et du *fer*.

379. **Le résumé des forces productives.** — Au point de vue économique, la presqu'île scandinave, très-peu manufacturière, peut être divisée en trois régions:

1º La RÉGION ALPESTRE, ou région des Alpes Scandinaves, comprend le *Norrland, presque toute la Norvége* et la *Laponie*. Région de bois, de rochers et de pâtis, pauvre cultivant trop peu de céréales pour nourrir sa rare population, elle subsiste en partie avec les produits de la pêche ou du bétail;

2º La RÉGION MÉTALLURGIQUE s'étend sur la Suède proprement dite et sur la côte norvégienne, depuis le Skager-

Rack, Gèfle et Suderkœping à l'est, jusqu'à Arendal à l'ouest. Elle renferme les mines de fer mêlées aux forêts et contient les deux capitales : Stockholm et Christiania ;

3° La RÉGION AGRICOLE comprend presque toute la Gothie et produit assez de céréales pour nourrir ses habitants, et même pour en exporter dans les régions voisines et à l'étranger.

380. Les grandes villes. — La presqu'île scandinave compte *trois villes de* 30 *à* 100,000 *âmes* et 1 ville de plus de 100,000 âmes :

(Voir le carton de la carte n° 30.)

STOCKHOLM (135,000 hab.), capitale de la Suède, est bâtie au débouché du lac Mœlarn sur huit îles et coupée de canaux en tous sens, ce qui l'a fait surnommer la Venise du Nord. Son port est excellent ; mais l'entrée en est dangereuse ; l'aspect de la ville, ornée de beaux édifices, est pittoresque.

381. Le gouvernement. — Les *communes* s'administrent elles-mêmes très-librement. Les deux royaumes ont un même *roi*, mais chacun d'eux a une organisation politique tout à fait indépendante de l'autre. En Suède, *deux chambres*, l'une, le Landsting, élu par les conseils provinciaux et parmi les membres de ces conseils ; l'autre, le Volksting, élu pour un laps de temps moins long, par les habitants des villes et par les habitants des campagnes, partagent le pouvoir législatif avec le roi. En Norvége, un parlement, *Storthing*, élu au moyen d'une élection à deux degrés par les habitants, et nommant lui-même dans son sein une partie de ses membres pour former une chambre haute, exerce le pouvoir législatif, sans que le roi puisse interposer son véto.

Le *budget* de l'État est d'environ 75 *millions de francs*

en Suède, et 28 *millions en Norvége* ; l'armée est d'environ 24,000 hommes d'effectif réel.

L'instruction primaire est gratuite et obligatoire. L'instruction supérieure compte 3 universités, Upsal, Lund et Christiania. Les habitants professent la religion luthérienne qui compte 1 archevêché (Upsal) et 16 évêchés.

382. La population. — La POPULATION est de 5,900,000 HABITANTS (dont 4,200,000 pour la Suède et 1,700,000 pour la Norvége), c'est-à-dire UN QUINZIÈME D'HABITANT PAR HECTARE, ou plus exactement 7 *habitants par kilomètre carré*. C'est dans le sud, sur les côtes de la Gothie, que cette population est le plus dense, et dans le nord, en Laponie, qu'elle est le plus rare. La population urbaine n'y est guère que le dixième de la population rurale et agricole. L'instruction primaire est générale; les langues parlées sont le *suédois* et le *norvégien*, deux langues scandinaves parlées par les deux tribus de la race du même nom, qui dominent aujourd'hui sur la presqu'île ; dans le nord, et dans le nord-ouest le *finnois*, souvenir des premières populations qui habitaient la presqu'île avant l'invasion des Scandinaves, et dont les Lapons (1) sont les derniers restes. Les Scandinaves de la presqu'île du nord, comme ceux des îles et du Jutland, doivent à leurs solides qualités de travail et d'économie d'avoir, autant que le permettaient leur climat froid et leur sol granitique, défendu leur existence et développé leur civilisation dans le sud et dans le centre de la Scandinavie.

---

1. Le nom de *Lapon* signifie *sorcier* ; ce nom leur a été donné comme une dénomination injurieuse par les Scandinaves; eux-mêmes s'appellent « Same ».

DIXIÈME PARTIE

LA COMPARAISON DES FORCES PRODUCTIVES (1)

1re Section.

LES PRODUITS.

(Voir la carte n° 32.)

383. La nature et l'homme. — C'est la nature qui fournit les matériaux de toute industrie ; c'est l'homme qui les met en œuvre, et qui, par son travail, crée les produits. *L'abondance et la diversité des produits dans un pays dépendent donc de deux causes : la* NATURE *et* l'HOMME. C'est surtout la première qui paraît créer les produits de l'agriculture et des mines, voire même multiplier les fabriques sur un sol riche en houilles grasses et faciles à exploiter, comme celui du bassin de la Ruhr ; mais qui écarte toute culture des granits de la Norvége et des toundras marécageux et glacés de la Russie septentrionale. C'est surtout la seconde qui paraît grouper des ateliers en tous genres dans les capitales pour satisfaire aux besoins d'une population nombreuse ou pour profiter des moyens de production que fournit cette population agglomérée. Mais, quand on examine de près, on reconnaît aisément que la nature qu'on peut nommer, malgré la contradiction apparente des termes, la cause

---

1. Des renseignements statistiques survenus pendant l'impression font que l'on trouvera, entre les chiffres comparatifs de cette récapitulation et ceux qui sont donnés isolément dans les sections précédentes, des différences, surtout pour le *Commerce*, la *Navigation*, les *Chemins de fer* et la *Population*. Les données de cette dernière partie sont les plus exactes aujourd'hui.

passive, est aussi la cause secondaire, et que *l'homme, agent actif de toute production, en est toujours la cause principale*. Le terrain des Flandres, qui donne de si belles récoltes, est de même formation géologique que cette « geest » infertile qui, dans l'Allemagne du Nord, n'est que forêts ou landes. Autour des grandes villes, quelle que soit la nature du terrain, on peut être certain que la culture est avancée : c'est que l'homme, par sa présence et par son activité intelligente, fait en quelque sorte violence à la nature qu'il transforme, de même qu'il sait la mettre en œuvre quand elle lui est propice. C'est lui qui a changé les marais saumâtres de la Hollande en prairies plantureuses ; qui a choisi, entre les anses du rivage ou sur les rives du fleuve, un emplacement pour ses ports, et qui en a fait, avec le temps, de grandes cités où affluent les navires et les richesses du monde entier.

Aussi peut-on donner comme une règle générale :

1° Que LA NATURE ET LA QUANTITÉ DES RICHESSES PRODUITES EN CHAQUE LIEU, richesses agricoles, minérales, manufacturières, commerciales, SONT ÉTROITEMENT LIÉES A LA QUALITÉ ET A LA CONFIGURATION DU SOL ;

2° Que LES PRODUITS en tout genre, produits de la terre ou produits des manufactures, ET LES ÉCHANGES du commerce SONT D'AUTANT PLUS NOMBREUX QUE LES POPULATIONS SONT PLUS DENSES ET PLUS ACTIVES, soit qu'une fécondité particulière du sol ait primitivement attiré cette population et contribué à la maintenir ; soit que les habitants, réunis par des circonstances politiques, fournissent une somme de travail capable de triompher des obstacles naturels, et fassent venir de loin des matériaux nécessaires à leur industrie.

384. Les céréales. — Parmi les produits de l'agriculture, le premier rang est aux CÉRÉALES, principal aliment des populations européennes, lesquelles sont essentiellement sédentaires et agricoles. D'après les statistiques, on peut (d'une manière très-imparfaite assurément (1), mais préférable cependant à toute affirmation sans fondement) estimer la production annuelle des céréales en Europe *de 16 à 1700 millions d'hectolitres* (2): près d'un tiers (500 millions) est fourni par la Russie, qui occupe elle-même sensiblement plus de la moitié de la superficie de l'Europe, mais dont la production est à peu près nulle au nord de la latitude de Saint-Pétersbourg; plus du septième (230 à 260 millions) par la France, qui occupe la dix-neuvième partie de l'Europe ; environ le septième (230 millions) par l'Allemagne, et le dixième (165 millions) par l'Autriche, qui ont, l'une à peu près la même superficie que la France, l'autre une superficie sensiblement plus grande ; un neuvième par la Grande-Bretagne (150 millions, approximation calculée d'après l'étendue des cultures) qui n'est guère que la trente-unième partie de l'Europe ; un soixantième par le Danemark (30 millions) et un soixante-deuxième par la Belgique (24 millions) qui n'est que la trois cent quatrième partie de l'Europe ; un peu plus d'un septième par les trois péninsules de l'Europe méridionale qui occupent elles-mêmes à très-peu près le septième de l'Europe (Espagne, 80 millions [?] ; Portugal, 11 millions ; Italie, 70 ; Turquie, 40 [??] ; Roumanie, 18 ; Grèce, 8 1/2 [?] ; total 227 millions 1/2 ; un trente et unième environ par la péninsule scandinave (50 à 55 millions), qui occupe la quinzième partie de l'Europe.

Les deux PRINCIPAUX PRODUCTEURS DE CÉRÉALES en Europe sont donc la Russie et la France. Mais, si l'on tient compte

1. Nous rappelons que tous les nombres ne sont que de simples approximations et des termes de comparaison.
2. Le chiffre de 40 millions que nous donnons par hypothèse pour la Turquie et la Servie, est probablement un peu faible ; mais celui de l'Espagne, tiré d'une statistique officielle et réduit à 80 millions, est certainement encore exagéré.

de la proportion du rendement à l'étendue du territoire, la Russie vient bien après la France, qui elle-même cède le pas à la *Belgique*, au *Danemark* et à l'*Angleterre*. Ainsi LA CULTURE LA PLUS INTENSE, c'est-à-dire la production la plus grande relativement à la surface entière du pays d'une part (env. 500 *hectolitres par kilomètre carré du territoire*), à la surface ensemencée d'autre part, EST DANS LE NORD-OUEST DE L'EUROPE où la population est le plus dense, et où, par conséquent, à cause du grand nombre de bras qui fournissent du travail et du grand nombre de bouches qui exigent des produits, on laisse le moins de terres incultes et on tire le meilleur parti des terres en culture. *La culture la moins intense est dans le nord de l'Europe* (Scandinavie et Russie septentrionale) où la population est le plus rare, et le climat le plus ingrat ; et *le nord et l'est de l'Europe* forment la région dans laquelle la production en céréales est la moindre relativement à la surface entière du pays (environ 90 *hectolitres au kilomètre carré*). Entre ces deux extrêmes se placent la région de l'*Europe centrale*, qui donne environ 360 *hectolitres au kilomètre carré*, et la région de l'*Europe méridionale* qui donne environ 170 *hectolitres au kilomètre carré*.

Mais toutes les céréales ne se valent pas; si un hectare cultivé en avoine rend en moyenne deux à trois fois plus d'hectolitres qu'un hectare cultivé en froment, l'hectolitre d'avoine pèse à peine 50 kil., tandis que l'hectolitre de froment en pèse plus de 75, et le kilogramme d'avoine contient moins de substance nutritive que le kilogramme de froment. C'est là un désavantage pour le NORD DE L'EUROPE (États Scandinaves, Russie septentrionale, plaine orientale de la basse Allemagne, Écosse, Irlande), et pour les *régions montagneuses* (haute Bavière, Suisse, partie de la Hongrie, etc.) où domine la culture de l'AVOINE qui ne redoute pas le froid. Néanmoins les plaines de l'Europe centrale, particulièrement celles de *France*, cultivent beaucoup l'avoine, parce qu'elle donne un fort rendement à l'hectare et qu'elle est indispensable pour la nourriture des animaux.

Le SEIGLE, la céréale qui se rapproche le plus du froment, mais qui donne un plus fort rendement à l'hectare (environ un tiers en plus) et qui se contente mieux d'une terre froide et maigre, domine dans toute l'ALLEMAGNE DU NORD, dans la *Hollande* et la *Belgique*, et dans les régions montagneuses du centre : *Suisse, Autriche*, etc.

Le FROMENT, qui donne la plus belle farine et le pain le plus substantiel, est au premier rang dans la partie tempérée de l'Europe, en FRANCE, dans le SUD DE LA RUSSIE (Terre-Noire, etc.), dans le *sud-est de l'Angleterre*, dans la *plaine de Hongrie*, et dans la Roumanie, région du blé tendre ; et, d'autre part, dans une partie de la Turquie, sur le plateau de Castille, en Italie, et généralement dans *les trois péninsules de la Méditerranée* où le blé dur, plus riche en gluten, l'emporte sur le blé tendre.

L'épeautre, qui n'a qu'une importance fort secondaire, est comme cantonnée dans le massif alpestre (Suisse, Allemagne du Sud, Alsace), et sur quelques plateaux (Ardennes, Turquie).

L'ORGE, beaucoup plus importante, se plaît volontiers sous les mêmes climats que l'avoine, et s'aventure plus loin vers le nord ; elle est très-cultivée dans l'*Europe septentrionale* et dans l'*Europe centrale*, où elle sert, entre autres usages, à la fabrication de la bière ; ces deux céréales doivent à la propriété qu'elles ont d'être des céréales de printemps, germant tard et poussant tôt, de pouvoir mûrir durant les courts étés des climats septentrionaux.

Le sarrasin est aussi une plante des terrains froids et pauvres, quoiqu'il entre, comme l'orge, dans l'assolement des climats tempérés. Le maïs, le millet et le riz, au contraire, sont des cultures de l'Europe méridionale ; le riz sur un petit nombre de points (Valence, Murcie, Alemtéjo, Lombardie, vallées de la Turquie); le millet et le sorgho, de même ; le MAÏS, en grande quantité dans le *sud-ouest de la France,* le *sud de l'Autriche,* et les *péninsules de la Méditerranée,* surtout dans la péninsule hellénique où il dispute au froment la première place. (Voir sur la carte la limite septentrionale de la culture des principales céréales.)

Cette distribution des céréales explique comment on mange le plus ordinairement dans l'extrême nord de l'Europe du pain d'avoine, et en petite quantité ; dans le nord et dans les régions montagneuses, du pain de seigle ; dans les plaines du centre, du pain de méteil à l'usage des campagnes et du pain de froment à l'usage des villes ; dans le sud, des bouillies de maïs (polenta, mamaliga, etc.).

Si, au lieu de comparer le rendement en céréales avec la superficie du sol, on le compare avec la population, les résultats apparaissent différents. Les *hommes du Nord,* qui ont l'espace devant eux sur des terres mal peuplées, qui ont besoin d'une forte alimentation, qui récoltent surtout les grains les moins nutritifs et qui en consacrent une grande partie à leur bétail, ont environ 6 *hectolitres* 1/2 (le Russe), à 9 *hectolitres par tête* (le Scandinave); le Danois paraît même atteindre le chiffre (probablement trop élevé) de 17 *hectolitres.* Les *hommes du Midi,* qui élèvent bien moins de bétail, qui ont eux-mêmes besoin d'une nourriture moins abondante sous un climat plus chaud, et dont les céréales contiennent plus d'éléments substantiels, récoltent en moyenne de 3 à 4 *hectolitres par tête* (l'Italien et le Portugais, à peine 3 ; le Grec, 3 1/2 ; le Roumain, dans une riche plaine située plus au nord, 4; les chiffres de 5 et de 6 pour l'Espagne et la Turquie sont au moins douteux). Dans les premiers rangs se placent le *Français* qui, *dans l'Europe centrale et occidentale, est le mieux partagé*, ayant 6 hect. 1/2 (1), puis l'Allemand 6 hect.; l'Autrichien 4 hect. 1/2 ; et au nombre des moins bien partagés de cette région sont le Belge (5 hect.), trop pressé sur un territoire étroit; le Hollandais (3 hect. à peine) dont le sol n'est pour ainsi dire que prairies ; et le Suisse (2 hect. à peine) dont le pays est en grande partie occupé par les montagnes.

385. Les autres cultures herbacées. — La POMME DE TERRE est aujourd'hui la rivale des céréales pour la nourriture des hommes et pour la fabrication de l'alcool et de l'amidon. On ne saurait estimer à moins de 640 *millions d'hectolitres*, c'est-à-dire à près de la moitié de la production en céréales, la récolte de la pomme de terre. Elle est cultivée partout : toutefois on en récolte relativement *peu dans le sud de l'Europe*, bien que l'Italie figure pour 10 millions d'hectolitres, et que nous comprenions dans le total les patates d'Espagne (15 millions d'hectolitres), seul pays où ce tubercule soit cultivé en grand, et les topinambours de Turquie. Mais, au contraire, *beaucoup dans le* NORD, dans l'ALLEMAGNE DU NORD dont les plaines sablonneuses sont très-propices à cette culture, et qui récolte 200 millions d'hectolitres ; dans la Hollande (13 millions d'hect.) et la Belgique (plus de 10 millions d'hect.), qui sont pour ainsi dire la prolongation occidentale de la plaine germanique, surtout dans la Gueldre, les dunes et les Flandres, c'est-à-dire dans les parties sablonneuses ; dans les *provinces baltiques de la Russie* (85 millions d'hect.) qui en sont la prolongation orientale; dans le Danemark et le sud de la Suède ; dans la FRANCE (140 millions d'hect.), surtout dans la région nord-est qui est voisine de l'Allemagne; dans les *îles Britanniques* (85 millions d'hect.) et surtout en Irlande ; enfin dans l'Allemagne du Sud.

1. On estime la consommation moyenne en pain de froment ou de méteil à 625 grammes par tête et par jour, soit 3 hectolitres par an.

Les légumes occupent dans l'alimentation une place secondaire, mais cependant importante : les *légumes frais* dans le rayon d'approvisionnement de toutes les *grandes villes;* les *légumes secs* et les gros légumes *à peu près partout:* navets, carottes, fèves, haricots, raves, choux, principalement dans les pays du nord et du centre et dans l'Europe orientale; pois chiches, doliques, gesses, tomates, oignon, ail, pastèques, principalement dans le sud. Ces cultures sont en général d'autant plus fréquentes et plus productives, que l'agriculture est elle-même plus avancée.

Les principales plantes industrielles cultivées en Europe sont:

1° La BETTERAVE qui sert un peu à l'alimentation de l'homme, beaucoup à la nourriture du bétail et à la fabrication du sucre et de l'alcool. 100 kilogrammes de betteraves donnent environ 6 à 7 kilogrammes de sucre raffiné, et un résidu très-précieux pour engraisser les bestiaux. D'après ce rendement, on peut juger de l'importance de cette culture en sachant que la FRANCE produit aujourd'hui jusqu'à 215,000 tonnes de sucre; l'*Allemagne*, et surtout l'Allemagne du Nord, 190,000; l'*Autriche-Hongrie*, 100,000 ; la *Russie*, 60,000 ; la *Belgique*, 40,000; les Pays-Bas, 5,000. L'*Europe méridionale* fournit environ 7,000 tonnes de sucre, mais de *sucre de canne*.

2° Le LIN et le CHANVRE qui servent à faire la toile et la corde, et dont il est impossible de fixer, même vaguement, la production totale en Europe. On les cultive presque partout, soit en petit pour la consommation individuelle, soit en grand pour les manufactures et le commerce. Le *lin* s'accommodant du froid et de l'humidité, *domine*, par conséquent, *dans le Nord;* le *chanvre*, voulant plus de sécheresse et de chaleur, *domine dans le Midi*. Au premier rang, est la RUSSIE qui produit, surtout dans ses provinces du nord-ouest, près de 200,000 tonnes de filasse de lin, et, surtout dans ses provinces du sud-ouest, 100,000 tonnes de filasse de chanvre ; au second rang, l'*Allemagne du Nord*, qui donne beaucoup de lin, la *Hollande* et surtout la *Belgique* (20,000 tonnes) qui donnent des lins très-estimés. L'*Irlande*, la *France* (plus de 100,000 tonnes) et l'*Allemagne du Sud* donnent chanvre et lin, mais plus de chanvre que de lin ; l'*Autriche-Hongrie*, plus de lin que de chanvre ; dans les péninsules de la Méditerranée, le chanvre est en première ligne, mais il est généralement de médiocre qualité, excepté en Italie, où cette culture a une assez grande importance.

Le *coton* est cultivé en petite quantité dans les péninsules de la Méditerranée, surtout dans la *Péninsule Hellénique*.

3° Le TABAC est l'objet d'une culture très-importante sur quelques points de l'Europe : en premier lieu, dans la *Russie méridionale* (50,000 tonnes) et dans la vallée inférieure et moyenne du Danube, *Roumanie*, *Turquie*, *Hongrie*, etc. ; en second lieu, dans l'*Allemagne du Nord* (environ 11,000 tonnes) où la consommation en est très-grande ; dans la *Hollande* et le *Palatinat* dont les produits sont très-estimés, et dans les *départements français* où l'administration en autorise la plantation.

4° Les GRAINES OLÉAGINEUSES qui servent à faire de l'huile comestible, ou de l'huile destinée à des usages industriels, sont le colza, le pavot noire (huile d'œillette), le sénevé ou graine de moutarde noire, la navette, la cameline, le sésame, etc., toutes plantes dont la fleur et la graine (l'œillette exceptée) rappellent celles du chou : il faut y joindre la graine de lin et le chènevis ou graine du chanvre. La RUSSIE occupe le premier rang pour la production des *graines* et huiles *de lin et de chanvre*, et donne une certaine quantité de sésame dans ses provinces méridionales ; mais, pour les autres graines, la priorité est à la FRANCE (plus de 4 millions d'hectolitres) et à l'*Allemagne du Nord*. La *Flandre*, le *Palatinat*, la *Hollande* fournissent des graines de colza très-estimées ; la Turquie, la Roumanie et l'Italie en donnent une petite quantité.

5° Le HOUBLON qui, avec l'orge fermentée, sert à fabriquer la BIÈRE, boisson ordinaire des pays du Nord, donne en Europe des produits évalués à 52,000 tonnes, à savoir : la moitié (25,000 tonnes) en ANGLETERRE ; le sixième (8,400 tonnes) dans l'Allemagne du Sud, et surtout dans la *Bavière* ; le septième en *Bohême* (7,500 tonnes) où le houblon de Saatz dispute la préférence dans l'estime des amateurs au houblon bavarois de Spalt ; le dixième (5,000 tonnes) en Belgique ; le reste dans l'Allemagne du Nord, particulièrement dans la Posnanie et le Brunswick; dans la France, le Danemark, etc. (1).

6° Parmi les plantes dont la culture, moins générale, a cependant de l'importance il faut citer : la *chicorée*, la succédanée du café, très-cultivée dans les pays du Nord, où l'usage du café au lait est très-répandu : *Belgique, Hollande, région saxonne, Bade*, etc.; les *plantes tinctoriales*, telles que la garance de Saxe, de Silésie, de Zélande, d'Alsace et d'Avignon, de Toscane, de Palerme, d'Albanie, de Thessalie, etc., le sumac de Sicile, de Turquie et d'Espagne (Manche), le safran de France, d'Espagne, d'Italie, de la Basse-Autriche, le carthame d'Espagne et de Hongrie ; les *plantes aromatiques*, telles que l'absinthe de Suisse, l'anis de Malte, d'Espagne, d'Italie, de France, d'Allemagne, le cumin d'Allemagne, de Malte, etc.

1. On évalue la consommation moyenne de la bière par tête et par an à 139 litres en Grande-Bretagne, 138 en Belgique, 125 en Bavière, 85 en Suisse, 39 en Hollande, 24 en Autriche, 20 en Prusse, 19 en France, 6 en Russie, 2 en Espagne. (Voir M. Block, *l'Europe politique et sociale*.)

386. Les cultures arborescentes. — Les arbres donnent du bois, du charbon, des résines, des feuilles et des fruits. Ceux dont on ne tire que du bois, du charbon, de la résine, sont groupés ordinairement en grands massifs, forêts ou bois, ou sont employés pour border les routes et orner les jardins ; ceux qu'on recherche pour leurs fruits ou leurs feuilles sont l'objet d'une culture particulière, et forment la branche de l'économie rurale dite « arboriculture ».

Les principales essences de l'arboriculture européenne sont :

1° La VIGNE qui donne le raisin et, par conséquent, le VIN, la boisson la plus généreuse et la plus fortifiante que la Providence ait mise à la disposition de l'homme. Elle cesse de mûrir au delà du 53° degré et, comme elle craint également les brouillards sans chaleur des climats marins et les froids rigoureux des climats continentaux, la limite septentrionale de sa culture s'abaisse à l'ouest et à l'est jusque vers le 47° (voir la courbe sur la carte) ; elle est, par conséquent, le privilége de l'EUROPE CENTRALE ET MÉRIDIONALE qui fournit, récolte moyenne, environ 120 millions d'hectolitres.

La FRANCE (plus de 60 millions d'hectolitres) avec ses vins exquis de Bourgogne et de Bordeaux et les produits abondants du Languedoc, de la Charente, de la Loire, etc., est au premier rang par la quantité comme par la qualité de ses produits (1) ; au second, l'*Italie* (20 millions) dont la Sicile est la province la plus productive, et l'*Autriche-Hongrie* (12 millions), qui doit ce rang à la Hongrie ; au troisième, l'*Espagne* (10 millions) qui cite surtout ses vins alcooliques de Xérès ; la Turquie (environ 5 millions)

1. Aussi évalue-t-on la consommation moyenne de vin par tête et par an, à 130 litres en France, à 120 en Italie, à 80 en Portugal, à 59 en Suisse, à 53 en Autriche-Hongrie, à 30 en Espagne, à 2 1/3 en Prusse, à 2 en Grande-Bretagne, à 1/3 en Russie et en Belgique. (V. M. Block.)

avec ses vins d'Épire, de Crète ; le *Portugal* (3 millions 1/2) avec ses vins non moins alcooliques du Douro ; l'*Allemagne du Sud* (1 million 1/2) avec les vins du Palatinat, du Necker, du Rhin ; la Russie (plus de 1 million) avec les crus peu renommés de la Bessarabie et de la Tauride. On récolte moins d'un demi-million d'hectolitres dans l'Allemagne du Nord, renommée cependant pour ses crus excellents du Rheingau et pour ceux de la Moselle ; dans la Suisse, la Roumanie et la Grèce.

2° Les *arbres donnant des fruits de table*, pommiers, poiriers, cerisiers, pruniers, pêchers, abricotiers, groseillers, etc., sont cultivés, tout d'abord, comme les légumes frais, dans le *rayon d'approvisionnement des grandes villes*, et dans certains cantons privilégiés, comme la Limagne et la vallée de la Loire en France ; la campagne de Haarlem ; les vallées de la Saale, de l'Unstrutt et de la Moselle en Allemagne ; la vallée de la Meuse en Belgique ; la côte de Gênes en Italie ; les huertas de Valence en Espagne ; la Tauride en Russie, etc. Certaines contrées donnent des fruits particuliers : les Vosges, la forêt Noire et la Suisse donnent la cerise avec laquelle on fait le kirsch ; la France méridionale, la Bavière septentrionale, la Croatie et l'Esclavonie, la Russie méridionale, etc., préparent beaucoup de pruneaux ; le Kent est renommé pour ses cerisiers ; l'*Angleterre méridionale*, la *Normandie* et la *Bretagne* en France, la *Suisse*, la Bohême, la Moravie, la Hongrie septentrionale, la Gallicie en *Autriche*, la *Russie méridionale*, etc., donnent le pommier dont les fruits servent à faire le CIDRE, boisson d'une partie des habitants du nord de l'Europe, et le poirier dont les fruits servent à faire le poiré.

3° L'OLIVIER, dont le fruit donne la meilleure des huiles comestibles, ne fructifie que dans l'EUROPE MÉRIDIONALE : dans l'*Espagne*, qui tient le premier rang, sinon par la qualité, du moins par la quantité, et possède ses plus nombreuses plantations sur le rivage méditerranéen ; en *Italie*, principalement dans les provinces méridionales ; en Turquie et en Grèce, en Portugal, en Dalmatie, en France. (Voir sur la carte la limite de cette culture.)

4° L'ORANGER et le *citronnier* sont cantonnés plus étroitement encore dans les régions chaudes de l'Europe : dans le *sud de l'Espagne et du Portugal* (Valence, Lisbonne, etc.); *de l'Italie* (Naples, Sicile); à *Malte* et quelque peu dans le midi de la Provence en France. Le *figuier* est aussi une des productions de l'*Europe méridionale* (Portugal, Espagne, Turquie, Grèce, Italie, Dalmatie), mais il n'exige pas, pour mûrir, une température aussi élevée ; le grenadier, au contraire, très-exigeant, ne vient guère que dans le sud-est de l'Espagne ; le dattier en Espagne et en Sicile. (Voir les limites sur la carte.)

5° Le MURIER est le seul des arbres de cette catégorie qu'on cultive pour sa feuille, nourriture du VER A SOIE : il exige aussi une assez grande chaleur, et sa culture est, par suite, concentrée dans la RÉGION MÉDITERRANÉENNE : dans l'*Italie*, laquelle occupe le premier rang avec ses belles plantations de la vallée du Pô ; en *France* où la vallée du Rhône rivalise avec celle du Pô ; dans la Péninsule Hellénique (vallée de la Maritza, Bulgarie, Valachie, et Grèce); dans la vallée du Douro, en Portugal ; dans la vallée de la Save en Autriche. Cette industrie qui représentait, en cocons, il y a quinze ans, une valeur d'environ 320 millions de francs, ne saurait être évaluée aujourd'hui, par suite des pertes que la maladie des vers à soie lui a fait subir.

6° Le NOYER, qui donne des fruits, de l'huile, du bois d'ébénisterie, se plaît surtout sur les terrains légèrement élevés et sur les pentes inférieures des montagnes de l'*Europe centrale et méridionale*, dans la vallée du Rhin, dans l'est et le centre de la France, dans la Suisse, l'Italie méridionale, la Turquie et la Grèce, la Russie méridionale.

Dans la même catégorie, on peut classer l'*amandier* de

l'Europe méridionale ; le pistachier de Valence, de l'Andalousie et de la Sicile ; le noisetier des Asturies, de la Catalogne, etc.

7° Le CHATAIGNIER, qui se plaît sous les mêmes climats que le noyer, mais qui se contente de terrains sablonneux ou granitiques, réussit à une altitude plus grande, surtout dans les vallons abrités ; il donne de très-bons merrains ou bois fendus et des fruits qui, dans certains pays pauvres, remplacent en partie le pain. Il exige peu de soins : c'est pourquoi on le trouve parmi les essences de nos forêts ; il pousse surtout dans le *centre de la France*, dans l'*Italie* (pente des Alpes et Apennins), dans la Suisse, la Corse, les Pyrénées espagnoles. (Voir sur la carte n° 32 la limite de cette culture.)

387. Les forêts. — Les forêts sont quelquefois plantées de main d'homme ; le plus souvent elles croissent spontanément, et l'homme ne fait que les aménager, c'est-à-dire en régler l'exploitation et la reproduction : c'est ce qu'enseigne l'art de la « sylviculture » qui est elle-même une des branches de l'économie rurale. Les forêts, lorsque dans les temps reculés aucune culture n'en arrêtait la propagation, couvraient la plus grande partie de l'Europe ; mais l'homme, à mesure qu'il s'est multiplié et fixé sur le sol, a défriché les coteaux et les vallées ; il a consommé, souvent même gaspillé le bois qui ne se reproduit que lentement ; et l'étendue des forêts s'est resserrée. On peut, à ce point de vue, diviser l'Europe, laquelle possède 283 *millions d'hectares de forêts, soit les 28/100 de son territoire*, en quatre grandes régions forestières :

1° La RÉGION DU NORD-OUEST, *îles Britanniques, Hollande et Belgique*, sur 38 millions d'hectares de superficie, n'a que 2 millions d'hectares boisés, c'est-à-dire 1/19 *de son territoire*. Elle se trouve aujourd'hui tout à fait dépourvue de forêts, parce que la population, plus pressée sur ce sol que sur tout autre, l'a cultivé à peu près partout où il était cultivable, pour en tirer des substances alimentaires, et n'a laissé le bois que sur les terrains tout à fait sablonneux et impropres au labourage. Les principaux massifs sont quelques forêts conservées, moitié pour le profit, moitié pour l'agrément des grands propriétaires, en Angleterre où 1/24 du territoire seulement est boisé (1), les pins maritimes des dunes de Belgique et les hêtres de l'Ardenne.

2° La RÉGION DE L'EUROPE CENTRALE : le premier rang appartient à l'AUTRICHE-HONGRIE (17 millions d'hectares), qui possède de magnifiques forêts dans ces régions montagneuses, Alpes, Carpathes et Bohême : forêts de *pins et sapins* sur les hauteurs, puis, à mesure qu'on descend, forêts de *hêtres, chênes, ormes et châtaigniers*. Le second rang est partagé entre l'*Allemagne du Nord* (9 millions 1/2 d'hectares), qui possède de très-nombreuses forêts d'essences diverses dans sa région montagneuse, et de vastes forêts de pins sylvestres dans ses plaines sablonneuses et arides, désignées sous le nom de « geest » ; et la *France* (9 millions d'hectares), dont les plus nombreuses et les belles forêts sont situées dans la région du nord-est. Au troisième rang sont l'*Allemagne du Sud* (3 millions 1/2 d'hectares) et la *Suisse* (700,000 hectares), qui possèdent une grande partie des forêts de la région alpestre, mélèzes, sapins, hêtres, région déjà trop dénudée et dont les bois encore debout sont d'une exploitation difficile ; la *Roumanie* (2 millions d'hectares) qui possède les forêts du revers méridional des Carpathes, et, au nord, le *Danemark* qui a environ 200,000 hectares de forêts situées dans des plaines semblables à celles de l'Allemagne du Nord. Cette région, d'une superficie totale de plus de 189 millions d'hectares,

1. Dans les temps anciens, ce même pays était tellement couvert de forêts, que Strabon et Jornandès disent que les habitants n'avaient pas d'autres villes et d'autres demeures que les bois, où ils construisaient des huttes de branchages.

possède 41 millions d'hectares boisés, soit *plus du cinquième* ou plus exactement les 21/100 *du territoire*. Avec une population d'une densité moyenne, cette proportion paraît bonne ; excepté sur les hautes montagnes, les forêts y sont en général bien aménagées. Elles donnent du *bois de chauffage* et du *charbon* partout ; du *merrain*, surtout en Autriche ; du *bois de construction* et de la *potasse*, surtout dans la partie orientale, la moins facilement exploitée ; de la *résine*, partout où poussent les conifères. Cette région pourrait à peu près se suffire à elle-même, avec le courant d'exportation qui porte les bois de la partie orientale, moins peuplée et moins manufacturière, vers la partie occidentale.

3° La région de l'Europe méridionale, en général dévastée au centre et à l'ouest, très-mal aménagée à l'est, est pauvre en bois, non par suite de l'activité industrielle, mais par suite de l'incurie des hommes et aussi de la longue série de siècles, durant laquelle ses forêts ont été exploitées. On peut lui attribuer une étendue de 17 millions d'hectares de bois sur une superficie de 133 millions d'hectares, c'est-à-dire une étendue *d'un huitième du territoire* environ, sans regarder ce chiffre autrement que comme une évaluation vague et assurément exagérée. La *Turquie*, dont les forêts grandes et belles sont à peine exploitées et même à peine connues, n'a à cet égard aucune statistique, et l'Espagne compte dans les 8 millions d'hectares qu'elle s'attribue, ses « parameras », vastes steppes qui occupent une grande partie du plateau castillan (1). L'Italie seule, qui accuse 4 millions d'hectares, est digne de quelque confiance, quoique les forêts de l'Apennin qu'elle enregistre soient aussi semées de nom-

(1) Si l'on prend pour moyenne du rendement 10 fr. par hectare, chiffre qui est à peu près celui de l'Autriche (et de la France), l'Espagne n'aurait guère, d'après le revenu qu'elle accuse, que 1 million 1/2 d'hectares de forêts.

breuses clairières arides. Outre les essences de la région centrale qui habitent les hauteurs, la région méridionale peut citer le *buis*, le frêne qui donne la *manne*, le *chêne-liège*, le chêne ægilops qui donne la *vallonnée* et qui est une des richesses agricoles de la péninsule hellénique.

4° La RÉGION DU NORD ET DE L'EST DE L'EUROPE comprend la PRESQU'ÎLE SCANDINAVE (20 millions d'hectares de forêts) et la RUSSIE (200 millions d'hectares) et est la RÉGION FORESTIÈRE PAR EXCELLENCE. Sur une superficie de 623 millions d'hectares, elle possède 220 millions d'hectares boisés, c'est-à-dire *plus du tiers* ou plus exactement les 35/100 du territoire; et, comme ces forêts sont pour la plupart groupées dans la Scandinavie centrale et méridionale et dans la Russie septentrionale, on peut dire que la partie de l'Europe située entre le 55° et le 65° (l'Écosse et le Jutland exceptés) est une immense forêt presque continue de *sapins*, de *pins* et de *bouleaux*, qui fournit en abondance le *bois de construction*, le *goudron*, la *poix*, la *potasse*, et qui, bien qu'épuisée sur quelques points, pourrait donner beaucoup plus encore, si l'exploitation était plus savante et les moyens de communication plus faciles.

(Voir sur la carte n° 32 les limites septentrionales des cultures forestières.)

388. Les animaux. — L'homme ne vit pas seulement des végétaux. Il se nourrit aussi de viande, et, dans tous les pays, il élève des animaux domestiques qui composent son bétail et qui lui donnent non-seulement la viande, mais le lait, le beurre, le fromage, les œufs et diverses matières premières essentielles à son industrie, telle que la laine, le cuir, la corne. Ce sont des animaux herbivores pour la plupart, et l'homme les nourrit soit dans les pâtis et *pâturages*, dont la nature fait tous les frais; soit dans les *prairies* qu'il aménage ou qu'il crée; soit avec le foin des *prairies artificielles*, qu'il cultive et les grains qu'il récolte. En règle générale, plus l'homme fait rendre à la terre, plus la terre peut nourrir de bétail, et plus, par compensation, elle s'engraisse avec le fumier de ce même bétail.

Pour les animaux, comme pour la production des végétaux, on ne peut donner, dans l'état actuel de la statistique, que des nombres approximatifs qui sont loin de serrer de près la vérité pour tous les pays. Cette réserve faite pour tous les recensements, on peut estimer :

1° Le nombre des CHEVAUX à 32 *millions*, c'est-à-dire à 3 unités 3/10 par kilomètre carré. Le premier rang est à la RUSSIE (16 millions de chevaux), qui possède à elle seule la moitié des chevaux existant en Europe ; mais qui, ayant une superficie supérieure à la moitié de l'Europe, reste quelque peu au dessous de la moyenne, dans le rapport du nombre des chevaux à l'étendue du territoire (environ 3 au kil. carré). Il faudrait encore ajouter au total les *rennes* (700,000) du nord et les *chameaux* (30,000) du sud-est.

Le second rang est partagé entre l'*Autriche-Hongrie* (3 millions 1/2) qui nourrit beaucoup de chevaux, surtout dans les plaines de la Hongrie ; la *France* (1,313,000), qui en élève beaucoup dans ses fermes du nord et dans ses prairies du nord-ouest ; et l'*Allemagne* (plus de 3 millions, dont 2 millions 1/2 pour l'Allemagne du Nord et 645,000 pour l'Allemagne du Sud), qui en élève beaucoup dans sa grande plaine du nord (Prusse, vallée de l'Elbe, Poméranie, Mecklembourg). Ces trois pays sont beaucoup au-dessus de la moyenne, possédant environ 6 chevaux par kilomètre carré. Les *Iles Britanniques* (1,700,000) sont un peu au dessous de ces trois pays (environ 5,3 par kil. carré) ; le *Danemark* (350,000), la *Belgique* (300,000), et la *Hollande* (255,000), notablement au dessus (environ 8 par kil. carré).

Les presqu'îles de l'Europe (moins le Jutland) sont les parties les moins bien partagées ; la presqu'île scandinave (500,000 chevaux et 150,000 rennes) est loin d'avoir un cheval au kilomètre carré, et les presqu'îles de la Méditerranée (presqu'île ibérique 475,000, Italie 1 million 1/2, Turquie 1/2 million peut-être, Grèce 70,000, Roumanie 1/2 million), auxquelles on peut joindre la Suisse (100,000), n'en ont guère que 2 au kilomètre carré. Les chevaux sont rares surtout en Turquie et en Espagne ; mais les ânes et les mulets, qu'on ne trouve presque pas dans l'Europe septentrionale, y sont nombreux, parce que l'âne, originaire des contrées du Midi, se contente plus facilement de pâturages maigres et secs.

Si, au lieu de comparer le nombre des chevaux à l'étendue du territoire, on le comparait au nombre des habitants, on arriverait à des résultats quelque peu différents : les péninsules (moins le Portugal) apparaîtraient toujours comme mal partagées et fort au dessous de la moyenne ; il en serait de même de l'Angleterre ; la Russie et le Danemark se trouveraient notablement au dessus, et on verrait que la Belgique et la Hollande sont les pays qui, proportionnellement à leur population, élèvent le plus de chevaux. C'est d'ailleurs le nord-ouest de l'Europe qui paraît avoir donné naissance au plus grand nombre d'espèces distinctes de chevaux (cheval breton, cheval boulonnais, cheval frison, cheval allemand, cheval percheron, etc. (1).

2° Le nombre des BÊTES A CORNES, taureaux, vaches, bœufs, veaux, à 90 *millions*, soit un peu moins de 10 têtes au kilomètre carré. La RUSSIE (22 millions), à cause de sa vaste étendue, est toujours au premier rang ; mais le nombre de ses animaux de race bovine n'est ici que le

1. Le cheval paraît originaire de ces contrées ; car on retrouve des ossements de chevaux fossiles dans les terrains quaternaires du nord-ouest de la France.

quart de la totalité, et ne donne guère que 4 têtes de bétail au kilomètre carré.

Le second rang, relativement à la quantité, est partagé entre l'ALLEMAGNE (15 millions 1/2, dont 11 pour le nord et 4 1/2 environ pour le sud) qui élève beaucoup de gros bétail dans les provinces rhénanes, la Saxe et la Bavière ; l'AUTRICHE-HONGRIE (13 millions 1/2), qui doit ce rang à la Hongrie et à la Galicie ; la FRANCE (12,733,000), dont les principales richesses sont dans les régions du nord et du nord-ouest ; et les *Iles Britanniques* (9 millions) : ces pays possèdent de 26 à 30 têtes par kilomètre carré.

Une place tout exceptionnelle doit être faite à trois petits pays : le *Danemark*, la *Hollande*, la *Belgique*, qui, à cause de leur peu d'étendue, ne possèdent qu'un nombre médiocre de têtes de gros bétail (1,200,000 à 1,300,000), mais qui, dans leurs gras pâturages toujours entretenus par les brouillards de l'Océan, en nourrissent jusqu'à 40 au kilomètre carré. La Suisse, malgré sa renommée et ses pâturages de montagne, n'en nourrit guère que la moitié.

Les trois péninsules du Midi (Espagne 2 millions, Portugal 1/2 million, Italie 3 millions 1/2, Roumanie plus de 2 millions 1/2, Grèce 70,000, Turquie très-peu) ayant un climat très-sec, peu de prairies naturelles et encore moins de prairies artificielles, ne sont pas mieux partagées que pour les chevaux. Elles ne nourrissent assurément pas, au kilomètre carré, plus de 7 têtes de gros bétail, parmi lesquelles il faut compter un certain nombre de buffles ; la presqu'île scandinave (3 millions) n'en nourrit guère que 4. Mieux que tout autre bétail, les bêtes à cornes marquent l'état de l'agriculture : là où elles sont nombreuses, on peut affirmer que la culture est avancée.

3° Le nombre des MOUTONS à 220 millions, soit environ 23 au kilomètre carré. La RUSSIE (50 millions) occupe toujours le premier rang, mais n'atteint pas même le quart de la totalité des moutons de l'Europe et la proportion de 9 au kilomètre carré.

Au second rang sont encore les ILES BRITANNIQUES (35 millions), qui élèvent un très-grand nombre de moutons en Écosse, dans les pâturages de l'ouest et dans les fermes du sud-est, plus pour la viande que pour la laine ; la FRANCE (30 millions), qui élève surtout dans le nord et le centre, pour la viande et pour la laine et qui tire aujourd'hui peu de profits de cette dernière industrie ; l'AUTRICHE-HONGRIE (30 millions), qui élève plus pour la laine que pour la viande, surtout en Hongrie ; l'ALLEMAGNE (29 millions 1/2, dont 27 au nord et plus de 2 1/2 au sud), qui élève surtout en vue de la viande dans le sud, et surtout en vue de la laine dans le nord-est. Ces pays entretiennent de 60 (Allemagne) à 110 (Grande-Bretagne) moutons par kilomètres carré.

Au troisième rang sont les *péninsules du Midi*, l'*Espagne* (17 millions 1/2), qui élève surtout des mérinos pour leur laine fine ; les autres États (Portugal 2 millions 1/2, Italie 9 millions, Roumanie 5 millions, Grèce près de 2 millions, Turquie beaucoup), qui élèvent surtout des moutons à laine commune et en entretiennent de 30 à 35 au kilomètre carré. Le Danemark (près de 2 millions) a peu de moutons ; la presqu'île Scandinave (3 millions), la Suisse (300,000), la Belgique (600,000), la Hollande (900,000) en ont très-peu, élevant à peine 20 moutons au kilomètre carré.

Si le bœuf est le signe d'une culture avancée, le mouton, qui trouve à brouter sur les pâturages maigres, dans les landes et les montagnes, est souvent le signe du contraire, surtout le mouton qu'on élève pour sa laine. Il ne faut pourtant pas faire de cette remarque une règle absolue ; car, si les contrées pauvres élèvent le plus de moutons, ces animaux vont souvent fumer les terres riches et s'y engraisser pour la boucherie.

4° Le nombre des porcs à 45 millions, soit 4 1/2 environ au kilomètre carré ; 9 millions en Russie ; 8 millions en *Autriche-Hongrie*, surtout en Hongrie : 7 millions 1/2 en *Allemagne*, surtout en Saxe et en Thuringe ; près de 6 millions en *France* ; 4 millions en Italie ; 3 millions dans les îles Britanniques. Le porc se trouve partout ; mais là où il est en très-grand nombre, il indique souvent l'existence de vastes forêts qui lui fournissent aisément une nourriture abondante.

5° Le nombre des *chèvres*, plus douteux encore que tous les autres, à 15 *millions*. C'est un animal qui craint le froid et qui aime les régions montagneuses ; aussi le trouve-t-on dans les *péninsules méditerranéennes* (Espagne 3 millions, Portugal 1 million, Italie et Turquie beaucoup, Roumanie 1/2 million, Grèce 2 millons 1/3, Dalmatie 1 million 1/2), et dans la Russie méridionale (1 million 1/2).

A ces cinq grandes espèces, il faut ajouter la *volaille* qu'on élève partout, mais nulle part autant qu'en *France* ; les *abeilles* qui, recherchant surtout le thym et le romarin, ne sont nulle part aussi nombreuses que dans les *pays de montagnes* (Suisse, Piémont, Thuringe, Grèce, etc.), et dans les *landes et bruyères* (Bretagne, Gâtinais, Écosse, Lunebourg, Russie méridionale, etc.).

Si, par un procédé, usité en statistique, on ramène les diverses espèces de bétail à une même unité (la tête de gros bétail) (1), on arrive aux résultats suivants qui aident à juger de l'économie rurale en Europe :

En premier lieu, l'Europe possède, en moyenne, 16 *unités de bétail au kilomètre carré*, c'est-à-dire par 100 hectares, ou, sous un autre point de vue, 55 *unités par* 100 *habitants*.

1. En comptant 10 moutons, 10 chèvres, 6 porcs, 2 ânes ou mulets, 1 bête à cornes, 1 cheval pour une unité.

En second lieu, on peut partager l'Europe en QUATRE GRANDES RÉGIONS :

1° LE NORD ET L'EST. Dans cette région sont compris, en première ligne, le DANEMARK, lequel mérite une place tout exceptionnelle, étant, grâce à ses beaux pâturages dont le voisinage de la mer entretient constamment la fraîcheur, fort au-dessus de la moyenne et par le nombre d'unités au kilomètre carré (47), et par le nombre d'unités par 100 habitants (105) ; en seconde ligne, la *presqu'île Scandinave* (5 1/2 au kilomètre carré, 72 par 100 habitants), et la *Russie* (8 au kilomètre carré, 69 par 100 habitants), qui, dans leurs vastes territoires peu peuplés peuvent, sans de grands efforts et sans une grande science agricole, élever plus de bétail qu'il n'en faut pour nourrir la population. Cette région à laquelle on peut rattacher la *Roumanie*, quoique son économie rurale ait un caractère de richesse distinct (33 au kilomètre carré, 86 par 100 habitants), exporte une partie de ses produits.

2° Le CENTRE atteint à peu près la moyenne de 55 unités par 100 habitants, et par conséquent se suffit à peu près à lui-même ; c'est pourquoi, si l'on considère l'ensemble, on s'aperçoit que, toute compensation faite, cette région n'importe ni n'exporte, en temps ordinaire, bien que le bétail donne lieu à de nombreux échanges entre les Etats qui la composent, et qu'un mouvement général porte régulièrement une partie des approvisionnements de l'est vers l'ouest où sont surtout les districts manufacturiers, comme nous l'avons déjà remarqué pour les forêts. Mais cette région, où la population est plus dense que dans la précédente, n'arrive à la moyenne relativement au nombre des habitants, qu'en forçant la terre, par une culture savante, à nourrir de 34 à 43 unités de bétail au kilomètre carré : elle comprend l'*Autriche-Hongrie* (34 au kilomètre carré, 60 par 100 habitants ; la *Suisse* (36 au kilomètre carré, 60 par 100 habitants ; l'*Allemagne* (43 au kilomètre carré, 59 par 100 habitants), dans laquelle l'Allemagne du Sud fournit un appoint notablement supérieur à celui de l'Allemagne du Nord ; et la *France* (38 au kilomètre carré, 54 par 100 habitants).

3° Le Nord-Ouest, où la population est plus pressée que partout ailleurs en Europe (excepté le royaume de Saxe (1) où les mêmes phénomènes se produisent), doit au grand nombre de bras, à la science agricole, au soin avec lequel on tire de tous les coins de terre le plus de produits possible, au développement des prairies artificielles et de la culture des racines, de pouvoir nourrir un plus grand nombre de têtes de bétail au kilomètre carré. Mais, quelque effort que fasse l'agriculture, elle n'arrive pas à élever relativement à la population, un nombre de têtes égal à celui des régions précédentes et demeure à cet égard au-dessous de la moyenne. Toutefois il convient de faire une réserve ; la statistique, fût-elle exacte, ne représente ici qu'une partie de la vérité : car toutes les têtes de bétail ne se valent pas ; et, en général, dans l'extrême ouest, les bêtes à cornes, mieux élevées, donnent beaucoup plus de viande et de lait ; les moutons sont engraissés pour la boucherie, tandis que dans l'est, on les élève plutôt en vue de la laine. Ce qui, cependant, n'empêche pas que cette région, dont les habitants, riches par l'industrie, consomment précisément beaucoup de viande (2), ne suffise pas à sa propre alimentation et importe constamment. Elle comprend : la Belgique (55 au kilomètre carré, 31 par 100 habitants), la Hollande (56 au kilomètre carré, 44 par 100 habitants), et les îles Britaniques (49 au kilomètre carré, 52 par 100 habitants).

1. On pourrait aussi placer la région septentrionale de la France dans la même exception.
2. La moyenne de la consommation de la viande par tête est d'environ 28 kilog. en Grande-Bretagne, 18 en Belgique, 25 en France et en Saxe, 20 en Russie, tandis qu'elle n'est guère que de 9 dans l'Europe méridionale.

4° Le Sud, qui, sous le double aspect de la superficie (excepté pour l'Italie) et de la population, est pauvre en bétail, se trouve bien au-dessous de la moyenne. Cette région qui comprend l'Espagne (11 au kilomètre carré, 34 par 100 habitants), le Portugal (11 2/3 au kilomètre carré, 28 par 100 habitants), l'Italie (24 au kilomètre carré, 28 par 100 habitants), la Grèce (12 au kilomètre carré, 44 par 100 habitants), est occupée par une population qui, nourrie de végétaux substantiels et vivant sous un climat chaud, éprouve moins que celles du Nord le besoin de manger de la viande. Nous avons eu la même remarque à faire à propos des céréales.

389. La chasse et la pêche. — La chasse et la pêche, principaux moyens d'existence des peuples sauvages, incapables de plier la nature à produire des aliments de leur choix, sont encore un appoint important dans l'alimentation des peuples civilisés.

La *chasse*, toutefois, n'est une ressource digne de mention que dans les contrées que le laboureur a peu défrichées, dans les forêts de la Russie septentrionale, de l'Allemagne orientale, de la Bohême et des Carpathes, où elle fournit de la viande et des pelleteries.

La *pêche* est plus importante, parce qu'elle comprend tout le domaine des eaux ; une petite partie seulement de ce domaine (étangs, etc.) est, comme le sol, soumise à une exploitation régulière ; la plus grande partie, la mer surtout, est presque entièrement soustraite à la discipline de l'homme et peut être considérée comme un vaste champ non de production méthodique, mais de chasse aquatique. La PÊCHE MARITIME, en Europe, est importante sur les CÔTES MÉRIDIONALES DE LA RUSSIE (mer Caspienne et mer d'Azoff), où l'on poursuit surtout l'esturgeon ; sur les *côtes d'Italie* et de Provence, où le thon est le poisson le plus recherché ; sur les côtes du *golfe de Gascogne*, qui donne une grande variété de poissons et, entre autres, la sardine; dans la *mer du Nord* qui fournit en abondance aux marins anglais, norvégiens et hollandais, le hareng, la morue, etc.

398. Les minéraux. — La production agricole est un fait général, parce que l'homme ne peut vivre, et ne s'établit, hors un très-petit nombre d'exceptions, que là où il trouve, en totalité ou du moins en grande partie, sa subsistance. La *production minérale*, au contraire, est un fait particulier qui, par suite de la composition du sol, se produit en tel lieu et ne saurait jamais se produire en tel autre. Cependant *on peut dire, d'une manière générale et un peu vague, qu'elle est d'autant plus abondante que les populations sont plus denses*, soit parce que les mines ont attiré un grand nombre d'habitants, soit parce que le grand nombre d'habitants a conduit à explorer, et permet, par la facilité des communications, d'exploiter plus complétement les richesses souterraines.

Parmi ces richesses, deux ont, dans l'état actuel de la civilisation, une importance qui les met au dessus de toutes les autres.

1° La HOUILLE, dont la production, toujours croissante d'année en année, peut être portée (avec le lignite) à 162 *millions de tonnes*. Au premier rang, est la GRANDE-BRETAGNE dont les vastes bassins (Glasgow, Northumberland, Lancashire, Yorkshire, Stafforshire, Galles, etc.), couvrent une surface de 15,000 kilomètres et rendent plus de 105 millions de tonnes. Au second, l'ALLEMAGNE DU NORD (Haute-Silésie, Saxe, Ruhr, Sarre, etc.), qui donne 23 millions 1/2 de tonnes, sans compter 6 millions de tonnes de lignite (l'Allemagne entière donne environ 28 millions de tonnes de houille). Au troisième, la *France* (Valenciennes, Centre, Loire, etc.), qui donne aujourd'hui plus de 12 millions 1/2 de tonnes; et la *Belgique* (Sambre et Meuse) dont le petit territoire fournit presque autant que la France (14 millions). Au quatrième, l'*Autriche-Hongrie* (4 millions 1/2), dont les principales richesses en combustible consistent dans les houilles et lignites de la Bohême. Les autres pays méritent à peine d'être signalés : l'Espagne n'extrait pas un demi-million de tonnes ; la Russie beaucoup moins ; l'Italie, la Turquie, la Suède, la Suisse ne possèdent, la tourbe exceptée, que des quantités insignifiantes de combustibles minéraux.

2° Le FER qui, suivant le degré et le mode de préparation, est employé sous forme de fonte, de fer ou d'acier, et dont la production totale (sous sa forme la plus grossière, la fonte) peut être évaluée à près de 8,300,000 *tonnes*. Au premier rang est encore la GRANDE-BRETAGNE qui, avec son propre minerai (minerai de Glasgow, de Cleveland, du Staffordshire, du pays de Galles, etc.) et avec du minerai importé, produit, dans ses vastes usines des comtés de Stafford, d'York, de Lanark, de Glamorgan, etc., plus de 5 millions 1/2 de tonnes ; au second rang, la FRANCE dont les minières et les usines du Nord, de la Bourgogne et Champagne, du Cher, de la Franche-Comté, etc., donnent 1,200,000 tonnes ; au troisième, l'*Allemagne du Nord* (plus de 800,000 tonnes) remarquable surtout par les aciers du bassin de la Rhur ; au quatrième, la *Belgique* (1/2 million de tonnes), qui a ses usines dans le bassin de Sambre et Meuse, et l'*Autriche*, dont on estime, non sans exagération peut-être, à plus de 600,000 tonnes la production, concentrée principalement dans la région alpestre ; au cinquième, la *Russie* (près de 300,000 tonnes) dont les principales usines sont dans le voisinage de l'Oural ; la *Suède* et la *Norvége* dont les usines, situées presque toutes entre Gêfle et le Skager-Rack, donnent environ 240,000 tonnes d'un fer généralement très-estimé. Les péninsules de la Méditerranée, Espagne (environ 50,000 tonnes), Italie (à peine 30,000 tonnes), et Turquie viennent au dernier rang, quoique certains districts (Evora, l'île d'Elbe, etc.) fournissent de bons minerais ; mais on les exporte vers les pays qui possèdent le combustible.

Les quatre premiers pays (Grande-Bretagne, France, Allemagne du Nord, Belgique), qui donnent 7 millions de tonnes (environ les 7/8 de la production totale), fabriquent, exclusivement ou principalement leurs fers à la houille ; les autres le fabriquent principalement au charbon de bois.

Les contrées qui réunissent la houille et le fer possèdent le moteur et l'outil, c'est-à-dire les deux éléments principaux, après l'activité laborieuse de l'homme, de la production manufacturière : aussi ne faut-il pas s'étonner que ce soient les contrées où l'industrie est le plus prospère.

Après la houille et le fer, les métaux les plus importants de l'Europe sont le PLOMB (environ 100,000 tonnes de métal) d'*Angleterre* (70,000 tonnes), de Belgique, de Portugal, d'Espagne, d'Italie, de Prusse, d'Autriche, de France, etc. (1) ; le CUIVRE (24,000 tonnes de métal) d'ANGLETERRE (12,000 tonnes), de *Russie*, de Suède, de Prusse, d'Espagne, de Belgique, d'Italie, etc. ; le ZINC (110,000 tonnes de métal) de PRUSSE (60,000 tonnes), de *Belgique*, d'Angleterre, de Russie, de France, d'Espagne ; l'ÉTAIN (plus de 9,000 tonnes de métal) d'*Angleterre* (8,800 tonnes), de Suède, de Saxe, d'Autriche, d'Espagne (2) ; l'*or* (environ 23 tonnes) de la *Russie*, de l'Autriche-Hongrie, etc. ; l'*argent* (environ 180 tonnes) de l'*Espagne*, de la *Prusse*, de l'Autriche-Hongrie, de l'Angleterre, de la Russie, et des autres pays qui exploitent le plomb argentifère ; le *mercure* (plus de 1,400 tonnes)

1. Dans ces énumérations et dans toutes celles qui suivent, les États et les villes sont classés par ordre décroissant d'importance.

2. Sans compter la Hollande qui passe sur le marché européen avant l'Angleterre, mais dont l'étain provient des îles de la Sonde.

d'*Almaden*, en Espagne (plus de 800 tonnes), d'*Idria*, en Autriche, du Palatinat et de la Toscane ; le *manganèse* (environ 22,000 tonnes de minerai) de *Prusse* (Nassau), d'Espagne, d'Angleterre, de France, d'Autriche et d'Italie ; l'*antimoine* (plus de 4 000 tonnes) (1) d'*Angleterre*, d'Autriche, de Prusse, de France, d'Italie, d'Espagne ; l'*arsenic* (2,500 tonnes de minerai) de Prusse, d'Angleterre, d'Autriche ; le *nickel* (environ 2,800 tonnes de minerai) d'*Angleterre*, d'Autriche, de Prusse, de Suède, etc. ; le cobalt de Saxe et de Hongrie ; l'aluminium fabriqué à Newcastle, etc.

C'est généralement dans les roches les plus anciennes qui se rencontrent les filons métalliques ; les principaux districts qui les renferment sont le *Cornouailles* et le *Northumberland* en Angleterre, les *monts Cantabres* et le *massif montagneux de l'Andalousie orientale* en Espagne, le *pays de Liége* en Belgique, le *Harz* et la *Haute-Silésie* en Prusse, la *Bohême*, les massifs du *mont Liptau* et du *mont Bihar* en Hongrie, la *province de Suède* dans la presqu'île Scandinave, et l'*Oural méridional* en Russie.

Le SOUFRE (230,000 tonnes) d'ITALIE et les pyrites de fer qui, dans les autres pays, sont aujourd'hui employés à la fabrication de l'acide sulfurique, le SEL *des salines de la Méditerranée*, du *Portugal* et de la *France occidentale*, des mines de sel gemme (*Autriche, Prusse, Saxe, Allemagne du Sud, Lorraine, Franche-Comté*, etc.) et des lacs salés (*Russie méridionale*) doivent être classés au nombre des productions les plus importantes du règne minéral.

Il en est de même des pierres et autres *matériaux de construction* qu'on extrait des carrières ; car ils contribuent à la création des grandes agglomérations urbaines en facilitant la construction des édifices. Mais, étant très-

1. Comprenant l'antimoine cru ou sulfure d'antimoine et la régule ou antimoine métallique.

pesants et très-répandus dans la nature, ces matériaux, à quelques exceptions près, comme le marbre de Carrare, sont rarement l'objet d'un commerce lointain.

391. La classification des industries. — Parmi les besoins matériels de l'homme, le premier et le plus impérieux est celui de se nourrir; puis de se vêtir et de se loger. De là trois grandes catégories d'industries, auxquelles le besoin de se transporter ou de transporter les fardeaux, et le besoin de former ou de récréer l'esprit en ajoutent deux autres, quand la civilisation est plus avancée. On peut ainsi grouper les travaux industriels sous cinq chefs distincts : industries de l'alimentation ; industries du vêtement et de la toilette qui sont elles-mêmes comprises pour la plupart dans les industries textiles ; industries du logement et, par conséquent, de l'ameublement ; industries relatives au transport ; industries fournissant les produits matériels nécessaires à la satisfaction des besoins intellectuels ; toutes travaillant pour procurer aux hommes des jouissances personnelles.

Mais plus l'homme est avancé en civilisation, mieux il sait s'armer d'outils, de machines, d'agents naturels appropriés, qui facilitent son travail et centuplent sa puissance d'action sur les matériaux bruts que l'agriculture et les mines mettent à la disposition de son industrie. De là toute une catégorie d'industries, les industries préparatoires, subdivisées en industries mécaniques et en industries chimiques, dont les produits sont destinés généralement à servir d'instruments à une production ultérieure.

392. Les industries préparatoires. — Les INDUSTRIES PRÉPARATOIRES, fabrication des outils, des machines, de la quincaillerie, des armes, etc., emploient beaucoup de métaux, surtout de fer, et beaucoup de combustible.

Aussi est-on certain de les rencontrer en grand nombre *là où sont le fer et la houille,* à moins qu'elles n'aient été se fixer dans les grands centres de communication, où leurs produits sont très-demandés. En effet, nulle part elles ne sont aussi développées qu'en GRANDE-BRETAGNE, dans le Staffordshire, le West-Riding, à Glasgow, etc.; en *Belgique* dans la province de Liége, etc.; en *Prusse* dans le bassin de la Ruhr et à Berlin; en *France* dans le département du Nord, dans le bassin de Saint-Étienne et à Paris; en Autriche dans la Styrie et la Carinthie et aux environs de Vienne. Les ateliers de construction de la Suisse (Zurich et Winterthur) font exception à la règle et s'expliquent par la liberté du commerce, les chutes d'eau et le bas prix de la main-d'œuvre.

Les INDUSTRIES CHIMIQUES, fabrication de l'alcool, des acides, des produits chimiques en général, des huiles et savons, préparation des cuirs, etc., recherchent aussi la houille, mais elles *recherchent* également beaucoup *le voisinage de leurs matières premières qui sont très-diverses et des fabriques qui consomment leurs produits.* Aussi sont-elles plus disséminées que les industries mécaniques.

La GRANDE-BRETAGNE est encore dans les premiers rangs, et, comme c'est de l'étranger qu'elle tire la majeure partie de ses matières premières, ses fabriques sont dans les ports (Glasgow, Londres, Liverpool). La *France* avec Paris, Marseille, Lyon, Rouen, etc.; la *Belgique* avec la province de Namur; l'*Allemagne* avec les provinces rhénanes et la Silésie, la suivent de près. Puis, assez loin derrière ces pays, viennent l'Autriche avec Vienne et la Bohême; la Russie, grâce à son suif et ses peaux; et, beaucoup plus loin, l'Italie à laquelle la nature fournit certaines matières qu'on ne trouve pas ailleurs (acide borique, etc.). La préparation des *peaux,* dans laquelle la *Russie* occupe un rang important, constitue une industrie particulière, liée à l'existence du bétail et, par conséquent, importante en *Danemark*, en *Suède*, en *Allemagne*, en France, en Suisse, et même jusqu'à un certain point dans les péninsules du Midi.

393. Les industries alimentaires. — Les industries alimentaires sont nécessairement pratiquées partout ; mais, la plupart du temps, ce sont ou des industries purement agricoles (vin, eau-de-vie, cidre, bière, sucre, tabac, etc.), ou de petites industries, produisant au jour le jour, sans débouché lointain, et qui ne peuvent fixer l'attention de la géographie économique. Il y a pourtant un pays distingué entre tous par sa *cuisine* qui attire les consommateurs étrangers et qui exporte ses produits, c'est la *France*. La MEUNERIE est exercée comme une grande industrie principalement dans les lieux qui importent ou exportent des céréales (*Hanau, Odessa, Valladolid, Danzig, Marseille*, etc.). L'EAU-DE-VIE de vin ne constitue une industrie importante qu'en *France*; l'eau-de-vie de pommes de terre et de grains est fabriquée et consommée en très-grande quantité dans *tout le nord et l'est de l'Europe*, dans la Russie, l'Allemagne du Nord, l'Autriche, l'Angleterre, etc.; la BIÈRE dans l'ANGLETERRE, la *Bavière*, la *Bohême*, l'*Allemagne du Nord*, (v. le § 384) ; le SUCRE en FRANCE, en *Allemagne*, en Russie, en Autriche, etc. (v, le § 385). Les pays qui font le plus de FROMAGES ou les fromages les plus renommés dans le commerce sont les pays de pâturages, l'*Angleterre* (Chester, Stilton); la *France* (Brie, Roquefort, Marolles, Livarot, etc) ; la *Hollande* et la plaine du nord de l'Allemagne jusqu'au Danemark inclusivement ; la *Suisse* (Gruyère) et tout le groupe alpestre ; l'Italie. La *charcuterie* d'*Angleterre*, de *France*, d'Allemagne (Westphalie, etc.), de Danemark, d'Italie, d'Espagne, c'est-à-dire de la plupart des pays qui élèvent beaucoup de porcs, est renommée ; la *confiserie* de *France*, de Saxe et d'Italie l'est également.

394. Les industries textiles. — Les industries textiles sont aussi du nombre de celles qui sont nécessairement exercées dans tous les pays quelque peu civilisés. Mais longtemps elles ont été des industries toutes rurales et domestiques ; elles le sont encore dans une grande partie des campagnes de l'Europe, surtout de l'Europe orientale, septentrionale et méridionale. Sur quelques points seulement de ces régions et dans l'Europe occidentale, elles ont constitué des groupes importants, formés soit d'ouvriers ruraux travaillant dans leur chaumière, soit de grandes manufactures. *La présence, dans les campagnes voisines, de l'une des matières textiles que l'Europe a de tout temps produites* (chanvre, lin et laine), *a déterminé le plus souvent la formation de ces groupes.*

1° Le LIN et le CHANVRE servent à fabriquer la TOILE et la *corde*; le premier est presque exclusivement employé dans le nord ; le second, conjointement avec le premier, dans le centre et le sud (v. le § 385). Au premier rang dans ce genre d'industrie sont les *îles Britanniques* et surtout l'IRLANDE (Belfast, etc.), renommée pour ses toiles fines ; les îles Britaniques seules emploient en grande quantité une matière exotique, très-inférieure au chanvre, le jute. Au second rang, la *France* (région du nord-ouest) qui tisse le chanvre et le lin, et plus de chanvre qu'aucun autre pays ; la *Belgique* (Flandre) qui donne les plus belles toiles de lin ; l'*Autriche-Hongrie* dont le principal groupe est en Bohême, dans le voisinage de la Silésie, et l'*Allemagne du Nord* (Westphalie, Saxe, Haute-Silésie). La Russie (nord et centre) ne travaille que pour sa propre consommation ; et partout ailleurs (Italie, Espagne, Hollande, etc.) le tissage de la toile est sans importance commerciale.

2° La LAINE a servi de tout temps à faire le DRAP (fabriqué avec la laine cardée), et sert de plus aujourd'hui avec la laine peignée, à faire des étoffes très-variées, dites *tissus ras*. Les contrées qui élèvent les moutons ont appris de bonne heure à tisser leur laine (v. le § 388), et les plus industrieuses ont en outre importé des laines étrangères. L'ANGLETERRE (West-Riding, Lancashire, etc.), avec 6 millions 1/2 de broches, est au second rang pour la laine cardée, et au premier pour la laine peignée (Bradford, etc.). La FRANCE (Nord, Normandie, Ardennes, Languedoc, etc.), qui fait beaucoup de draps, est au premier rang pour la laine cardée, avec 3,300,000 broches de filature dans l'un et l'autre genre ; viennent ensuite l'*Allemagne* (Saxe, Brandebourg, province du Rhin) avec près de 1 million 1/2 de broches ; l'*Autriche* (Bohême et Moravie) avec près de 400,000 broches; la *Belgique* (Verviers, etc); et, derrière elles, l'*Espagne* (Barcelone, etc.) et la *Russie* (Moscou et environs). Les autres groupes sont sans importance.

Deux autres fibres textiles, introduites l'une au moyen âge, l'autre dans les temps modernes, la soie et le coton, ont donné naissance à deux autres industries textiles qui, en général, se sont fixées, la première dans les lieux où le ver à soie est élevé, la seconde dans le voisinage des ports d'importation, et toutes deux parmi les populations déjà habituées au tissage des autres matières.

3° La SOIE sert à fabriquer les soieries, les velours, les rubans, etc. Ici la FRANCE a le premier rang (Lyon et la vallée du Rhône, etc.). Le second appartient à l'*Angleterre* (Manchester, etc.), à l'*Allemagne* (provinces rhénanes, Alsace, etc.), puis à la *Suisse* (Bâle). L'Italie, l'Autriche, la Russie, la Belgique, l'Espagne comptent à peine.

4° Le COTON, le dernier venu en Europe, est aujourd'hui la plus importante des fibres textiles. On a calculé que 48 millions de broches environ sont constamment occupées à le filer. Comme il est introduit en Europe par mer et qu'il vient surtout d'Amérique, il est facile de comprendre pourquoi, à tous égards, l'ANGLETERRE tient le premier rang (Manchester et le Lancashire, Glasgow); à elle seule, elle file avec ses 32 millions de broches plus de coton que le continent européen tout entier (environ 58 p. 100 du total). Au second rang, la FRANCE (Normandie, Lyon, Saint-Quentin, etc.), avec 4,750,000 broches et une consommation d'environ 15 p. 100 du coton importé en Europe ; et l'*Allemagne* (Alsace, Saxe, province du Rhin, Bavière, Wurtemberg, Silésie) avec près de 4,300,000 broches. Au troisième rang, l'*Autriche* (Basse-Autriche et Bohême), la *Russie*, (Moscou et environs), et la *Suisse* (Zurich, etc.) chacune avec plus de 1 million 1/2 de broches. L'Espagne et l'Italie en possèdent aussi un assez grand nombre.

La *bonneterie*, la *dentelle* et la *broderie* se rattachent directement aux industries textiles ; toutes trois exigeant une main-d'œuvre à bon marché et pouvant être exercées dans la chaumière ou au milieu des champs, sont presque partout des industries rurales. La première a une très-grande importance en *Angleterre* (Nottingham), en *France* (Troyes, Amiens, Paris, etc.), en *Saxe*. La seconde et la troisième, qui ont pour siège ordinaire les districts montagneux, ont une importance presque égale en *France* (Vosges, Nord, le Puy, Normandie); en *Angleterre* (Nottingham, Buckingham, Irlande, etc.); en *Belgique*, en *Suisse* (Saint-Gall, etc.) et dans le Voralberg où l'on fait presque exclusivement de la broderie ; en *Saxe* et en Bohême ; et une importance bien moindre dans les péninsules du Midi (dentelles de Catalogne, dentelles et broderies de Lombardie, broderies en or et argent de Turquie).

395. Les autres industries. — Les autres industries, répondant à des besoins moins généraux, sont loin de présenter des groupes aussi considérables que les industries textiles.

Le vêtement et la toilette ne sont pas uniquement desservis par le tissage. La chaussure emploie les *sabots* usités dans les campagnes et fabriqués dans les *forêts* ; les tresses d'écorce usitées en Russie et fabriquées avec les tilleuls des forêts ; les *souliers*, bottes et autres chaussures de cuir, usités dans les villes et dans un grand nombre de campagnes et fabriqués surtout dans les *grandes villes* (Paris, Northampton, Londres, Bruxelles, Gand, etc.) et dans certains cantons où le cuir est en abondance (Palatinat, etc.). La coiffure emploie le *chapeau* de soie ou de feutre que fabriquent les *grandes villes* (Paris, Londres, Vienne, Bruxelles); et les *chapeaux de paille* qui viennent de la campagne, (*Toscane*, Belgique, etc). La *ganterie* a son siége dans les *grandes villes* (Paris, Londres, Bruxelles, Naples) et dans certains lieux qui fournissent les peaux (Grenoble, etc.). La *parfumerie* dans les *grandes villes* aussi (Paris, Londres, Berlin, Cologne, Bruxelles, etc.). La *bijouterie*, à *Paris*, *Birmingham*, Bruxelles, Berlin, Hanau, Pforzheim, Moscou, Gênes, etc.

Partout, pour loger les hommes, on construit des maisons : maisons de pierre et de moellons dans les villes qui ont des carrières dans leur voisinage ; maisons de briques, dans les autres ; maisons de bois, dans les campagnes forestières ; maisons de pisés ou de moellons, dans les autres. Cette industrie ne peut être pratiquée que sur les lieux mêmes, et elle a par conséquent d'autant plus d'importance que les villes elles-mêmes sont plus considérables.

A l'ameublement de ces maisons concourent de nombreuses industries. L'*ébénisterie*, surtout dans les articles de luxe, est encore le privilége des *grandes villes* (Paris, Londres, Bruxelles, Berlin, etc.). La céramique place quelquefois ses établissements dans les *grandes villes* (Paris, Berlin, etc.), plus souvent *à proximité des houillères, des forêts et des argiles plastiques* (*Staffordshire*, *Limoges*, *Vosges*, *Berry*, *Saxe*, *Thuringe*, *Silésie*, *Bohème*, *environs de Charleroi*, Bavière, etc.). La verrerie et la cristallerie sont dans le même cas, mais elles s'attachent plus étroitement *aux lieux où se trouve le combustible*

Vosges, *Nord*, *Centre* et *bassin de la Loire*, en France; *Lancashire*, *Birmingham*, et *bassin de Newcastle*, en Angleterre; *Hainaut*, en Belgique; *Silésie* et *bassin de la Ruhr* en Allemagne; *Bohême* en Autriche; gouvernement de Wladimir en Russie, etc.). La *coutellerie* s'exerce principalement dans les localités qui possèdent l'acier, *Sheffield*, *Solingen*, *Nogent*, *Saint-Etienne* et *Namur*; mais quelquefois aussi dans les grandes villes, comme *Paris*, *Londres*, et quelquefois en d'autres lieux, comme *Thiers*, *Chatellerault*, *Nuremberg*, *Nijni-Novgorod*, etc. L'*horlogerie*, pour les articles de précision, a pour centre les *grandes villes* (*Londres* et *Coventry*, *Paris* et *Besançon*, *Genève*, *Berlin*, etc.); et, pour les articles communs, les *districts montagneux* (*forêt Noire*, Jura, monts de Silésie, etc.).

Les industries relatives aux transports comprennent les CONSTRUCTIONS NAVALES qui ont lieu surtout dans les *grands ports*, *Londres*, *Newcastle*, *Liverpool*, *Glasgow*, *Marseille*, le *Havre*, Saint-Nazaire, Rotterdam, Anvers, Stettin, Kiel, etc., et qui sont, depuis l'emploi de la vapeur et des coques en fer, intimement unies avec les *industries mécaniques*, comme l'est la construction du *matériel des chemins de fer*; la carrosserie de luxe a ses ateliers les plus renommés à *Londres*, *Paris*, Bruxelles, Berlin, Vienne, Dresde, etc.

Aux besoins intellectuels répondent LA PAPETERIE qui recherche surtout les eaux pures, et qui est exercée en première ligne en *Angleterre* (Kent et Newcastle); en seconde ligne, en *France* (Angoulême, Annonay, etc.); en troisième ligne, en *Belgique*; puis en Allemagne (prov. du Rhin, Alsace, etc.), en *Autriche* (Bohême, etc.), en *Italie* (Ligurie, Terre de Labour, etc.); l'IMPRIMERIE qui est surtout développée dans les *grandes villes* et dans les pays où l'instruction est généralement répandue (*Londres*, *Paris*, *Bruxelles*, *Leipzig*, Berlin, Dresde, Genève, Vienne); la fabrication des *instruments de musique* qui est pratiquée dans les grandes villes (*Paris, Londres, Vienne,* Leipzig, Bruxelles), et souvent aussi dans les districts qui fournissent le bois (*Mirecourt, Bohême, Thuringe,* Haute-Bavière, Lombardie, etc.).

La plupart des industries de ces dernières catégories ont pour siéges principaux les grandes capitales de l'Europe centrale et plus encore de l'Europe occidentale; c'est, en effet, dans les grands centres de population riche que sont d'une part, les besoins les plus divers et les plus nombreux, et, d'autre part, les artisans les plus habiles.

396. Les grands groupes industriels. — Nous avons vu que LA CULTURE LA PLUS INTENSE EST CELLE DU NORD-OUEST DE L'EUROPE, et que l'extrême nord-ouest est la portion qui, relativement à sa superficie, nourrit le plus de bétail. LA RÉGION DU NORD-OUEST EST AUSSI CELLE OÙ LA PRODUCTION INDUSTRIELLE EST LE PLUS DÉVELOPPÉE, celle où les fabriques sont le plus nombreuses, le plus pressées et le plus importantes, comme on peut s'en rendre compte en regardant la carte (Voir le carton nº 1 de la carte). L'Europe centrale et occidentale, principalement l'*Europe Occidentale* (provinces Rhénanes, Belgique, Grande-Bretagne) est la portion que la nature a *le mieux dotée en minéraux utiles*, surtout en houille (voir le carton nº 1 de la carte). Les hommes ont fait le reste, et ils ont formé deux grands groupes manufacturiers :

1° Le GROUPE OCCIDENTAL, qui est de beaucoup le plus important, comprend le nord-est de l'Irlande, la Grande-Bretagne jusqu'au Tay; la Belgique; les provinces du Rhin, jusqu'à l'extrémité orientale des bassins de la Ruhr et de la Lahn; la Suisse occidentale; la France orientale et septentrionale jusqu'à Lyon et au bassin de la Loire au sud, jusqu'à l'extrémité du Maine et de la Normandie à l'ouest. LONDRES et PARIS sont les capitales de ce groupe; la HOUILLE y est le grand moteur des ateliers et y donne la chaleur; on peut évaluer approximativement la force produite à 2,280,000 CHEVAUX-VAPEUR, sur lesquels les îles Britanniques paraissent en posséder à elles seules 1,800,000 (1).

2° Le GROUPE DE SAXE ET BOHÊME s'étend au nord jusqu'à Berlin; à l'est, jusqu'au Harz; à l'ouest, sur toute la Silésie occidentale et la Haute-Silésie; au sud-est jusqu'au delà de Vienne : le bois, les chutes d'eau et la houille (env. 600,000 chevaux-vapeur) donnent concurremment le mouvement et la chaleur aux fabriques.

En dehors de ces deux grands groupes, il n'y a plus que des groupes tout à fait secondaires, comme ceux de *Barcelone*, de *Marseille*, du *Languedoc*, de *Florence*, de *Nuremberg*, de *Moscou*, etc.

Quelque dense que soit la population *dans les deux grands groupes* et surtout dans le groupe occidental, la *production industrielle*, qui ne rencontre pas dans la nature les mêmes limites que la production agricole, *y dépasse sensiblement la consommation*, ce qui permet d'acheter les subsistances et les matières premières qui manquent. Quelle est la valeur totale de cette production industrielle? Il est impossible d'en donner une évaluation satisfaisante; mais il résulte de tous les calculs des statisticiens que, comparé à la population, LE REVENU INDUSTRIEL EST, EN MOYENNE, PLUS GRAND PAR TÊTE D'HABITANT EN ANGLETERRE ET EN BELGIQUE QU'EN FRANCE; EN FRANCE QU'EN ALLEMAGNE ET EN AUTRICHE; ET PLUS GRAND DANS CES DERNIERS PAYS QUE DANS L'EUROPE ORIENTALE ET MÉRIDIONALE.

1. Cette évaluation (2,280 000) très-vague, sans doute, équivaut à peu près au travail que feraient, en tournant des manivelles, 70 millions de manœuvres.

2ᵐᵉ section.

LES ÉCHANGES.

(Voir la carte n° 33.)

397. Les voies de communication. — Il s'en faut de beaucoup que l'Europe soit partout munie de bonnes routes, le plus ordinaire de tous les moyens de communication. Le nord, l'est, le sud (la Lombardie exceptée) et plusieurs régions montagneuses du centre en sont, en grande partie, dépourvus. Rien n'y supplée dans le sud, surtout dans les péninsules Hispanique et Hellénique, où l'on en est réduit, comme au temps où l'homme n'avait pas encore pris possession du sol par ses œuvres, à effectuer la plupart des transports à dos de bête de somme. Dans le nord (Scandinavie) et surtout dans la vaste plaine de l'est, sur laquelle s'étend l'Empire Russe, le traînage en hiver sur la neige durcie, mode de transport à la fois rapide et économique, remplace les routes. C'est *dans le nord-ouest de l'Europe* (France, Belgique, Pays-Bas, Angleterre), que *les routes et les chemins carrossables sont le plus nombreux et le mieux entretenus,* parce que c'est la région dans laquelle il y a le plus de richesse et de circulation.

Les cours d'eau, ces « chemins qui marchent » et dont la nature a fait les premiers frais, ont été, avant les routes de terre, les grandes voies du commerce : les hommes les ont perfectionnés par des travaux d'art et surtout par la construction des canaux qui font communiquer entre eux les bassins. La NAVIGATION INTÉRIEURE (par fleuves, rivières et canaux) est nulle dans la Scandinavie septentrionale (1) et à peu près nulle dans les péninsules

---

1. Il n'en est pas de même dans la Suède méridionale, où, grâce aux lacs et aux canaux, la navigation, même à vapeur, est active.

du midi où le terrain tourmenté ne permet généralement pas aux fleuves de porter bateau. Elle est au contraire *importante* :

1° Dans la *Russie*, immense surface plane où (sans compter les cours d'eau qui ne sont que flottables) 54,000 kilomètres d'eau courante peuvent porter bateau et sont reliés, par un système de canaux faisant communiquer sur divers points la Baltique avec la mer Blanche, la mer Noire et la Caspienne, et établissant ainsi, de Saint-Pétersbourg à Astrakhan, par la Néwa, les canaux et le *Volga*, une ligne de navigation intérieure d'environ 3,400 kilomètres;

2° Dans la longue *vallée du Danube* qui coule de l'ouest à l'est entre l'Europe centrale et l'Europe méridionale, et qui, reliée au Rhin par un canal (peu fréquenté, il est vrai), offre, de la mer du Nord à la mer Noire, une ligne de navigation à peu près aussi étendue.

3° Dans le *nord de l'Allemagne*, où les fleuves, coulant tous vers le nord-ouest, c'est-à-dire vers la région qui attire le commerce, sont fréquentés, surtout dans la partie orientale où ils transportent les produits agricoles, et ont pu facilement, dans la plaine, être reliés par des canaux ; l'Elbe est le plus important.

4° Elle est TRÈS-IMPORTANTE dans le GROUPE OCCIDENTAL où le commerce est très-actif, et où le peu de relief du sol a permis de multiplier les *canaux* ; tous les cours d'eau de la partie française de ce groupe sont reliés à la *Seine* avec Paris pour centre ; le *Rhin* est parcouru par des bateaux à vapeur de Mannheim à Rotterdam ; toutes les grandes villes de *Belgique* communiquent par des canaux qui transportent surtout la houille et les produits agricoles ; l'*Angleterre centrale* en est également sillonnée.

Il y a encore à citer la *Hollande* attenant à ce groupe et couverte d'un réseau de canaux ; puis, au midi de ce groupe, le Pô et le canal du Languedoc avec ses prolongements qui unissent Bordeaux, Cette, Marseille et Lyon.

Les CHEMINS DE FER ont beaucoup amoindri l'importance des cours d'eau et des canaux; ils ont été dès l'origine le moyen de transport le plus rapide; et ils sont devenus, même pour les marchandises, le plus usité et souvent le plus économique. Le réseau européen, encore incomplet, s'étend de l'extrémité de deux péninsules du sud (Lisbonne et Cadix dans la péninsule Ibérique, Brindes et Lecce dans la péninsule Italique), jusqu'au delà d'Inverness dans la Grande-Bretagne, d'Upsal en Scandinavie, de Saint-Pétersbourg en Russie, vers le nord; et, vers l'est, jusqu'à Voronèje et Nijni-Novgorod, où il se relie à la navigation du Volga et du Don et aux caravanes de l'Asie. Il a une étendue totale de près de 113,000 kilomètres, nombre qui s'accroît rapidement chaque année. De Cadix à Nijni-Novgorod, on peut, dans l'espace d'une semaine, faire en wagon un trajet de plus de 6,000 kilomètres. C'est la plus longue ligne ferrée qui existe dans le monde, et, grâce à la plaine du nord de l'Allemagne et à la plaine Russe, on fait, de Cologne à Nijni-Novgorod, près des deux tiers de cette route sans passer sous un tunnel.

C'est dans l'Europe orientale et dans les péninsules du nord et du sud que les chemins de fer sont le plus rares : la Russie (13,860 kilom.) ne possède encore que 1 kilomètre de voie ferrée par 400 kil. carrés de superficie ou par 5,200 habitants; le nord (Danemark et Scandinavie 3,150 kilom.) 1 kil. par 250 kil. carrés ou par 2,450 hab.; la péninsule Ibérique (6,230 kilom.), 1 kil. par 95 kil. carrés ou par 3,300 h.; l'Italie (6,380 kilom.), 1 k. par 45 kil. carrés ou par 4,200 h. *Le centre de l'Europe est mieux doté*: la Suisse avec ses 1,480 kilom., en a un par 28 kilom. carrés ou par 1,800 hab.; l'Autriche (12,000 kil., soit un kil. par 51 kil. carrés ou par 3,000 habitants), est notablement au-dessous de l'Allemagne (21,100 kil., soit

1 kil. par 25 kil. carrés ou par 1,950 h.); la *France*, avec ses 17,700 kilomètres, possède 1 kilom. par 35 kil. carrés, ou par 2,060 hab.; *la moyenne générale de l'Europe est à peu près de 1 kil. par 88 kil. carrés ou par 2,650 hab.*

LA PARTIE LA PLUS RICHE DE BEAUCOUP EN VOIES FERRÉES EST LE GROUPE OCCIDENTAL qui comprend la *France septentrionale*, la *vallée du Rhin en Prusse*, c'est-à-dire les portions de ces deux États où l'activité industrielle est le plus développée; la *Belgique* (3,100 kil.) qui compte 1 kil. par 9 1/2 carrés ou par 1,650 hab.; les ILES BRITANNIQUES qui occupent, sous ce rapport, le premier rang, comptant près de 25,000 kil., soit un kil. par 12 1/2 kil. kil. carrés ou par 1,200 hab. environ.

Ce n'est pas tout de posséder des voies ferrées; il faut s'en servir, et la mesure de leur utilité est dans le nombre de voyageurs et de marchandises transportés au kilomètre: à ce titre le premier rang est à la *Belgique* qui *transporte 8,000 tonnes par kil.*; l'Angleterre en transporte plus de 5,000; l'Allemagne plus de 3,500; la France moins de 2,500; l'Italie n'en transporte pas 300.

La *poste*, qui transporte dans les divers États d'Europe plus de 2 milliards de lettres, dont près de moitié dans les îles Britanniques (où l'on ne distingue pas, il est vrai, les lettres proprement dites, les circulaires et imprimés); et le *télégraphe* dont les services sont, proportionnellement à la population, plus nombreux en Hollande, en Belgique et en Prusse que partout ailleurs, parce que les dépêches y étaient, jusqu'en 1869, taxées à un prix inférieur à celui des autres États, doivent être classés au nombre des plus importants moyens de communication.

398. La marine et la navigation. — La mer, quoiqu'elle donne lieu à un nombre de transports beaucoup moindre que la terre, est aussi un des plus importants moyens de communication que possèdent les hommes ; c'est le plus économique et celui qui a le plus contribué à nouer les relations du grand commerce entre des pays éloignés les uns des autres.

L'effectif total de la MARINE MARCHANDE en Europe dépasse 13 *millions de tonnes* et se compose, en général, de petits bâtiments affectés à la pêche, surtout en Norvége (plus de 1 million de tonnes) ; de bâtiments petits et moyens affectés au cabotage ; et de grands bâtiments affectés à la navigation au long cours. Ces bâtiments entrent dans les ports, en sortent, la plupart plusieurs fois dans l'année, plusieurs fois par semaine ou même par jour (service de Calais à Douvres, etc.); l'ensemble de ces entrées et sorties, avec ou sans chargement, constitue le *mouvement général de la navigation* qui, autant qu'on peut le constater dans l'état incomplet des documents, dépasse 100 *millions de tonnes* (1). Les ILES BRITANNIQUES à elles seules figurent pour près de moitié (5,800,000) dans l'effectif, et pour plus du tiers (41 millions) dans le mouvement ; mais il est bon de remarquer que les îles Britanniques ne peuvent avoir d'autre commerce extérieur que le commerce par mer. L'*Allemagne du Nord* (1,305,000), la seule portion de l'Allemagne qui ait accès sur la mer, la *France* (1,075,000 et 11 millions 1/2,) la *Scandinavie* (1,370,000 et 7 millions 1/2) sont au second rang et figurent à peu près pour *un dixième* dans l'ensemble du matériel naval et du mouvement. Assez loin derrière elles, soit pour l'effectif, soit pour le mouvement total des ports, sont d'abord l'Italie (1 million de tonnes et 8 millions 1/2), puis l'Autriche (380,000 et 8 millions), puis la Russie qui, malgré sa vaste étendue, n'a qu'un rang inférieur (400,000 tonnes et 3 millions 1/2) et serait beaucoup plus bas encore sans la Finlande. La Grèce

1. En supposant à l'Allemagne du Nord, qui n'a pas de relevé de ce genre, un mouvement égal à celui de la France.

(335,000 tonnes et 8 millions 1/2), les Pays-Bas (500,000 tonnes et 2,700,000), le Danemarck (180,000 tonnes et 3 millions), et même la Belgique (30,000 tonnes et 3 millions), ont, au contraire, un mouvement maritime très-actif, relativement à l'étendue de leur territoire, quoique le total soit faible, parce que ce sont de petits pays. Enfin, le Portugal (90,000 et 2 millions 1/2), l'Espagne (390,000 et 2 millions) et la Turquie (moins de 200,000 et 3 millions 1/2), sous le rapport de l'activité maritime, occupent le dernier rang.

Les bâtiments destinés à la navigation au long cours dans les limites de l'Europe sont de deux espèces : les uns, bâtiments à voiles pour la plupart, prennent le fret là où ils le trouvent, et vont tantôt dans un port, tantôt dans un autre, sans époque précise ; les autres, bâtiments à vapeur pour la plupart, font un service régulier, à date fixe, d'un port à un autre, avec ou sans escale, et transportent une notable partie des marchandises et presque la totalité des voyageurs.

Les *principaux ports* où affluent les navires des deux espèces sont : au premier rang, deux ports d'Angleterre, LIVERPOOL dont le mouvement de la navigation atteint un chiffre à peu près égal à celui du mouvement total de la navigation en France, et LONDRES dont le mouvement est d'environ 7 millions de tonnes ; au second rang, *Hambourg, Hull, Glasgow, Marseille, le Havre, Southampton, Trieste, Constantinople, Anvers, Rotterdam, Saint-Pétersbourg, Brême, Newcastle* ; au troisième, Bordeaux, Cardiff, Swansea, Amsterdam, Stettin, Riga, Barcelone, Gênes, Venise, Copenhague, etc. Sur les 25 ports qui sont dans les premiers rangs, 14 appartiennent aux quatre États de l'Europe occidentale, dont 8 aux îles Britanniques ; 19 à l'Atlantique, et 6 seulement à la Méditerranée.

Les *services réguliers* s'étendent pour ainsi dire sur

l'Europe entière et en relient tous les grands ports. *Nulle part, ils ne sont aussi nombreux et aussi actifs que dans la mer du Nord et dans la Manche*, parce qu'ils font communiquer les deux parties (Grande-Bretagne et occident du continent) de la région la plus peuplée et la plus riche de l'Europe. Ces services enveloppent la Grande-Bretagne, et la rattachent à l'Irlande par Glasgow et Belfast, par Liverpool et Dublin, etc. ; ils se prolongent au nord dans la presqu'île Scandinave, jusqu'à Hammerfest et jusqu'à la Tornéa, en été ; ils desservent toute la côte méridionale et la côte orientale de la Baltique jusqu'à Saint-Pétersbourg ; ils contournent la péninsule Ibérique, traversent le détroit de Gibraltar, et s'étendent sur la Méditerranée, en concurrence avec d'autres services partis de Marseille, de Trieste, etc., jusqu'à Odessa et Trébizonde sur la mer Noire, et, d'autre part, par toutes les échelles du Levant, jusqu'à Alexandrie et jusqu'au canal de Suez, vers les côtes asiatique et africaine ; ils traversent la Méditerranée du nord au sud, et unissent sur divers points l'Europe méridionale à l'Afrique.

Hors d'Europe, ils poursuivent leur route, vers l'est à partir de Suez, par le golfe Arabique, et s'étalent en gerbe pour gagner les grands ports de l'océan Indien et du Pacifique. Cependant d'autres services partent, vers l'ouest, de Liverpool, de Glasgow, de Southampton, de Hambourg, du Havre, de Cork, de Nantes, de Bordeaux; relient l'Europe à l'Amérique, en prolongeant en quelque sorte ce pont commercial que la navigation a jeté à l'Occident de l'Europe sur les îles Britanniques ; et contournent l'Amérique ou l'Afrique, pour rentrer, comme les services partis du côté de l'est, dans le Pacifique et dans l'océan Indien.

399. Les monnaies et mesures. — Les monnaies et mesures sont des instruments d'échange dont le bon état importe autant au commerce que le bon état des voies de communication; il est très-désirable qu'elles soient les mêmes pour tous les pays, ou qu'elles soient tout au moins fondées sur des rapports très-simples et très-aisément comparables (1). *Sept États* (Belgique, Suisse, Italie, États de l'Église, Espagne, Grèce, Roumanie), *ont adopté le système monétaire de la France*. Le *système métrique* est aujourd'hui le système des poids et mesures de *neuf États* (France, Belgique, Hollande, Espagne, Portugal, Italie, États de l'Église, Grèce, Roumanie); l'Allemagne du Nord l'a adopté en principe; la Suisse a un système en rapport simple avec le système métrique; le Danemark, pour tous les échanges, et l'Autriche, pour l'administration des douanes, se servent d'une livre qui est la moitié du kilogramme; l'Angleterre, sans changer ses anciennes mesures, a déclaré légal l'emploi du système métrique.

Les billets de banque ne servent à la circulation que dans l'intérieur de chaque État; les transactions internationales s'évaluent toutes en métaux précieux, or ou argent, et se soldent, pour la moindre partie, en lingots d'or ou d'argent, pour la majeure partie, en traites représentatives de la valeur des marchandises livrées ou à livrer.

400. Le commerce. — L'addition du COMMERCE GÉNÉRAL de tous les États d'Europe donne plus de 44 MILLIARDS DE FRANCS. Ce nombre est loin de représenter une somme égale de valeurs créées ou échangées, ou même déplacées, la plupart des marchandises figurant au moins deux fois, une première fois comme exportation hors d'un État, une seconde fois comme importation dans un autre, souvent même trois, quatre fois et plus, soit parce qu'elles ont traversé plusieurs entrepôts, soit parce qu'après avoir passé dans un

1. Cette uniformité ne peut tarder longtemps, depuis la *convention internationale du mètre*, tenue à Paris en 1872.

ou deux pays comme matière première, elles en sont sorties après une première main-d'œuvre, pour figurer ensuite à l'exploitation d'un autre pays, comme produit tout à fait manufacturé.

De ces 41 milliards, le tiers (13 milliards 1/2) appartient aux ILES BRITANNIQUES qui, sous ce rapport, comme sous celui des moyens de communication et de la production industrielle, occupent incontestablement le premier rang. Le second est à la FRANCE (8 milliards) qui serre d'assez près sa voisine ; le troisième à l'ALLEMAGNE (5 milliards) ; assez loin derrière ces trois États viennent la *Belgique* (2 milliards) et la *Hollande* (2 milliards), qui ont, relativement à leur petite étendue, un commerce considérable et qui occuperaient le *premier rang*, si on classait les Etats *d'après le rapport du commerce avec la population* (570 fr. par tête en Hollande et 500 en Belgique, tandis que l'Angleterre n'a guère que 420, la France 180 et l'Allemagne 130); puis l'*Italie* (2 milliards 1/2 et 100 fr. par tête), la *Russie* (2,700 millions) qui atteint à peine 37 fr. par tête, l'*Autriche* (1,600 millions) qui ne dépasse pas 44 fr. par tête, et la *Suisse* (1 milliard) qui arrive, quoique privée de toute relation directe avec la mer, au chiffre de 400 fr. par tête. En dernière ligne viennent les États qui n'atteignent pas un milliard, et qui sont tous situés dans les péninsules du sud, moins l'Italie, et dans celles du nord : l'Espagne (850 millions), et le Portugal (300) ; la Turquie (env. 500 millions), la Roumanie (200), et la Grèce (140) ; la Scandinavie (700 millions), et le Danemark (160).

Les États de cette catégorie viennent à tous égards bien après les trois grandes puissances commerciales (Angleterre, France, Allemagne) et les trois petits états voisins (Belgique, Hollande et Suisse), qui constituent ensemble le grand *groupe occidental* ; mais, presque enveloppé par la mer qui sollicite le commerce, le *groupe péninsulaire* s'élève à un rapport par tête (100 pour la Grèce, 93 pour le Danemark, 86 pour la Scandinavie, 83 pour l'Italie qui reprendrait ici sa place parmi les péninsules ; 75 pour le Portugal, 54 pour l'Espagne, 50 pour la Turquie, 44 pour la Roumanie) beaucoup plus avantageux que l'Autriche et la Russie qui, dans cette manière d'envisager le commerce, forment un *groupe essentiellement continental* et agricole, placé au troisième et dernier rang.

Du reste, la quotité du commerce par tête est un indice, mais non une mesure certaine de la consommation individuelle dans un pays : la facilité des communications et la division du travail, qui sont le propre de l'Europe occidentale, accroissent en général les échanges dans une progression plus rapide que la production.

Le mouvement général des importations et des exportations peut se résumer de la manière suivante :

1° *C'est la région de l'Europe occidentale, prépondérante par sa richesse et par son activité, qui commande ce mouvement, attire à elle de toutes parts les matières premières et les subsistances, envoie de toutes parts en échange ses produits et entretient entre les États qui la composent, un trafic considérable, dans lequel matières premières et produits manufacturés s'échangent sans cesse de part et d'autre.*

2° *L'Europe occidentale reçoit des autres parties du monde* le *coton* d'Amérique, d'Asie et quelque peu d'Afrique ; de la *laine* d'Océanie, d'Amérique, et d'Afrique ; du *sucre* d'Amérique, d'Asie et d'Océanie ; des *métaux précieux* d'Amérique et d'Océanie ; de la *soie* d'Asie ; certains *métaux usuels*, cuivre, étain etc., d'Amérique, d'Océanie, etc.; des *bois de construction* et des *bois d'ébénisterie* d'Amérique, etc. ; des *graines oléagineuses* et des *huiles* d'Amérique et d'Afrique ; des *cuirs* et dépouilles d'animaux d'Amérique et d'Afrique ; le *thé* d'Asie; le *café* d'Amérique, d'Océanie, d'Asie et d'Afrique; le *cacao* d'Amérique ; les *drogues tinctoriales* d'Amérique, d'Asie, etc. ; des *farines* et autres substances alimentaires d'Amérique, etc. Elle reçoit ces produits en majeure partie *par l'Angleterre*, qui en réexpédie une notable partie sur le continent ; en partie aussi *par les ports de la région occidentale du continent* (Hambourg, le Hâvre, Anvers, Brême), qui les font passer, par terre ou par mer, dans l'Europe centrale, orientale et méridionale. Une très-petite partie est envoyée directement des pays de production aux ports des péninsules méditerranéennes ; et une partie moindre encore par les frontières de terre de la Russie.

3° *L'Europe occidentale reçoit de l'Europe orientale, centrale et méridionale* des *céréales* et farines de Russie, des régions du Danube et de la Baltique ; des *bestiaux* (chevaux, bœufs, moutons, porcs, etc.), d'Allemagne, d'Autriche (indirectement), et de Suisse ; du *lin* et du *chanvre* de Russie, de Hollande, etc. ; de la *laine* d'Allemagne, d'Autriche, de Russie, de Turquie, de l'Italie méridionale, etc.; des *bois de contruction* de Scandinavie, de Russie, de l'Allemagne du Nord ; des *graines oléagineuses* et des huiles de l'Allemagne du Nord, de Russie, des *cuirs* d'Allemagne, de Russie, de Turquie, etc.; des *fruits*, des *vins*, des *huiles d'olives* et de la *soie* des péninsules du Midi ; de l'*alcool* de l'Europe orientale ; certains métaux, fer, zinc, etc., de Suède, de Prusse, etc.

4° *L'Europe occidentale exporte* un certain nombre de matières premières et de denrées alimentaires : en premier lieu, toute la portion des produits des quatre autres parties du monde qu'elle ne consomme pas elle-même ; en second lieu la *houille* d'Angleterre qu'on brûle dans le monde entier ; le *vin* de France qui va surtout dans l'Europe centrale et orientale ; la bière d'Angleterre qui se dirige surtout vers les colonies ; les *métaux* d'Angleterre, y compris le fer, qui se rendent sur le continent; le *sucre raffiné* de France et de Belgique. Mais elle exporte surtout les produits de ses manufactures : *tissus de coton* qui se vendent dans toutes les contrées de la terre ; *fils de coton*, surtout pour l'Europe centrale et orientale ; *tissus de laine, de lin et de soie*, pour toutes parties du monde ; *machines, métaux ouvrés* et *quincaillerie, armes, mercerie, vêtements confectionnés*, pour l'Europe orientale, centrale, etc.

Dans l'Europe méridionale, l'Italie fait quelques exportations de tissus ; et, à l'orient, la Russie exporte des draps en Asie.

5° Dans l'Europe occidentale, c'est l'*Angleterre* qui, étant placée à l'extrémité de l'Europe et ayant l'industrie la plus avancée, possède au plus haut degré le pouvoir d'attirer à elle les subsistances, d'entreposer les matières premières et les denrées coloniales et de fournir aux marchés étrangers les produits fabriqués.

6° Quoique la somme des échanges qui se font par terre, de voisin à voisin, de ville à ville, soit beaucoup plus considérable que la somme des échanges par mer dans les *relations internationales*, les seules que la statistique enregistre, le *commerce par mer* est de beaucoup au premier rang, et peut être évalué à environ 30 *milliards*.

Dans les relevés du commerce, comme dans toutes les statistiques précédentes, il y a une double remarque générale, qu'il ne faut jamais perdre de vue : c'est d'abord que tous les nombres sont des évaluations approximatives, assez voisines de la réalité dans les pays dont la statistique est faite avec soin, comme la plupart des pays germaniques ; mais s'en éloignant beaucoup et exposées surtout à des exagérations dans l'Europe orientale et dans l'Europe méridionale, et reposant sur de simples suppositions de statisticiens pour la Turquie. C'est, en second lieu, que ces nombres changent d'année en année : la plupart augmentent dans l'état actuel de notre civilisation économique, lentement pour ceux qui regardent l'agriculture ; plus vite pour ceux de l'industrie ; rapidement pour ceux des voies de communication et du commerce.

3ᵉ Section

LES ÉTATS ET LES POPULATIONS.

(Voir la carte n° 34.)

401. Les territoires. — L'EUROPE, dont la SUPERFICIE est de 10 millions de KILOMÈTRES CARRÉS, comprend 46 *États* ; mais quatre sont sans aucune importance politique ou économique (1) ; un subordonné par le lien d'un tribut à l'Empire ottoman ; vingt-six composent l'Empire d'Allemagne (ils étaient unis, pour la plupart depuis longtemps, par le lien commercial du Zollverein); deux, la Suède et la Norvége, ont un même souverain ; ce qui réduit à 18 le nombre des États quelque peu importants et entièrement distincts.

1° Dans l'*Europe occidentale*, qui est un peu moins du dixième de l'Europe (9,4 p. 100), on trouve deux grands États : le *royaume uni de Grande-Bretagne et d'Irlande* (317,000 kil. carrés) qui occupe la 32ᵉ *partie de l'Europe* (3.2 p. 100), et la *France* (528,000 k. c.) qui en occupe la 19ᵉ *partie* (5,5 p. 100) ; et deux petits : *Pays-Bas* (35,000 k. c. avec le Luxembourg) qui en sont la 276ᵉ partie (0,4 p. 100), et la *Belgique* (29,000 k. c.) qui en est la 340ᵉ partie (0,3 p. 100).

2°. Dans l'*Europe centrale*, qui est environ le huitième

---

1. République d'Andorre, principauté de Monaco, république de Saint-Marin, principauté de Liechtenstein.

de l'Europe (12, 1 p. 100), deux grands États ou groupes d'États : l'*Allemagne* (545,000 k. c.) qui occupe à peu près la 19ᵉ *partie* de l'Europe (5,5 p. 100, l'Allemagne du Nord occupant 4,2 et l'Allemagne du sud 1,3), et l'*Autriche* (622,000 k. c.), qui en occupe la 16ᵉ *partie* (6,3 p. 100), et un petit État, la *Suisse* (41,000 k. c.), qui en occupe la 243ᵉ partie (0, 4 p. 100).

3⁰ Dans l'*Europe méridionale*, qui est environ le septième de l'Europe (14,7 p. 100), un grand État dans chaque péninsule, sans compter les tributaires de la Turquie, et deux petits : dans la péninsule ibérique, l'*Espagne* (499,000 k. c.), environ la 19ᵉ *partie* de l'Europe (5,2 p. 100), et le *Portugal* (94,000 k. c.), environ la 100ᵉ partie (1 p. 100) ; dans la péninsule italique, le *royaume d'Italie* (296.000 k. c.), la 35ᵉ partie (3 p 100); dans la péninsule hellénique, la *Turquie* (230,000 k. c.), la 32ᵉ *partie* (3, 4. p. 100), et, avec ses tributaires (Roumanie 150,000 k. c.), la 20ᵉ partie ; la *Grèce* (50,000 k. c.), la 195ᵉ (0,5 p. 100).

4⁰ Dans l'*Europe orientale*, qui est plus de la moitié de l'Europe (56 p. 100), un seul État, la *Russie* (5,697,000 kil. carrés), qui occupe *plus de la moitié et presque les 3/5 de l'Europe*.

5⁰ Dans l'*Europe septentrionale*, qui est un peu plus du quatorzième de l'Europe, un grand État, la *Suède et Norvége* (756,600 k. c.), qui occupe à peu près la 15ᵉ *partie* de l'Europe (7,5 p. 100), et un petit État, le *Danemark* (39,000 k. c., et 143,000 avec l'Islande et les Færoë), qui occupe la 70ᵉ partie (1, 1 p. 100).

402. Les finances. — L'étendue du territoire n'est qu'un des éléments nécessaires pour juger de la puissance d'un État, et elle est loin d'être le plus important : un vaste territoire peu peuplé est plutôt une cause de faiblesse que de force. Le *budget*, qui montre à peu près l'ensemble des ressources publiques d'un État, est aussi un de ces éléments ; sous ce rapport, la FRANCE, l'ANGLETERRE et la RUSSIE, avec un budget variant de plus 2 milliards à 1,800 millions, sont au premier rang ; au second l'*Autriche*, l'*Allemagne*, l'*Italie*, dont le budget varie de 1,300 millions à 1 milliard ; l'*Espagne*, avec un budget de 700 millions, peut encore figurer dans cette catégorie. Les autres États ont relativement de petits budgets dont le plus élevé est celui de la Turquie (360 millions), et le plus modeste celui de la Grèce (27 millions). Mais la plupart du temps ces budgets ont été insuffisants, et, dans une circonstance ou dans une autre, tous les États ont contracté des dettes : une lourde dette est une charge et une cause d'affaiblissement. Les plus lourdes, proportionnellement au nombre des habitants, sont celles de l'*Angleterre*, de la *Hollande*, de la *France*, de l'Espagne et de l'Italie ; toutefois, parmi ces États, les trois premiers, appartenant à l'Europe occidentale, sont riches et jouissent d'un bon crédit, c'est-à-dire payent un intérêt modique pour des sommes qui leur ont été prêtées ; l'Espagne au contraire et les autres États de l'Europe méridionale payent, ainsi que l'Autriche, un intérêt élevé. La moyenne des *impôts payés par tête* est encore un moyen approximatif d'évaluer la charge des citoyens, et, quand l'imposition n'est pas tyrannique, leur faculté de supporter la charge, c'est-à-dire leur degré de richesse : c'est en *Angleterre* et en *Hollande* que cette quotité est la plus forte ; puis en France et en Espagne ; la Scandinavie et la Turquie sont dans les derniers rangs.

403. Les forces militaires. — L'armée et la marine militaire sont aussi des manifestations de la puissance d'un État. Sous ce rapport, les premiers rangs sont à la *Russie*, à la *France* et à l'*Allemagne*, qui ont, sur le pied de paix, des armées de terre de 500 à 400,000 hommes, et qui sont organisées pour avoir sous les armes, en cas de guerre, au delà d'un million d'hommes chacune, et à l'*Angleterre*, qui, inférieure par son armée de terre, est la première par son armée navale, tandis que la Russie et surtout l'Allemagne n'ont qu'une marine tout à fait secondaire. Au second rang, l'Italie, qui a fait effort pour élever son effectif au delà de 400,000 homme, l'Autriche avec 240,000 hommes, l'Espagne avec 150,000 hommes, la Turquie avec 100,000. Les autres États ont de 50,000 hommes (Belgique) à 36,000 (Danemark). La Suisse n'a pas d'armée permanente.

404. **Les populations.** — L'homme étant le créateur de la richesse et de la science et l'agent de toute politique, ce sont les populations qui constituent véritablement la puissance des États. Sous ce rapport la RUSSIE occupe encore le premier rang (72 millions d'habitants) ; mais, tandis qu'elle forme plus de la moitié de l'Europe par l'étendue, elle n'atteint pas même le *quart* par le nombre de ses habitants (23, 3 p. 100 du total). Le second rang est partagé entre l'*Allemagne* (41 millions), la *France* (36 1/2) et l'*Autriche* (36), qui sont chacune à peu près un *huitième* du total (13,4, 13 et 12,2 p. 100) ; le troisième entre les *îles Britanniques* (32 millions) et l'*Italie* (26 millions 1/2), qui forment le *dixième* ou le *douzième* du total (10, 3 et 8, 3 p. 100). Dans le midi, l'*Espagne* avec 16 millions 1/2, la Turquie avec 11 millions ou, en comprenant ses tributaires, avec 17 millions environ, en forment chacune environ le 18e ou le 27e. La Suède et la Norvège réunies ont près de 6 millions d'habitants et la Belgique dépasse 5 millions. Les autres États ont moins de 5 millions d'habitants, et sont, par conséquent, à peine le 60e du total : Portugal (4,400,000), Pays-Bas (3,620,000 sans le Luxembourg), Suisse (2,670,000), Danemark (1,790,000), Grèce (1,450,000). Le total de LA POPULATION DE L'EUROPE EST D'ENVIRON 300 MILLIONS D'INDIVIDUS.

405. **La densité de la population.** — Si l'on groupe

ces États d'après la DENSITÉ DE LA POPULATION, c'est-à-dire, d'après le nombre d'habitants vivant sur un même espace, le groupement est tout autre et l'avantage revient presque entièrement à l'Europe occidentale, qui, grâce à sa culture et à son industrie avancées, peut nourrir un grand nombre de bouches sur un territoire étroit. Le premier rang est à la BELGIQUE, qui possède en moyenne 173 *habitants au kilomètre carré* et beaucoup plus dans la Flandre, province à la fois agricole et manufacturière (Flandre orientale, 267 hab. au kil. carré) ; la partie orientale, montueuse et aride, est relativement peu peuplée (Luxembourg, 44 hab. au kil. carré).

Le second rang est aux PAYS-BAS (95 hab. au kil. carré et même 110 dans le Luxembourg), beaucoup plus peuplés dans la fertile province de Hollande (Hollande méridionale, 230 hab. au kil. carré) que dans la région marécageuse du Nord-Est (Drenthe, 40 hab. au kil. carré); et aux ÎLES BRITANNIQUES (101 hab. au kil. carré, et pour l'Angleterre et Galles en particulier 132 hab. au kil. carré), dont la population, très serrée dans les districts manufacturiers du centre de l'Angleterre (1), tels que le *Lancashire*, (492 *habitants au kilom. carré*), les environs de Surrey, Stafford, Warwick, Durham, (428 à 200 hab. au kil. carré), et dans les environs de Glasgow et d'Édimbourg (de 292 à 247 hab. au kil. carré), au contraire assez rare dans les montagnes du pays de Galles (de 34 à 23 hab. au kil. carré), et dans les Highlands de l'Écosse (de 10 à 5 hab. au kil. carré).

Le troisième rang est à l'*Italie* (90 hab. au kil. carré) qui considérée sous cet aspect, a une place plus élevée que sous toute autre, parce que la riche agriculture de la vallée du Pô (Lombardie, 140 hab. au kil. carré), et de la terre

---

1. Le Middlesex, qui, grâce à Londres, atteint une population de plus de 3,000 hab. au kil. carré est un cas tout exceptionnel.

de Labour (plus de 100 hab. au kil. carré), entretient facilement dans ces régions une nombreuse population, sous un climat qui exige peu de nourriture, et dans un pays où la civilisation des siècles passés a multiplié les grandes cités; dans l'Italie méridionale (Capitanate, 40 hab. au kil. carré), et dans la Sardaigne (25 hab. au kil. carré) la population est rare.

Au quatrième rang sont l'*Allemagne*, qui possède 76 hab. au kil. carré, mais qui, avec des pays, comme la vallée du Rhin et du Necker (150 hab. au kil. carré), la Saxe (162 hab. au kil. carré) et le bassin de la Ruhr (227 hab. au kil. carré), régions manufacturières où la population est aussi pressée qu'en Belgique, renferme aussi la Haute-Bavière (48 hab. au kil. carré), la plaine en partie sablonneuse et marécageuse du nord (Prusse proprement dite, 47 hab. au kil. carré, Mecklembourg, env. 40 hab. au kil. carré), aussi peu habitée en Allemagne qu'en Hollande; et la *France* (70 hab. au kil. carré), qui est très-peuplée dans toute la région du nord-ouest, riche par son agriculture et par son industrie (1) (plus de 100 hab. en moyenne au kil. carré), (2), dans les groupes de St-Étienne et de Lyon (175 hab. env. au kil. carré), de Marseille (107 hab. au kil. carré), mais qui est peu peuplée dans la Champagne (à peu près 45 hab. au kil. carré), dans les Ardennes, dans les Landes (32 hab. au kil. carré), dans les régions montagneuses du plateau central (env. 45 hab. au kil. carré), des Alpes (21 hab. au kil. carré), des Pyrénées Orientales (46 hab. au kil. carré), et dans la Corse (29 hab. au kil. carré).

Au cinquième rang, sont deux Etats de l'Europe centrale, la *Suisse* (64 hab. au kil. carré (3), peuplée dans la

(1) Excepté toutefois la Bretagne qui a peu d'industrie, mais qui possède une nombreuse population de marins.
(2) Abstraction faite du département de la Seine, où Paris élève la moyenne à plus de 4,500 hab. au kil. carré.
(3) Abstraction faite de Bâle-ville et de Genève.

plaine (Zurich, 164 hab. au kil. carré), mais peu habitée dans la montagne (Grisons, 13 hab. au kil. carré); et l'*Autriche* (58 hab. au kil. carré), dont la population est assez pressée dans la région du nord-ouest (Bohême, 99 hab. au kil. carré, Moravie, 90, Basse-Autriche, 88), laquelle est la région industrielle, mais rare dans les régions montagneuses des Alpes et des Carpathes (Transylvanie 38, Tyrol 30, et Salzbourg 20 hab. au kil. carré).

Le sixième rang est au *Danemark* (48 hab. par kil. carré), plus peuplé dans les îles dont la culture est riche (Seeland, 78 hab. au kil. carré), que sur la côte sablonneuse du Jutland occidental (27 hab. au kil. carré); aux deux péninsules occidentale et orientale de la Méditerranée, *Portugal* (44 hab. par kil. carré) et *Espagne* (33 hab. par kil. carré), dont la population la plus dense est dans le nord-ouest de la péninsule (Galice, plus de 60 hab. au kil. carré; prov. de Minho, 117 hab. au kil. carré), et la plus rare sur le plateau central (Soria 15 hab. au kil. carré; Manche, 13 hab. au kil. car.) et dans l'Alemtéjo (13 hab. au kil. carré); *Turquie* avec ses tributaires (de 31 à 32 hab. par kil. carré) et *Grèce* (27 hab. par kil. carré), dont la population la plus dense est dans la vallée de la Maritza (vilayet d'Edirné, 72 hab. au kil. carré), et en général sur les côtes (Cyclades, 49 hab. au kil. carré), et la plus rare sur le plateau central (Bosnie, 19 hab. au kil. carré), et dans les montagnes (Phthiotide et Phocide, 14 hab. au kil. carré). Tous ces pays, moins la Grèce, sont au-dessus de la densité moyenne de la population en Europe, laquelle est de 30 habitants au kilomètre carré.

Bien au-dessous de cette moyenne au contraire sont la vaste *Russie* qui n'a que 13 *habitants au kilomètre carré*, beaucoup plus peuplée dans la Pologne agricole (43 hab. au kil. carré) et dans les gouvernements manufacturiers qui avoisinent Moscou (40 hab. au kil. carré en moyenne) que dans les régions glacées de la Finlande (à peine 5 au kil. carré), et de la Russie septentrionale et dans les steppes de la Caspienne (à peine 2 hab. en moyenne au kil. carré); et la *Scandinavie* (env. 8 en moyenne au kil. carré), assez peuplée dans la Gothie méridionale (35 à 40 hab. au kil. carré en moyenne), presque déserte dans le *nord de la presqu'île*, surtout dans la partie suédoise, qui compte *à peine 1 habitant par kilomètre carré*.

Ainsi, non-seulement l'*Europe occidentale est en moyenne la partie de l'Europe dans laquelle la population est le plus dense*, mais, dans l'occident de l'Europe elle-même, la partie la plus peuplée correspond à peu près au GROUPE OCCIDENTAL, que nous avons signalé comme le plus riche en manufactures de toutes sortes et dans lequel *la population moyenne dépasse notablement* 100 *individus au kilomètre carré* (Grande-Bretagne jusqu'au Tay, nord-ouest de la France, environs de Lyon et de St-Étienne, plaine de Suisse, bassin du Necker, du Rhin, de la Ruhr, Belgique, régions auxquelles s'ajoute la Hollande). Hors de ce puissant groupe, c'est dans le *groupe également manufacturier de Saxe et Bohême* que l'on trouve une *population moyenne de* 100 *individus environ au kilomètre carré*, puis sur quelques points isolés de l'Europe méridionale, comme le nord du Portugal, les environs de Marseille, la vallée du Pô, la Terre de Labour.

408. **Les grandes villes.** — C'est aussi dans l'Europe occidentale qu'on trouve les plus grandes villes et le plus de *villes au dessus de* 100,000 *âmes*. L'Europe en compte 63, dont 32 dans l'Europe occidentale. Sur ces 32 villes, 13 se trouvent dans les îles Britanniques, à savoir 2 en Irlande : *Dublin* et *Belfast*; 3 en Écosse : *Glasgow, Édimbourg* et *Dundee*; 13 en Angleterre : LONDRES qui compte plus de 3 millions d'habitants, *Liverpool, Manchester, Birmingham, Leeds, Sheffield, Bristol, Bradfort, Newcastle,*

Hull, Salford, Stoke, et *Portsmouth* ; 2 dans le Pays-Bas : *Amsterdam* et *Rotterdam* ; 4 en Belgique : *Bruxelles, Anvers, Gand* et *Liége* ; 8 en France : Paris, qui a près de 2 millions d'habitants, *Lyon, Marseille, Bordeaux, Lille, Toulouse, Nantes* et *Rouen.* Au second rang, l'Europe méridionale avec 17 villes, dont 10 dans la péninsule italique : *Naples, Rome, Milan, Turin, Palerme, Gênes, Florence, Venise, Bologne* et *Messine;* 5 dans la péninsule ibérique : *Madrid, Barcelone, Lisbonne, Séville,* et *Valence ;* 3 dans la Turquie et pays tributaires : Constantinople, qui a plus de 800,000 habitants, *Andrinople* et *Bucharest.* Au troisième, l'Europe centrale avec 11 villes, dont 7 dans l'Allemagne du Nord : Berlin, qui a plus de 800,000 hab., *Hambourg, Breslau, Dresde, Cologne, Kœnigsberg* et *Leipzig* ; 1 dans l'Allemagne du Sud : *Munich* ; 3 en Autriche : *Vienne, Pesth,* et *Prague.* Au quatrième, l'Europe orientale avec 6 villes: *Saint-Pétersbourg, Moscou, Varsovie, Odessa, Kichineff,* et *Riga.* Au cinquième, l'Europe septentrionale avec deux villes : *Stockholm* en Suède et *Copenhague* en Danemark.

Sur ces 68 villes, cinq seulement (ce sont des capitales d'État) dépassent 600,000 âmes ; 5 ont de 600 à 400,000 âmes ; 15 de 400 à 200,000 ; 43 de 200 à 100,000. *Sur ces 68 villes, la moitié sont des ports de mer,* parce que le commerce maritime, qui ne peut se faire avec succès qu'aux lieux où la nature a déjà comme disposé la côte à l'avance, attire sur certains points de grandes agglomérations de travailleurs. Sur les 34 ports, 7 sont des capitales d'État, et 6 l'ont été à une époque plus ou moins récente. Sur les 34 villes situées dans l'intérieur des terres, il y a 10 capitales actuelles et 6 anciennes capitales ; *en tout 29 villes capitales ;* c'est que la politique place ordinairement le siége des gouvernements dans les grandes villes ; et que, d'autre part, l'existence du gouvernement dans une ville y attire beau coup d'habitants. Sur les 18 autres villes de l'intérieur, 15 sont au nombre des *centres manufacturiers* les plus importants de l'Europe.

409. De l'état matériel et moral des populations. — Sur l'état matériel et moral des populations, étude complexe, délicate et dont tous les éléments sont loin d'être réunis on peut tirer quelques inductions utiles des faits suivants.

Ce ne sont pas les populations les moins denses, celles devant lesquelles s'ouvre l'espace, qui s'accroissent le plus vite. Cet *accroissement* dépend de causes diverses, beaucoup de la quantité de travail et des mœurs d'une population ; il est en général *faible dans l'Europe centrale et méridionale* : France, Belgique, Allemagne du Sud, Autriche, Suisse, Espagne, Italie, où il n'est guère que de 2 à 6 individus par 1,000 chaque année (moins de 4 pour 1,000 en France) ; *plus grand dans la Russie*, où il paraît être de 12 pour 1,000 et plus, et *dans l'Europe septentrionale* où il atteint 11 pour 1,000 dans les États Scandinaves, 13 pour 1,000 dans l'Allemagne du Nord, 14 pour 1,000 en Angleterre. Il est distinct du nombre annuel des naissances, lesquelles peuvent être suivies de très-près par de nombreux décès : l'Allemagne du Nord, l'Autriche, la Russie, sont les pays où les naissances sont les plus nombreuses (env. 40 naiss. sur 1,000 hab.) ; mais, en Autriche et en Russie, la mortalité dans le bas-âge est très-grande. La France est de tous les pays d'Europe celui où les naissances sont le moins nombreuses (26 sur 1,000 hab.) ; mais, sa population étant une de celles qui perdent le moins d'enfants en bas âge, compte proportionnellement le plus d'adultes.

Dans un même état, quelle que soit la rapidité ou la lenteur avec laquelle la population totale se développe, la densité tend à augmenter dans les parties déjà denses, et le nombre des habitants des villes s'accroît avec l'industrie et les moyens de communication.

L'instruction et le culte sont au nombre des faits qui peuvent servir à apprécier l'état moral des populations. Sous le rapport de l'instruction, on peut classer les États : 1° en ÉTATS DANS LESQUELS L'INSTRUCTION PRIMAIRE EST TRÈS-AVANCÉE, à savoir l'*Allemagne*, les *Pays-Bas*, les *États Scandinaves* et l'*Écosse*, catégorie qui n'embrasse que les ÉTATS DU NORD, dans laquelle on peut prendre comme le type le plus parfait la Saxe où, sur 100 jeunes gens de vingt ans, 98 savent lire et écrire ; 2° en *États dans lesquels l'instruction primaire est à un degré moyen d'avancement*, catégorie dont la *France*, avec 11 p. 100 de sa population fréquentant les écoles et 77 p. 100 de ses jeunes gens sachant lire et écrire, peut être prise comme le type moyen, et qui comprend la *Belgique*, la *Suisse*, le *Danemark*, l'*Angleterre* et l'*Irlande*, la *France*, l'*Autriche* ; 3° en *États où l'instruction primaire est peu avancée*, catégorie qui comprend la plupart des *États du Sud* Espagne, Italie, Grèce, Portugal et dont l'Italie, avec 30 jeunes gens sur 100 sachant lire et écrire, peut être regardée comme un des meilleurs types ; 4° *États où l'intruction primaire est encore presque nulle*, catégorie qui comprend la Russie où l'on estime qu'un individu sur 200 sait lire, et la Turquie où l'instruction primaire est obligatoire et gratuite, comme dans les États Scandinaves, sans que cette obligation ait jusqu'ici porté des fruits.

Cinq cultes principaux se partagent l'Europe : le CULTE CATHOLIQUE, culte dominant du CENTRE, de L'OUEST et du SUD-OUEST DU CONTINENT compte 148 *millions de sectateurs, c'est-à-dire presque la moitié de la population européenne*, et règne exclusivement ou à peu près dans la *péninsule Ibérique* (100 p. 100 de la population), la *péninsule Italique*, la *Belgique* et la *France* (95 1/2 p. 100) ; domine dans l'*Autriche* (77 p. 100), l'*Irlande*, la *Pologne* et l'*Allemagne du Sud* (54 p. 100) : et est la religion de la minorité dans la Suisse (40 p. 100), les Pays-

Bas (36 p. 100), l'Allemagne du Nord (27 pour 100), la Grande-Bretagne (5 p. 100), la Russie sans la Pologne (4 p. 100), etc. Le CULTE PROTESTANT, culte dominant du NORD, dont les diverses Églises comptent 70 *millions de sectateurs*, c'est-à-dire *presque le quart* de la population européenne, règne exclusivement ou à peu près dans les *États Scandinaves* (plus de 99 p. 100), la *Finlande* (97 p. 100), la *Grande-Bretagne* (94 p. 100); domine dans l'*Allemagne du Nord* (71 p. 100), la Suisse (59 p. 100), les *Pays-Bas* (61 p. 100) et est la religion de la minorité dans l'Allemagne du Sud (43 p. 100), l'Irlande (22 p. 100), la France (4 p. 100), etc. Le CULTE GREC, culte dominant de l'EST, compte 70 *millions de sectateurs*, c'est-à-dire *presque le quart* de la population européenne, et règne presque exclusivement dans la *Grèce* (97 p. 100, et la *Roumanie* (93 p. 100), domine dans la *Russie* (85 p. 100), et la *Turquie* (53 p. 100), et est la religion de la minorité, en *Autriche* (9 p. 100), etc. Le *culte mahométan*, avec près de 7 *millions de sectateurs*, ne domine nulle part, mais est la religion d'une minorité très-nombreuse en Turquie (plus de 45 p. 100), et d'une petite minorité en Russie (environ 3 p. 100). Le *culte israélite*, avec près de 5 *millions de sectateurs*, répartis dans tous les États, est partout la religion d'une petite minorité, mais il compte plus d'un million d'adhérents en Russie, en Autriche, et plus d'un demi-million en Pologne.

L'état moral tient à des causes très-diverses et se prête difficilement aux calculs de la statistique. On peut juger plus facilement de l'ÉTAT INTELLECTUEL qui est incontestablement MEILLEUR DANS LE NORD ET L'OUEST que dans le sud et l'est de l'Europe. Il est surtout plus aisé d'apprécier l'ÉTAT MATÉRIEL. Or, malgré les difficultés croissantes que la densité de la population apporte à la production des subsistances, et à en juger par la quantité moyenne des choses, aliments, vêtements, produits divers, consommés par tête, cet état est TRÈS-SENSIBLEMENT MEILLEUR DANS LE NORD-OUEST DE L'EUROPE que partout ailleurs. Les besoins individuels y sont sans doute plus grands, mais ils y sont devenus un stimulant de l'activité. C'est là qu'il y a, en général, plus de population, plus d'instruction, plus d'industrie et plus de commerce; c'est-à-dire que L'HOMME, CRÉATEUR ET CONSOMMATEUR DE LA RICHESSE, Y VAUT PLUS ET PRODUIT DAVANTAGE.

FIN.

TABLE DES MATIÈRES

(Les nombres placés entre parenthèses indiquent la pagination.)

PREMIÈRE PARTIE. — **LA GÉOGRAPHIE PHYSIQUE.**

1re SECTION. — **Le climat**............................

§ 1. La situation et la dimension (1). — § 2. La température (2). — § 3. Les vents (4). — § 4. Les pluies (5). — § 5. Les climats (8). — § 6. Les cultures (12).

2e SECTION. — **Le relief du sol** 13

§ 7. Le sol (13). — § 8. Les terrains primitifs et de transition (14). — § 9 Les terrains secondaires (16). — § 10. Les terrains tertiaires et quaternaires (17). — § 11. La direction générale des pentes (19). — § 12. Les profondeurs de la mer (24) — § 13. Les chaînes de montagnes (27). — § 14. Le groupe des chaînes ibériques (28). — § 15. Les Alpes (31). — § 16. Le système italique (39). — § 17. Le système français (42). — § 18. Le système hellénique (43). — § 19. Les Carpathes (45). — § 20. Le quadrilatère de Bohême (46). — § 21. Le système allemand (48). — § 22. Le groupe des îles Britanniques (50). — § 23 Les Alpes scandinaves (51). — § 24. L'Oural (52). — § 25. Le Caucase (53).

3e SECTION. — **Les eaux douces**........................ 54

§ 26. La direction générale des eaux (54). — § 27. Le bassin antérieur de la Méditerranée (56). — § 28. Le bassin postérieur de la Méditerranée (57). — § 29. Le bassin occidental de l'Atlantique (59). — § 30. Le bassin de la mer du Nord (60). — § 31. Le bassin de la mer Baltique (63). — § 32. Le bassin de la mer Noire (64). — § 33 Le bassin de la mer Caspienne (66). — § 34. Le bassin de l'océan Glacial (67). — § 35. Les lacs (68).

4e SECTION. — **Les mers, les côtes et les îles** 70

§ 36. Les mers (70). — § 37. L'Océan Glacial (70). — § 38. La mer Baltique (71). — § 39. La mer du Nord (72). — § 40 Les îles du Nord-Ouest et la mer d'Irlande (74). — § 41. La Manche (75). — § 42. Le golfe de Gascogne (76). — § 43 Le bassin antérieur de la Méditerranée (76). — § 44. La mer Adriatique et la mer Ionienne (77). — § 45. L'Archipel (78). — § 46. La mer de Marmara et la mer Noire (79).

514   TABLE DES MATIÈRES.

Deuxième partie. — **LES RÉVOLUTIONS DE L'EU-
ROPE** 81

§ 47. L'antiquité (81). — § 48. Le moyen âge (82). — § 49. Les
temps modernes (83). — § 50. L'état actuel (85). — § 51. Les
races d'hommes (87).

Troisième partie. — **LES ILES BRITANNIQUES** 93

1re Section. — Retour sur la géographie physique......... 93

§ 52. La situation (93). — § 53. Le climat (94). — § 54. Le relief du
sol (94). — § 55. Les eaux (96).

2e Section. — La géographie politique............................ 97

§ 56. Les populations (97). — § 57. La formation territoriale (98).
— § 58. Les divisions politiques (98).

3e Section. — L'agriculture.. 100

§ 59. Les régions agricoles (100). — § 60. L'exploitation (103). — § 61.
Les céréales (103). — § 62. Les autres cultures alimentaires (105).
— § 63. Les prairies et pâturages (105). — § 64. La bière et
le cidre (106). — § 65. Le lin (106). — § 66. Les forêts (107). — § 67.
Le gros bétail (107). — § 68. Le petit bétail (109). — § 69. Le
résumé de la production agricole (110). — § 70. La pêche (112).

4e Section. — L'industrie.. 112

§ 71. Les carrières (112). — § 72. Le sel et les eaux minérales (114).
— § 73. Les métaux (114). — § 74. Le minerai de fer (116). —
§ 75. La houille (117). — § 76. La fonte, le fer et l'acier (118).
— § 77. Les industries mécaniques (120). — § 78. Les industries
chimiques (122). — § 79. Les industries alimentaires (123) —
§ 80. Le coton (123) — § 81. Le lin et le chanvre (126) — § 82.
La laine (126). — § 83. La soie (127) — § 84. La dentelle (128).
— § 85. La bonneterie (128). — § 86. La bijouterie et l'horlogerie (129). — § 87. Les industries du bâtiment et de l'ameublement (129). — § 88. La verrerie et la céramique (129). — § 89.
La carrosserie et la sellerie (130). — § 90. Le matériel des
chemins de fer (131) — § 91. Les constructions navales (131).
— § 92. La papeterie et l'imprimerie (131). — § 93. Le résumé
de la production industrielle (131).

5e Section. — Le commerce.. 133

§ 94. Les canaux (133). — § 95. Les chemins de fer (134) — § 96.
Les monnaies et les mesures (136). — § 97. Les institutions de
crédit (136). — § 98. La navigation et les ports (137) — § 99.
Les débouchés coloniaux (140) — § 100. L'importation (141). —
§ 101. L'exportation (142) — § 102. Les métaux précieux et le
transit (143). — § 103. Le commerce avec la France (143). —
§ 104. Les grandes villes (144).

TABLE DES MATIÈRES. 515

6e Section. — **L'administration**.................................. 148

§ 105. L'administration des paroisses, bourgs, cités et comtés (148). — § 106. Le gouvernement (149). — § 107. Le budget (150). — § 108. L'armée et la flotte (151). — § 109. Le culte (151). — § 110. La population (152). — § 111. L'instruction (153).

QUATRIÈME PARTIE. — **LES PAYS-BAS**................ 157

1re Section. — **Le royaume des Pays-Bas**................ 157

§ 112. Retour sur la géographie physique (157). — § 113. La formation politique (158). — § 114. Les provinces (158). — § 115. Les régions agricoles (159). — § 116. Les végétaux (160). — § 117. Les animaux (161). — § 118. La pêche (162). — § 119. L'industrie (162). — § 120. Les voies de communication (164). — § 121. Les monnaies et mesures (164). — § 122. Le commerce (164). — § 123. Le commerce avec les divers pays (165). — § 124. Le commerce avec la France (166). — § 125. Le résumé des forces productives (166). — § 126. Les grandes villes (166). — § 127. Le gouvernement (167). — § 128. La population (168).

2e Section. — **La Belgique**................................. 169

§ 129. Retour sur la géographie physique (169) — § 130. La formation politique (170). — § 131. Les provinces (171). — § 132. Les régions agricoles (171). — § 133. Les végétaux (172). — § 134. Le bétail (174). — § 135. Les carrières (174) — § 136. La houille (175). — § 137. Les métaux (176) — § 138. Les industries mécaniques et chimiques (177). — § 139. Les industries alimentaires (178). — § 140. Les fils et tissus (178) — § 141. Les autres objets de toilette (180). — § 142. Les industries de l'ameublement (180) — § 143. Le transport (181). — § 144. Les besoins intellectuels (181). — § 145. Le résumé de la production agricole et industrielle (181). — § 146. Les voies de communication (182). — § 147. Les monnaies et mesures (183). — § 148. Le commerce (183). — § 149. Le commerce avec divers pays (185). — § 150. Le commerce avec la France (185). — § 151. Les grandes villes (185). — § 152. Le gouvernement (187). — § 153. La population (187).

CINQUIÈME PARTIE. — **L'EMPIRE D'ALLEMAGNE**...... 189

1re Section. — **L'Allemagne du Nord**.................. 189

§ 154. Retour sur la géographie physique (189) — § 155. La formation politique (190) — § 156. Les divisions politiques (193). — § 157. Les régions agricoles (195) — § 158. Les cultures alimentaires (199) — § 159. Les cultures industrielles (200) — § 160. Les prairies (201). — § 161. Les cultures arborescentes (202). — § 162. Les forêts (203). — § 163. Les animaux (203). — § 164. La chasse et la pêche (205). — § 165. Les substances minérales (206). — § 166. La houille et le fer (208). — § 167. Les autres métaux (209). — § 168. Les industries préparatoires (210). — § 169. Les industries alimentaires (213). — § 170. Les industries textiles (215). — § 171. Les autres industries du vêtement et de la toilette (218). — § 172. L'ameublement (219). — § 173. Les industries relatives au transport (220). — § 174. Les industries relatives aux besoins intellectuels. (220).

2ᵉ Section. — **L'Allemagne du Sud**.......................... 221

§ 175 Retour sur la géographie physique (221). — § 176. La formation historique (222). — § 177. Les États (222). — § 178. Les régions agricoles (223). — § 179. Les produits agricoles (227). — § 180. Les animaux (228). — § 181. Les substances minérales (228). — § 182. L'industrie (229).

3ᵉ Section. — **Le commerce de l'Empire d'Allemagne**.... 233

§ 183. Le résumé de la production agricole et industrielle de l'Allemagne (233). — § 184. La constitution du Zollverein (236). — § 185. Les voies de communication (237). — § 186. Les monnaies et mesures (239). — § 187. La marine (239). — § 188. Le commerce intérieur (242). — § 189. Le commerce extérieur (243). — § 190. Le commerce avec la France (245).

4ᵉ Section. — **Population et gouvernement**................ 246

§ 191. La population de l'Allemagne (246). — § 192. Les grandes villes de l'Allemagne (247). — § 193. Le gouvernement (249).

Sixième Partie. — **L'EUROPE CENTRALE**............. 254

1ʳᵉ Section. — **La Suisse**.................................... 254

§ 194. Retour sur la géographie physique (254). — § 195. La formation politique (255). — § 196. Les cantons (256) — § 197. Les régions agricoles (257). — § 198. Les produits végétaux (259). — § 199. Le bétail (261). — § 200. Les produits métallurgiques (261) — § 201 Les industries mécaniques et chimiques (261). — § 202. Les industries alimentaires (262). — § 203 Les fils et tissus (262). — § 204. Les autres articles de toilette (263). — § 205. Les autres industries (264). — § 206. Les voies de communication (264). — § 207. Les monnaies et mesures (265). — § 208. Le commerce (265) — § 209. Le commerce avec la France (266). — § 210. Le résumé des forces productives (266). — § 211 Les grandes villes (267). — § 212. Le gouvernement (267). — § 213. La population (268)

2ᵉ Section. — **L'empire d'Autriche**....................... 269

§ 214. Retour sur la géographie physique (269). — § 215. La formation politique (270). — § 216. Les divisions politiques (271). — § 217. Les régions agricoles (272). — § 218 Les cultures herbacées (275) — § 219. Les cultures arborescentes (276). — § 220. Les animaux (278). — § 221. La chasse et la pêche (280). — § 222. Les combustibles minéraux et le fer (280). — § 223. Les autres produits minéraux (282) — § 224 Les industries mécaniques et chimiques (284) — § 225. Les industries alimentaires (285). — § 226. Les industries textiles (286). — § 227. Les autres industries (287). — § 228. Les voies de communication (288). — § 229. Les monnaies et mesures (289). — § 230. La marine (290). — § 231. Le commerce (290). — § 232. Le commerce avec la France (291). — § 233. Le résumé des forces productives (291). — § 234. Les grandes villes (293). — § 235. Le gouvernement (295). — § 236. La population (297).

Septième partie. — **L'EUROPE MÉRIDIONALE**....... 301

1re Section. — **Le Portugal**................................ 301

§ 237. Retour sur la géographie physique (301). — § 238. La formation politique (301). — § 238 bis. Les divisions politiques (302). — § 239. Les régions agricoles (303). — § 240. Les produits végétaux (304). — § 241. La vigne (305). — § 242. Les produits animaux (306). — § 243. Les produits minéraux (306). — § 244. Les produits manufacturés (307). — § 245. Les voies de communication (308). — § 246. Les monnaies et mesures (308). — § 247. Le commerce (308). — § 248. Le commerce avec la France (309). — § 249. Le résumé des forces productives (309). — § 250. Les grandes villes (309). — § 251. Le gouvernement (310). — § 252. La population (311).

2e Section. — **L'Espagne**................................... 312

§ 253. Retour sur la géographie physique (312). — § 254. La formation politique (313). — § 255. Les provinces (314). — § 256. Les régions agricoles (315). — § 257. Les produits végétaux (319). — § 258. Le vin (320). — § 259. Les produits animaux (321). — § 260. La production minérale (323). — § 261. Les produits manufacturés (326). — § 262. Les voies de communication (328). — § 263. Les monnaies et les mesures (329). — § 264. La navigation (329). — § 265. Le commerce (330). — § 266. Le commerce avec la France (330). — § 267. Le résumé des forces productives (330). — § 268. Les grandes villes (331). — § 269. Le gouvernement (333). — § 270. La Population (333). — § 271. Gibraltar (334).

3e Section. — **Le royaume d'Italie**........................ 335

§ 272. Retour sur la géographie physique (335). — § 273. La formation politique (335). — § 274. Les provinces (337). — § 275. Les régions agricoles (339). — § 276. Les cultures herbacées (342). — § 277. Les arbres (343). — § 278. Les animaux (345). — § 279. La pêche (346). — § 280. Le lignite et le fer (346). — § 281. Les autres métaux (347). — § 282. Le soufre (348). — § 283. L'acide borique et le sel (349). — § 284. Les eaux minérales (349). — § 285. Les carrières (349). — § 286. Les industries préparatoires (350). — § 287. Les industries alimentaires (351). — § 288. Les industries textiles (352). — § 289 Les autres articles de toilette (352). — § 290. Les industries de l'ameublement (353) — § 291. Les autres industries (354). — § 292. Le résumé de la production agricole et industrielle (354). — § 293. Les voies de communication (355). — § 294. Les monnaies et mesures (356). — § 295. La marine (356). — § 296 Le commerce (357). — § 297. Le commerce avec la France (357). — § 298. Les grandes villes (358). — § 299. Le gouvernement (362). — § 300. La population. (363) — § 301 Malte (364).

4e Section. — **La Turquie** 365

§ 302. Retour sur la géographie physique (365).—§ 303. Les révolutions politiques (366).—§ 304. Les circonscriptions administratives (367). — § 305. Les régions agricoles (368). — § 306. L'agriculture (368).—§ 307. L'industrie (371).—§ 308. Les monnaies et les mesures (372) — § 309. Les voies de communication (372).—§ 310. Le commerce (373).—§ 311. Les grandes villes (374). —§ 312. Le gouvernement (374). — § 313. La population (375).

5e Section. — **Les principautés tributaires de la Turquie.** 376

§ 314. Retour sur la géographie physique (376). — § 315. Les divisions politiques (376).—§ 316. Le Montenegro (378) —§ 317. La Servie (378) —§ 318. L'agriculture roumaine (378).— § 319. Les mines et l'industrie (381). — § 320. Le commerce (381).— § 321. Le gouvernement et la population de la Roumanie (382). — § 322. La navigation du Bas-Danube (382).

6e Section. — **La Grèce** 383

§ 323. Retour sur la géographie physique (383).—§ 324. Les révolutions politiques (384).— § 325. Les circonscriptions administratives (384). — § 326. L'agriculture (385). — § 327. L'industrie (386). — § 328. Le commerce (387). — § 329. Le gouvernement (388). — § 330. La population (388).

HUITIÈME PARTIE. — **LA RUSSIE.** 389

§ 331. Retour sur la géographie physique (389). — § 332. La formation politique (391). — § 333. Les gouvernements (393). — § 334. Les régions agricoles (395). — § 335. Les produits végétaux (398). — § 336. Le bétail (401). — § 337. Les produits de la chasse et de la pêche (403). — § 338. Les produits minéraux (405). — § 339. Les industries préparatoires (407) — § 340. Les industries alimentaires (408). — § 341. Les industries textiles (409). — § 342. Les autres industries (411). — § 343. Les voies de communication (411). — § 344. Les poids et mesures, monnaies (414). — 345. Le commerce intérieur et les foires (415). — § 346. La navigation maritime (418).—§ 347. La frontière de terre (418).— § 348. Le commerce extérieur (419). — § 349. Le commerce avec la France (420). — § 350. Le résumé des forces productives (420). — § 351. Les grandes villes (422). — § 352. Le gouvernement (424). — § 353 La population (425).

NEUVIÈME PARTIE. — **LES ÉTATS SCANDINAVES** 429

1re Section. — **Le Danemark** 429

§ 354. Retour sur la géographie physique (429). — § 355. La formation politique (430).—§ 356. Les divisions politiques (430).—

§ 357. L'agriculture (430). — § 358. L'industrie (432).—§ 359. Les voies de communication (433). — § 360. Les monnaies et mesures (433). — § 361. La marine (433) — § 362. Le commerce (434) — § 363. Les grandes villes (434) — § 364. Le gouvernement (434). — § 365. La population (435).

2ᵉ Section. — **La Suède et la Norvége**..................... 436

§ 366. Retour sur la géographie physique (436).— § 367. La formation politique (436). — § 368. Les divisions politiques (437). — § 369. Les régions agricoles (438).— § 370. Les produits agricoles (440). — § 371. La pêche (441). — § 372. Les mines (442). — § 373. L'industrie (444). — § 374. Les voies de communication (444).— § 375. Les monnaies et mesures (445). — § 376. La marine (445). — § 377. Le commerce (446). — § 378. Le commerce avec la France (446). — § 379. Le résumé des forces productives (446).— § 380. Les grandes villes (447. — § 381. Le gouvernement (447). — § 382. La population (448).

Dixième partie. — **LA COMPARAISON DES FORCES PRODUCTIVES**.................. 449

1ʳᵉ Section. — **Les produits**........................ 449

§ 383. La nature et l'homme (449).— § 384. Les céréales (450).— § 385. Les autres cultures herbacées (455). — § 386. Les cultures arborescentes (459).— § 387. Les forêts (462). — § 388. Les animaux (465). — § 389. La chasse et la pêche (473). — § 390. Les minéraux (474). — § 391. La classification des industries (478). — § 392. Les industries préparatoires (478).— § 393. Les industries alimentaires (480). — § 394. Les industries textiles (480). — § 395. Les autres industries (483). — § 396. Les grands groupes industriels (486).

2ᵉ Section. — **Les échanges**............................ 488

§ 397. Les voies de communication (488). — § 398. La marine et la navigation (491). — § 399. Les monnaies et mesures (494). — § 400. Le commerce (495).

3ᵉ Section. — **Les États et les populations**............. 500

§ 401. Les territoires (500). — § 402. Les finances (501). — § 403. Les forces militaires (502). — § 404. Les populations (503). — § 405. La densité de la population (503). — § 408. Les grandes villes (507). — § 409. De l'état matériel et moral des populations (509).

FIN DE LA TABLE DES MATIÈRES.

ABBEVILLE. — TYP. ET STÉR. GUSTAVE RETAUX.

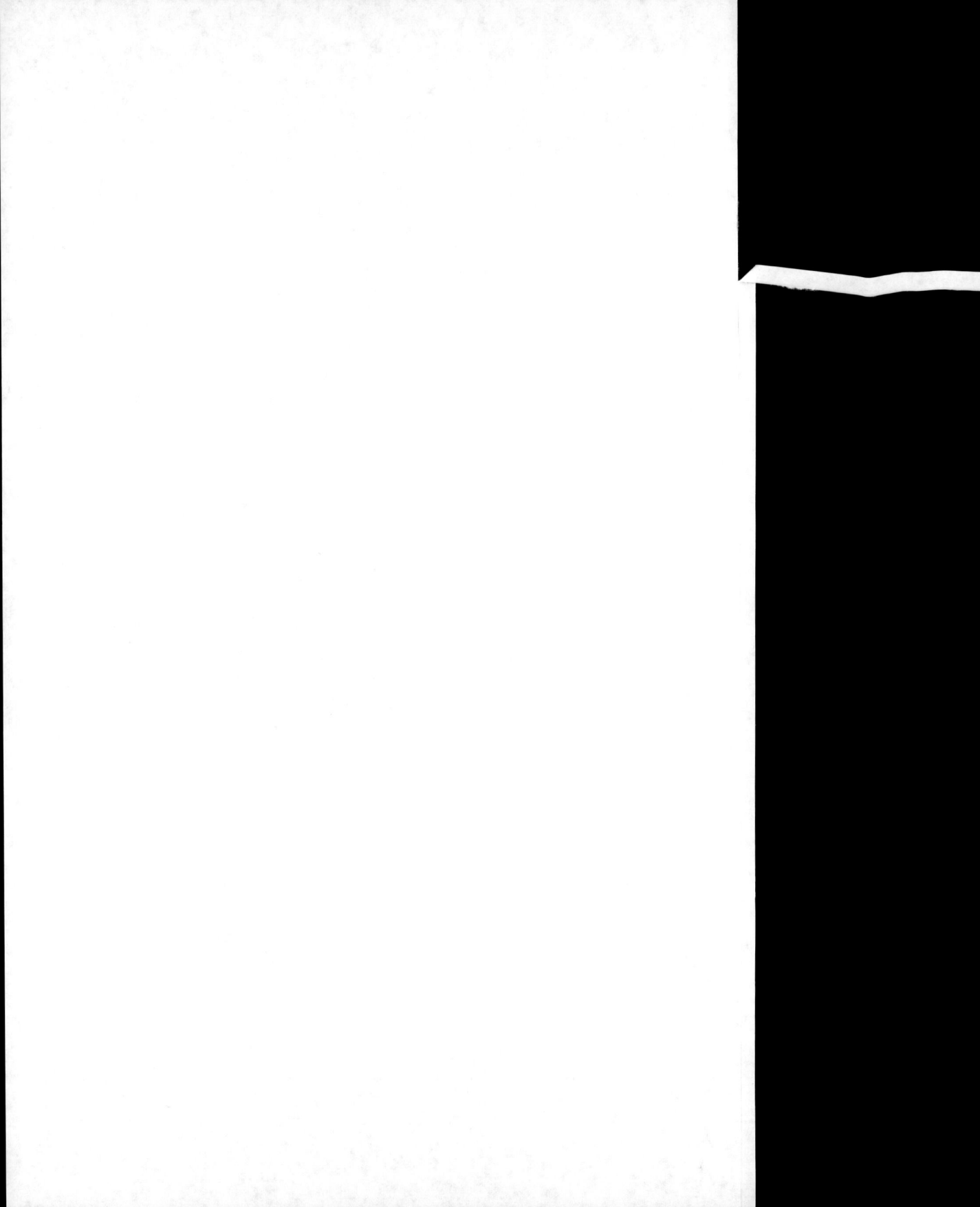